HEYNE BÜCHER

Das Buch

Die in der vorliegenden Anthologie zusammengestellten Texte bedeutender Literatinnen aus aller Welt sind repräsentativ für die Vielschichtigkeit der sogenannten »Frauenliteratur«. Frauenliteratur behandelt Themen, die das Selbstverständnis der modernen Frau betreffen: Die Frage nach Ehe, Familie und Kindern, persönliche Erwartungen, Wünsche und Hoffnungen, die Auseinandersetzung mit Beruf, Politik oder auch mit den Wissenschaften.
Zum anderen bedeutet Frauenliteratur doch auch ganz einfach: Literatur von Frauen. Und wer sich für zeitgenössische Literatur interessiert, wird hier viele beeindruckende Texte finden – Leser wie Leserinnen.

Die Herausgeberin

Jutta Ressel, 1956 in München geboren, studierte Germanistik und Anglistik. Während ihres Aufenthalts in England 1982/83 unterrichtete sie Deutsch als Fremdsprache, seitdem lebt sie als freie Lektorin und Herausgeberin in München.

FrauenLesebuch

Herausgegeben
von
Jutta Ressel

WILHELM HEYNE VERLAG
MÜNCHEN

HEYNE ALLGEMEINE REIHE
Nr. 01/8866

Printed in Germany 1994
Umschlagillustration: Archiv für Kunst und Geschichte, Berlin,
unter Verwendung eines Motivs des Malers Curt Herrmann »Mädchen im Kahn« um 1897/98
Umschlaggestaltung: Atelier Ingrid Schütz, München
Satz: (1806) IBV Satz- und Datentechnik GmbH, Berlin
Druck und Bindung: Ebner Ulm

ISBN 3-453-07168-9

Inhalt

Die mit einem Stern versehenen Titelformulierungen
stammen von der Herausgeberin

Gabriele Wohmann

Wiedersehen in Venedig

Das einzig Positive an der Sache war, daß sie nur kurz Zeit hätten. Er mußte am Abend wieder bei Lin in der Pension sein, und sie kam nur auf der Durchreise nach Rom, wo sie einen Ärztekongreß besuchen wollte. Das würde alles vereinfachen. Fünf oder sechs Stunden waren schließlich keine lange Zeit. In fünf oder sechs Stunden könnte sie nicht die Entdeckung machen, daß er sich langweilte. Würde er sich langweilen? Oder war es anstrengend genug, und darum alles andere als langweilig, ihr den Freund von früher vorzuspielen?

Vielleicht war auch Venedig nicht der geeignete Schauplatz für ein Rendezvous, wie sie es vorhatten: es war so tendenziös, durch die Fremdenverkehrswerbung mit erschreckender Aufdringlichkeit zu einem Treffpunkt für Verliebte gemacht. Und wirklich hatte sie auf ihre Karte mit einer Begeisterung zugesagt, die ihre Kenntnis von dem amourösen Fluidum dieser Stadt verriet. »Ausgerechnet in Venedig«, hatte sie geschrieben und »Venedig« mit zwei dicken Strichen hervorgehoben, »ausgerechnet da soll es sein, daß ich Dich wiedersehe und daß wir miteinander alte Erinnerungen auskramen! Wir werden durch die Gäßchen bummeln und uns in der schlanken schwarzen Gondel eines braunhäutigen Gondoliere durch die Kanäle gleiten lassen. Wie herrlich! Ja, ja, ja, ich freue mich!«

Und das Seltsame war, daß auch er sich freute. Obwohl er fürchtete, sich vor ihr zu blamieren. Alte, gutbekannte Furcht! Sie hatte ihn auch damals oft befallen, vor sieben Jahren, als sie für ganz Davos das ideale Paar zu sein schienen. Aber die Atmosphäre ihres Sanatoriums hatte seine Schauspielerei begünstigt; die Morbidität, die schon in einem Namen wie Davos mitklang, erleichterte es ihm, eine Rolle zu spielen. Mit Wonne hatte er sich exaltiert, mit Genuß alle negativistischen Kräfte in sich entfaltet; der geographische Punkt, auf dem sie sich befanden, harmonierte vollendet mit ihren Übertreibungen und Verrücktheiten, die dünne Luft hatte sie sorgloser und bedenkenloser ein ihnen ungemäßes Leben führen lassen.

In mancher Beziehung war Venedig ebenso morbid wie Davos. Warum also nicht wieder zurückfallen in jenen Ton des Gefühlsüberschwangs und der gleichzeitigen Lebensverneinung, in dem sie dort oben geschwelgt hatten? Der Tod hatte sie beide damals abgelehnt, denn sie wären ihm zu leicht anheimgefallen. Wahrscheinlich liebte er den Kampf mit zäheren Naturen, die sich gewaltsam ans Leben klammerten; ihre blasphemische Verneinung alles Lebensvollen und Gesunden mußte ihn wohl beleidigt oder gelangweilt haben. Kerngesund konnten die Ärzte beide nach einem Jahr, kurz hintereinander, entlassen. Seitdem hatten sie sich regelmäßig geschrieben, und der Ton ihrer Briefe war genau der gleiche wie der ihrer Unterhaltung auf den Davoser Spaziergängen; sie schienen sich weiterhin sehr gut zu verstehen. Mit einem geschmeichelten Schmunzeln kramte er aus der Erinnerung die unzähligen Komplimente hervor, die sie ihm gemacht hatte, wenn sie zusammen durch die heroische Gebirgswelt wanderten oder abends in einem obsoleten, aber romantischen kleinen Lokal heißen Rotwein tranken. Ruth war von der Vorstellung hingerissen, seine Muse zu sein – Dichterfreundin, wenn nicht gar Dichtergeliebte – und sie war darauf aus, ihn zu inspirieren, mit einem Feuereifer, der nichts davon merken ließ, daß sie einen amusischen Vater, eine materialistische, fortschrittsgläubige Mutter und drei lebenslustige, atheistische und antigefühlige Geschwister hatte. Sie war wundergläubig und humorlos. Als Äquivalent für so viel Überschwang mußte schließlich die Medizin herhalten, an die sie sich wie an einen Strohhalm klammerte. Die Musik – sie geigte schlecht und ohne den geringsten rhythmischen Rückhalt, aber mit Emphase –, Philosophie und Dichtung: dies Edle und

Schöne und Erhabene war nun nur noch dem Privatleben gestattet. Und für sie war es so wohl am besten.

Er hatte sie vor sieben Jahren schon genauso gut gekannt und durchschaut wie heute. Sie schien ihm ein Kaleidoskop zu sein: je nach dem, wie man sie anpackte, veränderte sie die Anordnung ihrer bunten Seelenmuster. Es war so leicht, mit ihr auszukommen, wenn man sich nur ein bißchen auf sie einstellte. Sie war rasch entzündbar wie trockenes Holz, sie fing sofort Feuer, so, als mangele es ihr an eigener Glut. Er hatte sie beinah geliebt, obwohl sie schon damals etwas enervierend war mit ihrer Sucht, sich selbst und ihren Partner in ständiger Hochspannung zu halten. Heute mußte er sich zusammennehmen, er durfte nichts davon ahnen lassen, daß er sich zu sehr verändert hatte, um auch nur noch für eine Zeit von fünf oder sechs Stunden die Davoser Rolle zu übernehmen.

Sie hatten sich im Café Florian verabredet. Er war pünktlicher als sie, und er ärgerte sich darüber. Als sie das Café betrat, wehrte sich alles in ihm, was sich inzwischen normalisiert hatte: du liebe Zeit, sie sah ja noch genauso aus wie damals, unverändert. Nur eleganter war sie geworden; und selbstbewußter. Aber Eigenschaften, die er an anderen Frauen schätzte, ärgerten ihn bei Ruth. Sie gaben sich die Hand, und er rückte ihr den Stuhl zurecht, auf dem sie sich etwas geziert niederließ. Sie war auch noch genauso mager im Gesicht. Er schämte sich, daß er, wie er wußte und immer wieder zu hören bekam, mittlerweile ganz schön angesetzt hatte: das war das äußere Zeichen seiner Normalisierung. Er zog den Bauch ein und ließ das Kinn ein bißchen fallen, das machte die Wangen schmaler.

Natürlich wollte sie nichts essen. Essen aus Genuß, nur, weil es schmeckte, war eine Sünde; Epikuräertum eine Vorstufe zur Hölle. So saßen sie beim Espresso und rauchten. Sie erzählte, zum Glück war sie nicht schüchtern. Man brauchte aus ihr niemals Bekenntnisse hervorzulocken, sie lieferte sie freiwillig und ungefragt. Aber was sie heute erzählte, nach sieben Jahren Trennung, war nichts als eine Sammlung von Tagesereignissen:

kleine Neuigkeiten aus ihrem beruflichen Leben, Erlebnisse aus dem Sprechzimmer, Familienmeldungen. Nur hin und wieder fiel ein Wort oder ein Satz, der ihn aufhorchen ließ: hier schlummerten Davoser Reminiszenzen. Er ging nur darauf ein, nur auf diese Anklänge. Sie sollte nicht denken – und sie mußte es ihm wohl förmlich ansehen –, sie könnte nicht mehr ganz sie selber sein, bei ihm. So kam es, daß sie bald nur noch in der Davoser Terminologie redeten.

Später wanderten sie durch die Straßen. Sollte er ihren Arm nehmen? Als er es endlich tat, hatte er ein schlechtes Gewissen, weil er sich nicht wohl dabei fühlte. Sie standen auf der Piazza vor der orientalischbunten Fassade des San Marco. Sie schwelgte. Diese Pracht! Um nicht einstimmen zu müssen, gab er ihr Geschichtsunterricht. Er redete wie ein Fremdenführer, er versetzte sie ins dreizehnte Jahrhundert, er ließ sie miterleben, wie Venedig zur Weltmacht wurde. Ergriffen schritt sie die Bilderreihe der Schöpfungsgeschichte ab, und übertrieben ehrfürchtig blieb er immer ein bißchen zurück. Erheuchelte Andächtigkeit trieb ihn zu einer Art Spiel: er hielt vor jedem Bild ein paar Sekunden länger an als sie, bis sie schließlich ebenso lange in die Betrachtung jedes Bildes versunken blieb. Im Kirchenraum, angesichts des flimmernden Kuppelgewölbes, wurde ihre Bewunderung zur Ekstase, vor dem Hochaltar mit der Pala d'oro zu stummer Andacht.

»Byzantinische Emails«, murmelte er, »zehntes oder elftes Jahrhundert.«

Kaum hatten sie die kühle Abgestorbenheit der Kirche verlassen und standen geblendet im Freien, als sie die nächste Kirche zu sehen begehrte: San Zaccaria.

»Beginnende Renaissance«, erläuterte er.

Was muß man noch alles gesehen haben? überlegte er und fluchte leise, als er an die Fülle der Sehenswürdigkeiten dachte, die sie noch zu bewältigen hätten. Tatsächlich ging es wieder zurück zum Dogenpalast, dessen verschiedenfarbige Steinfassade sie lange bestaunte.

»Als schwebten die Wände über diesen zarten Bogen«, sagte sie.

»Ja wirklich«, sagte er übereifrig. Wie anstrengend sie doch war! Warum hatte er sich nur auf sie gefreut? Warum hatte er erleichtert aufgeatmet, als sich Lins Kopfschmerzen am Mittag so verschlimmerten, daß sie nicht mitkommen konnte? Was für eine Dummheit von ihm, nicht daran zu denken, daß sie Venedig würde aussaugen wollen bis auf den letzten Tropfen. Na, wenn sie es wenigstens genoß. Um es ihr noch reizvoller zu machen, brachte er seinen Mund übertrieben nah an ihr Ohr und flüsterte ihr zu, daß er sich sehr freue. Zerstreut und dankbar lächelte sie kurz zu ihm auf, um sich dann wieder ganz dem Schauen anheimzugeben. Durch die Porta della Carta gelangten sie in den Innenhof vor die Marmorfassade von Antonio Rizzo. Und dann half er ihr sanft die Gigantentreppe hinauf ins Innere des Palastes, seine Hand berührte den grauen Stoff ihres Kostüms. Er war froh, ihr jetzt mit berühmten Namen imponieren zu können: Tizian, Giorgione, Veronese, Tintoretto. Nach drei Stunden Kunsthistorik war er am Ende; er verwünschte die Gesetze des auslaugenden venezianischen Tourismus.

»Was nun?« fragte er, obwohl er wußte, daß sie jetzt die Gondelfahrt erwartete. Aber die Gondoliere waren unverschämt teuer. Und er fühlte sich schwach im Magen, er hätte etwas essen müssen, und zwar nicht sündhaft essen, nicht aus hedonistischer Sucht, sondern aus bitterer Notwendigkeit, um sich am Leben zu erhalten. Ihr Vorschlag war weit schlimmer, als er gefürchtet hatte: sie strebte zur Akademiegalerie. Schon im sechzehnten Jahrhundert war ihm übel, im achtzehnten sank er auf einen Hocker. In die Betrachtung von Longhis »Hochzeit« versunken, hörte sie seinen Magen nicht knurren. Endlich gingen sie ins Freie und aßen auf der Piazza Ravioli und Frittola.

»Was für einen Wein möchtest du?« fragte er danach, wesentlich milder gestimmt durch das gute Völlegefühl im Magen. Er bestellte Veronese, nur des Namens wegen, nur damit sie quasi doch in den Höhen der Kunst verweilen konnte, während sie sich der niedrigen Beschäftigung des Trinkens hingab. Jetzt war es endlich richtig: die Musikkapelle lieferte den letzten Schrei italienischer Musikexportware, und in der untergehenden Sonne glitzerte das falsche Gold der Mosaiken. Er hatte Lust zu sagen: ich finde es sehr schön, aber trotzdem zum Verrücktwerden kitschig. Statt dessen aber gehorchte er der Verpflichtung, sie begehrlich-verliebt anzusehen und kam sich widerwärtig und lächerlich dabei vor.

»Wie geht's deiner Frau?« fragte sie.

»Oh, danke, sehr gut«, antwortete er eine Nuance zu eifrig. »Bis auf die Kopfschmerzen heute.«

»Wie ist sie so?«

Ihre unbekümmerte Ruhe ärgerte ihn. Obwohl ihm Eifersucht lästig gewesen wäre, überaus lästig, so fand er es doch unangebracht, daß sie so offensichtlich gar keine fühlte.

»Ganz anders als du!« sagte er und biß sich sofort auf die Lippen. Aber er hatte ihr die beste Antwort gegeben: Lin war wirklich ganz anders. Um das Verletzende, das in seiner Heftigkeit lag, abzuschwächen, fügte er hinzu: »Ich glaubte, ich müßte mir ein Extrem zu mir selbst aussuchen: les extrêmes se touchent.«

»Ja, richtig«, sagte sie, »aber erzähl mir doch, was treibst denn du?«

Er rückte unbehaglich auf seinem Sitz hin und her: ja, was trieb er, was tat er vom Morgen bis zum Abend? Sie stand um fünf auf und fing mit Atemübungen und kalten Abreibungen ihren Arbeitstag an, der nie vor Mitternacht endete. Und er? Ja, richtig, er schrieb an seinem neuen Buch. Daß er nicht gleich darauf gekommen war! Das kam von diesen blöden Ferien, die er eigentlich nur Lin zuliebe nach Venedig gelegt hatte. Wie beleidigend, daß Ruth ihn nicht sofort, gleich nach ihrer Ankunft nach seiner Arbeit gefragt hatte.

»Ich schreibe«, sagte er kühl, »wie du wissen könntest.«

»Ach ja«, sagte sie, »Du schreibst wieder was.« Sie war an seiner Arbeit nicht mehr interessiert als ein Erwachsener am Spiel eines Vierjährigen.

»Ja«, sagte er kurz, »ein uraltes Thema: Mann, erste Frau, zweite Frau. Die alte Dreiecksgeschichte. Aber ich packe sie ganz anders an als üblich, wirklich neuartig.«

Sie hatte immer noch keinen Funken mehr Anteilnahme in ihren dunklen Mandelaugen. So gab er es auf und fragte hoffnungsvoll, wann ihr Zug ginge.

»Überhaupt kein Zug geht«, strahlte sie zurück, »ich bin mit dem Wagen da!«

Er war sprachlos vor Erstaunen und Neid. Wie sie sich doch selbständig gemacht hatte in diesen sieben Jahren! Wie sie damit auftrumpfte, auch ohne ihn auskommen zu können. Er vergaß, daß sie nur ein Auto, er aber eine Ehefrau ins Gefecht führen konnte, wenn es galt, dem andern die geringere Unabhängigkeit nachzuweisen. Aber äußerlich tat er erfreut. Warum sie das nicht gleich gesagt habe? Und ob sie gern fahre? Was für ein Typ? Er verwandelte sich vom Kunsthistoriker in einen Autosachverständigen. Sie wußte überraschend gut Bescheid.

Venedig war immer noch da, als sie spät am Abend durch die »Calli« schlenderten, aber er glaubte, sie habe es vergessen. Es war nur noch Staffage. Sie blieb auf einer kleinen Brücke stehen und warf ein Geldstück ins Wasser. Lange stand sie über das Geländer gebeugt. Sicher erwartet sie, daß ich sie jetzt küsse, dachte er. Natürlich. In Davos habe ich sie auch immer geküßt. Sie wird enttäuscht sein, wenn ich es jetzt unterlasse. Für sie gibt es keinen Grund, daß ich es nicht tue. Sie würde mich für jammervoll bourgeois halten, wenn ich es wegen Lin nicht täte. Er spürte, wie sie ein bißchen zusammenschreckte, als er seine Arme um sie legte, und er war zufrieden, daß ihr Mund nur zaghaft seinen Kuß erwiderte. Wie mädchenhaft sie immer noch war! Gewiß hatte sie vor lauter Arbeit keine Gelegenheit mehr gehabt, sich zu verlieben.

Selbstbewußt ging er neben ihr her: Nicht die erschöpfendste kunsthistorische Belehrung, nicht die komprimierteste venezianische Romantik hatte so viel vermocht wie dieser zwar widerwillig, aber genial verabreichte Kuß. Er deutete ihr Schweigen als melancholisches Verlangen; so behagte es ihm. Eine ausgezeichnete Situation: er war verheiratet, er hatte ihr einen folgenlosen Kuß gegeben. Sehr gut so. Sie liebte ja Emotionen, da hatte sie welche. Er war vollkommen sicher, daß sie auf den Kuß gewartet hatte.

Ihr Wagen parkte auf der Piazzale Roma. Er brachte sie zur nächsten Vaporettostation. Seine Stimmung war so hochgemut, daß er sie beim Abschied auf dem leise schaukelnden Bootsteg noch einmal küßte. Sie lächelte ihm zu mit ihrem alten Madonnenlächeln: da schmerzte es plötzlich ein bißchen, daß es nicht mehr Davos war. Es war Venedig.

Einen Monat später bekam er den ersten Brief seit ihrem Abschied. Nach den Einleitungsworten, mit denen sie sich entschuldigte, weil sie auf der Rückreise nicht mehr in Venedig hatte Station machen können, die Zeit sei einfach zu knapp für diesen Umweg gewesen und Rom so interessant, erschrak er heftig: »...denn es fiel mir so schwer zu heucheln. Ich habe mich verstellt, die ganze Zeit über. Ich bin anders geworden in den sieben Jahren, und meine Briefe hatten es nicht verraten sollen. Denn es tat mir so leid, daß Du allein der alte geblieben sein mußtest. Darum erwiderte ich auch die beiden Küsse, die Du mir gabst. Aber sie waren das Schrecklichste...«

Isabel Allende

Eine Rache

An dem strahlenden Mittag, als Dulce Rosa Orellano mit dem Jasminkranz der Karnevalskönigin gekrönt wurde, murrten die Mütter der anderen Kandidatinnen, das sei eine ungerechte Auszeichnung, und sie habe sie nur deshalb bekommen, weil sie die Tochter des Senators Anselmo Orellano sei, des mächtigsten Mannes der ganzen Provinz. Sie räumten ein, daß das Mädchen anmutig war und Klavier spielte und tanzte wie keine zweite, aber es gab andere, sehr viel schönere Bewerberinnen um diese Ehre. Sie sahen sie in ihrem Organzakleid mit der Blütenkrone von der Bühne herab der Menge zuwinken und zischelten leise Flüche. Deshalb freute sich auch so manche von ihnen, als Monate später das Verhängnis in das Haus der Orellanos trat und so viel Unheil säte, daß es fünfundzwanzig Jahre dauerte, bis die Ernte eingebracht wurde.

In der Nacht der Königinnenwahl gab es einen Ball im Rathaus von Santa Teresa, und junge Männer aus weit entfernten Orten kamen herbei, um Dulce Rosa kennenzulernen. Sie war so fröhlich und tanzte so leichtfüßig, daß viele gar nicht merkten, daß sie nicht die Schönste war, und als sie wieder heimgekehrt waren, sagten sie, sie hätten noch nie ein Angesicht wie das ihre gesehen. So erwarb sie sich den unverdienten Ruhm der Schönheit, und kein späteres Zeugnis konnte ihn schmälern. Die überschwengliche Beschreibung ihrer schimmernden Haut und ihrer klaren Augen ging von Mund zu Mund, und jeder fügte noch etwas aus eigener Phantasie hinzu. Dichter in fernen Städten verfaßten Sonette auf eine erfundene Jungfrau namens Dulce Rosa.

Das Gerede über die im Haus des Senators Orellano blühende

Schönheit kam auch Tadeo Céspedes zu Ohren, der sich jedoch nie einfallen ließ, daß er sie einmal kennenlernen würde, denn er hatte in seinem Dasein noch keine Zeit gehabt, Gedichte zu lernen oder Frauen anzuschauen. Er war einzig mit dem Bürgerkrieg beschäftigt. Seit ihm der erste Bart gewachsen war, wußte er mit Waffen umzugehen, und seit langem schon lebte er im Krachen der Gewehre. Er hatte die Küsse seiner Mutter vergessen und selbst die Meßgesänge. Nicht immer gab es einen Grund, einen Kampf anzufangen, weil hin und wieder Waffenruhe herrschte und kein Gegner in Reichweite seiner Bande zu finden war, aber auch in diesen erzwungenen Friedenszeiten lebte er wie ein Korsar. Er war ein Mann, der sich an die Gewalt gewöhnt hatte, er durchzog das Land in allen Richtungen, kämpfte gegen sichtbare Feinde, wenn es sie gab, und gegen Schatten, wenn er sie erfinden mußte, und so hätte er es immer weiter getrieben, wenn seine Partei nicht die Präsidentschaftswahlen gewonnen hätte. Von einem Tag zum andern wurde sie aus dem Untergrund an die Macht befördert, und aus war es mit den Vorwänden, weiter Aufruhr zu stiften.

Tadeo Céspedes' letzter Auftrag war die Strafexpedition nach Santa Teresa. Mit hundertzwanzig Männern drang er bei Nacht in den Ort ein, um ein abschreckendes Beispiel aufzustellen und die führenden Köpfe der Gegenpartei zu beseitigen. Sie zerschossen die Fenster der öffentlichen Gebäude, traten die Kirchentür ein und ritten bis zum Hauptaltar. Pater Clemente, der sich ihnen entgegenstellte, wurde von den Pferden zertrampelt. Dann galoppierten sie mit kriegerischem Getöse zum Landgut des Senators Orellano, dessen Haus sich stolz auf dem Hügel erhob.

Der Senator erwartete Tadeo Céspedes an der Spitze eines Dutzends treuer Diener, nachdem er seine Tochter im letzten Zimmer des hintersten Patios eingeschlossen und die Hunde losgemacht hatte. Wie schon so oft in seinem Leben beklagte er, daß er keine männlichen Nachkommen hatte, die ihm in diesem Augenblick hätten helfen können, die Ehre seines Hauses mit der Waffe zu verteidigen. Er fühlte sich sehr alt, aber er hatte keine Zeit, darüber nachzudenken, denn er sah schon das schreckliche Lodern von hundertzwanzig Fackeln, die hangaufwärts rasch näherkamen und die Nacht mit Entsetzen erfüllten. Schweigend verteilte er die Munition. Alles war gesagt, und jeder wußte, er würde noch vor Morgengrauen auf seinem Posten sterben müssen wie ein Mann.

»Der Letzte nimmt den Schlüssel zu dem Zimmer, in dem meine Tochter ist, und tut seine Pflicht«, sagte der Senator, als sie die ersten Schüsse hörten.

Alle diese Männer hatten Dulce Rosa heranwachsen sehen, sie hatten sie auf ihren Knien reiten lassen, als sie noch kaum laufen konnte, hatten ihr an den Winterabenden Gespenstergeschichten erzählt, hatten sie Klavier spielen hören und hatten ihr gerührt Beifall geklatscht, als sie zur Karnevalskönigin gewählt wurde. Ihr Vater konnte in Ruhe sterben, so dachten sie, das Kind würde nicht lebend in die Hände von Tadeo Céspedes fallen. Nur hätte Senator Orellano das eine nie gedacht – daß trotz seiner Tollkühnheit in dem nun folgenden Kampf er der letzte sein sollte, der starb. Er sah seine Männer einen nach dem andern fallen und begriff schließlich die Nutzlosigkeit, weiter Widerstand zu leisten. Er hatte eine Kugel in den Bauch bekommen, alles verschwamm ihm vor den Augen, er konnte kaum die Schatten erkennen, die über die hohen Mauern seines Besitzes kletterten, aber er war doch noch so weit bei Verstand, daß er sich zum dritten Patio schleppte. Die Hunde erkannten seinen Geruch durch Schweiß, Blut und Trauer hindurch und wichen beiseite, um ihn vorbeizulassen. Er steckte den Schlüssel ins Schloß, öffnete die schwere Tür und sah durch den Nebel, der sich über seine Augen gelegt hatte, Dulce Rosa, die ihn erwartete. Das junge Mädchen trug dasselbe Organzakleid wie auf dem Karnevalsfest und hatte ihr Haar mit den Blüten der Krone geschmückt.

»Es ist soweit, meine Tochter«, sagte er und entsicherte

seine Waffe, während sich zu seinen Füßen eine Blutlache ausbreitete.

»Töte mich nicht, Vater«, entgegnete sie mit fester Stimme. »Laß mich leben, damit ich dich und mich rächen kann.«

Senator Orellano betrachtete das Gesicht seiner fünfzehnjährigen Tochter und stellte sich vor, was Tadeo Céspedes mit ihr machen würde. Aber aus Dulce Rosas klaren Augen strahlte eine große Kraft, und er wußte, sie würde überleben können, um den Henker zu bestrafen. Er setzte sich zu dem Mädchen auf das Bett und richtete die Waffe auf die Tür.

Als das Jaulen der sterbenden Hunde verstummte, der Riegel nachgab, das Schloß aufsprang und die ersten Männer in das Zimmer stürmten, konnte der Senator noch sechs Schüsse abfeuern, ehe er das Bewußtsein verlor. Tadeo Céspedes glaubte zu träumen beim Anblick eines mit Jasmin gekrönten Engels, der einen mit dem Tode ringenden alten Mann in den Armen hielt, während das weiße Kleid sich rot färbte, aber die milde Regung reichte nicht für ein zweites Hinsehen, denn er war trunken von der Gewalt und entnervt von mehreren Stunden Kampf.

»Die Frau ist für mich«, sagte er, bevor seine Männer Hand an sie legen konnten.

Ein bleierner Freitagsmorgen zog herauf, den der Widerschein des Feuers rot färbte. Eine dichte Stille herrschte auf dem Hügel. Die letzten Seufzer waren verstummt, als Dulce Rosa aufstehen konnte und zu dem Brunnen im Garten ging, den am Tag zuvor Magnolien gesäumt hatten und der jetzt eine trübe Pfütze inmitten der Trümmer war. Von ihrem Kleid waren nur noch Fetzen übrig, die sie sich langsam abstreifte, bis sie nackt war. Sie tauchte in das kalte Wasser ein. Die Sonne schob sich hinter den Birken empor, und sie konnte sehen, wie sich das Wasser rosig färbte, als sie sich das Blut abwusch, das zwischen ihren Beinen hervorsickerte, und das Blut ihres Vaters, das in ihren Haaren eingetrocknet war. Als sie sauber war, ging sie still und ohne

Tränen zu dem zerstörten Haus, suchte etwas zum Anziehen, nahm ein Leinenlaken und machte sich auf, die Überreste des Senators zu suchen. Sie hatten ihn mit den Füßen an ein Pferd gebunden und im Galopp über die Hügelhänge geschleift, bis er nur noch ein jämmerlich zerfetztes Bündel war, aber seine Tochter, von der Liebe geleitet, erkannte ihn ohne zu schwanken. Sie hüllte ihn in das Laken und setzte sich neben ihn und blickte über das nun wieder friedlich daliegende Land. So fanden sie die Leute aus Santa Teresa, als sie sich getrauten, zum Haus der Orellanos hinaufzusteigen. Sie halfen Dulce Rosa, ihre Toten zu begraben und die letzten kleinen Flackerfeuer zu ersticken, und baten sie dringlich, zu ihrer Patin zu gehen, die in einer anderen Stadt wohnte, und dort zu bleiben, wo niemand ihre Geschichte kannte, aber sie weigerte sich. Da taten sie sich zusammen und beschlossen, das Haus wieder aufzubauen, und schenkten ihr sechs scharfe Hunde, die sie beschützen sollten.

Von dem Augenblick an, da sie ihren Vater noch lebend fortschleppten und Tadeo Céspedes die Tür hinter ihnen schloß und den Ledergürtel abschnallte, lebte Dulce Rosa für die Rache. In den folgenden Jahren hielt der Gedanke daran sie in den Nächten wach und beschäftigte sie tagtäglich, aber er löschte doch ihr Lachen nicht völlig aus und brachte ihre Freundlichkeit nicht zum Versiegen. Ihr Ruf als Schönheit nahm noch mehr zu, denn die volkstümlichen Dichter besangen überall ihren Liebreiz, bis sie eine lebende Legende war. Jeden Morgen stand sie um vier Uhr früh auf, um die Arbeiten auf den Feldern und im Haus zu überwachen, sie ritt auf dem Pferderücken ihren Besitz ab, verstand beim Kaufen und Verkaufen wie ein Syrer zu feilschen, züchtete Rassevieh und zog Magnolien und Jasmin in ihrem Garten. Am späten Nachmittag legte sie die langen Hosen, die Stiefel und die Waffen ab und zog die bezaubernden Kleider an, die sie sich in parfümierten Kartons aus der Hauptstadt schicken ließ. Wenn es dunkelte, kamen ihre ersten Besucher und fanden sie am Klavier, während die Dienstboten die Kredenzteller mit Kuchen und die Krüge mit Mandelmilch vorbereiteten. Anfangs hatten viele sich gefragt, wie es möglich war, daß das junge Mädchen nicht in ein Sanatorium gebracht worden oder als Novizin bei den Karmeliterinnen eingetreten war, doch da es häufig Feste auf dem Landgut der Orellanos gab, hörten die Leute nach und nach auf, über die Tragödie zu reden, und die Erinnerung an den ermordeten Senator verwischte sich. Einige Herren von Ruf und Vermögen setzten sich über das Schandmal der Vergewaltigung hinweg, angezogen von Dulce Rosas Verständigkeit und von ihrer allseits gerühmten Schönheit, und trugen ihr die Ehe an. Sie wies alle ab, denn ihre Aufgabe in dieser Welt war die Rache.

Auch Tadeo Céspedes konnte von der Erinnerung an jene unheilvolle Nacht nicht loskommen. Der Rausch des Gemetzels und die Euphorie der Vergewaltigung vergingen in den wenigen Stunden, als er in die Hauptstadt zurückkehrte, um über seine Strafexpedition Rechenschaft abzulegen. Da kam ihm das Mädchen in den Sinn, für den Ball gekleidet und mit Jasmin gekrönt, das ihn schweigend ertragen hatte in dem dunklen Zimmer, wo die Luft von Pulvergestank gesättigt war. Er sah wieder die letzten Augenblicke vor sich, wie sie da am Boden gelegen hatte, kaum bedeckt von den blutgeröteten Fetzen, in den gnädigen Schlaf der Bewußtlosigkeit gesunken, und so sah er sie nun jede Nacht vor dem Einschlafen, sein ganzes weiteres Leben lang. Der Frieden und die Ausübung der Macht verwandelten ihn in einen gesetzten, arbeitsamen Mann. Im Lauf der Zeit verloren sich die Erinnerungen an den Bürgerkrieg, und die Leute begannen ihn Don Tadeo zu nennen. Er kaufte eine Hacienda auf der anderen Seite des Gebirges, wo er sich der Rechtsprechung annahm und schließlich Bürgermeister wurde. Wäre nicht das nie ruhende Spukbild der Dulce Rosa Orellano gewesen, würde er vielleicht ein gewisses Glück gefunden haben, aber in all den Frauen, die seinen Weg kreuzten, in all denen, die er auf der Suche nach Trost umarmte, und in all den Liebschaften, in die er sich im Lauf der Jahre einließ, erschien ihm das Gesicht der Karnevalskönigin. Und zu seinem noch größeren Unglück erlaubten die Lieder, aus denen Dulce Rosas Name klang, ihm nicht, sie aus seinem Herzen zu reißen. Das Bild des jungen Mädchens wuchs in ihm, nahm ihn ganz in Besitz, bis er es eines Tages nicht mehr länger ertrug. Bei einem Festmahl zu Ehren seines siebenundfünfzigsten Geburtstages saß er am Kopfende einer langen Tafel, umgeben von Freunden und Mitarbeitern, als er auf dem Tischtuch zwischen Jasminblüten plötzlich ein nacktes Geschöpf zu sehen glaubte, und er begriff, daß dieser Alptraum ihn auch nach seinem Tode nicht in Frieden lassen würde. Er schlug mit der Faust auf den Tisch, daß die Teller hochsprangen, und verlangte seinen Stock und seinen Hut.

»Wohin gehen Sie, Don Tadeo?« fragte der Präfekt.

»Ein altes Unrecht wiedergutmachen«, antwortete er und ging, ohne sich zu verabschieden.

Er brauchte sie nicht zu suchen, denn er hatte stets gewußt, daß sie noch immer in dem Haus ihres Unglücks lebte, und dorthin lenkte er seinen Wagen. Inzwischen gab es gute Straßen, und die Entfernungen schienen kürzer geworden zu sein. Die Landschaft hatte sich in diesen Jahrzehnten verändert, aber als er die letzte Biegung des Hügels genommen hatte, lag das Landgut vor ihm, wie er es in Erinnerung hatte, bevor sein Trupp es stürmte. Dort waren die festen Mauern aus Flußstein, die er mit Dynamit zu sprengen versucht hatte, dort die Bäume, an die er die Leichen der Männer des Senators gehängt hatte, dort der Patio, wo er die Hunde erschossen hatte. Hundert Meter vor der Tür hielt er seinen Wagen an und wagte nicht, weiterzufahren, denn er fühlte sein Herz in der Brust zerspringen. Er wollte eben wenden, um dorthin zurückzukehren, von wo er gekommen war, als zwischen den Rosensträuchern eine Gestalt auftauchte. Er schloß die Lider und wünschte mit aller Kraft, sie möge ihn nicht erkennen. In dem weichen Licht des Spätnachmittags hatte er Dulce Rosa Orellano erblickt, die über die Gartenwege heranzuschweben schien. Er sah ihr Haar, ihr klares Gesicht, die Harmonie ihrer Bewegungen, das Flattern ihres Kleides und glaubte in einem Traum befangen zu sein, der schon fünfundzwanzig Jahre währte.

»Endlich kommst du, Tadeo Céspedes«, sagte sie, ohne sich von seinem schwarzen Bürgermeisterhabit und seinen gepflegten grauen Haaren täuschen zu lassen. Er hatte noch dieselben Piratenhände.

»Du hast mich verfolgt, ohne Ruhe zu geben. Ich habe in meinem ganzen Leben keine andere lieben können, nur dich«, sagte er mit vor Scham gebrochener Stimme.

Dulce Rosa Orellano seufzte befriedigt auf. Sie hatte ihn die ganze Zeit Tag und Nacht mit ihren Gedanken gerufen, und endlich war er hier. Ihre Stunde war gekommen. Aber als sie ihm in die Augen sah, entdeckte sie in ihnen keine Spur des Henkers von einst, nur frische Tränen. Sie suchte in ihrem Herzen den Haß, den sie ein Leben lang gehegt hatte, und konnte ihn nicht finden. Sie rief sich den Augenblick ins Gedächtnis, als sie ihren Vater um das furchtbare Opfer gebeten hatte, sie am Leben zu lassen, damit sie eine Pflicht erfüllen konnte, sie erinnerte sich an die so viele Male verfluchte Umarmung dieses Mannes und an den Morgen, an dem sie traurige Überreste in ein Leinenlaken gehüllt hatte. Sie besann sich auf ihren perfekten Racheplan, aber sie fühlte nicht die erwartete Freude, sondern eine tiefe Wehmut. Tadeo Céspedes nahm behutsam ihre Hand und küßte sie, die feucht wurde von seinen Tränen. Da begriff sie bestürzt, daß sie zuviel an ihn gedacht, die Strafe im voraus genossen hatte, dadurch hatte ihr Gefühl sich umgekehrt, und nun liebte sie ihn.

In den folgenden Tagen öffneten sich die Schleusen der so lange unterdrückten Liebe, und zum erstenmal in ihrem strengen Dasein schlossen sie sich auf, um die Nähe des andern zu spüren. Sie spazierten durch die Gärten und sprachen über sich selbst, ohne die unselige Nacht auszulassen, die ihrer beider Lebenswege verändert hatte. Am Abend spielte sie ihm auf dem Klavier vor, und er rauchte und hörte ihr zu, bis er fühlte, wie alles in ihm sanft und weich wurde und wie das Glück ihn wie ein Mantel umhüllte und die Alpträume der Vergangenheit auslöschte. Nach dem Abendessen fuhr Tadeo Céspedes nach Santa Teresa hinein, wo sich schon niemand mehr an die alte Schreckensgeschichte erinnerte. Er stieg im besten Hotel ab und bereitete von dort aus seine Hochzeit vor. Er wollte ein Fest mit großem Aufwand, verschwenderisch gedeckten Tischen und fröhlichem Lärm, an dem der ganze Ort teilnehmen sollte. Er hatte die Liebe in einem Alter entdeckt, in dem andere Männer alle Illusionen verloren haben, und das gab ihm die Kraft seiner Jugend zurück. Er wollte Dulce Rosa mit Zärtlichkeit und Schönheit umgeben, ihr alles schenken, was man für Geld kaufen kann, vielleicht würde es ihm gelingen, sie für das Böse zu entschädigen, das er ihr als junger Mann angetan hatte. Es gab Augenblicke, wo ihn Panik überkam. Dann forschte er in ihrem Gesicht nach Zeichen des Grolls, aber er sah nur das Licht der erwiderten Liebe, und das gab ihm die Zuversicht zurück. So verging ein glücklicher Monat.

Zwei Tage vor der Hochzeit, als schon die langen Tische im Garten aufgestellt, das Geflügel und die Schweine für das Festmahl geschlachtet und die Blumen geschnitten wurden, die das Haus schmücken sollten, probierte Dulce Rosa das Brautkleid an. Sie sah ihr Bild im Spiegel, so ähnlich dem am Tag ihrer Krönung zur Karnevalskönigin, und plötzlich konnte sie ihr Herz nicht länger betrügen. Sie wußte, daß sie ihre geplante Rache niemals vollziehen würde, weil sie den Mörder liebte, aber ihr war endlich auch klar, daß sie ebensowenig imstande sein würde, das Gespenst des Senators zum Schweigen zu bringen. So entließ sie die Schneiderin, nahm die Schere und ging in das Zimmer am dritten Patio, das die ganzen Jahre hindurch unbewohnt geblieben war.

Tadeo Céspedes suchte sie überall und rief verzweifelt ihren Namen. Das Bellen der Hunde führte ihn zum äußersten Ende des Hauses. Mit Hilfe des Gärtners brach er die verriegelte Tür auf und trat in das Zimmer, in dem er einmal einen jasmingekrönten Engel erblickt hatte. Er fand Dulce Rosa so, wie er sie jede Nacht im Traum gesehen hatte, in dem gleichen blutgetränkten Organzakleid, und er ahnte, daß er neunzig Jahre alt werden würde, um seine Schuld mit der Erinnerung an die einzige Frau zu sühnen, die seine Seele lieben konnte.

Marilyn French

Valerie

»Valerie ist keine Person, sie ist eine Erfahrung«, sagte Tadziewski, der sie erst wenige Wochen kannte.

Sie war groß – über einssiebzig – und grobknochig und gut gepolstert. Und sie hatte eine so mächtige Stimme, daß du sie, auch wenn sie normal sprach, in ganz Harvard hören konntest. Wahrscheinlich konnte sie nichts dafür, dachte Mira und verzog mißbilligend den Mund. Obwohl sie so alt war wie Mira, schien sie sich in Harvard in keiner Weise unwohl zu fühlen. Unbefangen schritt sie über den Campus, mit ihrem unvermeidlichen, wehenden Cape. Sie hatte Capes von überallher – aus Spanien, Griechenland, Rußland, Arizona. Sie trug Stiefel und drehte beim Gehen die Füße nach innen, und sie lachte viel und laut und zog jeden ins Gespräch, jeden, der ihr über den Weg lief. Und sie war obszön.

Mira fühlte sich zu Val hingezogen, weil sie fast gleichaltrig waren und weil Val die Erfahrung und das Wissen zu haben schien, die ihr selbst fehlten. Aber sie war entsetzt über Vals Sprache und fühlte sich etwas abgestoßen von ihrer direkten, etwas... krassen Art – sie wußte es nicht genau zu benennen. Sie fühlte sich fast ein bißchen bedroht, als hielte Val sich womöglich nicht an die Spielregeln, so wie andere Leute das taten, als ob ihr nichts heilig sei. Es war keine offenkundige Bedrohung, aber sie war spürbar. Mira hätte nicht sagen können, womit Valerie ihr weh tun könnte, aber sie fühlte sich verwundbar. Für sich nannte sie es Valeries Fähigkeit, »alles, überhaupt alles« zu tun oder zu sagen. Manchmal, wenn sie Lehman Hall satt hatten, gingen Iso, Val und Mira über die Straße ins Toga zum Mittagessen. Mira bestellte Kaffee, Iso Milch, aber Valerie trank Bier. Sie trank literweise Bier. Valerie ließ nie ein Thema fallen, wenn es ihr zu persönlich wurde, und jedes Thema wurde irgendwie persönlich, wenn sie darüber sprach. Sie brachte alles mit Sex in Zusammenhang und benutzte Sexualbegriffe so selbstverständlich wie alle anderen Wörter. Mira konnte gerade noch das Wort »Scheiße« ertragen – es war eines von Norms Lieblingswörtern gewesen. Aber bei härteren Ausdrücken zuckte sie zusammen und sah sich besorgt um, ob die Leute entsetzt zu ihnen herüberstarrten.

Zu Iso fühlte sie sich sehr hingezogen, trotz – oder wegen – ihres ausdruckslosen Gesichts, ihrer leblosen Augen und der monotonen Art, wie sie interessante Geschichten vortrug. Iso rührte sie, und Mira, selbst zurückhaltend und eher geneigt, körperliche Kontakte zu vermeiden, hatte das Verlagen, die Hand auszustrecken und ihre Freundin zu berühren, sie physisch wie psychisch anzurühren. Aber Isos unpersönliche Art machte das unmöglich. Iso sprach über alles, aber nicht über sich selbst. Sie stellte anderen durchaus persönliche Fragen, aber sie waren so offenkundig harmlos, daß sie nie jemanden verletzten. »Welchen Cowboy-Star mochtest du am liebsten, als du klein warst?« Oder: »Was für Bücher hast du als Teen gern gelesen?« Oder: »Welches Auto würdest du dir kaufen, wenn du viel Geld hättest?« Solche Fragen regten immer zu lebhaften Diskussionen an, und die Gespräche hatten dann oft etwas Freies, Kindliches, Spielerisches, weil sie sich um Dinge drehten, die eigentlich Themen für Kinder waren. Aber Mira sah, wie aufmerksam Iso die Gesichter beobachtete, wenn sie über Roy Rogers, The Lone Ranger und James Arness grinsten und kicherten. Sie beobachtete, hörte zu und hörte mehr, als die Sprechenden sich träumen ließen. Später sagte sie dann vielleicht: »Ich glaube, Elliott ist auch so ein empfindsamer Kerl, der sich aus Angst in autoritäres Verhalten geflüchtet hat, weil er in den Augen der anderen Kinder nie männlich genug war. Unter seiner anmaßenden Art schlägt das Herz eines furchtsamen Jungen.« Und auf solche Weise brachte sie einem besonders unangenehmen jungen Mann mehr Barmherzigkeit und Verständnis entgegen als irgend jemand sonst.

Die drei, Mira, Val und Iso, bildeten eine kleine Gruppe. Sie kannten und mochten Kyla und Clarissa, aber die beiden waren verheiratet und lebten ganz anders als sie. Beim Kaffee und bei Parties kamen andere Studenten dazu, aber die drei Frauen empfanden eine besondere Nähe zueinander. Ava ging selten zu irgendwelchen Parties in Harvard, aber sie ging oft mit Iso zu Val oder Mira, und mit der Zeit sprach sie freier, sah sich freier um, blieb länger im Raum.

Mit der Zeit hörte Mira auch auf, ständig an ihr Äußeres zu denken. Sie zog sich lässiger an, nicht gerade Jeans, aber doch Hosen und weiche Blusen oder Pullover und Stiefel mit flachen Absätzen. Sie ließ ihr Haar nachwachsen, bis es wieder seine echte dunkelblonde Farbe hatte; sie lief durch die Straßen und nahm zur Kenntnis, was sich dort abspielte, statt ständig ihr Spiegelbild zu suchen. Sie fühlte sich allein, abgesondert, aber es war kein schlechtes Gefühl. Sie wäre vollkommen glücklich gewesen, wenn sie nur jemanden gehabt hätte, den sie hätte lieben können.

Val, der sie das anvertraute, reagierte nicht sehr mitfühlend.

»Hmm. Hattest du denn jemanden?«

»Ich war verheiratet.«

»Schon, aber hast du ihn wirklich geliebt, diesen – wie hieß er doch? – Norm? Ich meine, hast du Liebe empfunden, wenn du ihn gesehen oder mit ihm gesprochen hast? Oder war es bloß Gewohnheit?«

»Es war ein Gefühl von Sicherheit.«

»Und das willst du wieder?«

Sie saßen in Vals Küche. Mira und Iso – Ava hatte Ballettstunde – waren zum Abendessen gekommen. Val wohnte auch in einem dreistöckigen Haus, aber ihre Wohnung hatte hohe Decken und hohe Fenster mit Fensterläden. Sie war sauber und weiß gestrichen, und vor den Fenstern befand sich ein Urwald von Pflanzen, die dort hingen oder auf niedrigen Korbtischen standen. Es gab keine Gardinen, nur Bambusrollos, aber die Pflanzen tauchten den Raum in ein kühles grünes Licht. In dem Zimmer standen zwei niedrige Liegen mit bunten Decken und zahllosen Kissen, ein paar weiße Korbstühle mit kühlen grünen und blauen Kissen, Bücherregale, und an den Wänden hingen Poster, Drucke, afrikanische Masken.

»Es ist wunderschön bei dir, Val«, sagte Mira, als sie hereinkam. »Wie hast du das nur so hingekriegt?«

»Die Wohnung war ein Saustall, als wir hier einzogen. Aber Chrissie und ich« – sie legte den Arm um die Schulter ihrer Tochter – »haben geschmirgelt und gegipst und geschmirgelt und gemalt. Es hat uns Spaß gemacht, wie, Chris?«

Das Mädchen war zart und schmal, sehr hübsch, aber mürrisch. Sie entzog sich vorsichtig dem Arm ihrer Mutter.

»Chrissie macht gerade eine Phase durch: sie haßt mich«, sagte Val lachend, und das Mädchen errötete.

»Oh, Mami!« sagte sie und ging aus dem Zimmer.

»*Du* hast geschmirgelt und gegipst und gemalt?«

»Klar. Ist nicht schwer.«

Mira folgte Val in die Küche. »Ich muß nur noch ein bißchen Grünzeug kleinschneiden«, entschuldigte Val sich.

Chris saß am Küchentisch und sprach mit Iso – in gedämpftem, ernstem Ton. Sie standen auf, als Val und Mira hereinkamen, und gingen langsam aus der Küche. »Wir müssen allein sein bei diesem Gespräch«, sagte Iso und sah Val bedeutsam mit rollenden Augen an. Sie wandte sich wieder Chris zu. »Richtig, ja, zum Beispiel wenn du die flämische Kunst im 15. Jahrhundert mit der flämischen Malerei im 16. und 17. Jahrhundert vergleichst, dann siehst du es. Da kommt es zu einer Besessenheit von Dingen – Besitz. Und *er* will darauf hinaus, daß Reichtum das Merkmal der weltlichen Auserwählten war, und so wurde der Calvinismus in gewisser Weise säkularisiert, wandelte sich zum Kapitalismus ...« Sie entschwanden.

Val warf Mira einen belustigten Blick zu. »Meine frühreife Tochter.«

»Wie alt ist sie?«

»Sechzehn. Im Februar wird sie siebzehn. Sie ist in der Oberstufe der High School. Sie ist frühreif.«

»Sie ist sehr hübsch.«

»Mmmm.« Val schnitt Zwiebeln.

Mira wanderte in der Küche herum, die ebenfalls groß und hell war. Pflanzen standen auf der Fensterbank und hingen am Fenster. Auf dem runden Tisch lag eine knallbuntgestreifte Tischdecke und vor dem Spülstein eine große leuchtende Matte. Die eine Wand war Gewürzständern vorbehalten: Dutzende von Gewürzen, darunter welche, von denen Mira noch nie gehört hatte. Auf den Arbeitsflächen an der Wand standen glänzende, helle Büchsen aufgereiht nebeneinander, Plastikdosen, wie es schien, rote und purpurrote und orangerote.

Eine andere Wand war mit Drucken »tapeziert«. Mira ging hin und sah sie sich an. Sie waren aus einem Buch oder einer Zeitschrift ausgeschnitten. Es waren persische, indische oder chinesische Bilder, alle pornographisch. Mira wandte die Augen ab und ging wieder ans Fenster und atmete auf. »Wie lange warst du verheiratet?« fragte sie angespannt.

»Scheißlange!« Val goß etwas Wein über brutzelndes Fleisch. »Vier Jahre. Er war ein Schweinehund, wie alle Männer. Ich hab's aufgegeben, ihn zu hassen, oder irgendeinen von ihnen. Sie können nicht anders: sie werden zu Schweinehunden abgerichtet. Wir werden zu Engeln erzogen, damit sie Schweinehunde sein können. Man kann das System nicht abschaffen. Sie können's jedenfalls nicht«, schloß sie lachend.

»Willst du damit sagen«, fragte Mira vorsichtig, »daß du nie wieder heiraten würdest?«

»Ich kann mir nicht vorstellen, warum ich sollte«, antwortete Val etwas abwesend, da sie gerade ein Gewürz in einem kleinen Löffel abmaß. Sie rührte das Gewürz in das Fleisch und drehte sich zu Mira um. »Warum? Würdest du?«

»Ich dachte eigentlich. Ich meine, irgendwie hab ich immer angenommen, daß ich wieder heiraten würde. Die meisten Geschiedenen heiraten wieder, oder?« Ihre fragende Stimme klang etwas ängstlich.

»Ich glaube schon. Das behaupten jedenfalls die Statistiken. Aber die meisten Frauen, die ich kenne, wollen nicht wieder heiraten.«

Mira setzte sich.

»Ich glaube, sie sind einsam. Bist du's nicht? Na, du hast ja auch Chris.«

»Einsamkeit – das ist eine Frage der Einstellung. Es ist wie die Jungfräulichkeit ein Bewußtseinszustand«, sagte Val lachend.

»Wie kannst du so etwas sagen?« Miras Stimme hatte einen scharfen Unterton. »Einsamkeit ist Einsamkeit.«

»Ich schließe daraus, daß du einsam bist.« Val lächelte sie an. »Aber bist du nicht auch oft einsam gewesen, als du verheiratet warst? Und ist es nicht manchmal ganz angenehm, allein zu sein? Und bist du, wenn du manchmal allein bist, nicht vor allem deshalb traurig, weil die Gesellschaft dir sagt, du solltest nicht allein sein? Und du stellst dir vor, daß jemand da wäre und jede Regung deines Herzens und deines Denkens verstehen würde. Während doch, wenn jemand da wäre, er – oder auch sie – vielleicht gar nicht in der Lage dazu wäre. Und das ist noch schlimmer. Wenn jemand da ist und doch nicht da ist. Ich glaube, wenn du ein paar gute Freunde hast und eine ordentliche Arbeit, dann fühlst du dich nicht einsam. Ich glaube, Einsamkeit ist eine Erfindung der Bewußtseinsindustrie. Ein Teil des romantischen Märchens. Die andere Seite: wenn du deine Traumperson findest, wirst du dich nie wieder als selbständige Person fühlen. Womit du ein Krüppel bist.«

»Du schlägst mir das ein bißchen zu schnell um die Ohren«, sagte Mira. »Ich bin nicht sicher, ob ich dem folgen kann.«

Isolde kam mit breitem Grinsen in die Küche gestürmt: »Jesus, diese Chris! Sie löchert mich nach Tawney. Ich mußte ihr empfehlen, ihn selbst zu lesen, sich mit dem Buch und nicht mit mir zu streiten. Das ist ja eine!« Sie goß Wein in ihr und in

Miras Glas. »Wie steht's mit dir, Val?« Val nickte. Sie maß Sahne in einer gläsernen Meßtasse ab. »Wie wirst du denn mit ihr fertig?«

»Ich lasse sie in Ruhe«, sagte Val kurz, aber mit einem Lächeln. »Meine Theorie, was Kinder angeht.« Sie wandte sich an Mira. »Ich habe, fürchte ich, zu fast allem eine Theorie.« Sie bedachte Mira mit einem so anmutigen, reizenden, fast entschuldigenden Lächeln, daß Mira sie fast mochte. »In Wirklichkeit ist Chris' Problem ihre Schüchternheit. Wir sind so oft umgezogen. Sie hat keine Freundinnen in ihrem Alter. Ich habe sie gedrängt, etwas aus sich herauszugehen, aber ihr wißt ja, was es bedeutet, schüchtern und sechzehn zu sein.«

Das Abendessen wurde in der Küche eingenommen – es gab kein Eßzimmer.

»Ich hoffe, ihr mögt Brunnenkressecremesuppe«, sagte Val.

Brunnenkressecremesuppe? Aber es roch gut.

»Jedesmal, wenn ich sie Gästen anbiete, muß ich an einen Typen denken, den ich einmal kannte. Ich war ziemlich engagiert, und alles war noch im Anfangsstadium, und es fehlte ein kleiner Anstoß von meiner Seite, versteht ihr? Sie sind immer so schwerfällig. Na, jedenfalls waren die Dinge bis zu *diesem* Punkt gediehen – ich war aufgeregt, wollte furchtbar gern gefallen, und er kam mir vor wie der Goldjunge persönlich...«

Chris schlüpfte auf ihren Platz. »Sprecht ihr wieder über Männer?«

»Warum nicht, immerhin machen sie die Hälfte der Menschheit aus, oder etwa nicht?« fuhr ihre Mutter sie an.

»Männer, Männer, Männer«, sagte Chris mit dumpfer, spöttischer Stimme. »Ich habe sie satt, die Frauen, die dauernd über Männer reden. Warum redet ihr nicht über den Kapitalismus? Da könnte ich was bei lernen.«

Iso kicherte und verbarg ihren Mund in ihrer Serviette.

»Ich habe dir bereits alles beigebracht, was ich über den Kapitalismus weiß, Chrissie«, sagte Val leichthin. »Es ist ganz einfach, ein Spiel, verstehst du? In der ersten Runde kriegen die

Leute, die gut im Grapschen sind, die meisten Chips. In der zweiten Runde machen sie die Spielregeln, und sie machen sie so, daß sie selber ganz bestimmt die meisten Chips behalten können. Danach ist es wirklich einfach. Die Reichen halten die Armen in Schach, und die Reichen werden reicher, und die Armen werden ärmer. Ich habe das Spiel sogar gespielt, mitgespielt – irgendwann mal.«

Chris warf ihrer Mutter einen angeekelten Blick zu. »Manche Leute könnten dich der allzu großen Vereinfachung beschuldigen, Mami.«

»Hast du was Besseres vorzuschlagen?« Val warf ihr einen überlegenen Blick zu und fuchtelte mit ihrem Löffel vor Chris herum. Mira merkte, daß sie spielten.

»Ihr könnt mein Referat lesen, wenn es fertig ist«, sagte Chris. »Es ist für den Sozialkundeunterricht, und der Lehrer ist ein richtiges Schwein. Er ist der Meinung, alle schwarzen Kinder sind Tiere – er nennt sie sogar so –, er ist der Meinung, Joseph McCarthy ist ein verleumdeter Heiliger.«

»Na, du bist doch auch der Meinung, *er* sei ein Tier: du hast ihn als Schwein bezeichnet.«

Chris schnitt ihrer Mutter eine Grimasse. »Getroffen – ein Punkt für dich. Na, vielleicht findet ihr ja mein Referat interessant. Er gibt mir sicher eine Fünf dafür.«

Val sah ihre Tochter an, und sie blickte sanft und liebevoll und fast ein bißchen schmerzlich.

»Die Schulen in Cambridge sind ein echter Horror«, sagte sie zu Mira. »Klassenkabbeleien: weiße Spießer, die versuchen, die Nigger unten zu halten. Die schwarzen Kinder sind zornig, die weißen verängstigt – keine Schule, eine Zeitbombe. Eines Tages... Ich hoffe nur, daß Chrissie raus ist, ehe das Ganze explodiert.«

»Ohoo!« Chris neckte sie. »Ich dachte, du seist eine tapfere Radikale.«

»Scheiße, Pisse und Korruption«, sagte Iso. »Deine Mutter würde vielleicht selbst ganz gern eine Bombe werfen, aber ganz bestimmt möchte sie dich nicht in Reichweite irgendeiner Bombe sehen.«

»Ich bin eine lausige Radikale«, sagte Val. »Ich rede nur. Das solltest du inzwischen wissen.«

Chris lachte zufrieden. »Das hast du gesagt, nicht ich.«

Val stand auf, um die Suppenteller wegzustellen. Chris sprang auf und half ihr. Val stellte mehrere Schüsseln auf den Tisch – einen Salat aus Spiant und Pilzen, dazu, in einer kleinen Schüssel, eine Salatsoße mit Käse, Nudeln und einen wunderbar duftenden, rotbraunen Burgunderbraten. Chris half ihrer Mutter; sie sprachen nicht. Sie arbeiteten zusammen, als wüßten sie voneinander, was die andere tun wollte, ohne daß ein Wort nötig war. Es gab französisches Stangenbrot und wieder Wein. Chris spülte die Suppenteller kurz unter fließendem Wasser ab und setzte sich. Das Essen roch köstlich.

»Die Suppe war phantastisch«, sagte Mira. »Was wolltest du vorhin erzählen? Von irgend jemandem, für den du sie einmal gemacht hast? Du sagtest, daß du richtig verliebt warst...«

Iso fing an zu kichern. »Erzähl ihr von der Liebe, Val.«

Chris ächzte. »Warte bis nach dem Nachtisch.«

Iso lachte leise, fast lautlos, aber sie mußte immer weiterlachen, kicherte immer wieder. »Nun los«, drängte sie, immer noch lachend.

»Darf ich bitte mein Abendessen in Ruhe genießen, Mutter?« fragte Chris wütend. Es klang ernsthaft.

»Zum Teufel, Chris«, sagte Val. »Warum bist du heute so kribbelig?« Sie wandte sich Mira zu. »Oh, es war nichts. Er mußte sich übergeben. Nachdem er gegessen hatte, meine ich. Nicht wegen der Suppe, er war betrunken, kam schon betrunken hier an. Es war einer von diesen Abenden, wo du unruhig hin und her läufst, weil ER, ER, der Magier, im Kommen ist. Na, ihr wißt ja Bescheid.«

»Ich nicht. Wirklich.«

»Liebe. Richtig verliebt sein. Verrückt sein.« Val goß ihnen wieder Wein ein.

»Val haßt die Liebe«, erklärte Iso mit einem boshaften Lächeln im Gesicht.

Mira blinzelte Val an. »Warum?«

»Ach, Scheiße.« Val trank von ihrem Wein. »Ich meine, Liebe gehört zu den Dingen, die sie eingerichtet haben, wie die Madonna, oder die Unfehlbarkeit des Papstes, oder das Königtum von Gottes Gnaden. Ein Haufen Unsinn zur Wahrheit aufgebauscht, *erigiert* – und das ist das entscheidende Wort. Worin der besondere Unsinn besteht, ist nicht wesentlich. Das Wesentliche ist, warum sie's getan haben.«

»Komm, Val, überspring dies eine Mal die Theorie.«

»Die Liebe ist eine Geisteskrankheit. Die alten Griechen wußten das. In einem vernünftigen und klaren Verstand ergreifen Selbsttäuschung und Selbstzerstörung die Macht. Du verlierst dich selbst, du hast keine Macht mehr über dich selbst, du kannst nicht mehr richtig denken. Das ist der Grund, warum ich die Liebe hasse. Nicht, versteht das richtig, weil ich eine Rationalistin wäre. Ich glaube, alles ist vernünftig. Das Wort irrational wird auf rationale Zusammenhänge angewandt, die wir nicht ganz verstehen. Und ich glaube auch nicht, daß Vernunft und Verlangen getrennte Dinge sind, ich glaube an keinen dieser sauberen kleinen Zäune in der Wüste, die die Menschheit so gern errichtet. Alles kommt aus allen Teilen der eigenen Person, aber manche Teile verstehen wir besser oder meinen wir besser zu verstehen als andere. Aber die Liebe ist eine Geisteskrankheit, die außerhalb von uns erzeugt wird – durch die Struktur. Es gibt noch eine Menge andere...«

»Val...« Iso drohte Val mit ihrer Gabel.

»Okay. Liebe gehört zu den Dingen, von denen du meinst, daß sie einfach passieren müssen, daß sie ein Faktum des Lebens sind, und wenn sie dir nicht passiert, fühlst du dich betrogen. Du läufst rum und fühlst dich mies, weil es dir nie passiert ist. Und eines Tages begegnest du dem Kerl – stimmt's? Und BOING! Er ist phantastisch! Egal, was er macht. Er mag in einer Diskussion etwas sagen, er mag eine asphaltierte Straße aufhakken, ohne Hemd und mit gebräuntem Rücken. Es ist egal. Selbst wenn du ihm schon mal begegnet bist und er dir nicht weiter aufgefallen ist – irgendwann schaust du ihn an und alles, was du bis dahin über ihn gedacht hast, verflüchtigt sich aus deinem Kopf. Du hast ihn vorher nie richtig wahrgenommen! Du erkennst das im Bruchteil einer Sekunde. Du hast einfach nie bemerkt, wie absolut phantastisch er ist!

Aber plötzlich siehst du es. Dieser Rücken, diese Arme! Diese Kraft in seinem Kinn, als er sich vorbeugte, um seinen Gegner abzuschmettern. Dieses Leuchten in seinen Augen! Was für Augen. Und wie lässig, wenn er sich mit den Fingern durchs Haar streicht. Oh, diese Haare!«

Iso saß über den Tisch gebeugt und lachte. Vals Gesicht vollbrachte, während sie sprach, wahre Kunststücke an schauspielerischer Mimik: sie war zugleich voller Bewunderung und Spott.

»Seine Haut, oh, mein Gott, diese Haut! Wie Seide. Du sitzt da und kannst kaum an dich halten, du möchtest deine Hände über diese Haut gleiten lassen. Und seine Hände! Mein Gott, was für Hände! Stark, zart, breit und kraftvoll, egal, wie sie sind – es sind phantastische Hände. Jedesmal, wenn du sie ansiehst, fängst du an zu schwitzen, deine Achselhöhlen werden feucht...«

Iso verschluckte sich an ihrem Wein und mußte aufstehen, ging aber nur bis zur Tür. Val achtete nicht darauf.

»Du kannst diese Hände nicht sehen, ohne sie dir auf deinem Körper vorzustellen. Seine Hände anzusehen wird eine verbotene Tat, ein Akt der Wollust. Seine Hände sind voller Gefühl, und du verspürst ein Prickeln, als ob sie dich berührten. Dich berührten, in dieser Umgebung! Himmel, nein! Du wendest die Augen von seinen Händen ab. Aber diese Arme! Mein Gott, was für Arme! So stark, so biegsam, wie geschaffen zum Umarmen, zum Umschließen, zum Beschützen und zum Trösten, aber sie könnten dich auch zerbrechen, das ist Teil des Spaßes, diese Arme sind unberechenbar, sie könnten deinen Körper foltern, wären imstande, dich in ein Stück Lehm zu verwandeln...«

»Ts, ts«, machte Mira zu ihrer eigenen Überraschung.

»Und sein Mund! Oh, dieser Mund. Sinnlich und grausam, oder voll und leidenschaftlich, er sieht aus, als könnte er dich mit diesem Mund verschlingen. Du willst diesen Mund, egal, was er dir antun wird. Du sehnst dich nach ihm, sogar nach seiner Grausamkeit. Und wenn er ihn öffnet! Mein Gott, welche Perlen! Alles, was er sagt, hat einen Heiligenschein, er sprüht vor Scharfsinn. Ob inhaltsschwer oder symbolisch, alles, was er sagt, bedeutet, Teufel noch mal, viel, viel mehr, als du auf Anhieb erkennst. Er wendet sich dir zu und sagt: ›Draußen regnet es.‹ Und du siehst ein Glitzern in seinen Augen, siehst, wie er sich in Gedanken ausrechnet, ob ihr zwei in der Nacht irgendwie zusammenkommen könnt, und du siehst, wie er auf Mittel sinnt, siehst Leidenschaft und Begierde, siehst unbeugsamen Willen, und all dieser Wille ist auf *dich* gerichtet. Oder er redet über Politik, und alles, was er sagt, ist brillant, du kannst nicht verstehen, warum die anderen Leute im Raum nicht aufspringen, wie du es am liebsten tätest, um ihm die Füße zu küssen, dem Retter. Wenn er sich dir zuwendet und lächelt, möchtest du dich zu einem kleinen Ball zusammenkringeln und herunterfallen und dich unter seine Füße schmiegen wie ein Fußkissen. Wenn er sich von dir abwendet, ist dir, als hätte die Welt aufgehört, sich zu drehen, und du willst sterben, du möchtest ein Messer nehmen und es dir ins Herz stoßen, möchtest dastehen und rufen: ›Wenn er mich nicht liebt, will ich nicht länger leben.‹ Jede Kopfwendung in eine andere Richtung vernichtet dich: du bist eifersüchtig, nicht nur auf andere Frauen, sondern auch auf Männer, auf Wände, auf Musik, auf den beschissenen Druck, der über dem Sofa hängt.

Nun, mit der Zeit kommt ihr euch etwas näher. Deine Leidenschaft ist so extrem, daß es keine andere Möglichkeit gibt. Und irgendwo weißt du das. Du weißt, irgendwie hast du selbst das alles in Gang gebracht. Deshalb traust du dem Frieden nicht. Du hast dauernd das Gefühl, daß du ihn zwar irgendwie dazu gebracht hast, dich zu einer Tasse Kaffee einzuladen, oder zum Mittagessen oder zum Abendessen, oder zu einem Kammermusikkonzert, oder was auch immer, daß aber, wenn du nur eine Minute die Beherrschung verlierst, der Zauber gebrochen ist und du ihn für immer verlieren wirst. Deshalb bist du, wenn du mit ihm zusammen bist, immer groß in Fahrt, immer geistreich, deine Augen blicken etwas verrückt, sind aber sehr schön, du spielst deine Rolle genau richtig, nur hat die Art, wie du sprichst, nichts mit dir selbst zu tun, du sprichst genau wie jemand auf der Bühne, sprichst die Gestalt, von der du annimmst, daß sie bei ihm ankommt, und du schwebst in höchsten Ängsten, weil du auch erschöpft bist und nicht weißt, wie lange du das noch durchhältst, aber jedesmal, wenn er auftaucht, schaffst du es wieder.

Meistens, wenn du ein weibliches Wesen bist, lächelst du dauernd, hörst dauernd zu, kochst dauernd. Du betest ihn an, während der zwölf Minuten, die er braucht, um das Werk deines ganzen Nachmittags hinunterzuschlingen. Und allmählich kriegst du ihn dahin, wo du ihn haben willst, nämlich in dein Bett. Wenn du's nicht schaffst – nun, das ist ein anderer Trip, und da kenne ich mich nicht aus. Ich kann nur von dem sprechen, was ich weiß. Du kriegst ihn in dein Bett, und eine Zeitlang ist alles wunderbar. So schön war Sex noch nie für dich – er ist der großartigste Liebhaber, den du je gehabt hast. Und in gewisser Weise stimmt das sogar. Ihr liegt beide in einem warmen Liebesbad, ihr schlaft miteinander und ihr eßt und sprecht und geht zusammen spazieren, und es ist kaum eine Trennungslinie zwischen diesen Dingen, die fließen alle zusammen, und alles ist warm und heiß und von den leuchtendsten Farben, und es ist gut und richtig, du schwebst darin, nichts ist je so richtig in deinem Leben gewesen. Ihr beide seid ein einziges Miteinander, seid verschmolzene Zärtlichkeit, eure Haut fließt ineinander, du spürst, wenn ihn friert, selbst wenn er in einem anderen Zimmer ist. Und jedesmal, wenn er deine Haut berührt oder du die seine, springen die Funken über, als ob ihr Blitze in euch trüget, als ob ihr beide Zeus wäret.«

Mira starrte sie nur an. Isolde war zurückgekommen und goß sich Wein ein, aber sie war still, grinste höchstens. Chris saß da, den Kopf über ihren halb geleerten Teller gebeugt, und stocherte verdrossen mit der Gabel in ihrem Essen herum. Val war in voller Fahrt. Ihr Gesicht war gerötet vom Wein und vom Kochen, sie hielt ihr Glas in der Hand und gestikulierte damit und starrte auf einen Punkt an der Wand über Isos Kopf.

»Du kannst nicht über praktische Einzelheiten, über Lappalien wie Geldverdienen und Studium nachdenken. Es ist so, als ob die empfindsame Oberfläche deiner Haut und die Innereien deines Körpers eine direkte Verbindung hätten und als wäre das das Wesentliche im Leben. Nichts sonst zählt. So machst du eine Zeitlang weiter, Monate vielleicht, fällst bei den Prüfungen durch, verlierst deinen Job, wirst aus deiner Wohnung rausgeschmissen – was auch immer. Es macht nichts, denn nichts anderes existiert. Du reagierst vielleicht ein bißchen paranoid, denkst, die ganze Welt hätte sich gegen die Liebenden verschworen. Du findest alles furchtbar gemein, denkst, alle anderen sind blöde und grob und schwerfällig und verstehen nichts von dem Feuer, das das Leben ist.

Dann, eines Tages, passiert das Undenkbare. Ihr sitzt zusammen am Frühstückstisch, und du hast einen kleinen Kater, und du schaust zu dem Geliebten hinüber, dem wunderschönen Goldknaben, und der Geliebte öffnet seinen lieblichen Rosenknospenmund, entblößt seine schimmernden weißen Zähne, und der Geliebte gibt irgendeine Dummheit von sich. Dich rührt der Schlag: deine Temperatur stürzt. Der Geliebte hat noch nie irgend etwas Dummes gesagt. Du siehst ihn an, du bist sicher, du hast dich verhört. Du bittest ihn, es noch einmal zu sagen. Und er tut es. Er sagt: ›Draußen regnet es.‹ Und du siehst aus dem Fenster, der Himmel ist ungetrübt. Und du sagst: ›Nein, es regnet nicht. Vielleicht solltest du mal deine Augen untersuchen lassen. Oder deine Ohren.‹ Du fängst an, an allen seinen Sinnen zu zweifeln. Es kann ja nur ein Defekt in seinem Sinnesapparat sein, was ihn so etwas sagen ließ. Aber selbst dieser kleine Defekt ist nicht wichtig. Die Liebe läßt sich nicht durch einen Hufschmied, durch Kontaktlinsen oder Hörgeräte stoppen. Es lag einfach daran, daß du einen Kater hattest.

Aber das ist nur der Anfang. Weil er nämlich weitere Dummheiten sagt und du ihn weiter befremdet ansiehst. Und, mein Gott, weißt du was? Du siehst plötzlich, daß er dürr ist! Oder schlaff! Oder fett! Seine Zähne sind schief, und seine Fußnägel sind schmutzig. Du merkst plötzlich, daß er im Bett furzt. Und daß er tatsächlich keine Ahnung, nicht die geringste Ahnung von Henry James hat. Die ganze Zeit über hat er gesagt, er hätte von Henry James keine Ahnung, und du hast seine komischen hingeworfenen Bemerkungen über James als Zeichen einer glänzenden Auffassungsgabe verstanden, aber plötzlich merkst du, er hat das Wesentliche nicht kapiert.

Aber das ist noch nicht das schlimmste. In all den Monaten, die du ihn angebetet hast wie einen herabgestiegenen Gott – nun ist er davon überzeugt, daß er einer ist. Und jetzt stolziert er mit selbstgefälliger, überheblicher Miene herum, eingebildet und blind und unsensibel, genau wie alle die anderen Männer, die du abgewiesen hast, nur daß es diesmal dein Fehler ist! Du hast das vollbracht. Du! Ganz allein du! Mein Gott, du hast dieses Ungeheuer erschaffen! Dann denkst du, nun ja, er hat auch was dazu getan! So ganz ohne seine Hilfe hätte ich es nicht geschafft. Und du haßt dich dafür, daß du dich in ihm getäuscht hast (du redest dir ein, daß du dich in *ihm* getäuscht hast, nicht in der Liebe), und du haßt ihn, weil er deiner Täuschung geglaubt hat, und du fühlst dich schuldig und verantwortlich, und du versuchst vorsichtig, dich zu lösen. Aber jetzt versuch mal, ihn loszuwerden! Er klammert sich an dich, klebt an dir, er versteht nicht. Wie kannst du dich von einer Gottheit trennen wollen? Er hat dich gerettet, du hast es ihm selbst gesagt. Er war – wann war das eigentlich? – der beste Liebhaber, den du je hattest. Er glaubt noch immer fest an alles, was du ihm gesagt hast, und er glaubt dir nicht, wenn du jetzt versuchst, es ungesagt zu machen. Und schließlich, was kannst du schon sagen? Daß er nicht der beste Liebhaber war, den du je hattest? Aber er war es einmal. ›So ist es also jetzt‹, sagt er und nickt einsichtig mit dem Kopf. ›Es ist für mich zu sehr zur Gewohnheit geworden. Ich muß mehr mit den Gedanken dabei sein. Ich habe alles zu sehr als selbstverständlich hingenommen, und das mögen Frauen nicht.‹ Was kannst du sagen, ohne sein zerbrechliches männliches Ich endgültig zu zerstören oder aus dir selbst eine desillusionierte Idiotin oder eine Lügnerin zu machen?«

Val trank einen Schluck. Mira hing an ihren Lippen. »Und was hast du gemacht?« fragte sie gespannt.

Val setzte das Glas ab und sprach so sachlich wie nur möglich: »Na, du bringst einen anderen Mann ins Spiel, natürlich. Das ist das einzige, was sie verstehen. Eine Frage des Hoheitsgebiets, verstehst du? Wenn du sie um ihrer selbst willen abweist – das ist unbegreiflich für sie und verheerend für ihr Selbstbewußtsein. Wenn du zu einem anderen gehst, so ist das schlimm, aber immerhin begreiflich. Sie haben immer gewußt, daß sie nicht mehr als Durchschnitt waren, daß ein anderer sie ausstechen könnte. Und dann machst du ja nicht einfach Schluß mit ihnen und ziehst dich in die Einsamkeit zurück, sondern bist eben nur eine geile Hure mehr. So paßt alles zusammen. So läuft das Spiel, das muß dir nur klar sein.«

»Ich weiß nicht, ob ich je richtig geliebt habe«, sagte Mira nachdenklich. »Und wenn, dann war ich damals noch so jung...«

Chris sah Mira mitfühlend an. Dann wandte sie sich ihrer Mutter zu. »Es sind nicht alle so wie du, Mami!«

»Und ob sie so sind«, sagte Val unbekümmert. »Sie wissen es nur nicht.«

So war Val. Resolut, entschieden. Es hatte keinen Sinn, mit ihr zu streiten. Und tatsächlich war sie oft so im Recht, daß man über ihre gigantische Arroganz einfach hinwegging. Sie gehörte zu ihr wie die ausladende Art, in der sie dasaß, wie ihre ausladenden Gebärden und die Art, wie sie ihre Zigarette hochhielt. Und mit der Zeit merkte man, daß Vals auf die Spitze getriebenen Äußerungen arglos waren. Sie drängte anderen ihre Ansichten nicht mehr auf, als jeder andere das tut – sie verkündete sie nur lautstärker.

Nadine Gordimer

Zuhause

Erleuchtete Fenster: Ausgeschnittenes Zuhause in der Nacht. Als er von seinem Treffen zurückkam, drehte er den Schlüssel, aber die Tür wurde schnell von innen geöffnet – sie war da, Teresa, ein schrecklich bewegtes Gesicht. Ihre dünnen nackten Füße krallten sich in die Fußbodenbretter, sie trug ihr Baumwollnachthemd, das er im Bett zärtlich hochschob, der Vorhang ihres süßen Körpers.

»Sie haben meine Mutter abgeholt. Robbie und Francie und meine Mutter.«

Er mußte etwas gesagt haben – »Nein! Großer Gott!« –, war aber sofort von ihr eingeschüchtert, von dem was ihr zugestoßen war, während er nicht dagewesen war. Die Fragen waren wie eine Steinlawine, die auf sie niederging: Wann? Warum? Wer hatte es ihr gesagt?

»Jimmy hat gerade aus einer Telefonzelle angerufen. Er hatte nicht genug Kleingeld, das Gespräch wurde unterbrochen, ich bin fast verrückt geworden, ich wußte die Nummer nicht, konnte nicht zurückrufen. Dann hat er noch mal angerufen. Sie sind ins Haus gekommen und haben meine Mutter und Francie und auch Robbie mitgenommen.«

»Deine Mutter! Das ist ja nicht zu fassen. Wie können sie so eine alte Frau mitnehmen? Sie weiß nicht mal, was Politik bedeutet – mit welcher Begründung wollen sie sie festhalten?«

Seine Frau stand da im Hauseingang und versperrte ihm wie sich selbst den Weg hinein. »Ich weiß es nicht... sie ist die Mutter. Robbie und Francie waren bei ihr im Haus.«

»Naja, Francie lebt noch bei ihr, nicht. Aber warum war Robert da?«

»Wer weiß. Vielleicht ist er einfach nach Hause gegangen.«

In der Nacht, in Schwierigkeiten scheint die Küche der Raum zu sein, in den man geht; das Schlafzimmer ist zu sehr ein Raum des Glücks und zu intim, und das Wohnzimmer mit seinen Büchern und dem großen Schreibtisch, den sie teilen, und den Bildern und den Blumen, die er jede Woche bei demselben indischen Straßenverkäufer für sie holt, drückt zu sehr das Leben aus, das sie beide sich geschaffen haben, nur für sich.

Er setzt den Kessel auf, um einen Kräutertee zu machen. Sie kann nicht sitzen, aber er tut es, um sie zu ermutigen. Sie zieht unablässig an den Ohrläppchen, eine Travestie der ihm liebgewordenen Geste, mit der sie sich oft versichert, daß die Ohrringe, die er ihr geschenkt hat, noch da sind. »Sie sind gestern morgen um vier Uhr früh gekommen.«

»Und du hast es erst heute abend erfahren?«

»Nils, wie sollten sie Jimmy erreichen? Erst als die Nachbarn jemanden aufgetrieben haben, der wußte, wo er arbeitet, konnten sie es ihm sagen. Er ist den ganzen Tag rumgelaufen, um rauszufinden, wo sie festgehalten werden. Und jedesmal, wenn er auch nur in die Nähe eines Polizeireviers kommt, hat er Angst, daß sie ihn auch festnehmen. Mein Bruder ist nicht gerade der tapferste Mann, den man sich vorstellen kann...«

»Der arme Teufel. Kann's ihm nicht verdenken. Wenn sie deine Mutter schon einsperren – dann kann's jeden in der Familie treffen.«

Ihre Nase und ihre Ohrläppchen sind rot angelaufen, wie im Zorn, aber es ist ihre Art grimmigen Weinens. Immer härter streichelt sie den engstirnigen Kopf des Afghanen, ihres Dudu. Im Haus ihrer Mutter durfte sie nie einen Hund halten; ihre Mutter sagte, sie seien unsauber. »Der Winter in der Stadt da oben ist so kalt. Was wird meine Mutter heute nacht in der Zelle zum Schlafen haben?« Er steht auf, um sie in die Arme zu nehmen; der Kessel schreit und schreit, wie nach ihr.

Im Bett, im Dunkeln, redete Teresa, weinte, sicher in der Wärme des Afghanen an einer Seite und der ihres Liebhaber-Ehemannes an der anderen. Sie brauchte ihm nicht zu sagen, daß sie weinte, weil sie warm war und ihre Mutter kalt. Sie konnte nicht schlafen – beide konnten nicht schlafen –, weil ihre Mutter, die sie mit dicken Kleidern, erstickender Fürsorge, erdrückender Frömmigkeit überschüttet hatte, fror. Einer der Gründe, warum sie ihn liebte – nicht der Grund, warum sie ihn geheiratet hatte –, war, sich von ihrer Mutter zu lösen. Ihn zu lieben, jemanden von der anderen Seite der Welt, einer Welt, die ihrer Mutter fremd war, hieß Schnee und Eis zu umarmen, Dinge, die ihre Mutter nicht kannte. Er befreite sie von der Familie, der brütenden Sonne.

Für ihn war sie das Wesen, welches die harten, kalten Ränder seiner Existenz abschmolz, die langen schwarzen Nächte, welche die Hälfte seiner Kindheitstage auslöschten, den scharfen Schnitt des Eises, dessen Strenge sich – durch irgendeine Mimesis der Umwelt – in seiner Kinnlinie wiederholte. Sie kam aus dem Gewimmel des Hauses, der Straße zu ihm, einem Gewimmel, in dem sich die Leute so zusammendrängten, wie sich das Blut verschiedener Rassen in ihren Arterien mischte. Er kam zu ihr aus den stillen Zimmern des Einzelkindes, ein Stich des Linnaeus, seines Landsmannes, im Lampenlicht; und aus den einsamen Streifzügen eines Forschers in einer Glasglocke unter Fischen am Grund des Meeres – er selbst war Ichthyologe geworden, nicht Botaniker. Sie begehrten einander, weil sie sich immer fremd bleiben würden. Sie hatten die besondere Nähe eines Paares, das sonst niemandem gehörte.

Und in dieser Nacht durchlebte sie – indem sie ihm davon erzählte – noch einmal die Demut ihrer Mutter, die Servilität einem gefühllosen zornigen Mann gegenüber (dem Vater, der inzwischen gestorben war), die Annahme der Wohnung im Ghetto, welche das Gesetz der Mutter und ihren Kindern zuwies, sogar die Versuche, sie mit Gardinen und Raumspray ein wenig erträglicher zu machen – alles Dinge, die Teresa angeekelt hatten und sie nun quälten, denn: »Wie soll eine Frau wie meine Mutter mit dem Gefängnis fertigwerden? Was können sie ihr alles antun?«

Er wußte, sie kämpfte mit der furchtbaren Entdeckung, daß sie ihre Mutter liebte, ihre Mutter, die sie verachtete; daß sie nun im Gefängnis saß, änderte doch sicherlich nichts an der Tatsache, daß ihre Mutter zu verachten war, was so viele Versäumnisse und Jahre bewiesen? Er kannte Teresa zu gut, um ihr zu sagen, daß diese Entdeckung alles andere als schändlich war – dann wäre es offen ausgesprochen, und sie würde sich der Sentimentalität bezichtigen. Ihre *Mutter* war sentimental: diese aufbewahrten bronzebesprühten Babyschuhe der Männer und Frauen, die nicht erwachsen genug geworden waren, um vorsichtig zu sein und Schwierigkeiten aus dem Weg zu gehen, die einen blonden Ausländer mit einem seltsamen Akzent geheiratet hatten oder tranken oder Bankrott machten oder sich in die Politik einmischten – geheime Polizeidossiers, Festnahmen in den frühen Morgenstunden. Er hörte zu und streichelte ihr übers Haar, hielt ihre gefalteten Hände zwischen Hals und Schulter, während sie weinte und wütete, mit ihrer Mutter litt und sie anklagte; und fluchte – sie, die sich von der Vornehmheit ihrer Mutter zumindest die Abneigung gegen Kraftwörter erhalten hatte –, diese Scheißkerle von Polizei und Regierung, diese Arschlöcher, sie verfluchte für das, was sie getan hatten, nicht nur um vier Uhr morgens in jenem Haus mit seinem Geruch nach Bratöl und Mottenkugeln, sondern seit Generationen, sie, die mit ihren Befehlen auf Papierfetzen Leben zerstörten, Türen einschlugen in ihrer Macht, Menschen zu verhaften, um sie dann in ihren Zellen vom Leben abzuschneiden.

Später in der Nacht, als er glaubte, sie wäre endlich eingeschlafen, setzte sie sich gerade auf: »Was wird sie ihnen sagen? Was weiß sie?«

Sie meinte: von Robbie. Teresa und ihr Bruder Robbie waren die, die sich in die Politik eingemischt hatten. Teresa und ihr schwedischer Mann, die in diesem provinziellen Küstenstädtchen in der Gesellschaft von Meeresbiologen lebten, von Menschen, die damit zufrieden waren, daran zu glauben, daß alles Spezies interessant seien, und die den Fragen der Gleichheit nicht weiter nachhingen, gehörten zu progressiven Organisationen, die sich an der Grenze der Legalität bewegten, sie aber nicht überschritten. Sie gingen zu Protestversammlungen, weiter nicht. Dies war ein respektabler Deckmantel für die gelegentliche geheime Unterstützung, die sie Robbie zukommen ließen. Robbie, der sich wirklich einmischte, nicht nur in die Erklärungen, sondern in die Taten der Revolution. Manchmal ging es um Geld; manchmal stand er unangekündigt mitten in der Nacht vor der Tür, weil er einen oder zwei Tage untertauchen mußte.

»Robbie wird ihr nichts erzählt haben. Selbst wenn er's gewollt hätte, du weißt doch, daß sie sich immer die Ohren zugehalten hat.«

»Es geht nicht um das, was sie *weiß*. Sie hat nie was von uns gewußt. Aber sie werden das nicht glauben! Sie werden sie immer weiter verhören.«

»Glaubst du nicht, daß sie's schnell merken werden – daß sie nie was gewußt hat, was ihnen nützlich sein könnte?«

Seine langsame Stimme war der Anker, von dem gehalten sie in den Wellen auf und ab trieb. Plötzlich strömte ihr Zorn in eine andere Richtung über. »Was zum Teufel ist in ihn gefahren? Warum ist Robbie dahin gegangen? Wie konnte er es *wagen*, in dieses Haus zu gehen? Er muß doch gewußt haben, daß sie, wenn irgendwo, da auf ihn warten würden! Die Idiotie! Wie kann man sich so gehenlassen! Was wollte er denn da, mal wieder *bei Muttern essen*? Ich weiß nicht, was mit der Bewegung los ist, wie können die ihre Leute so undiszipliniert, so kindisch handeln lassen... Wie können wir jemals hoffen, das alles zu Ende zu bringen, wenn die sich so benehmen... der Idiot! Sich praktisch auf dem Tablett anzubieten – ja, treten Sie ein, *darf ich meine Mutter und meine Schwester vorstellen*, ein richtiges Familienfest, alle sind soweit, Sie können uns gleich in den Knast bringen. Ich hoffe nur, er weiß, was er angerichtet hat. Das ist mir 'ne Revolution, wenn sie Leuten wie ihm überlassen ist... wie *konnte* er diesem Haus auch nur *nahe kommen*?«

Sie benutzten die Kosenamen nicht, die inzwischen jeder joviale Vertreter und jede affektierte Schauspielerin gebrauchte – ›love‹ und ›darling‹ –, sie hatten ihre eigenen, in seiner Sprache. »*Min lille loppa*, wir wissen doch nicht, aus welchem Grund er's getan hat.« Sein ›kleiner Floh‹ trommelte mit den Fäusten auf dem Kissen herum, scheuchte damit den Hund aus dem Bett. »*Dafür kann es gar keinen Grund geben.* Außer daß sie sie alle so verwöhnt hat, daß sie zu nichts mehr zu gebrauchen sind, zu nichts, schon gar nicht zu einer Revolution – er ist letztlich nicht anders als seine Brüder. Kriecht unter Mamis Röcke – du kennst diese Leute nicht, diese Familie.«

Er ging in die Küche und machte ihr ein Glas heiße Milch – morgens um vier. Während die Milch auf dem Herd warm wurde, stand er am Küchenfenster und legte die Handfläche an die Scheibe, spürte die Dunkelheit draußen, die Stunde, in der die Nacht endete, in die achtundvierzig Stunden vorher Mutter, Bruder und Schwester hinausgetreten waren, um zu Polizeiautos geführt zu werden.

Am Morgen ging sie nicht zur Arbeit. Die Hilflosigkeit machte sie ungepflegt und wirr. Er war in den sieben Jahren, die sie nun zusammen waren, nur einige wenige verlegene Male im Haus ihrer Familie gewesen, aber er sah jetzt zum ersten Mal, daß sie ihrer Mutter ähneln würde, wenn sie je alt und ängstlich werden sollte. Mit den im Schmerz zurückgezogenen Lippen wirkten ihre Zähne lang – sie hatte das Gesicht eines Opfers. In ihrem Kummer verzog sich ihre Schönheit, und es zeigte sich der Rückfall in den physischen Typus, der mit dem Alter einsetzt; eines Tages würde auch er der schiefe skandinavische Riese sein, wie jetzt sein Vater oder sein Onkel. Er bat sie, eine seiner Beruhigungstabletten zu nehmen, aber sie wollte nicht – sie verabscheute Drogen, Alkohol, alles was anderen, wie sie es erlebt hatte, Macht über die individuelle Persönlichkeit gab; er hatte insgeheim immer geglaubt, daß dies ein unbewußter Einfluß ihres Hintergrunds war, einer Welt, in der Menschen einer Hautfarbe denen einer anderen Hautfarbe ihren Willen aufzwangen.

Er ging für eine Stunde ins Institut, gab seinem Team dort die Aufgaben für den Tag und erklärte, warum sie beide nicht da sein konnten – sie war dort auch angestellt, in einer bescheideneren Funktion, nachdem sie aufgrund ihrer Heirat und von ihm ermutigt ihr Bedürfnis nach einer gewissen Form wissenschaftlicher Ausbildung befriedigt hatte. Als seine Kollegen ihn fragten, was er tun wolle, wurde ihm klar, daß er das nicht wußte. Wenn sich herausstellte, daß Terasas Familie unter ›Section 29‹ festgenommen worden war, würde ihnen jeder Kontakt zu Anwälten und zu Verwandten untersagt sein. Zwischen den Sympathieerklärungen und Tröstungen seiner Kollegen lagen die (das sah er) stillen Blicke, die sie einander zuwarfen: Es hatte ja so kommen müssen, sie hätten eine solche Katastrophe voraussagen können, eine Katastrophe, die in ihrem Leben unvorstellbar war, da sie auf seine eigenartige Heirat zurückging.

Als er nach Hause kam, war sie am Telefon. Sie umklammerte den Hörer mit beiden Händen, ihre Füße waren nackt und feucht, und der Hund – der Hund war auch verwandelt, er war zu einem knochigen Skelett geschrumpft, an dem die nassen Strähnen seines Fells klebten.

Sie hatte den Hund gebadet? An diesem Tag?

Sie sah sein Gesicht an, aber sie konzentrierte sich hysterisch auf das, was sie hörte; sie signalisierte ihm: laß mich, sei still! Er legte den Arm um sie, und eine Hand ließ den Hörer los, suchte nach seiner und hielt sie fest. Sie unterbrach das Geschnatter am anderen Ende: »Aber ich muß dich erreichen können! Kann ich nicht irgendwo anrufen? Wenn ich von dir nichts höre, wer soll mir dann sagen, was los ist?... Hör zu, Jimmy, Jimmy, hör zu, ich weiß, daß du keine Schuld hast... Aber wenn ich dich nicht anrufen kann... im Büro dann... Nein! Nein! Das reicht nicht, hörst du, Jimmy...«

Einen Augenblick lang versuchte er mit seinem Blick ihre herumirrenden Augen ruhig zu halten. Sie legte auf. »Aus 'ner Telefonzelle. Und ich hab die Nummer vergessen, die er mir gerade gegeben hat. Ich hab den ganzen Vormittag darauf gewartet, daß er zurückruft, und jetzt... Ich wußte nicht, was ich tun sollte, damit ich nicht immer hier rumsaß und das Telefon anstarrte... um was zu tun, irgendwas... Als du gerade weg warst, hat er angerufen und gesagt, er hat einen Anwalt, irgendeinen Freund eines Freundes, ich hab nie von dem gehört, der würde Genaueres rausfinden, sie wollen irgendeinen Justizbeamten fragen.«

Das Telefon meldete sich wieder, und sie starrte es an; er nahm ab: da war die Stimme ihres Bruders, zögernd, stotternd: »Ma und die anderen, sie sind drin, unter ›Section 29‹.«

Sie saß neben dem Telefon, während er versuchte, den Haushalt in Gang zu bringen, als wäre er eine stehengebliebene Uhr. Damit sie weitermachen konnten, brauchten sie was zu essen (er machte es), später schaltete er das Licht ein, achtete auf die Zeit für die Nachrichten im Fernsehen. Aber sie konnte nichts essen, solange sie nicht wußte, ob ihre Mutter das essen konnte, was auf dem Teller war, der unter der Zellentür durchgeschoben wurde, sie konnte nicht bei Lampenlicht lesen, weil es in der Zelle dunkel war, und die Nachrichten – es gab keine Nachrichten, wenn Leute unter ›Section 29‹ festgehalten wurden. Sie rief Freunde an und konnte sich dann nicht erinnern, was sie gesagt hatten. Sie rief einen Arzt an, weil ihr plötzlich einfiel, daß ihre Mutter niedrigen Blutdruck oder hohen Blutdruck hatte – sie war sich nicht sicher, was –, und sie wissen wollte, ob ihre Mutter im Gefängnis von dem einen einen Schlaganfall bekommen und sterben oder aufgrund des anderen zusammenbrechen könnte? Sie wollte nicht schlafen gehen. Sie holte ein kleines zerknittertes Foto heraus, auf dem ihre Mutter ein Baby hielt, Robbie, sagte sie nach genauem Hinsehen, daneben stand ein winziges Mädchen mit mißmutigem Gesicht (sie selbst). Ein Stück vom Ärmel eines Mannes war noch zu sehen, wo der Rest des Fotos grob abgeschnitten worden war. Die fehlende Gestalt war ihr Vater. Erschöpft blieben die beiden bis nach Mitternacht auf, während sie ihm von ihrer Mutter erzählte. Sie war erfüllt von Neugier und plötzlichen Eingebungen über ihre Mutter, von der Monotonie und Enge ihres Lebens. »Und es kann nicht anders sein: das einzig Große, das ihr je zugestoßen ist, muß dies sein.« Ein Zittern lief über ihr ganzes Gesicht. Er litt mit ihr. Es war nicht ungewöhnlich, das wußte er, daß Menschen liebevoll über einen Verstorbenen reden, auch wenn sie ihn vorher immer verachtet und abgelehnt haben. Und unter ›Section 29‹ im Gefängnis zu sein, niemand wußte, wo, hieß für die Welt gestorben zu sein, in der man Liebe nicht verdient hatte.

Im Bett wollte sie keine Schlaftablette nehmen (natürlich nicht), aber sie hatten einander. Er liebte sie, während ihre Tränen beide benetzte, und das ließ sie zum Glück schließlich einschlafen. Ab und zu stieß sie wie ein getröstetes Kind seufzend auf, und er erwachte sofort und hob den Kopf, wachte über sie. Ein Geruch sauberen Hundefells lag in dieser dritten Nacht über dem Bett.

Teresa.

Er wachte auf, und sie war schon gewaschen und angekleidet. Sie wandte ihm von der Tür des Schlafzimmers aus den Kopf zu, als er ihren Namen aussprach; ihr Haar war straff von ihren Wangenknochen und Ohren weg nach hinten gezogen, von Kämmen gehalten. Wieder war in seiner Abwesenheit etwas mit ihr geschehen; dieses Mal, während sie neben ihm lag, sie aber im Schlaf getrennt waren. Sie wollte, lange bevor es Zeit war, zur Arbeit zu gehen, das Haus verlassen: zuerst um eine indische Anwältin zu sprechen, von der sie bei Protestversammlungen Reden gegen Haftstrafen ohne Gerichtsverfahren gehört hatten. Er stimmte ihr zu, es war eine gute Idee. Das mußte ihr in der Nacht eingefallen sein, unter diesen anderen Dingen: Wenn sie recht hatte, daß ihre Mutter unter hohem Blutdruck litt (oder was immer es war), mußte Jimmy sich mit dem Arzt, der sie behandelte, in Verbindung setzen und von ihm eine Bestätigung für ihren schlechten Gesundheitszustand holen – damit könnten sie sie rausholen oder zumindest erreichen, daß sie drinnen Diät und eine Sonderbehandlung bekam. Und etwas mußte mit dem Haus geschehen – in der Gegend würde es in einer Woche völlig ausgeplündert sein. Irgend jemand Zuverlässiges mußte gefunden werden, um hinzugehen und sicherzustellen, daß es vernünftig abgeschlossen war – und es mußte aufgeräumt werden, ja, die Polizei hatte sicher alles auf den Kopf gestellt; wenn sie jemanden verhaften, durchsuchen sie auch gleich das Haus, in dem sie verhaften.

»Soll ich mitkommen?«

Nein, sie hatte schon Fatima angerufen, sie wartete im Büro. Teresa blieb einen Moment stehen, bereits im Gehen, übte noch mal ein, das sah er, was sie der Anwältin sagen wollte; warf ihm einen Kuß zu.

Keine Tränen mehr, kein Zittern. Sie kam direkt von der Anwältin ins Institut, berichtete ihm, was die Frau ihr geraten hatte, zog ihren weißen Kittel an und machte ihre Arbeit. Es fiel ihr in diesen ersten Tagen sehr schwer, sich zu konzentrieren, sie hatte einen betäubten Ausdruck an sich, als sie sich zum Mittagessen trafen, es war die Anstrengung. Sie suchten sich in der Kantine einen Tisch weit weg von den anderen, wie ein heimliches Liebespaar. Aber sie tauschten mit leiser Stimme keine süßen Geheimnisse aus. Sie erörterten, was sie tun konnten, was getan werden sollte – und ab und zu sah einer der beiden auf und erwiderte das Winken oder den Gruß eines Kollegen, sah auf in den schwülen, fröhlichen Raum mit seiner Tafel, auf der die Tagesgerichte mit Kreide verzeichnet waren, mit Leuten, die sich um die Kaffee-, Tee- und Colaautomaten sammelten, sah hinaus durch die weiten Fenster dorthin, wo das Meer auf die Collage von Flamboyants und grellen Weihnachtssternen im Institutspark atmete – und ihre Mutter, ihr Bruder, ihre Schwester waren irgendwo in Zellen. Die ganze Zeit. Während sie aßen, während sie arbeiteten, während sie den Hund ausführten.

Denn diese Folge von Wiederholungen, die man Alltag nennt, ging weiter; nur mit der Erkenntnis, wie seltsam dieser Alltag in seiner verbissenen Hartnäckigkeit ist: wie konnte man ihn daran hindern, zu verdecken, was wirklich geschah? In den Zellen; und hier?

Während er für diesen Alltag sorgte (sie hatte zuviel im Kopf, um sich auch noch um den Einkauf zu kümmern oder Kleider zur Reinigung zu bringen), verbrachte sie ihre ganze freie Zeit bei Anwälten, besorgte sich Anträge, füllte sie aus und schickte sie an Richter, Polizeichefs, Regierungsbeamte und Hilfsorganisationen, die sich mit dem Schicksal von Gefangenen befaßten. Sie war nicht mehr betäubt; die Haare aus dem Gesicht, war sie nie abgelenkt, die Entschlossenheit härtete ihre Gesten, verwandelte ihre Sanftheit in Mut, sie warf sie ab wie eine Haut. Sie bedrängte alle, die sie gebrauchen konnte – das war ihr Ausdruck: »Vielleicht können wir Soundso gebrauchen. Er soll ein guter Liberaler sein. Wollen mal sehen, was er macht. Fatima sagt, er ist ein alter Freund des Polizeichefs, noch von Stellenbosch her.« Um Hilfe zu bitten, war offenbar eine zu schwache Position, die Leute sagten dann: ›Ich würd euch ja helfen, wenn ich könnte, aber...‹; »Wir müssen Leute finden, auf die man Druck ausüben kann, wie auch immer.«

Er fragte sich verwundert, wie sie zu diesen Kenntnissen gekommen war; sie, die immer so liebenswert steif ihren Prinzipien treu geblieben war, suchte nun sogar einen früheren Parlamentsabgeordneten der Nationalpartei auf, dem immer noch eine gewisse Nähe zum Justizminister nachgesagt wurde. Sie, die immer so aufrichtig gewesen war, belebte nun alte Bekanntschaften, die er und sie als materialistisch, nicht zu ihnen passend, aufdringlich vermieden hatten, weil deren Verbindungen jetzt nützlich sein könnten. Sie dachte nur noch in Strategien. Als sie es – durch Fatimas Gespräche mit Anwälten in der Stadt, wo Mutter, Bruder und Schwester festgehalten wurden – geschafft hatte, ihnen ein Paket mit Decken und Kleidung zukommen zu lassen, verlagerte sie den Druck auf den Arzt ihrer Mutter, rief ihn spät nachts zu Hause an, um dafür zu sorgen, daß der Gefängnisarzt sich um ihre Mutter kümmerte. Als das gelungen war, setzte sie sich mit dem Freund eines Freundes in Verbindung, der in der Stadt lebte. Er sollte Lebensmittel ins Gefängnis bringen – getrocknete Früchte, Joghurt, das war es, wie sie sich von früheren politischen Gefangenen hatten versichern lassen, was man drinnen am dringendsten brauchte –, und er sollte versuchen, den Gefängnisdirektor dazu zu bringen, es für ihre Mutter, Robbie und Francie anzunehmen. Sie war immer am Telefon; er trug ihr den Teller von ihren ständig unterbrochenen Mahlzeiten nach, dorthin, wo sie, die Ellenbogen auf die Knie gestützt, auf einem Hocker saß – das war jetzt ihre Ecke, genau wie Dudu seinen besonderen Platz unter dem Tisch hatte. Dieses schreckliche Efeu, das tägliche Leben. Wie konnte man es wegziehen, um – was? – zu sehen.

Sie war ständig am Telefon, weil das, was in den Zellen geschah, weit weg war, in Johannesburg. In ihrer Ungeduld wurde sie streng – Sympathie irritierte sie, und er mußte erkennen, daß er trotz all ihrer Nähe, trotz der Tatsache, daß ihre Unterschiedlichkeit sie so eng zusammengebracht hatte, nicht wirklich beanspruchen konnte, das zu empfinden, was sie empfand. Jede Nachfrage und jeder Auftrag mußte über eine dritte Person laufen. Jimmys Ängstlichkeit machte ihn sogar noch weniger intelligent, sagte sie, als sonst schon. Man konnte sich nicht auf ihn verlassen, und er war das einzige Familienmitglied, das *dort* war. Wo sie sein sollte; jedesmal, wenn irgendeiner ihrer Stellvertreter patzte, kam es hoch: sie sollte dort sein. Und dann war er es, der verzweifelt war, der sich auf nichts konzentrieren konnte außer auf die kalte Angst, daß sie dorthin gehen könnte, direkt in den wartenden Wagen der Sicherheitspolizei hinein, er hatte sie vor Augen, wie sie da standen, darauf zählten, daß sie in das Haus kommen würde, in das Gefängnis, in dem ihre Mutter, ihr Bruder und ihre Schwester saßen. Hatte er ihr nicht gesagt, als sie von Jimmys Ängsten sprachen, daß *jeder* in der Familie...? Und sie war diejenige, die über die Blutsverwandtschaft hinaus Verbindungen mit Robbie unterhalten hatte.

»*Genau!* Sie könnten jederzeit hier auftauchen und dich und mich mitnehmen. Uns beide. Was wissen wir, was da drin rausgekommen ist... was er vielleicht meiner Mutter oder meiner armen verschreckten Francie erzählt hat – meine Schwester ist erst neunzehn, weißt du... Die beiden Frauen werden die Verhöre dieser Tiere nie aushalten, sie können ja nicht mal beurteilen, was für sie gefährlich ist und was nicht.«

Ihm schien es nun, als behinderte ihn seine körperliche Größe, wenn er sich dem Willen widersetzte, der ihren zierlichen Körper härtete. Er redete, und es war, als machte er eine klobige und unangemessene Bewegung auf sie zu. »Aber sie sind nicht gekommen. Ich mein, Gott sei Dank nicht. Vielleicht wissen sie gar nichts von dir.« Sie gab einen abfälligen Laut von sich, halb Grunzen, halb Lachen.

»Vielleicht hat niemand was von uns... von dir gesagt. Aber wenn du dahin gehst, werden sie auf der Stelle beschließen, daß sie ruhig mal rausfinden könnten, was du weißt. Und bei dir ist ja was zu holen, oder?«

Mit einer Geste schob sie die Male weg, als ihr Bruder bei ihnen Zuflucht gesucht hatte; die Pakete mit Papieren, die im Schreibtisch des schwedischen Institutsexperten unter Forschungsberichten über das Verhalten von Fischen versteckt worden waren.

»Teresa, ich laß dich nicht gehen!« Nie zuvor hatte er in diesem Ton mit ihr gesprochen, wahrscheinlich war es die häßliche Stimme ihres Vaters – er hatte das Gefühl, sie geschlagen zu haben, obwohl seine Faust nur die eigene Brust getroffen hatte. Er brüllte. »*Ich erlaube es nicht!* Ich geh, wenn jemand gehen muß, ich geh, ich gehör nicht zur Familie!«

Der Streit war wie ein Blatt Zeitungspapier, das Feuer fängt, sich in der Flamme bläht und verdreht und schnell zu einer Handvoll schwarzer Membran verfällt. Sie ließ den Gedanken fallen. Vor Erleichterung wurde er durstig; sie beobachtete ihn, wie er zur Anrichte ging und sich einen Whisky einschenkte, sie brauchte so etwas nicht. Alle paar Tage geschah etwas, das diese Nervenprobe aufs neue auslöste. Sie hatte nun Verbindungen hergestellt, über die Nachrichten aus dem Gefängnis herausgeschmuggelt wurden: Robbie war in einem Hungerstreik, ihre Mutter und Francie waren in ein anderes Gefängnis verlegt worden. Warum? Sie sollte dort sein, um es herauszufinden. Das Gesuch der Anwältin beim Minister, ihre Mutter und Francie freizulassen, stand vor der Entscheidung. Sie sollte da sein, um herauszufinden, ob man nicht etwas tun konnte, es zu beschleunigen. Ihr Mann brachte Freunde ins Spiel, um Unterstützung zu finden; er, sie wollten nichts davon hören, daß sie dahin ging.

Sie ließ sich beim Institut beurlauben. Er war sich nicht sicher, ob *das* eine gute Idee war oder nicht. Zumindest war die Arbeit eine Ablenkung, sie dachte an andere Dinge, sprach mit Leuten, die andere Sorgen hatten. Bei einem war alles gestohlen worden – ein Einbruch, nichts war ihm geblieben – *Sachen*? Er sah die Frage in ihrem Gesicht, die sie dem Beraubten zurückwarf. Die Frau eines anderen lag im Sterben – *Tod?* Selbstverständlich, der Tod war etwas Natürliches; er überlegte sich, daß sie es akzeptiert hätte, wenn ihre über sechzigjährige Mutter in dem Haus krank geworden und gestorben wäre.

So wurden die praktischen Fragen, die mit der Haft ihrer Mutter und ihrer Geschwister verbunden waren, auch zu ihrer Arbeit. Sogar ihre wenigen Freuden – nein, falsches Wort –, ihre wenigen kleinen Genugtuungen waren Teil der Katastrophe: da war die Nachricht, daß ein Spruchband, das die Freilassung ihrer Mutter, ihres Bruders und ihrer Schwester forderte, bei einer Versammlung der Befreiungsbewegung gezeigt worden war. Die Versammlung wurde von Polizisten mit Hunden auseinandergetrieben. Es kamen Botschaften von der Exilbewegung, für die Robbie arbeitete: sie wollten lieber diesen Anwalt als jenen mit seinem Fall betraut sehen. Und die Tatsache, daß sie in der Lage waren, Verbindung zu ihr aufzunehmen, zog sie in eine andere Art von Zelle, in den Kreis neuer Verbündeter, für die Verhaftung ein Risiko war, das sie nicht höher einschätzten als einen Verkehrsstrafzettel, und für die Geheimhaltung einen Code des Überlebens darstellte, ob nun im Gefängnis oder draußen.

Auf deren Rat hin begann sie, nicht mehr zu Hause zu schlafen. Na ja, das war eine objektive Bestätigung seiner Angst um sie; und gleichzeitig ihrer Überzeugung, daß sie bei ihm genauso leicht verhaftet werden konnte wie dort, wo das Haus ihrer Mutter stand, oder am Ort des Gefängnisses. Sie besuchte die eine oder andere gute Freundin. »Ich bin wahrscheinlich heut nacht bei Addie, wenn ich nicht zu Stephen und Joanna geh.« Sie nahm ihn einen Augenblick lang fest in die Arme, drückte Dudus schlanke Schnauze an sich, bevor sie hinausschlüpfte, und sie kam morgens zum Frühstück zurück. Aber er lag voller Sehnsucht nach ihr in ihrem Bett, verlassen, obwohl sie schon seit Wochen nicht mehr miteinander geschlafen hatten, nicht seit der Nacht, nachdem die Nachricht gekommen war. Er spürte, daß sie sich ihrer Freuden schämte, während die anderen – diese Familie – ohne jede menschliche Berührung im Gefängnis saßen. Einmal gab er der Versuchung nach und rief dort an, wo sie, wie sie gesagt hatte, die Nacht verbringen würde, aber sie war nicht da; und natürlich hätte es den ganzen Sinn ihrer Abwesenheit zerstört, wenn die Freundin, die den Anruf beantwortete, ihm gesagt hätte, wohin sie gegangen sei; es war mehr als wahrscheinlich, daß das Telefon, das neben seinem Bett stand, abgehört wurde. Er schämte sich zu sehr, als daß er ihr am nächsten Tag seinen kindischen Impuls hätte eingestehen können.

Sie trug ihr Haar nun nie mehr offen. Zweifellos weil sie es nicht fertigbrachte, Zeit damit zu verschwenden, es einzulegen und dann auszubürsten, mit unschuldiger Freude an dem Anblick im Spiegel, wie sie es früher getan hatte. Sie sah anders aus, aber dennoch schön; eine Frau wird eine andere Frau, wenn sie ihr Haar ändert. Die Kämme rissen es von ihren Wangenknochen und Augenhöhlen weg. Sie sah aus wie eine dunkle Greta Garbo (sie war gerade alt genug, sich an Greta Garbo zu erinnern). Wenn die Haustür schlug und sie morgens zum Frühstück hereinkam, hatte er das Gefühl – und es war wie Furcht –, sich in sie zu verlieben. Aber wie unangebracht und lächerlich war das, er liebte sie seit sieben Jahren, Teresa, Teresa – es gab keinen Grund, das aufzugeben, etwas Neues anzufangen.

Und dann kam ihm der wahnsinnige Gedanke – wahnsinnig! –, daß nicht er es war, der sich in sie verliebte; es war ein anderer. Sie trug das Zeichen an sich, in ihrer neuen, anderen Schönheit. Sie war so, wie *ein anderer* sie sah. Das war es, was er sich vorhielt, wenn sie morgens eintraf.

Dann kam ein Tag, an dem das Haar naß war, ungeordnet hochgesteckt, die Kämme kreuz und quer darin.

»Das Wasser sah so kühl aus, ich konnte einfach nicht widerstehen und bin auf dem Weg hineingesprungen.«

»Wunderbar, *min lille loppa*, war's schön?«

In dem Moment war er zärtlich erfreut, als wäre dies ein Anzeichen der Erholung bei einem Invaliden, die Rückkehr zu einem normalen Interesse am Leben. Aber als er durch das Aquarium des Instituts ging und die Fische ihn mit geöffneten Mäulern ansahen, überfiel ihn das, was nicht gesagt werden konnte: wer war es, der mit ihr geschwommen war, und sie mußte nackt gewesen sein oder nur in ihrem Schlüpfer, weil sie sicherlich keinen Badeanzug mit sich nahm, wenn sie nachts wegging, um der Sicherheitspolizei auszuweichen.

Ein oder zwei Stunden später konnte er nicht glauben, daß er etwas so Billiges von ihr gedacht hatte, Teresa, Teresa. Es gab einen kleinen Strand, wo er und sie oft nackt schwimmen gegangen waren, von den Felsen abgeschirmt; es war ihr Strand, an dem sie gewesen sein mußte, allein, ohne ihn.

Weil er solche Momente hatte, in denen er schlecht von ihr dachte, wurde er in ihrer Gegenwart schüchtern. Sie hatten die Unannehmlichkeiten kleiner Verstimmungen immer miteinander geteilt – ihre Menstruationsschmerzen und seine gelegentlichen Verstopfungen, wenn er zu lange gekrümmt über dem Mikroskop gesessen hatte. Nun litt er ganz sich selbst überlassen an einer peinlichen Unpäßlichkeit, einem ziehenden leichten Schmerz rund um den Anus. Ihm schien es, als müsse dies eines der Anzeichen mittleren Alters sein, der Beginn des Verfalls seines Nervensystems. Was konnte ihr ein solch abstoßendes Detail bedeuten, zu dieser Zeit? Älter zu werden, zu verfallen, war natürlich. Und sie war jung: warum sollte sie auch nur einen Gedanken an seinen Hintern verschwenden, während ihre Mutter und ihr Bruder und ihre Schwester immer noch im Gefängnis saßen – nun schon neun Wochen. Und sie hatte einen jungen Liebhaber.

Oh, warum kamen solche Gedanken!

Warum sollte sie keinen Liebhaber gefunden haben, einen so jung wie sie selbst, einen Genossen, arm aufgewachsen wie sie, jemand, der schon im Gefängnis gewesen war, dessen Metier – diese Hunde von Polizisten, Wärtern, Beamten zu überlisten – neuerdings auch das ihre war?

Und nun konnte er natürlich jeden Anhaltspunkt in dieser Richtung deuten. Sie, die immer so liebeshungrig, leidenschaftlich gewesen war, hatte sich ihm nun schon seit Wochen nicht mehr genähert, hatte um sich eine Atmosphäre geschaffen, die es ihm gefühllos erscheinen ließ, sich ihr zu nähern. Wenn sie woanders geschlafen hatte und früh morgens zurückkam, hätte sie zu ihm ins Bett schlüpfen können; sie tat es nicht. Jene Nacht, in der er in Stellas Wohnung angerufen hatte – sie war nicht da gewesen; und wie hatte Stella geklungen; war ihre Stimme nicht angestrengt gewesen? Hatte sie gelogen? Etwas gedeckt? Teresa, Teresa. Er dachte all dies *auf schwedisch*. Was hatte das zu bedeuten? Er war auf dem Rückzug, wurde wieder zu dem, was er gewesen war, bevor sie sich ein Leben geschaffen hatten, das von der Vergangenheit abgeschnitten war, zusammen... sie stieß ihn dahin zurück, sie verließ ihn, hatte einen Liebhaber. Er begann zu versuchen herauszufinden, wer es war. Wenn sie von anderen Mitgliedern in der Gefangenenhilfe erzählte, wartete er auf das Wiederauftauchen bestimmter Namen: und da lag noch mehr Schrecken für ihn verborgen – es konnte sogar sein, daß sie eine Affäre mit einem verheirateten Mann hatte. Teresa! Wenn sie in den vergangenen sieben Jahren gelegentlich auf Partys gegangen waren, hatte sie nicht einmal mit irgendeinem Mann getanzt, weil er nicht tanzte; sie hatte seine Hand gehalten und zugesehen.

Und dann eines Nachts – nein, es wurde hinter den Vorhängen schon Morgen – sprang der Hund vom Bett und winselte, und er hörte, wie der Haustürriegel klickte. Er wartete, aber sie kam nicht ins Schlafzimmer; er mußte wieder eingeschlafen sein, während er wartete, und als er erwachte, spürte er die Stille eines leeren Hauses um sich. In der Küche lag eine Notiz: ›Ich bin ein paar Tage weg. Mach dir keine Sorgen. *Lille loppa.*‹ Es war die Art von Notiz, die in diesen Tagen Leute wie Robbie hinterließen, Leute, mit denen sie jetzt verkehrte. Wenn sie verschwinden mußten, wollten sie nicht, daß jemand, der verhört werden konnte, in Schwierigkeiten geriet: Je weniger man wußte, desto besser für einen. Aber er wußte es. Er war sich jetzt sicher. Vielleicht war dies sogar ihre Art, es ihm mitzuteilen. Wenn die Polizei kam, konnte er ihnen sagen: Sie ist mit ihrem Liebhaber fortgegangen.

Er konnte sie sich ohne ihn nicht vorstellen – genau wie sie, als das alles begann, sich nicht vorstellen konnte, ob ihre Mutter im Gefängnis essen oder schlafen konnte. Teresa am Tisch jemandem gegenüber, der ihr totes Fleisch auf den Teller legte (sie waren beide Vegetarier), und sie würde es essen. Teresa in einem ihrer Baumwollnachthemden; wenn sie in ihrer Handtasche einen Badeanzug für ein heimliches Rendezvous am frühen Morgen mitnahm, würde sie auch nicht zögern, ein Nachthemd mitzunehmen. Er trank Whisky und nahm Schlaftabletten – etwas, das Teresa nie gemacht hätte –, um nicht weiterdenken zu müssen. Aber er träumte nach dieser Mischung schrecklich. In dem Traum hatten sie ein Kind, das auf ihrem Strand am

Wasser spielte, während er Teresa liebte, und er versuchte hitzig, seinen Höhepunkt zu erreichen, während er zugleich wußte, daß die Brandung das Kind ins Meer hinausriß. Er erwachte wie ein Schuljunge, naß von dem Traum.

Vor seinen Becken im Institut stehend, verfolgte er die Bewegungen, Strömungen und langen Fahnen aus rosafarbenen, violetten, gelben und blauen Tropenfischen dieser südlichen Gewässer, die den ertrunkenen Körper des Kindes verzehrt hätten, und er dachte an die gescheuerten sanftglänzenden Holzböden, die weißen Leinenvorhänge und die weißstämmigen Birken des Hauses mit den stillen Räumen, das er außerhalb von Stockholm geerbt hatte. Er hatte nicht geglaubt, daß er jemals wieder dort werde leben müssen.

Drei Tage später rief sie kurz vor zwölf Uhr mittags im Institut an.

»Wo bist du?«

»Hier. Dudu hat mir den Kopf in den Schoß gelegt.« Sie lachte.

Er ging sofort, und die Tür wurde wieder, als er den Schlüssel ins Schloß steckte, von innen geöffnet. Sie streckte ihm die Hände entgegen, Handflächen nach oben; er mußte sie ergreifen und tat es zögernd. Sie gingen in die Küche, wo sie, wie er sah, Brot und Avocado gegessen und auf ihre hungrige Art Krümel verstreut hatte.

Der Hund schnüffelte an ihr herum, um zu wittern, wo sie gewesen war und was sie getan hatte, und auch er wünschte sich, auf eine Fährte ihres Betrugs zu stoßen, fürchtete es zugleich. Jedes Dezibel ihrer Stimme erfüllte ihn mit tiefer Angst.

Sie lehnte sich im Küchenstuhl zurück und sah ihn an. »Ich hab sie gesehen. Und ich hab Nachrichten von Francie und Robbie, herausgeschmuggelt. Es geht ihr gut. Ich wußte, du hättest mich gestoppt, wenn ich's dir gesagt hätte.«

Sie hob die Schultern, schüttelte den Kopf, lächelnd, damit war das Thema abgeschlossen.

Vielleicht gab es keinen Liebhaber? Er begriff, es war so, sie hatte ihn verlassen, aber für sie – für jenes Haus, für die dunkle Familie, deren Mitglied er nicht war, für ihr Land, dem er nicht angehörte.

Anaïs Nin

Das Lied im Garten

Sie entdeckte, daß sie etwas Ungewöhnliches an sich hatte, da sie es ablehnte, ihre Puppen wie Babys zu verzärteln, sie in Kinderwagen an der frischen Luft spazierenzufahren, sie in Windeln zu wickeln und mit ihnen auf kindische Weise zu sprechen. Sie machte Männer und Frauen aus ihnen, an deren Handlungen die Mitglieder ihrer Familie Anstoß nahmen, als sie begriffen, daß die Puppen eine unbewußte Parodie ihrer selbst waren. Doch später dann gab sie nicht mehr vor, diese leblosen und ausdruckslosen Körper zu beleben; sie spielte mit anderen Dingen.

Da war zunächst einmal sie selbst. Sie hielt das für ein ziemlich abwechslungsreiches Schauspiel. Auf andere zu schauen, ihnen persönliche Fragen zu stellen war sinnlos. Sie erhielt keinerlei Antwort, oder die Antworten wurden auf viel später verschoben, wenn sie verständig genug wäre, und das Schauen trug ihr nur Verbannung ein, Vertreibung aus den Räumen, in denen sich die Dinge wirklich abspielten.

Also beobachtete sie sich selbst, als wäre sie ein Insekt. Als erstes entdeckte sie, daß sie weinen mußte, wann immer ihre Mutter sang. Es war eine außerordentlich genußvolle Empfindung, welche das ganze Innere ihres Körpers bewegte, anschwellen und überlaufen ließ, um sich dann ganz allmählich in einer Empfindung süßen Friedens zu verlieren. Ein wunderbares Gefühl war das. Der Geschmack der Tränen übertraf alles, was sie je gekostet hatte.

Dann versuchte sie herauszufinden, ob es anderen Kindern ihres Alters ebenso erging. Sie hatte eine Klassenkameradin mit einem mürrischen Gesicht, die fragte sie. Nein, sagte die Mitschülerin, das sei das Albernste, was sie je gehört habe. Man weine, wenn man vom Lehrer geschlagen werde oder sich das Knie aufgeschlagen habe oder wenn einem zürnende Eltern das Vier-Uhr-Butterbrot und die Schokolade versagten. Oder wenn ein Bruder in seiner Grobheit das Gesicht der Lieblingspuppe mit seiner elektrischen Eisenbahn zertrümmere, so wie ihrer das getan habe, um herauszufinden, ob sein Zug wirklich Menschen überfahren könne.

»Oder vielleicht«, sagte die Schulfreundin, »hat deine Mutter eine bedrohliche Stimme. Mein Vater hat so eine.«

Sie mußte wohl umfänglichere Nachforschungen anstellen. Dabei brachte sie in Erfahrung, daß ihr Gefühl keineswegs weit verbreitet war und daß Dora, wenn sie Ohrenschmerzen hatte, und Matilda, wenn ihr die Spardose gestohlen wurde, etwas ganz anderes fühlten. Und der Geschmack der Tränen konnte nicht mit dem von Schokolade konkurrieren.

Als sie entdeckte, daß sie der einzige Mensch auf der Welt war, der solch eigentümliche Stimmungen hatte, erfüllt sie eine Freude, die fast stärker war als die Traurigkeit. Auch diese Freude, fand sie schließlich heraus, kannten ihre Freundinnen nicht.

So saß sie eine Weile auf dem Balkon in einem kleinen Korbstuhl zwischen zwei Topfpflanzen und zwei Käfigen mit tropischen Vögeln und umarmte sich selbst so zärtlich, wie sie nie eine Stoffpuppe umarmt hatte, da in ihr so viel Merkwürdiges vorging, was einfach besser war als die Leblosigkeit der Puppen.

Sobald es dunkel und kühl wurde, gingen Vater und Mutter draußen spazieren, um die Hitze des Tages und das wilde Strahlen der Sonne zu vergessen. Ramona, das Dienstmädchen aus Valencia, brachte sie ins Bett, vertraute sie sämtlichen Heiligen im Himmel an und ging, statt nach ihr zu sehen, bis sie eingeschlafen war, hinaus auf den Platz bei dem Brunnen, wo ein Matrose auf sie wartete. Doch die Heiligen gewährten denjenigen keinen Schlaf, die durch seltsame Gefühle beunruhigt wurden, als trügen sie kitzelnde gefiederte Insekten in der Brust.

Sie lag wach, und in der Dunkelheit spürte sie, wie etwas in ihr kribbelte und sich regte. Es schien, als wüchsen ihr Flügel, wie sie es in heiligen Büchern gesehen hatte. Die Nonnen hatten diese Flügel Seele genannt. Das mußte sie wohl haben. Das mußte sie beunruhigt haben, wenn ihre Mutter sang. Und das war es, was nachts wuchs, wenn Ramona nicht da war, um nach ihr zu sehen.

Aber ihr Vater und ihre Mutter, die von alldem nichts wußten, schrieben ihren Zustand der Hitze und dem Fieber zu, das sich in der Stadt ausbreitete, und sie schickten sie an den Strand.

Den Strand fand sie noch interessanter als den Balkon. Sie war sich selbst überlassen und machte ihre Entdeckungen. Ramonas Schwester, bei der sie untergebracht war, beschäftigte sich unentwegt mit Hausarbeit und mit dem Flicken der Fischernetze ihres Mannes. Das weißverputzte Haus, in dem sie wohnten, lag direkt am Strand, und seine grünen Fensterläden waren von allen Sanddünen und Klippen aus zu sehen, so daß sie sich nie verirren konnte.

Maria hatte eine Tochter, Lola, die ebenfalls zwölf Jahre alt war und die Angewohnheit hatte, über alles zu lachen. Es schien ihr, als wüßte Lola noch weniger als die anderen Mädchen in der Stadt. Wenn man soviel Lärm macht, herumrennt, lacht, kreischt, springt, singt, jedem etwas zuruft, den Fischerbooten zuwinkt, kann man unmöglich hören, was in einem selbst vorgeht. Sie fand in sich einen Nachhall der Geräusche des Meeres, als wäre sie eine hohle Muschel, und die Farben und Düfte sprachen sie anders an als der Gesang. Sie brachten keine Ruhe, sondern den Drang, gegen den Wind anzurennen, weit hinauszuschwimmen und sehr tief zu atmen. Aber statt endlos zu lachen, statt den Fischerbooten etwas zuzurufen und statt beim Abendessen endlos zu plappern, schrieb sie Verse auf die Rückseite ihrer Heiligenbildchen.

»Sind das Kirchenlieder?« fragte Lola, die mühsam die Verse entzifferte. Sie handelten vom Meer, als wäre das Meer lebendig, als würde es singen und fauchen wie ein Ungeheuer, vom Wind, als hätte der Wind eine menschliche Stimme; vom Sand, durch den sie geblickt hatte, während sie ihn immerzu gegen das Sonnenlicht hatte herabrieseln lassen, und den sie für pulverisierte Edelsteine hielt; von den Krebsen, die sie in den Höhlungen der Klippen beobachtet hatte; vom Schaum, von dem sie annahm, er sei Seifenschaum. »Ich dachte, daß man Kirchenlieder nur auf Gott und die Jungfrau Maria schreibt«, sagte Lola.

»Die sind schon geschrieben«, antwortete sie. »Aber ich schreibe gern über Dinge, die ich selbst gesehen habe.«

Sie sah ihn zuerst. Er war ein Landstreicher, aber ein wenig anders als die, welche fast täglich vorüberkamen. Er trug einen Hut, langes Haar, und obwohl er kein Hemd trug, war er weder blind noch fehlte ihm ein Bein, und sein Gesicht war sauber.

»Ach, Señora«, bat er Maria, »geben Sie mir ein Stück Holzkohle, Sie werden sehen, was für ein schönes Bild ich auf Ihre Mauer zeichnen kann.«

»Sie werden sie schmutzig machen«, sagte Maria.

»Man kann es leicht wieder entfernen. Ich putze es dann selbst wieder ab. Ach, geben Sie mir ein Stück weicher Holzkohle, ziemlich lang und dünn, wenn es geht. Ich zeichne dann Sie und die Señoritas.«

Er zeichnete sie, so wie sie da standen, Lola wohlgenährt und verlegen lachend, ihre Augen versteckt zwischen lustigen Falten; Maria mit still ergebenem Gesicht unter dem Tuch, das sie unter dem Kinn gebunden hatte; und sie mit Augen, die wie zwei Fragezeichen aussahen; und sogar die halbgeöffnete Tür hinter ihnen, die Bank, ein Stück von dem Fischernetz, das von dem niedrigen Dach herabhing, das Bündel Knoblauch und eine Steppdecke, die aus dem Fenster hing.

Als er fertig war, gab Maria ihm Brot und Fisch.

»Soll ich es abwischen?« fragte der Landstreicher.

»Nein, nein. Wir wollen es Paco zeigen, wenn er nach Hause kommt.«

Aber Paco blieb zwei Tage auf dem Meer, und als er nach Hause kam, war die Zeichnung teilweise verblichen, darum brummelte er nur ein bißchen darüber.

Aber sie hatte eine Möglichkeit gefunden, ihre Gesänge zu illustrieren, so daß selbst Lola begreifen mußte, was sie bedeuteten.

Ursprünglich hatte sie Heilige werden wollen, weil die so hübsche Gewänder trugen und einen goldenen Heiligenschein um ihr Haar; dann ein Bettler, der weit reiste und Menschen mit Holzkohle zeichnete. Aber jetzt war unwiderruflich entschieden, daß nichts zählte außer dem, was Lola »Kirchenlieder« nannte. Auf diese Weise konnte sie nicht nur wieder zärtlich hervorzaubern, was sie liebte, das Meer, die Bäume, den Sand, den Wind, die Sonne, sondern sie konnte all das sogar besitzen, sie konnte es um sich versammeln und durch Lesen und Wiederlesen der Gesänge das Gefühl erneuern, das sie verspürt hatte, als sie diese Dinge zum erstenmal sah.

Das wurde ihr noch klarer, als sie wieder in die Stadt zurückgeholt und wieder auf dem Balkon allein gelassen wurde. Sie wünschte sich sehr die sorglosen Tage am Strand zurück, und es gelang ihr, sie wiederzufinden. Aber das Geheimnis dieser Gesänge lastete auf ihrer Seele, und sie hatte das Gefühl, es sei Zeit für ein Bekenntnis. Sie zeigte sie ihrer Mutter. Und ihre Mutter begann zu weinen. Wie sonderbar! Was hatten denn Lieder und Gesänge an sich, das Menschen zu Tränen veranlaßte? Sogar eine ausgewachsene Seele, wie sie ihre Mutter wohl besaß, konnte darüber weinen. Und dafür gab es keine Erklärung. Auf ihre Fragen wollte ihre Mutter nur antworten, daß man diese Dinge nicht »Gesänge« nannte.

Sie wurde zum erstenmal in die riesige Bibliothek ihres Vaters geführt. Er unterbrach seine Arbeit, um ihr ein dünnes Büchlein zu geben.

Was sie darin fand, war viel besser als ihre eigenen Aufzeichnungen.

Sie hatte durchaus nicht das Gefühl, als würde sie mit der Bibliothek einen Raum voller Menschen betreten, die all ihre Fragen beantworteten und die sie nun betrachten konnte, solange sie wollte, sondern es war, als hätte sie plötzlich die Tür zu einer umfassenderen Welt gefunden, in der die Menschen nur vage an jene Menschen erinnerten, die sie auf den Empfängen der Eltern gesehen hatte. In den Büchern waren sie viel aktiver, viel farbiger, viel interessanter. Der wirkliche General, der sie donnerstags besuchte, der eine klangvolle Stimme hatte, weiße Handschuhe und Orden trug, war fetter und langsamer als die Generäle in den Geschichten, und der mochte Törtchen lieber als Schlachten. Die Damen, die sie gesehen hatte, waren parfümiert, aber manche hatten zu spärliche Wimpern oder Haare auf dem Kinn oder eine rauhe Stimme, wenn sie sangen, oder sie blickten sie durch ein Lorgnon an, das ihre Augen aussehen ließ wie die von Krebsen. Und nie widerfuhr ihnen etwas Großartiges.

In der Bibliothek dagegen entdeckte sie, daß unermeßliche Länder existierten, die nicht allein mit Tausenden von anderen Städten übersät waren, sondern auch mit Schlössern, Wäldern, Haziendas und neuen Stränden, und alles strotzte von Ereignissen und Bewegung. Es gab Verrat, Hingebung, Wunder, Streit, Tod, wilde Eifersucht. Die Damen saßen nicht nur da und lauschten der Musik, sondern sie ritten auf Pferden, verwandelten sich über Nacht in Nonnen, gingen mit Gewehren um, wenn es sein mußte, wurden geraubt oder liefen davon, taten Gift in Weingläser, kleideten sich phantastisch und viel schöner als die Heiligen, tanzten, entbrannten vor Liebe, machten scharfe und witzige Bemerkungen, schrieben heimliche Briefe und hielten ihre Männer zum besten.

Es war alles ein bißchen verworren und nicht immer leicht zu verstehen, aber wenigstens gab es da keine leeren Augenblicke wie zu Hause, keine Augenblicke des Stillstands, keine Tage, die öde Lehrer einem verdarben, und auch mit Beten wurde kaum Zeit vertan.

Noch viel aufregender war ein ganz bestimmtes Buch, das sie sich eines Tages selbst aussuchte, als ihr Vater ausgegangen war und sie mit dem Buch fertig war, das er ihr gegeben hatte. Er hatte ihr verboten, etwas in die Hand zu nehmen, was er nicht für sie ausgewählt hatte, da es sie langweilen würde. Aber da dieses Buch neben demjenigen stand, das sie gerade gelesen hatte, nahm sie an, es müsse ebenfalls interessant sein.

Das war es auch. Ein Mann gab für seine Freunde ein großes Festmahl mit Kerzenlicht und verschiedenen Weinsorten; in Sand gegarte Trüffeln; Kuchen, die brennend aufgetragen wurden; Fasane mit allen Federn, als würden sie gleich davonfliegen, und Musik ohne Ende. Unter den Gästen war eine Dame, die er mit Komplimenten überschüttete. Sie trug, berichtete das Buch, ein rosa Satinkleid, das nach der damaligen Mode ihre sehr runden Schultern zeigte und den Ansatz kleiner, aber sehr fester Brüste. Sie lachte zu allem, was er sagte, beugte sich aber zurück, wann immer er sich zu weit über sie beugte. Nach dem Mahl und nachdem sie ein wenig getanzt hatte, merkte sie, daß sie nicht so lange aufbleiben konnte wie die übrigen Gäste, denn ihr war schwindelig. Als sie in ihrem Zimmer war, hatte sie nicht die Kraft, sich zu entkleiden; sie fiel sogleich in einen totenähnlichen Schlaf. Stunden später, als alle schlafen gegangen waren, schlich der Gastgeber in ihr Zimmer. Sie hörte und spürte nichts. Er entkleidete sie sehr langsam, liebkoste jede Partie ihres Körpers und küßte sie, bis sie gänzlich unbekleidet dalag; vor Entzücken, berichtete das Buch, bebte und klagte er.

Dann folgte eine leere Zeile und ein Absatz, und die Geschichte fuhr fort mit dem vollständigen Ruin der Frau, mit ihrer Verzweiflung, weil sie nicht wußte, wer der Vater ihres Kindes war, und weil sie den Mann einbüßte, der sie hatte heiraten wollen, bevor man sie auf jenem fatalen Fest mit einem Schlafmittel betäubt hatte.

Und sie, die dieses las, versuchte vergeblich, sich die Tatsachen auszumalen, die mit der leeren Stelle im Buch geschickt umgangen wurden. Es war alles ein Rätsel. Sie war aufgewühlt von der Beschreibung ganz neuer Empfindungen. Es ging ihr nicht länger um den Wind, die lauen Nächte, das seidige Rascheln der Palmen, sondern um diesen Mann, den die Frau so sonderbar erregt hatte.

Wenn mir das widerfahren wäre, dachte sie, hätte ich aufgepaßt, daß ich nicht einschlafe.

Eine Zeitlang schienen sich alle Empfindungen in ihrem Kopf zu verdichten. Sie hatte ein klares Bild von dem Mann und der Frau und eine Vorstellung von noch bunteren, aber weniger hintersinnigen Abenteuern; und dann war da noch ein Haufen eigener Ideen, die sich nicht mehr so leicht niederschreiben ließen, wo sie nun neue Wörter kennenlernte. Voller Süße drangen die neuen Wörter in sie ein, manchmal wie eine Liebkosung, manchmal fielen sie über sie her wie explosive Offenbarungen, erfüllten sie mit Freude und Erregung. Sie waren Wunder; nicht nur benannten sie, was schon vor ihr auf der Welt gewesen war, sondern sie offenbarten auch die unglaubliche Existenz größerer und noch phantastischerer Welten, von unzähligen Menschen, die sie nicht kannte, von ganz anderen Ländern, von unzähligen Gefühlen, die viel aufregender waren als die Gefühle, welche sie beim Erklingen von Musik überwältigten. Gesichter, die sich bislang nur in Mimik, Farbe oder Gestalt unterschieden hatten, erhielten nun eine unglaubliche Vielfalt. Alles, was bisher wie ihre Eltern nur einen Anblick geboten hatte, oder höchstens zwei, einen freudigen und einen traurigen, wurde nun belebt, wandelte sich und verfolgte sie, die wußte, was sich darin verbarg.

Wörter waren nicht nur das Licht, sondern sie stellten selbst Augen dar, und wie sie sich auf den bedrückten Seiten und in ihrer Seele ansammelten, erschienen sie ihr durch ihre starke hypnotische Macht unzweifelhaft wundervoller als der starre bärtige Gott, der niemals sprach, sondern merkwürdige Männer für sich sprechen ließ, manchmal ziemlich schlecht.

Sie erfuhr auch, daß es Wörter gab, die verdorben waren, die man nicht mehr brauchen konnte. Ihr Vater murrte, wenn sie das Wort »Seele« benutzte. »Solche Wörter«, sagte er, »sind fahrlässig gebraucht worden; sie haben ihre Bedeutung verloren.«

»Aber was macht man denn, wenn ein Ding existiert und man das Wort dafür braucht?«

»Man spricht nie davon«, sagte er. »Oder man erfindet ein anderes.«

Es überraschte sie, daß ihre Eltern, abgesehen von einem gewissen Geschmack in Wörtern, im Grunde keinen Zugang zu ihnen hatten. Ihr Vater, der sechstausend Bücher besaß, nahm sie so gelassen in sich auf wie die Mahlzeiten, verdaute sie ohne Aufregung, versah die Seiten mit gelehrten Randbemerkungen und legte sie aus der Hand, ohne daß seine Miene sich veränderte – oder sein Leben. Ihre Mutter las weniger Bücher, aber mit Demut und stillem Respekt. Verstanden sie wirklich den Sinn der Bücher? Und wenn sie es taten, wie konnten sie dann weiterhin ihr Haus mit uninteressanten Leuten füllen und nur zwischen der Stadt und dem Strand pendeln, wo es doch eine weite, unermeßliche, phantastische Welt zu erkunden gab? Noch schlimmer war es, als sie entdeckte, daß sie jene Gegenden erforscht hatten, daß sie in Indien, Ägypten, Japan, Frankreich, Nordamerika, Rußland gewesen waren, daß dies keine tiefen, dunklen Spuren auf ihren Gesichtern hinterlassen hatte und daß die Geschichten, die sie erzählten, angenehm klangen, aber wie geographische Beschreibungen, die man in der Schule hört.

In ihrem Kopf gab es nun keinen Zweifel mehr, daß sie all das selber sehen und tun müsse. Ihre Eltern mochten klug sein, aber in mancher Hinsicht erinnerten sie an die Klassenkameradinnen, die Schokolade bevorzugten, was das übliche war, und die es auch vorzogen, einander ähnlich zu sein.

Fünf Jahre. Ihr Körper beinahe bewegungslos, eingeschränkt durch Mauern, durch stillschweigende Gewohnheiten. Ihre Seele, von starker Unruhe bewegt und aufgewühlt, ungeduldig auf das Leben wartend. Doch sie hing an den Büchern, als könnten sie ihr als Schlüssel zur ganzen Welt dienen. Sie glaubte wirklich, das wirkliche Leben werde für sie desto klarer, je mehr von ihnen sie las.

Endlich lernte sie den Geschmack des Reisens kennen. Ihre Eltern nahmen vorsichtig die Pilgerfahrt ihrer Jugend wieder auf. Sie nahmen Reiseführer und Landkarten mit und schliefen in den Zügen.

Sie versuchte, im unbewegten Antlitz der physischen Welt den Sinn widergespiegelt zu finden, den sie in den geschriebenen Worten gefunden hatte. Versuchte, in Ruinen und Museen den Beweis für die geschriebenen Worte zu finden, die Spuren von Ereignissen. Es überraschte sie, daß sie allem eine andere Bedeutung abgewann, ihre eigene. Die Bücher konnten nicht als Schlüssel dienen; sie waren etwas für sich und konnten allenfalls als Hinweise dienen. Das Beste an ihnen war, daß sie sie angeleitet hatten, selbst hinzusehen und ihre eigenen Gedanken zu denken. Doch wenn man in ihnen einen sicheren Boden zu erblicken meinte, irrte man sich. Sie war nur auf sich gestellt. Sie fand Straßen, die nicht historisch verbürgt und doch sehr beredt waren. Sie fand, daß die Augen der Menschen mehr erzählten als die Geschichte. Ihre Eltern fanden, sie habe zu wenig Respekt – vor dem Wissen anderer. Aber sie hatten auch keinen Respekt vor der Sichtweise ihrer Tochter. Wieder begriff sie, daß die Dinge anderes in ihr bewirkten als in den meisten Menschen. Wenn die Welt verwandelt worden war, indem sie die Seele von Schriftstellern passierte, so verwandelte sie sich nun auch, da sie durch ihre Seele ging. Sie brauchte keinen Schlüssel zum Universum; das Universum war in ihr.

Fragmente, mit allem sonstigen in Koffer gepackt. Dahintreibende Ichs, von denen man nicht fortsegeln kann.

Sie erinnerte sich an einen Garten. Alle Kinder spielten dort. Sie wurde von ihnen geschubst und gezogen, als sie einem Ball nachjagten, der wild zwischen ihnen hin und her sprang. Völlig unerwartet drang in den Garten voller Kinder und Sonne und Lärm aus dem Haus ein Lied, ein Wiegenlied. Sie vernahm es und richtete sich abrupt auf. Das Lied schwebte leise in den Garten, während die Kinder weiter lachten und lärmten. Nur sie überkam merkwürdige Traurigkeit. Das Lied wehte zögernd an ihr vorüber, über die Hecke. Süß und schmerzlich drang es in sie ein. Es gab etwas, das wert war, beweint zu werden; etwas an dem Lied.

Die kleinen Mädchen hörten auf, zu spielen und zu lärmen; alle versammelten sich um sie.

»Bist du gefallen?«

»Hast du dir das Knie gestoßen?«

»Was ist los mit dir?«

Alle neigten die Köpfe über sie. Das Lied kreiste sie mit seiner Klage ein.

»Was ist los?«

»Möchtest du ein Stück Schokolade?«

»Nun komm schon, sei kein Baby!«

»Kannst du nicht mal sagen, warum du weinst?«

Im Garten war es nun wieder still. Der letzte Ton des Liedes verwehte. Auch das Weinen verging, und die kleinen Mädchen sprangen davon.

»Kommst du wieder zum Spielen?«

Die Stimme im Haus, deren Gesang sie vernommen hatte, rief nun in schlichtem, menschlichem Ton: »Komm rein, komm rein. Es gibt Kuchen!«

In den Büchern konnte sie sich ganz unabhängig treiben lassen und ihren Stimmungen nachgeben. Und dieses Dahintreiben, das der Körper nicht wählte, dem er impulsiv, unbedacht nachgab, stieß auf Toleranz und kultivierte Milde, auch auf halbtraurigen Humor und einen gewissen Sinn für ihre Zerbrechlichkeit. Liebe war in diesem Zusammenhang etwas, dem wie einem Instrument höchste Lust abzugewinnen war, und man mußte nur den Mechanismus wegen seiner Raffiniertheit bewundern.

Bevor sie in die dritte Welt kam, glaubte sie, jedes Gefühl zu kennen. Doch ein neuer Traum erschloß sich ihr in dieser sanften, verhangenen Sprache, einer Sprache ohne trügerische Musikalität, so daß alles Triviale tiefsinnig klingen konnte, nicht unwiderruflich klar wie in der zweiten Welt. Denn die dritte Welt schwebte zwischen beiden, wie aus beiden komponiert, und brachte eine neue Erfahrung mit sich. Wenn sie bis dahin gewußt hatte, daß man inbrünstig und klug leben muß, so lernte sie nun, daß man für eine Idee nicht nur leben oder sterben, sondern auch kämpfen muß. Es gab nicht nur die Leidenschaft, es gab auch die Möglichkeit der grundlegenden Wahl, des Widerstehens, der bedachtsamen Umgestaltung. Bis jetzt hatte sie nur so etwas wie eine Konfiguration gesehen, der man sich unterwarf, sei es aus Sinnesschwäche oder aus Gleichgültigkeit gegen geistige Ansprüche. All das trat ihr besonders deutlich in der Poesie entgegen. So reich an Empfindungen, an Gefühl und Gedanken die Poesie auch war, sie flüsterte mit Worten, auf die man den Finger nicht legen konnte, daß es Magie gab, Geheimnisvolles, eine nie gesehene Welt.

Es schien ihr, das Kind, das weinen konnte – nicht über ein Lied, sondern aus einer Ahnung von Dingen, die es wert sind, beweint zu werden – geleite sie nun in fremde Welten, während andere, die im selben Alter waren, immer noch Schokolade, Detektivgeschichten und ein mit Etiketten versehenes Leben bevorzugten, so sicher wie Kekse in einer Dose.

Alice Walker

Laurel

In jenem Sommer Mitte der sechziger Jahre begegnete ich Laurel.

Damals wurde in den Südstaaten eine neue radikale Zeitung gemacht... es gab sie seit sechs Monaten, und man hatte sie *First Rebel* genannt. Der Titel war natürlich eine Anspielung auf den schwarzen Sklaven, der schon lange, bevor die weißen Rebellen in den Bürgerkrieg zogen, überall im Süden rebelliert hatte. Laurel war nach Atlanta gekommen, um mit den jungen Leuten, die die Zeitung machten, zu reden, und weil er Lust hatte, selbst bei einer radikalen, gemischtrassigen Zeitung mitzumachen, wollte er sich anschauen, ob der *First Rebel* das Richtige für ihn wäre.

Mich hatte es nie interessiert, für eine Zeitung zu arbeiten, wie radikal sie auch sein mochte. Ich halte es mit Leonard Woolf, der einmal gesagt hat, daß wöchentliche Abgabetermine einem das Hirn verstümmeln. Trotzdem nahm ich an einigen der Redaktionssitzungen vom *First Rebel* teil, weil ich, als ich die erste verließ, besser gesagt: Hals über Kopf die Flucht ergriff, in Laurel hineinrannte. Er blinzelte mich durch die billige, blaugraue Fassung seiner mit Fingerabdrücken verschmierten Brille an und fragte, ob ich wüßte, wo die Redaktionssitzung sei.

Er sah aus wie eine Parodie des Jungen vom Lande; er war groß, mit leicht gebeugtem Rücken, hatte dunkelbraunes Haar und einen Schnitt, als hätte ihm jemand einen Topf aufgesetzt. Er hatte sogar abstehende, große, rosa schimmernde Ohren.

Also echt, dachte ich.

Obwohl er höchstens zweiundzwanzig war, zwei Jahre älter als ich, wirkte er reifer. Zweifellos lag das zum Teil an seiner

Brille, aber auch an der gebeugten Haltung und dem lässigen Gang. In seinen klaren braunen Augen funkelte eine gehörige Portion Bauernschläue. Seine Stimme hatte es mir am meisten angetan. Er hatte so einen charmanten Akzent.

»Kannst du das vielleicht noch mal sagen?« fragte ich.

»Klar«, meinte er und tat so, als ob dieses Wort aus zwei Silben bestand. Die zweite in einem etwas höheren Tonfall als die erste.

»Ich suche den Raum, wo sich die Leute vom *First Rebel*, der Zeitung, treffen. Und was machst *du* hier?«

Die Bauernschläue in seinen Augen wich einem linkischen Blick, mit dem man bei ihm zu Hause wohl jemanden anmachte.

Ach du lieber Gott! dachte ich und fing an zu lachen.

Laurel grinste, seine Ohren wurden rot.

Und so kam es, daß wir uns bei der Planung einer Zeitung engagierten, die dem Rassismus und anderen Gewalttaten im Süden den Kampf angesagt hatte... (bis ihr das Geld ausging und sie dicht machen mußte, nach drei Jahren und vielen Seiten unbezahlbarer journalistischer Recherchen).

Laurels Akzent war nicht einfach die Variante irgendeines Dialekts aus dem Süden, wie ich zuerst geglaubt hatte. Seine Vorfahren waren Anfang des 19. Jahrhunderts in die Vereinigten Staaten eingewandert und hatten sich in Kalifornien niedergelassen, denn hier gab es die beiden Dinge, die sie am meisten schätzten: Weintrauben und Äpfel.

So etwas wie Laurels Singsang hatte ich noch nie gehört. Wenn er fragte: »Wo kommst du'n her?«, klang es, als ob zwei fröhliche, schlaffe Kinder unter Apfelbäumen gemächlich in der Sonne Seil hüpfen. Und bei Laurel selbst meinte ich, während er redete, den Duft von Äpfeln und Waldmeisterbowle wiederzuerkennen.

Er machte einem die unbekümmertsten Komplimente! Wenn wir in der Cafeteria Schlange standen, sagte er plötzlich: »Du bist wahn-sin-nig schön, ehrlich!«, und es war so, als würde man es zum ersten Mal hören und als würde es einem zum ersten Mal etwas ausmachen. Laurel, der gerne in den Weinbergen arbeitete und es auch getan hatte, bis er nach Atlanta gekommen war, hatte jede Menge Dreck unter den Fingernägeln.

Na prima, dachte ich. Hier kann mir nichts passieren. Niemand bringt einen mit so dreckigen Fingernägeln mit zum Essen nach Hause. Das war am Montag. Am Dienstag fand ich, daß dreckige Fingernägel ein echt anti-bürgerliches Merkmal wären und davon zeugten, daß man über solchen Kleinigkeiten wie Äußerlichkeiten steht – ebenso wie die schmierige Brille und die ausgefransten, aber wunderschön sitzenden Jeans, in deren Hintertasche stets ein zusammengerolltes, eindrucksvoll mitgenommenes Taschentuch steckte. Ich merkte, daß ich Laurel nicht anschauen konnte, ohne ans Vögeln zu denken.

Ihm ging es genauso.

Eine Weile dachte ich, es läge am Frühling in Atlanta... an den Kirschbäumen, die überall auf dem Campusgelände blühten, dem herrlichen Duft des Holunders hier im Süden, der aufregenden Gewißheit, weit weg von New York und seinem Dreck zu sein, mit dem ich mich wohl nie abfinden würde. Aber es war mehr: wenn wir beide von verschiedenen Eingängen aus einen Raum betraten, zogen wir uns magnetisch an, selbst wenn wir uns noch gar nicht gesehen hatten. Am Frühstückstisch brachten wir nur mit Mühe einen Bissen herunter, so überwältigend war das Verlangen, zusammen zu sein. Ohne Leute, Tische, Essen.

Wie im Kino.

Den Rest der Woche zerbrachen wir uns den Kopf, wo wir miteinander schlafen könnten. Aber in den Hotels herrschte noch Rassentrennung, und einmal, als wir nach einer Bürgerrechtsfete bei irgend jemand zu Hause glückselig Hand in Hand in die südliche Nacht hinausspazierten, wurden wir streng ermahnt.

»*Wißt ihr denn nicht, daß das einfach unerhört ist?*« fragte uns ein junger Schwarzer und zerrte uns in sein Auto, wo ich in einer

Art sinnlicher Betäubung auf Laurels Schoß saß, zuhörte, ihm sogar recht gab, denn ich kannte ja die blutige Geschichte des Südens, die sich hinter seinen Worten verbarg... und mir trotzdem nichts daraus machte.

Kurz, es gab keinen Ort, wo wir miteinander schlafen konnten. Wir wohnten beide in Studentenwohnheimen. Männer in einem, Frauen in einem anderen. Gemischtrassige Paare standen unter Aufsicht, wann und wo immer die Ärmsten sich in der Stadt zusammen blicken ließen. Wir mußten uns mit einer Art sexueller Turnübung auf einer Bank nahe bei einem Wohnheim zufriedengeben. Und wie Verliebte wissen, fordert einem diese Art sexueller Akrobatik ein Höchstmaß an körperlichem Einfallsreichtum ab, während die Lust den Kopf (sozusagen) besetzt, sich dort schnell und gründlich breitmacht, unersättlich wird und alles überschwemmt.

Dieser Lust-Zustand macht einen keineswegs glücklich, solange keine Erleichterung in Sicht ist. Obwohl ich mich glücklicherweise in ihn versetzen kann, wann immer sich die Gelegenheit ergibt, mußte auch ich lernen, seine vielen und oft verheerenden Grenzen zu akzeptieren. Zum Beispiel schwinden einem die allerwichtigsten, gewaltigsten Themen aus dem Bewußtsein wie von einem Windstoß fortgeblasen. Bewegungen von größter sozialer und politischer Bedeutung geben dann nur noch den Hintergrund ab für den täglichen Austausch – sei er noch so stumm und umschrieben – mit dem Objekt der Begierde. (Ich zumindest war noch nicht in der Lage, zu artikulieren, daß das Persönliche politisch ist und wie sehr das gerade auf Laurel und mich zutraf. Mit anderen Worten: Keiner wollte, daß wir miteinander ins Bett gingen, ausgenommen wir selbst. Es gab sogar Gesetze, die das verhindern sollten. Und natürlich ging es niemanden was an, ob wir miteinander schliefen oder nicht, ausgenommen uns selbst.)

Je unmöglicher es wurde, mit Laurel zusammen zu sein, mit ihm ganz normal und natürlich zu vögeln, um so mehr wollte ich nur das. Seine Hände auf meinen Brüsten spüren und meine auf seine Brust legen – denn seine Brustwarzen waren, wie wir zufällig bei einer unserer akrobatischen Erfindungen entdeckt hatten, äußerst empfindlich. Hätte sich, während wir uns verstohlen küßten, der Süden aufs Neue erhoben, hätten wir garantiert nichts davon mitgekriegt. So was zu schreiben ist natürlich kriminell, wenn man sich die Mythen anschaut, durch die sich das Zusammenleben der Rassen angeblich so viel leichter ertragen läßt, aber es ist wahr. Und doch gingen wir nach dieser gemeinsamen Woche, die leidenschaftlich, wunderschön, quälend und unwiederholbar war, in der unser Verlangen für immer unerfüllt blieb (was wir allerdings damals noch nicht wußten), getrennte Wege. Weil sich nämlich, während wir uns küßten und um alles andere den Teufel scherten, der Süden tatsächlich aufs Neue erhob. Menschen umgebracht wurden. Unsere Kollegen und Freunde eingesperrt wurden. Wir daran gehindert wurden, in ein billiges, sauberes Hotel zu gehen.

Es war an unserem letzten gemeinsamen Abend, als er mir von seiner Frau erzählte. Wir waren tanzen in einem Nachtclub, in dem sich die Bürgerrechtler trafen. Heute würde man es Disco nennen. Er hatte eine lustige Art zu tanzen, selbst bei den langsamen Stücken (bei denen wir uns schamlos aneinanderpreßten); es war so was wie ein unbekümmertes Hopsen von einem Fuß auf den anderen, mal langsam, mal schnell, je nachdem, welche Musik gerade lief. Fast im Takt, und das hieß für ihn tanzen. Mich störte es nicht im geringsten. Unsere Körper fanden ihren Rhythmus von allein, und wir waren ja sowieso nur auf der Tanzfläche, um uns anfassen zu können. Hier, in einer schummrigen Ecke konnten wir auf eine Art Liebe machen. Es war zwar nicht gerade das Höchste der Gefühle, aber auch keine Akrobatik, nein, das nicht.

Er blinzelte mich durch sein graublaues Brillengestell an.

»Ich habe eine Frau zu Hause.«

Was mich als »die andere Frau« am meisten ärgerte war, für das Wohl und Wehe der Ehefrau verantwortlich gemacht zu werden. Es war unser letzter gemeinsamer Abend, unsere Lust war unvermindert und würde wohl, in dieser Umgebung jedenfalls, auch keine Erfüllung finden – was sollte ich da mit so einer Information anfangen?

Alles, was mir dazu einfiel, war: *Meine* Frau ist es nicht.

Aus dem wenigen, was er sagte, ging hervor, daß sie eine bewundernswerte Frau war. Sie hatte den Sommer anderswo mit einem Aufbaustudium verbracht. Er schien verunsichert zu sein von ihrem Bedürfnis, sich weiterzubilden, statt ein Heim zu schaffen und seine Kinder zu kriegen, wirkte aber eher einsam als bitter.

Also war es *alles in allem nur Sex* zwischen uns, dachte ich.

(Fairerweise muß ich dazusagen, daß ich selbst mit einem jungen Mann aus dem Friedenskorps verlobt war. Es hätte mir nichts ausgemacht, wenn es wirklich nur um Sex gegangen wäre, denn mittlerweile hatte unsere gegenseitige Lust eine beinahe mystische Dimension erreicht.)

Laurel dagegen war außer sich.

(Ich hatte ihm nie von meiner Verlobung erzählt. Soweit es mich anging, würde es sich zeigen, ob meine Verlobung Einfluß auf meine Beziehungen mit anderen haben würde. Ich konnte es mir nicht vorstellen, erkannte aber auch, daß ich noch ziemlich jung war.)

In dieser Nacht rang Laurel die Hände, raufte sich die komisch geschnittenen Haare und weinte, während wir tollkühn durch die Straßen von Atlanta gingen, die durch weiße Straßenjungs unsicher gemacht wurden.

Ich weinte, weil er weinte und weil es mich auf perverse Weise von meiner Lust befreite. Außerdem genoß ich es, die Leidende zu spielen... Für solche Momente emotionaler Unaufrichtigkeit jedoch muß man immer bezahlen, und daß ich das damals noch nicht wahrhaben wollte, bestätigt nur meine Bereitschaft zu glauben, daß unsere Beziehung nicht über den Augenblick hinaus Bestand haben würde.

Und doch.

Einen Brief bekam ich noch von ihm, nachdem ich in eine

kleine Stadt in Georgia gezogen war, um a) vor einem Gefängnis zu demonstrieren, in dem ein ortsansässiger Lehrer einsaß, weil er vor dem Gefängnis demonstriert hatte, in dem ein ortsansässiger Vater einsaß, weil er vor dem Gefängnis demonstriert hatte, in dem ein ortsansässiges Kind einsaß, weil es demonstriert hatte... und b), um Wähler zu registrieren.

Er schrieb, er würde mich vermissen.

Ich vermißte ihn auch. Er war der Hauptdarsteller in all meinen Phantasien. Ich schrieb ihm, daß ich auf dem Weg nach Afrika sei, ihm aber weiter schreiben würde. Ich schickte ihm die Adresse meiner Schule, damit er mir dorthin schreiben konnte.

In Afrika trennte ich mich endgültig von meinem Verlobten (der bequemerweise für mich auch in Afrika war, ein Land weiter, und Zeit hatte, mich zu besuchen). Dies war ein Akt, der sich schon seit Anfang unserer zweijährigen Beziehung anzubahnen schien. Er hatte mir unter anderem erzählt, daß es für die Männer des Friedenskorps nicht ungewöhnlich war, mit zehnjährigen afrikanischen Mädchen zu schlafen. *In dem Alter sind sie noch attraktiv, verstehst du.* Ich berichtete Laurel über diesen Aspekt des Friedenskorps, als hätte ich es von einem Fremden gehört.

Laurel, da war ich mir sicher, würde sich nie an einem zehnjährigen Kind vergreifen. Und dafür liebte ich ihn.

Da ich ihn liebte, war ich nicht darauf gefaßt, keine Briefe von ihm vorzufinden, als ich wieder in die Schule zurückkehrte. Drei Monate später hatte ich immer noch nichts von ihm gehört. Das deprimierte mich; deswegen und durch die Ablenkung, die mir die Schule bot, lebte ich wie im Zölibat. Es kam nicht oft vor, daß ich Lust verspürte, und dann landete ich in Gedanken unweigerlich bei Laurel als einer großartigen, so sehr ersehnten Möglichkeit. Hin- und hergerissen zwischen Bedauern und Zärtlichkeit rief ich mir seine musikalische Redeweise und den Duft nach Äpfeln und Waldmeister ins Gedächtnis zurück. Wie auch immer, unsere Woche der Leidenschaft – magisch, denkwürdig, doch viel zu kurz – nahm allmählich einen nicht unbedeutenden Platz in meinen hoffnungsvollsten Erinnerungen ein.

Im späten November, sechs Monate nachdem wir uns kennengelernt hatten, bekam ich einen Brief von seiner Frau.

Mein erster Gedanke, als ich den Umschlag sah, war: Sie hat den gleichen Nachnamen wie er. Zum ersten Mal wurde mir bewußt, daß sie verheiratet waren. Ich hatte Angst. Wahrscheinlich würde sie mir vorwerfen, ihren Frieden gestört zu haben. Warum sonst sollte eine verheiratete Frau schreiben?

Sie schrieb, daß Laurel am vierten Juli (sechs Wochen, nachdem wir uns kennengelernt hatten) einen Autounfall gehabt hatte. Er hatte mit seinem Kleinbus den *First Rebel* ausgeliefert. Er mußte entweder am Steuer eingeschlafen sein oder er war von Rebellen der anderen Seite von der Fahrbahn abgedrängt worden. Er hatte ein Bein gebrochen, einen angeknacksten Rücken und schwere Gehirnverletzungen und lag seit vier Monaten im Koma. Nichts könne ihn aufwecken. Sie habe meinen Brief in seiner Tasche gefunden. Ob ich nicht kommen könne, um ihn zu besuchen?

(Ich sollte Laurels Frau nie kennenlernen, aber ich bewunderte diese Geste damals und ich bewundere sie auch heute noch.)

Es war ein kleines katholisches Krankenhaus in Laurels Heimatstadt. Vor dem Eingang stand ein überlebensgroßer, blutrünstiger, furchteinflößender und häßlicher Christus, so gelb wie eine Kohlrübe. Die Nonnen in ihren schwarz-weißen Ordenstrachten sahen aus wie riesige Fliegen. Ihre rosigen, unschuldigen Gesichter, die wie Monde über ihren »Flügeln« schwebten, waren freundlich und ulkig zugleich.

Laurels Vater sah genauso aus wie Laurel. Dieselbe Brille, dieselbe einfache Kleidung, dasselbe scheinbar offene Gesicht – aber wenn man näher hinschaute, war es doch vielleicht eher weit als offen. Derselbe Tonfall. Laurels Schwester war auch da. Unerklärlicherweise umarmte sie mich.

»Wir sind so froh, daß du gekommen bist!« sagte sie.

Sie sah auch so aus wie Laurel. Kleiner, hübsch, mit kurzem blonden Haar und Apfelbäckchen.

Sie bückte sich und nahm Laurels Hand.

Nur Laurel sah nicht so aus wie Laurel. Er, der so gesund, kräftig und männlich gewesen war, lag auf diesem Krankenhausbett wie ein Gerippe mit Augen. Überall in seinem Körper steckten Schläuche. Sein Kopf war kahlgeschoren und das Loch, das sie ihm in den Schädel gebohrt hatten, mit einem weißen Verband umwickelt. Der Atem bestand aus kaum mehr als einem leisen Pfeifen durch einen Einschnitt in der Luftröhre.

Ich ergriff diese Hände, die meine Brüste so zärtlich gestreichelt hatten, und sie bestanden nur noch aus Haut und Knochen. Kalt und reglos lagen sie in meiner Hand. Ich berührte das Gesicht, von dem ich monatelang geträumt hatte, als gehörte es jemandem, der schon im Sarg lag.

Seine Schwester sagte (mit diesem unverkennbaren Akzent): »Annie ist hier!«

Laurel lag mit geöffneten Augen da, sie zuckten nervös in den Höhlen. Sein Mund stand offen. Aber er selbst war nicht da. Nur seine Hülle, seine Schale. Der Vater schaute mich an, als wäre ich eine Art Therapie. Abwägend. Wird sie was nützen? Wird sie meinen Sohn zurückholen können?

Es ging nicht. Ich erweckte seinen Sohn nicht zu neuem Leben. Laurel lag da und pfiff hilflos und dumpf durch das Loch in seinem Hals. Ich wollte nur noch weg.

Zwei Jahre später kamen die ersten Briefe. So, als glaubte er, ich würde noch immer in der Schule sitzen und auf ihn warten.

»Liebes«, schrieb er. »Ich liebe Dich. Ich habe solche Sehnsucht nach Dir. Ich bin vor einem Jahr aus dem Koma aufgewacht, nachdem mich schon alle abgeschrieben hatten. Mein Gehirn ist verletzt. Kannst Du kommen? Ich muß noch immer im Bett liegen.«

Aber ich war nicht mehr in der Schule. Ich hatte geheiratet und lebte im Süden.

»Sag ihm, daß du jetzt verheiratet bist«, riet mir mein Mann. »Das sollte er wissen, damit er sich keine sinnlosen Hoffnungen macht.«

Ich schrieb ihm nicht nur, daß ich verheiratet, sondern auch, daß ich »glücklich« verheiratet sei.

Mein Ehestand kümmerte Laurel nicht.

»Bitte komm«, schrieb er. »Es gibt nur wenige Schwarze hier. Du wärest zwar einsam, aber ich werde da sein, und ich liebe Dich.«

Ich schrieb zurück. Diesmal berichtete ich ihm, daß ich verheiratet sei, ein Kind erwarte und einen Hund zu meinem Schutz habe.

»Ich träume von Deinem Körper, der so sinnlich und fruchtbar ist. Ich will endlich mit Dir schlafen, was wir nie konnten. Ich hoffe, Dir ist klar, daß ich einen Teil meines Gehirns verloren habe, als ich mich für Deine Leute im Süden engagierte. Ich vermisse Dich. Komm schnell.«

Ich antwortete: »Lieber Laurel, ich bin so froh, daß es Dir besser geht. Dein Unfall tut mir leid. Sehr leid. Aber ich kann nicht kommen, denn ich bin jetzt verheiratet. Ich liebe meinen Mann. Ich könnte es nicht ertragen zu kommen. Ich bin schwanger – dauernd ist mir schlecht, und ich habe Angst wegen des Lebens, das ich/wir führen.« Usw. usw.

Worauf er schrieb: »Du hast einen Juden geheiratet. (Ich hatte einen Roman veröffentlicht, anscheinend hatten sich die Rezensenten mehr auf meine Ehe als auf das Buch konzentriert, wie es häufig der Fall ist.) Juden gibt es hier auch keine. Ich nehme an, Du hast einen Tick für Exotisches, obwohl ich nicht exotisch war. Ich bin jetzt ein Krüppel, nachdem ein Teil von meinem Gehirn in irgendeinem Mülleimer gelandet ist. Wir könnten Kinder haben, vorausgesetzt, du sorgst für sie. Mit mir kann man nicht rechnen. Ha ha.«

Ich bat meinen Mann, die Briefe abzufangen, die zu uns nach

Hause kamen. Ich bat den Direktor meiner Schule, die anderen, die er mir dorthin schickte, zu vernichten. Ich hatte Angst davor.

»Ich träume von Deinem Körper, so warm und braun, meiner dagegen erscheint mir nur noch kalt und weiß. Ich könnte Dich zur Frau nehmen, die Leute hier haben was gegen Schwarze, sie waren froh, als Martin Luther King erschossen wurde. Ich will Dich bei mir haben. Wir können zusammen glücklich und schwarz und verkrüppelt sein und gemeinsam dem Teil meines Gehirns nachtrauern, den ich verloren habe. Ich will Dich wirklich, aber ich glaube, Du klebst an Deinem jüdischen Mann. Ich will ihm nicht zu nahe treten, aber wir beide gehören zusammen, das weißt Du.«

»Lieber Laurel, ich bin Mutter geworden. (Ich hoffte, dies würde mich retten. Fehlanzeige.) Ich habe eine kleine Tochter. Ich hoffe, es geht Dir gut. Herzliche Grüße von meinem Mann.«

Die meisten Briefe bekam ich gar nicht erst zu sehen. Als Laurel meinen Mann verdächtigte, die Briefe ohne mein Einverständnis zu unterschlagen, schickte er ein Telegramm: *Annie, ich komme mit dem Greyhound, pass bitte auf, dass Dein Hund mich nicht beisst. Laurel.*

Mein Mann sagte: »Na gut, lassen wir ihn kommen. Dann sieht er wenigstens, daß du nicht die Frau bist, an die er sich erinnert. Seine Erinnerung ist fixiert auf eure Leidenschaft füreinander. Soll er sehen, wie glücklich wir beide sind.«

Ich wartete, zitternd.

Es war ein kalter, klarer Abend. Laurel humpelte auf Krücken aus dem Taxi, ein Bein kürzer als das andere. Er hatte sein altes Gewicht wieder und sah trotz der Blässe einigermaßen gut aus. Er warf einen flüchtigen Blick auf meinen ganz und gar gutaussehenden Mann und ignorierte ihn. Er wandte die Augen nicht mehr von mir. Er lächelte mich glücklich an, war zufrieden mit mir.

Damals konnte ich nur ein Gericht kochen, Hühnchen mit Estragon, das machte ich.

Ich hatte Angst. Nicht vor Laurel, um genau zu sein, sondern vor all diesen Gefühlen, die mich überschwemmten.

(Trotz der festen Überzeugung meines Mannes hatte ich den Verdacht, daß die Ehe mich nicht daran hindern konnte, in mancher Hinsicht genau die Frau zu sein, die Laurel in Erinnerung hatte.)

Ich holte meine kleine Tochter aus dem Bett und hielt sie – verstimmt, rotbackig und unglaublich wach – vor mich.

Während des Essens beschwor Laurel unsere akrobatischen Nächte auf der Parkbank des Campus, unser intimes Tanzen. Alles vor meinem höflichen Mann. Meine Wangen brannten. Jene Nächte, die mir so weit weg erschienen, schienen für ihn das einzige zu sein, an das er sich klar erinnern konnte, selbst sein Unfall war nur schemenhaft vorhanden. Alles vor und nach dieser Woche war wie weggeblasen. Der Augenblick war wirklich für ihn. Ich war wirklich. Unsere gemeinsame Woche vor so langer Zeit war ganz besonders wirklich. Aber das war auch alles. Sein Singsang war genauso wunderbar und melodisch wie früher, hatte jetzt aber einen verrückten Dreh, der mit seiner Unfähigkeit zu tun hatte, zusammenhängend zu denken. Es war ziemlich anstrengend, ihm zuzuhören: einerseits war er enorm selbstsicher, was mich anging – weil er nur das sah, was ihm von unserer Leidenschaft im Gedächtnis geblieben war –, andererseits strahlte er eine derartige Intensität aus, daß schon sein Blick mich um ein Haar zum Heulen gebracht hätte.

Jetzt, wo er hier war und fast wieder der Alte, mußte ich alles stehen und liegen lassen, auch das Kind auf meinem Schoß, das er kaum zu bemerken schien, und mit ihm fortgehen. War ich denn nicht auch nach Afrika geflogen, obwohl das bedeutete, das Land, in dem er lebte, zu verlassen?

Schließlich, als seine Worte sich nur noch im Kreis drehten und immer rätselhafter wurden (weniger Rätsel, mehr Gedichte, die einen aber verstörten), brachte mein Mann ihn zurück zum Busbahnhof. Laurel war über tausend Meilen gefahren, nur um mich zwei Stunden zu sehen.

Das Gesicht meines Mannes wirkte abgespannt, als er heimkam. Er liebte mich, das wußte ich. Er war froh, daß er mir helfen konnte. Trotzdem wußte er nicht so recht.

»Es hat nur eine Woche gedauert!« sagte ich. »Lange, bevor ich dich kennengelernt habe!«

»Ich weiß«, sagte er. Ich hatte mich in seine Arme verkrochen und zitterte von Kopf bis Fuß. »Sch sch, mein Kleines«, tröstete er mich. »Ist ja gut. Wir sind sicher.«

Aber waren wir das?

Und Laurel? Der durch die Nacht nach Hause flog? Die Briefe kamen weiter. Hin und wieder las ich einen von denen, die er mir nach Hause schickte.

»Ich lebe jetzt von der Wohlfahrt. Das Leben kotzt mich an. Warum hat mein Vater mich nicht sterben lassen? Die Menschen hier sind so verbohrt. Wenn Du hierher kämst, würden sie uns grausam behandeln, aber vielleicht würde es ihnen helfen, etwas zu erkennen. Du bist schöner als je zuvor. Du bist so sexy, daß es mich quält – es ist nicht nur, weil du schwarz bist, das wäre Rassismus, aber wenn du im gleichen Zimmer bist wie ich, dann füllt es sich mit Farben und Düften, und ich bin wieder lebendig.«

Er bot mir an, meine Tochter zu adoptieren, kurz nachdem seine Frau in die Scheidung eingewilligt hatte.

Nachdem mein Mann und ich geschieden waren (etwa sieben Jahre nach Laurels Besuch und dreizehn Jahre, nachdem ich Laurel kennengelernt hatte), saßen wir eines Abends zusammen und redeten über Laurel. Er erinnerte sich genau an ihn, mit der für ihn charakteristischen Einfühlsamkeit und Anteilnahme.

»Wenn ich nicht mit dir verheiratet gewesen wäre, wäre ich mit ihm gegangen«, sagte ich. »Vielleicht.«

»Wirklich?« Er schien überrascht.

In alter Gewohnheit berührte ich ihn am Arm. »Irgendwie habe ich ihn geliebt.«

»Ich weiß«, sagte er und lächelte.

»Vieles an dieser Liebe war Lust. Das hat mich jahrelang fertiggemacht, bis ich feststellte, daß auch Lust eine Art von Liebe sein kann.«

Er nickte.

»Ich fühlte mich schuldig wegen Laurel. Als er mir schrieb, wurde ich unruhig. Als er uns besuchte, hatte ich Angst.«

»Er war nicht mehr der Mann, den du gekannt hattest.«

»Ich glaube nicht, daß ich ihn gut genug kannte, um das zu beurteilen. Aber auch so hatte ich Angst, daß Liebe und Lust wieder aufflackern könnten, mit dem Mitleid. Und selbst wenn nicht – daß ich trotzdem mit ihm davonlaufen würde – aus Mitleid – *und wegen des Abenteuers!*«

Es war das Wort »Abenteuer« und seine unterschiedliche Bedeutung für jeden von uns, das uns letztlich auseinandergebracht hatte. Wir hatten das beide endlich verstanden und akzeptierten es ohne Bitterkeit.

»Ich wollte dich fragen, ob du mich mit ihm gehen lassen würdest, nur für ein paar Monate«, sagte ich. *»Mich gehen lassen ...«*

»Es wurde immer schlimmer mit ihm, weißt du. Seine letzten Briefe waren brutal. Er machte dich für alles verantwortlich, sogar für den Unfall, und warf dir die schrecklichsten, grausigsten Sachen vor. Er wurde ein verbitterter, rachsüchtiger Mensch.«

Er kannte mich gut genug, um zu wissen, daß ich das gehört und doch nicht gehört hatte.

Er seufzte. »Für mich wäre es ganz schön hart gewesen. Und für die Kleine auch. Hart für dich. Aber am härtesten für Laurel.«

(*»Bitte sag mir, es war gut, daß ich nicht mit ihm gegangen bin«*, wollte ich ihn bitten, aber ich tat es nicht.)

»Stimmt«, sagte ich statt dessen, zuckte die Achseln und wechselte das Thema.

Barbara Frischmuth

Eine schöpferische Tätigkeit

Miranda beim Friseur. Amy Stern zuckt zusammen, als sie sie durch die Glastür hindurch sitzen und warten sieht. Bist du auch bestellt? ruft Miranda ihr schon von weitem zu.

Ja. Sie läßt sich in die weiche Polsterbank fallen und greift nach einem Modejournal.

Das macht nichts, du wirst trotzdem warten müssen. Das ist nämlich so: Du meldest dich an, feilschst um einen Termin, hetzt dich ab, damit du ja rechtzeitig da bist, versäumst womöglich noch den letzten in Frage kommenden Autobus, läßt dich in ein Taxi fallen, dessen Chauffeur dich noch dazu übers Ohr haut, und dann sitzt du in aller Ruhe hier auf einer Polsterbank und wartest hingebungsvoll, bis du drankommst. Aber was soll ich tun ... sie zieht an ihren Löckchen, die in einem traurigen Zustand sind. Kein Wunder, daß die Väter meiner Kinder es sich alle überlegt haben.

Du hast Kinder? fragt Amy Stern mit plötzlich erwachendem Interesse. An Miranda ist ihr bisher noch kaum etwas Mütterliches aufgefallen.

Drei, sagt Miranda. Drei Töchter. Jedesmal, wenn eine von ihnen in einem Alter war, wo sich schon absehen ließ, daß die Komposition nicht gerade optimal war, versuchte ich es mit einem anderen Vater. Mich selbst konnte ich ja nicht ersetzen ... sie lacht kichernd.

Solange sie alle noch klein und zu Hause waren, konnte ich selten weg, schon gar nicht zu einem Friseur, bei dem man, obwohl man bestellt ist – sie sagt das laut und deutlich, da gerade eine Friseuse vorbeigeht –, warten muß. Wenn ich nicht alle Wochen zum Friseur komme, werde ich unansehnlich. Mein

Haar ist kompliziert, zu fein und daher nicht von mir selbst handhabbar.

Früher, als ich noch Geigerin war, keine Kinder, dafür einen Geliebten hatte, von dem heute die Welt spricht, bin ich jeden vierten Tag zum Friseur gegangen. Es war der einzige Luxus, den ich mir geleistet habe. Und Herr... na, du weißt schon, wen ich meinen könnte – sie lächelt –, hat es immerhin ganze fünf Jahre mit mir ausgehalten. Es wird in seine Biografie eingehen, ebenso wie sein erstes mir gewidmetes Violinkonzert, sagt sie Amy Stern ins Ohr, in jenem lauten Flüsterton, der leichter zu verstehen ist als jedes normal gesprochene Wort.

Ich glaube, wenn damals nicht dieses große Engagement gekommen wäre, das uns gewaltsam getrennt hat, wer weiß... Gewiß ist nur, daß er seither bei keiner mehr zur Ruhe gekommen ist, geschweige denn es mit ein und derselben Frau fünf Jahre ausgehalten hätte.

Als dann das mit meinem Arbeitsunfall passierte, sie streckt die linke Hand leicht von sich, wobei sie sie im Gelenk mühsam hin und her dreht, habe ich mit der Geige aufgehört und Kinder geboren.

Was für ein Arbeitsunfall? Amy Stern hat das Modejournal bereits weggelegt. Solange Miranda neben ihr sitzt, würde sie keine Gelegenheit finden, auch nur einen Blick hineinzutun.

Du wirst es nicht glauben... es war nach einer Orchesterprobe. Wir waren gerade dabei, die Noten einzupacken, als jemand mir zuflüsterte, wissen Sie schon, daß X – du weißt schon, wen ich meinen könnte – demnächst mit uns spielen wird?

Vor Verblüffung machte ich einen Schritt zurück – aus der Presse wußte ich nur, daß er zur Zeit in Rio war – fiel hin, und das so unglücklich, daß ich mir den linken Arm brach, genau an der Handwurzel, und das noch dazu zweimal. Seither habe ich nur mehr nach der Geige gegriffen, um meinen Kindern etwas vorzuspielen. Eine Zeitlang funktionierte das prächtig. Wenn es nicht mehr zum Aushalten war mit ihnen, ließ ich sie der Reihe nach auf den Stühlen im Wohnzimmer Platz nehmen, riß ihre

Eintrittskarte ein, nahm ihnen die Garderobe ab und trat anschließend als Solistin vor ihnen auf.

Du bist also vorsätzlich vom Geigenspielen aufs Kinderkriegen übergegangen?

Miranda nickt. Ich wollte immer eine Künstlerin sein. Zuerst Sängerin. Aber bald merkte ich, daß meine Stimme das nicht aushalten würde. Dann Geigerin. Ich war gut. Ich war virtuos. Als das mit der Hand passierte, wußte ich, daß ich mich nicht einmal selbst mehr würde erreichen können. Zum Komponieren hat es mir an Mut, letztlich auch an Einfällen gemangelt. Und in der Malerei oder in der Literatur war ich nicht einmal begabt.

Es war eine schlimme Zeit für mich, als ich so mit der Gipshand umherging und wußte, daß es mit der Musik vorbei war. Ich saß halbe Nächte lang wach und dachte darüber nach, womit ich mein Leben ausfüllen sollte. Mit einemmal kam mir der grandiose Gedanke: Kinder. Ich, die ich nie an Kinder gedacht hatte, war plötzlich ganz wild darauf, meinen Bauch wachsen zu sehen. Dennoch verlor ich nicht die Nerven. Ich ging mit Umsicht vor, besonders beim erstenmal. Natürlich war ich auch verliebt, aber ich achtete darauf, daß die Umstände stimmten. Schließlich mußten die Kinder und ich von etwas leben. Ich begann das Kinderkriegen als künstlerische, sozusagen schöpferische Tätigkeit aufzufassen, und dabei wollte ich aus dem vollen schöpfen. Mein Projekt sollte nicht unter irgendwelchen banalen Mängeln zu leiden haben. Mein Körper spielte mit. Ich wurde beinah auf den Tag genau, nämlich den Tag, den ich mir dafür ausgesucht hatte, schwanger und hatte somit auch das Sternzeichen im Griff. Dann begann ich an dem Ungeborenen zu arbeiten, wenn du mich richtig verstehst. Zu arbeiten, indem ich es mir gutgehen ließ. Ich aß nach Maß, aber erlesen. Ich hörte die beste Musik und ging jeden Tag mindestens zwei Stunden spazieren. Ich trank hin und wieder ein Glas Sekt, rührte aber keine Zigarette an. Ich ging in einen Kursus für Schwangerschaftsturnen und in einen Kursus für autogenes

Training. Als es dann soweit war, legte ich eine Geburt hin, daß selbst die Hebamme mit ihre Achtung nicht versagen konnte.

Ich war stolz, so stolz, als hätte ich einen großen Schritt in meiner Karriere als Violinvirtuosin gemacht. Auch der Mann war stolz, auf mich und das hübsche Kind. In meiner neuen Auffassung von Kunst ging ich so weit, den Mann, der auch noch verheiratet war, zu vernachlässigen.

Als Puppa zwei war, begann ich unzufrieden zu werden. Wie sehr sie sich vielleicht auch noch ändern und entwickeln mochte, es war nur mehr im Rahmen ihres vorgegebenen Typs möglich. Ich brauchte aber mehr Spielraum für meine Phantasie.

Und wieder klappte es beinah auf den Tag genau. Mia war von Haus aus ein ganz anderes Kind, lebhafter bei Tag, dafür schlief sie besser bei Nacht. Sie war robuster, dafür auch weniger anhänglich, und ich schwelgte stundenlang in Vergleichen. Ich glaube, das ist ihrem Vater am meisten auf die Nerven gegangen, daß ich es nicht lassen konnte, ihm zu Mias auch noch Puppas ganze Geschichte zu erzählen.

Diesmal dauerte es nur ein Jahr. Mia war unkompliziert, und ich glaubte, ihr Wesen schon nach einem Jahr absehen zu können. Ihr Vater hatte sich mit einer besonders großzügigen Apanage aus der Affäre gezogen, und so konnte ich es mir leisten, bei Yuko ein Experiment einzugehen. Ihr Vater wurde ein Japaner, den ich noch vom Konservatorium her kannte und den ich eines Tages zu mir einlud, als ich ihm zufällig auf der Straße begegnet war. Das Ganze war ein spontaner Einfall, eine sogenannte Königs-Idee, obwohl man besser sagen sollte Königinnen-Idee.

Diesmal klappte es überhaupt auf Anhieb, und bevor ich mir noch darüber Gedanken machen konnte, ob diese Königinnen-Idee wirklich so vorzüglich war, wie ich sie mir ausgedacht hatte, strampelte es schon gegen meine Bauchdecke.

Natürlich sollte auch dieses Kind all der Sorgfalt teilhaftig werden, die ich den anderen hatte angedeihen lassen, und so ließ ich mir von Yukio, dem Vater, Platten mit japanischer Musik schenken, kaufte einen Bildband über Hokusai und las *Das Kopfkissenbuch der Hofdame Sei Shonagon* sowie *Die Geschichte des Prinzen Genji*.

Ich überredete Yukio dazu, mir in einem Winkel der Wohnung ein japanisches Zimmer einzurichten, in dem wir manchmal gemeinsam den Tee nahmen.

Obwohl Yuko bei der Geburt die Kleinste gewesen war, kam sie am schwierigsten zur Welt. Als hätte sie von Anfang an keine Lust dazu gehabt, ihre Doppelexistenz auf sich zu nehmen.

Erfolgsgewohnt wie ich war, konnte ich die Panne kaum begreifen. An ihre Geburt erinnere ich mich ungern. Und danach hatten mir die Ärzte nahegelegt, es bei drei Kindern bewenden zu lassen. Ich hätte mich genug verausgabt und sollte mich nun lieber den drei vorhandenen widmen.

Wieder eine Karriere zu Ende, dachte ich, hatte ich doch mindestens mit einem halben Dutzend Kinder gerechnet.

Auch gut, sagte ich mir. Meine nächste Berufung wird die zur Erzieherin sein. Ich entließ also das Mädchen, das sich bis dahin einige Stunden am Tag mit den Kindern beschäftigt hatte, strich auch die Haushaltshilfe und begann das zu werden, was man Hausfrau und Mutter nennt, wobei ich es insofern besser hatte als die meisten, daß ich nur die Kinder, den Haushalt und mich selbst zu versorgen hatte, und keinen dazugehörigen Mann.

Yukio war von seiner Familie nach Japan zurückgerufen worden, von wo aus er auch noch hin und wieder Geld und liebenswürdigerweise Geschenke an alle meine drei Töchter zu schikken pflegte, aber gesehen habe ich ihn seither nicht mehr.

Andererseits fehlte es nunmehr doch an dem scheinbar nötigen Ausgleich durch ein männliches Temperament in meinem Haushalt. Selbst wenn ich hin und wieder durch einen meiner Bekannten Abhilfe schaffen wollte, war die Freude nur von kurzer Dauer, denn der Arme hatte nicht nur mich zu hofieren, sondern meine drei Töchter dazu, die vor ihm in den seltsamsten Aufzügen paradierten und sich gegenseitig die Nase blutig schlugen, um auf seinem Schoß sitzen zu dürfen.

Der Erfolg, den ich durch die Geige und beim Gebären erlebt hatte, blieb beim Erziehen aus, zumindest war er nicht unmittelbar festzustellen. Manchmal glaubte ich, bei meiner neuen Berufung pausenlos Schiffbruch zu erleiden. Meine Nerven wurden schwach, so daß ich sie zeitweise offen daliegen spürte. Aufgeben kam nicht in Frage. Ich habe sie durchgestanden, die harten wie die etwas leichteren Jahre, als ich meine Töchter bereits für alt genug hielt, in größerem Maß für sich selbst zu entscheiden.

Was ist aus ihnen geworden?

Geworden? Puppa will aufs Konservatorium, Mia ist noch an der Schule, und Yuko, ja, Yuko hat ihrem Vater einige Briefe geschrieben, bis er ihr endlich geantwortet und dann auch noch das Flugticket geschickt hat. Jetzt ist sie schon seit Monaten in Okinawa und will sich, wie sie mir schreibt, Zeit lassen für die endgültige Entscheidung, wer sie sein und wo sie bleiben möchte.

Und du? Ich meine die Spielabende...

Leider sind die Summen, die die jeweiligen Väter freiwillig geschickt haben, nie erhöht worden. Darum bin ich, genau wie Maya und Pola, auf Pia angewiesen. Sie ist Mensch genug, meine Ansicht, daß Kinderkriegen eine schöpferische Tätigkeit sein kann, auch noch im nachhinein zu honorieren.

Nun ja, meint sie winkend, während sie hinter der kleinen dunklen Friseurin hertrippelt, die sie am Handgelenk zum Waschplatz gezogen hat... bis heut abend.

Sie weiß nicht so recht, warum sie selbst zum Friseur gekommen ist.

An den Spitzen ein wenig kürzen, sagt sie, als sie mit nassem Haar vor dem Spiegel sitzt und eine blonde, nixenartige Person ihren Kopf hin und her wendet. Ein wenig kürzen und vielleicht doch hochstecken, mit Rollen an den Seiten.

So? fragt die Nixe und zeigt ihr das Bild einer Schauspielerin, die in einem Schnitzler-Stück spielt.

Wer ist das? fragt sie und nimmt die Zeitung an sich.

Das ist Sophie Silber. Sagen Sie bloß, Sie haben noch nie von ihr gehört.

Gehört schon...

Soll ich also das Haar auf diese Weise hochkämmen?

Wenn Sie meinen, daß mir das steht? Ach ja, bitte tun Sie es... Sie läßt ihren Kopf leicht zurücksinken und versucht den Namen in ihrem Gedächtnis zu orten.

Sylvia Plath

Tag des Erfolgs

Ellen war mit dem Stapel sauber gefalteter Windeln auf dem Weg ins Schlafzimmer, als das Telefon klingelte und die Ruhe des frischen Herbstmorgens störte. Wie erstarrt blieb sie einen Moment lang auf der Schwelle stehen und nahm das friedliche Bild in sich auf, als ob sie es nie wieder sehen sollte – die zarte, rosengemusterte Tapete, die waldgrünen Cordvorhänge, die sie mit der Hand gesäumt hatte, als sie auf die Ankunft des Babys gewartet hatte, das altmodische Bett mit den vier Pfosten, das ein Erbstück von einer liebenden, aber geldlosen Tante war, und in der Ecke die blaßrosa Wiege, in der die fest schlafende, sechs Monate alte Jill lag, der Mittelpunkt des Ganzen.

Mach bitte, daß sich nichts ändert, beschwor sie die Schicksalsgötter, ganz gleich, welcher ihr gerade zuhörte. *Laß uns drei für immer so glücklich bleiben wie jetzt.*

Die schrille, fordernde Klingel schreckte sie auf. Sie lud den Stapel Windeln auf dem großen Bett ab, ging zum Telefon und nahm widerwillig den Hörer, als wäre er ein kleines, schwarzes Instrument der Verdammnis.

»Ist Jacob Ross da?« erkundigte sich eine kühle, klare, weibliche Stimme. »Hier spricht Denise Kay.« Ellens Hoffnungen schwanden, als sie sich die elegant-gepflegte rothaarige Frau am anderen Ende der Leitung vorstellte. Erst vor einem Monat waren Jacob und sie mit der brillanten jungen Fernsehregisseurin beim Lunch gewesen, um den Fortgang von Jacobs Stück zu diskutieren – seinem ersten. Schon bei diesem Treffen hatte Ellen insgeheim gehofft, daß Denise vom Blitz getroffen oder nach Australien gehext würde, um nicht zu erleben, wie sie mit Jacob die arbeitsreichen, intimen Proben teilte, Autor und Regisseur in Zusammenarbeit an der Geburt von etwas Wundervollem, das ausschließlich ihnen gehörte.

»Nein, Jacob ist im Moment nicht zu Hause.« Ein wenig schuldbewußt kam sich Ellen schon vor, denn es wäre ein leichtes gewesen, Jacob für eine so offensichtlich wichtige Nachricht aus Mrs. Frankforts Wohnung herunterzurufen. Sein fertiges Manuskript lag jetzt seit fast zwei Wochen in Denise Kays Büro, und sie wußte, wie begierig er war, das Urteil zu erfahren; wenn sie nur daran dachte, wie er jeden Morgen die drei Treppen hinunterrannte, wenn die Post kam. Dennoch, hatte sie nicht versprochen, sich wie eine mustergültige Sekretärin zu verhalten, damit seine Schreibstunden nicht unterbrochen würden? »Hier spricht seine Frau, Miß Kay«, fügte sie mit möglicherweise unnötiger Emphase hinzu. »Kann ich etwas ausrichten oder Jacob sagen, er soll Sie später anrufen?«

»Gute Nachrichten«, sagte Denise munter. »Mein Chef ist begeistert von dem Stück. Ein bißchen merkwürdig findet er es, aber wunderbar urwüchsig. Wir kaufen es also. Ich finde es geradezu hinreißend, daß ich die Regie übernehme.«

Das ist es also, dachte Ellen elend, unfähig, etwas anderes zu sehen als Denises glattschimmernden Kupferkopf, der sich zusammen mit Jacobs dunklem über ein dickes, vervielfältigtes Manuskript beugt. *Der Anfang vom Ende.*

»Das ist wunderbar, Miß Kay. Ich... ich bin sicher, Jacob wird begeistert sein.«

»Gut. Ich würde mich gern mit ihm zum Lunch treffen, wenn das geht, um über die Besetzung zu sprechen. Wir werden ein paar namhafte Schauspieler brauchen, denke ich. Wäre es Ihnen möglich, ihn zu bitten, daß er mich gegen zwölf in meinem Büro abholt?«

»Selbstverständlich...«

»In Ordnung. Also dann, auf Wiederhören!« Und mit einem geschäftsmäßigen Klick wurde aufgelegt.

Verwirrt von einem fremden, mächtigen Gefühl stand Ellen am Fenster; die selbstsichere, musikalische Stimme, die Erfolg so lässig anbot, als handelte es sich um Treibhaustrauben, hallte in ihren Ohren. Als ihr Blick unschlüssig auf dem grünen Platz verweilte, auf den Platanen mit fleckiger Rinde, die dem strahlendblauen Himmel über den schäbigen Hauswänden entgegenstrebten, löste sich ein Blatt, stumpf-golden wie ein Dreipennystück, und tanzte langsam auf das Pflaster. Später am Tag würde der Platz von Motorenlärm und Kinderrufen erfüllt sein. An einem Sommernachmittag hatte Ellen von ihrer Bank unter den Platanen fünfundzwanzig Jugendliche gezählt: unordentlich, wild, lachend – eine Miniaturausgabe der Vereinten Nationen, die über die geranienbepflanzte Rasenfläche und die engen, von Katzen bevölkerten Gassen tobte.

Wie oft hatten sie und Jacob sich das legendäre Häuschen am Meer versprochen, fern vom Benzingeruch der Stadt und den verrauchten Rangierbahnhöfen – einen Garten, einen Hügel, eine Höhle, die Jill erforschen konnte, ein gemächlicher, tief empfundener Friede!

»Nur ein verkauftes Stück, Liebling«, hatte Jacob ernsthaft gesagt. »Dann weiß ich, daß ich es kann, und wir werden das Risiko eingehen.« Das Risiko war natürlich, aus diesem geschäftigen Zentrum von Jobs wegzuziehen – Gelegenheitsjobs, Teilzeitjobs, Jobs, die Jacob mühelos nebenher bewältigen konnte, während er jede freie Minute zum Schreiben nutzte – und allein auf die unsicheren Einkünfte aus Geschichten, Stücken und Gedichten angewiesen zu sein. Gedichte! Ellen lächelte unwillkürlich. Sie dachte an den von verheerenden Schulden umdüsterten Tag vor Jills Geburt, kurz nach dem Umzug in die neue Wohnung.

Sie hatte auf den Knien gelegen und mühsam hellgraue Farbe auf dem deprimierend abgewetzten, hundert Jahre alten Holzboden verteilt, als der Postbote klingelte. »Ich gehe schon.« Jacob legte die Säge aus der Hand, mit der er Regalbretter zuschnitt. »Spar dir die Treppen, Liebes.« Seit Jacob angefangen hatte, Manuskripte an Zeitschriften zu schicken, war der Postbote in seiner blauen Uniform zu so etwas wie ein eventuell zaubernder Patenonkel geworden. Anstelle der entmutigend fetten Packpapierumschläge und der unpersönlich abgefaßten Absagezettel konnte jeden Tag ein vielversprechender Brief eines Verlegers dabei sein oder sogar...

»Ellen! Ellen!« Jacob nahm zwei Stufen auf einmal und schwenkte einen geöffneten Luftpostbrief. »Ich hab's geschafft! Ist das nicht wunderbar?« Er ließ den gelbgeränderten Scheck mit der erstaunlichen Dollarsumme in Schwarz und den Cents in Rot in ihren Schoß fallen. Die amerikanische Hochglanz-Wochenzeitschrift, der sie vor einem Monat einen Umschlag geschickt hatte, war von Jacobs Beitrag entzückt. Sie zahlten ein Pfund pro Zeile, und Jacobs Gedicht war lang genug – um was zu kaufen? Nachdem sie kichernd die Möglichkeiten von Theaterkarten, Essen in Soho und Champagner rosé durchgespielt hatten, begann die Wolke der Vernunft aufzuziehen.

»Du entscheidest.« Jacob verneigte sich und überreichte ihr den Scheck, der vergänglich und bunt wie ein seltener Schmetterling war. »Was begehrt dein Herz?«

Ellen mußte nicht lange nachdenken. »Ein Kinderwagen«, sagte sie sanft. »Einen großen, schönen Kinderwagen, in dem Platz genug für Zwillinge ist!«

Ellen spielte mit dem Gedanken, Denises Nachricht für sich zu behalten, bis Jacob zum Mittagessen heruntergelaufen kam – zu spät, um die attraktive Regisseurin im Büro anzutreffen –, schämte sich aber sofort zutiefst über sich selbst. Jede andere Ehefrau hätte aufgeregt ihren Mann ans Telefon gerufen, alle Regeln über Schreibstunden für diese außerordentlichen Nachrichten gebrochen oder wäre zumindest sofort nach Auflegen des Hörers zu ihm geeilt, voller Stolz, Überbringerin solch guter Botschaften zu sein. *Ich bin eifersüchtig,* sagte sich Ellen matt. *Ich bin das exakte Abbild einer rasend eifersüchtigen Ehefrau des zwanzigsten Jahrhunderts, kleingeistig und boshaft. Wie Nancy Regan.* Bei diesem Gedanken rief sie sich zur Ordnung und ging entschlossen in die Küche, um sich eine Tasse Kaffee aufzubrühen.

Ich zögere es nur hinaus, sagte sie sich bitter, als sie den Kessel auf den Herd stellte. Egal, solange Jacob nichts von Denise Kays Neuigkeiten wußte, hatte sie, halb abergläubisch, das Gefühl, sicher zu sein – sicher vor Nancy Regans Schicksal.

Jacob und Keith Regan waren zusammen zur Schule gegangen, hatten im Krieg zusammen in Afrika gedient, und als sie in das Nachkriegs-London zurückkamen, waren sie entschlossen, die tückischen Fallgruben der Ganztags-mit-Bowler-Jobs zu meiden, die sie von der einzig wichtigen Sache der Welt abhalten würde: dem Schreiben. Während Ellen darauf wartete, daß das Wasser kochte, waren ihre Gedanken bei diesen kargen, aber herausfordernden Monaten, in denen sie und Nancy Regan Sparrezepte getauscht und die geheimen Sorgen und Nöte all der Frauen geteilt hatten, deren Männer unbezahlte Idealisten sind, die mit Nachtwachen, Gartenarbeit und jedem Gelegenheitsjob, der sich auftat, Leib und Seele zusammenhielten.

Keith schaffte es als erster. Ein Stück, das in einem abgelegenen Theater aufgeführt wurde, war durch die Schleuder der Das-müssen-Sie-gesehen-haben-Kritiken ins West End katapultiert worden, von dort flog es wie eine prächtige, unter einem Glücksstern stehende Rakete weiter, um mitten auf dem Broadway zu landen. Mehr war nicht nötig. Wie von Zauberhand wurden die strahlenden Regans von einer Wohnung ohne Heizung und Warmwasser und einer Kost aus Spaghetti und Kartoffelsuppe auf die üppigen grünen Weiden von Kensington versetzt, vor eine Kulisse mit Prädikatsweinen, Sportwagen, eleganten Pelzen und, letztendlich, dem etwas trüben Dekor der Scheidungsgerichte. Nancy konnte einfach nicht mithalten – in Aussehen, Geld, Talent, oh, einfach allem, was zählte – mit der charmanten blonden Hauptdarstellerin, die Keith' Stück bei seinem Debüt im West End so viel Glanz verliehen hatte. Keith' Ehefrau, die ihn in seinen mageren Jahren mit großen Augen angehimmelt hatte, war allmählich herabgesunken und zu einer ruhelosen, scharfzüngigen Lebedame geworden, die so hohe Unterhaltszahlungen haben konnte, wie sie wollte, aber wenig mehr. Keith hatte sich natürlich über ihre Kreise erhoben. Ob aus Mitleid oder so etwas wie einer wettererprobten Zuneigung, Ellen blieb mit Nancy in Kontakt, der ihre Treffen eine gewisse Freude zu bereiten schienen, als könnte sie durch die glückliche, kindgesegnete Ehe der Ross' auf irgendeine Weise die besten Tage ihrer eigenen Vergangenheit wieder einfangen.

Ellen stellte eine Tasse und Untertasse auf die Arbeitsplatte und wollte sich gerade eine große Portion brühheißen Kaffee eingießen, als sie reumütig lachend nach einer zweiten Tasse griff. *Noch bin ich keine verlassene Ehefrau!*

Sorgsam arrangierte sie auf dem billigen Blechtablett eine Stoffserviette, Zuckerdose, Sahnekännchen und einen Zweig vergoldeter Herbstblätter neben den dampfenden Tassen und stieg de steile Treppe zu Mrs. Frankforts Dachwohnung hinauf.

Gerührt über Jacobs Umsicht, mit der er ihre Kohleneimer geschleppt, ihre Mülleimer geleert und ihre Pflanzen gegossen hatte, wenn sie ihre Schwester besuchte, hatte die Witwe im mittleren Alter ihm angeboten, ihre Wohnung tagsüber zu benutzen, während sie arbeiten ging. »Ein Schriftsteller, seine Frau und ein strammes Baby können mit zwei Zimmern nicht auskommen! Lassen Sie mich mein Scherflein zur Zukunft der Weltliteratur beitragen.« So konnte Ellen Jill unten krabbeln und so laut krähen lassen, wie sie wollte, ohne fürchten zu müssen, daß Jacob gestört wurde.

Mrs. Frankforts Tür sprang auf, als Ellen sie nur mit den Fingerspitzen berührte, und gab den Blick frei auf Jacobs Rücken, seinen dunklen Kopf und die breiten Schultern in dem abgetragenen Seemannspullover, dessen Ellenbogen sie öfter gestopft hatte, als sie sich erinnern wollte. Er beugte sich über einen Tisch mit dürren Beinen, der mit bekritzeltem Papier übersät war. Ellen blieb ohne zu atmen abwartend stehen, als Jacob sich geistesabwesend durchs Haar fuhr und sich auf seinem knarrenden Stuhl herumdrehte. Seine Miene hellte sich auf, als er sie sah; und sie ging lächelnd auf ihn zu, um die guten Nachrichten weiterzugeben.

Nachdem sie Jacob frisch rasiert, gekämmt und stattlich in seinem gründlich gebürsteten Anzug – seinem einzigen – verabschiedet hatte, fühlte Ellen sich eigenartig im Stich gelassen. Jill erwachte mit glänzenden Augen aus ihrem Vormittagsschlaf und gurrte. »Dadada«, plapperte sie, während Ellen, in Gedanken weit entfernt, geschickt die feuchte Windel wechselte. Sie überging das übliche Guck-Guck-Spiel und setzte das Kind zum Spielen in den Laufstall.

Es wird nicht sofort passieren, überlegte sie, während sie gekochte Karotten für Jills Mittagessen zerdrückte. *Das ist bei Trennungen selten. Es wird sich langsam entfalten, ein kleines, verräterisches Symptom nach dem anderen, wie eine häßliche, teuflische Blüte.*

Als sie Jill für ihre Mittagsmahlzeit auf dem großen Bett mit Kissen stützte, fiel Ellens Blick auf das winzige Kristallfläschchen mit französischem Parfum, das sich in der Wildnis von Babypuderdosen, Lebertranflaschen und Gläsern mit Wattebäuschen auf der Kommode beinahe verlor. Die wenigen restlichen Tropfen der teuren Amberflüssigkeit schienen ihr höhnisch zuzuzwinkern – Jacobs einzige Extravaganz aus dem Gedichtgeld, das nach dem Kinderwagen übriggeblieben war. Warum hatte sie sich nie großzügig mit dem Parfum verwöhnt, anstatt es vorsichtig zu rationieren, Tröpfchen für Tröpfchen, wie ein leicht vergängliches Lebenselixier? Eine Frau wie Denise Kay hatte sicher einen beträchtlichen Teil ihres Einkommens dafür vorgesehen: köstliche Düfte.

Ellen löffelte gedankenversunken Karottenbrei in Jills Mund, als es an der Tür klingelte. *Verflucht!* Sie ließ Jill unsanft ins Kinderbett fallen und stürzte zur Treppe. *Es hört nicht auf.*

Auf der Schwelle stand ein tadellos angezogener, unbekannter Mann neben der Batterie beschlagener Milchflaschen, die nicht abgeholt worden waren. »Ist Jacob Ross da? Mein Name ist Karl Goodman, Redakteur vom *Impact*.«

Ellen erinnerte sich ehrfurchtsvoll an den Namen der vornehmen Monatszeitschrift, die vor ein paar Tagen drei von Jacobs Gedichten angenommen hatte. Im Wissen um ihre karottenbespritzte Bluse und die verdreckte Schürze murmelte Ellen verlegen, daß Jack nicht zu Hause sei. »Sie haben ein paar von seinen Gedichten genommen«, sagte sie dann schüchtern. »Wir haben uns sehr gefreut.«

Karl Goodman lächelte. »Vielleicht sollte ich Ihnen sagen, weshalb ich hier bin. Ich wohne in der Nähe und war zufällig zum Lunch zu Hause, deshalb dachte ich, ich komme selbst vorbei...«

Denise Kay hatte am Morgen bei *Impact* angerufen, um nachzufragen, ob es möglich sei, daß sie Jacobs Stück oder Teile daraus abdruckten, wenn die Sendung herauskommt. »Ich wollte nur erst sichergehen, daß Ihr Mann keiner anderen Zeitschrift verpflichtet ist«, schloß Karl Goodman.

»Nein, ich glaube nicht.« Ellen versuchte, gelassen zu klingen. »Das heißt, ich weiß, daß er es nicht ist. Ich bin sicher, er würde sich freuen, wenn Sie das Stück in Betracht ziehen. Oben liegt eine Kopie. Soll ich sie für Sie holen...?«

»Das wäre sehr nett.« Als Ellen in die Wohnung eilte, traf sie auf Jills aufgebrachte Klagen. *Nur noch eine Minute, Liebes*, versprach sie. Sie griff nach dem beeindruckend dicken Manuskript, das sie hoffnungsvoll während so vieler Teestunden nach Jacobs Diktat getippt hatte, und eilte wieder nach unten.

»Vielen Dank, Mrs. Ross.« Beschämt spürte Ellen Goodmans scharfen, abschätzenden Blick, vom geflochtenen Haarkranz bis zu den, trotz Schuhcreme, abgestoßenen Spitzen ihrer flachen Laufschuhe.

»Wenn wir es nehmen, und dessen bin ich mir fast sicher, lasse ich Ihnen den Scheck im voraus zuschicken.«

Ellen wurde rot, während sie dachte: *So verzweifelt sind wir nicht. Nicht ganz.* »Das wäre schön«, sagte sie.

Begleitet von Jills schrillen Schreien schleppte sie sich langsam die Treppe hoch. *Ich passe schon jetzt nicht mehr. Ich bin hausbacken, unmodern wie die Rocklänge vom letzten Jahr. Wenn ich Nancy wäre, würde ich den Scheck in der Sekunde, wo er durch den Briefschlitz fällt, an mich reißen, wäre auf dem Weg zu einem Modefriseur und würde zum krönenden Abschluß der Schönheitskur in einem Taxi beutebeladen über die Regent Street kreuzen. Aber ich bin nicht Nancy*, ermahnte sie sich entschlossen, brachte ein mütterliches Lächeln zustande und ging in die Wohnung, um Jill weiterzufüttern. Während Ellen am Nachmittag im Wartezimmer des Arztes auf Jills regelmäßige Untersuchung wartete, blätterte sie die eleganten Modemagazine durch und sann dumpf über den Abgrund nach, der sie von den selbstsicheren pelz-, feder- und juwelengeschmückten Fotomodellen trennte, die sie mit erstaunlich großen, klaren Augen anstarrten.

Stehen die jemals mit dem falschen Fuß auf? fragte sie sich. *Mit Kopfweh... oder Herzweh?* Und sie versuchte sich die Märchenwelt vorzustellen, in der diese Frauen mit taufrischen Augen und rosigen Wangen aufwachten, zierlich gähnend wie Katzen, und deren Haare selbst bei Tagesanbruch ein wunderbarerweise intakter Turm in Gold, Rostbraun, Blauschwarz oder vielleicht lavendelgetöntem Silber waren. Sie würden sich erheben, geschmeidig wie Ballerinen, um dem Mann ihres Herzens ein exotisches Frühstück zu bereiten – Champignons und sahniges Rührei oder Krabbentoast –, und in einem duftigen Negligé mit Satinbändern, die wie Siegesbanner hinter ihnen herwehten, durch eine blitzende amerikanische Küche schweben...

Nein, Ellen korrigierte ihr Bild. Sie bekämen ihr Frühstück natürlich ans Bett gebracht, wie ordentliche Prinzessinnen, auf einem kostbaren Tablett: knuspriger Toast, der milchige Schimmer von zartem Porzellan, das Wasser für den Orange Flower Tee frisch aufgebrüht... Und mitten in diese fabelhafte Pappmachéwelt schlich sich das beunruhigende Bild von Denise Kay ein. Wirklich, sie schien hier vollkommen zu Hause zu sein mit ihren dunkelbraunen, beinahe schwarzen Augen unter den hinreißenden Kaskaden von kupferfarbenem Haar.

Wenn sie wenigstens oberflächlich wäre, geistlos. Für einen Moment wurde Ellen von Spekulationen überwältigt, die einer findigen Ehefrau nicht würdig waren. *Wenn wenigstens ...*

»Mrs. Ross?« Die Arzthelferin berührte ihre Schulter, und sie riß sich aus ihren Tagträumen. *Wenn wenigstens Jacob zu Hause ist, wenn ich wiederkomme* – hoffnungsvoll änderte sie ihren Kurs – *seine Füße auf dem Sofa und auf den Tee wartend, wie immer ...* Und mit Jill auf dem Arm folgte sie der tüchtigen, weißuniformierten Frau ins Sprechzimmer des Arztes.

Mit entschlossener Heiterkeit öffnete Ellen die Tür. Doch schon, als sie mit der schläfrigen Jill auf dem Arm über die Schwelle trat, fühlte sie eine Welle der Enttäuschung. *Er ist nicht da ...*

Mechanisch brachte sie Jill für ihren Nachmittagsschlaf ins Bett und begann mutlos ein Babynachthemd zuzuschneiden, das sie abends auf der handbetriebenen Nähmaschine der Nachbarin zusammennähen wollte. Der klare blaue Morgen hat sein Versprechen gebrochen, stellte sie fest. Bedrohliche Wolken senkten ihre schmutzigen Fallschirmseiden tief über den Platz, und die Häuser und karg beblätterten Bäume wirkten eintöniger denn je.

Ich bin hier sehr gern. Ellen attackierte den warmen, roten Flanell mit trotzigen Schnitten. *Weg mit Mayfair, weg mit Knightsbridge, weg mit Hampstead ...* machte sie die Hoffnung auf silberhelle Luxusorte zunichte, wie die Federn vieler blasser Pusteblumen, als das Telefon klingelte.

Roter Stoff, Stecknadeln, Schnittmusterteile und Schere flogen über- und untereinander auf den Teppich, als sie aufsprang. Jacob rief sie immer an, wenn er irgendwo aufgehalten wurde, damit sie sich keine Sorgen machte. Und in diesem speziellen Moment wäre ein Zeichen seiner Aufmerksamkeit, und sei es noch so klein, willkommener als kühles Wasser dem Irrenden in der Wüste.

»Hallo, Liebes!« Nancy Regans überhebliche, theatralische Stimme vibrierte durch die Leitung. »Wie geht's denn so?«

»Gut«, log Ellen. »Wirklich gut.« Sie setzte sich auf die Kante der chintzbezogenen Truhe, die Schrank und Telefontisch zugleich war, um Halt zu gewinnen. Es gab keinen Grund, die Neuigkeiten zurückzuhalten. »Jacobs erstes Stück ist gerade angenommen worden.«

»Ich weiß, ich weiß.«

»Aber woher...?« *Wie bringt sie es nur fertig, den letzten Funken Tratsch aufzuschnappen? Wie eine professionelle Elster, ein Vogel des Unglücks...*

»Das war leicht, Darling. Ich bin im Rainbow Room über Jacob beim Tête-à-tête mit Denise Kay gestolpert. Du kennst mich. Ich mußte wissen, was gefeiert wurde. Liebes, ich wußte ja gar nicht, daß Jacob für Martinis schwärmt. Von Rothaarigen ganz zu schweigen...«

Kribbelnd beschlich sie der Kummer wie eine Gänsehaut, und Ellen wurde es abwechselnd heiß und kalt. Angesichts von Nancys vielsagendem Tonfall schienen selbst ihre schlimmsten Befürchtungen noch naiv zu sein. »Oh, Jacob braucht ein bißchen Abwechslung nach der vielen Arbeit.« Sie versuchte, gleichgültig zu klingen. »Die meisten Männer nehmen sich wenigstens am Wochenende frei, aber Jacob...«

Nancy lachte schrill auf. »Erzähl mir nichts. Ich bin der Experte unter den Experten, wenn es um neu entdeckte Stükkeschreiber geht. Werdet ihr eine Party geben?«

»Party?« Ellen erinnerte sich an das sensationelle Mastkalb, das die Regans aufgetischt hatten, um ihrem ersten großen Scheck ein Denkmal zu setzen – die engen, verräucherten Räume waren zum Bersten voll gewesen mit Freunden, Nachbarn und Fremden, die sangen, tranken und tanzten, bis die Nacht heller wurde und das Morgengrauen blaß wie nasse Seide über den schiefen Schornsteinen sichtbar wurde. Wenn man Erfolg an ehrfurchtgebietenden Flaschenetiketten und Dutzenden von Hühnerpasteten von Fortnum and Mason und importiertem Käse und einer Suppenschüssel voll Kaviar messen konnte, dann hatten die Regans einen Löwenanteil auf die Seite gebracht. »Nein, keine Party, Nancy. Wir werden schon glücklich sein, wenn wir die Strom- und Gasrechnung für eine Weile im voraus bezahlt haben, und das Baby wächst so schnell aus seinen Sachen heraus...«

»Ellen!« Nancy stöhnte. »Wo bleibt deine Phantasie?«

»Ich schätze«, gab Ellen zu, »ich habe einfach keine.«

»Vergib einer alten Nervensäge, aber du klingst ziemlich deprimiert, Ellen! Warum fragst du mich nicht, ob ich zum Tee komme? Dann halten wir ein Schwätzchen, und im Nu bist du wieder munter.«

Ellen lächelte schwach. Nancy war nicht kleinzukriegen, das mußte man ihr lassen. Niemand konnte *ihr* vorwerfen, sie würde Trübsal blasen und sich in Selbstmitleid verzehren. »Betrachte dich als eingeladen.«

»Gib mir zwanzig Minuten, Darling.«

»Also, was du wirklich tun solltest, Ellen...« Schick, wenn auch ein wenig mollig in dem eleganten Kostüm und Pelzkäppchen senkte Nancy ihre Stimme zu einem verschwörerischen Flüstern und langte nach dem dritten Teekuchen. »Mmm«, murmelte sie, »besser als die von Lyons. Was du wirklich tun solltest«, wiederholte sie, »nimm mir nicht übel, daß ich so offen bin, ist, dich durchzusetzen.« Und sie lehnte sich mit triumphierender Miene zurück.

»Ich verstehe nicht ganz, was du meinst.« Ellen beugte sich über Jill und bewunderte die klaren grauen Augen des Babys, das seinen Orangensaft trank. Es war beinahe fünf, und noch immer kein Wort von Jacob. »Was muß ich durchsetzen?«

»Die Frau in dir natürlich!« rief Nancy ungeduldig aus. »Betrachte dich einmal lange und gründlich im Spiegel. So, wie ich das hätte tun sollen, bevor es zu spät war«, fügt sie bitter hinzu. »Männer wollen, daß eine Frau *perfekt* aussieht, besser noch *verführerisch*, auch wenn sie es nicht zugeben. Der richtige Hut, die richtige Haarfarbe... Das ist deine Chance, Ellen, verpaß sie nicht!«

»Ich habe mir nie einen Friseur leisten können«, sagte Ellen lahm. *Jacob mag meine langen Haare*, protestierte eine dünne verborgene Stimme, *hat er gesagt, wann war das noch? Letzte Woche, letzten Monat ...?*

»Natürlich nicht«, flötete Nancy. »Du hast all die teuren kleinen weiblichen Tricks für Jacobs Karriere geopfert. Aber jetzt ist er am Ziel. Du kannst dir alles erlauben, Darling, einfach alles.«

Kurzfristig ergötzte sich Ellen an der phantastischen Vorstellung, daß sie sich verführerisch aus dem Fenster eines Silver Wraith beugte, in Pelze gehüllt und mit unbezahlbaren, riesigen Juwelen übersät, den grünen Lidschatten dick genug, um Kleopatra in Erstaunen zu versetzen, einen der neuen blassen Lippenstifte, einen koketten Fransenschnitt komplett mit Herrenwinkern... Aber sie ließ sich nicht irreführen – jedenfalls nicht länger als ein paar Sekunden. »Ich bin nicht der Typ dafür.«

»So ein Unsinn!« Nancy wehrte mit einer Bewegung ihrer von Ringen blitzenden Hand ab, deren zinnoberrote Nägel Ellen an eine prächtige räuberische Klaue erinnerten. »Das ist dein Problem, Ellen. Du hast kein Selbstvertrauen.«

»Hier irrst du dich, Nancy«, erwiderte Ellen etwas lebhafter. »Ungefähr für zwei Schilling.«

Heftig schaufelte Nancy einen gehäuften Löffel Zucker in ihre nächste Tasse Tee. »Sollte ich besser lassen«, tadelte sie sich und redete weiter, ohne Ellen zu beachten, »es wundert mich nicht, daß du wegen Denise ein klein wenig besorgt bist. Sie ist eine Legende, eine von diesen professionellen Herzensbrecherinnen. Spezialisiert auf Familienväter.«

Ellen fühlte, wie sich ihr Magen verkrampfte, als wäre sie in einem Sturm auf See. »Ist sie verheiratet?« hörte sie sich sagen. Sie wollte es nicht wissen. Sie wollte nichts weiter, als sich die Ohren zuhalten und in das tröstliche, rosengemusterte Schlafzimmer entfliehen, um den Tränen freien Lauf zu lassen, die sich in ihrer Kehle zu einem harten Kloß sammelten.

»Verheiratet?« Nancy lachte kurz und trocken auf. »Sie trägt einen Ring, und damit ist das meiste auch schon gesagt. Ihr Jetziger – ich glaube, ihr dritter – hat eine Frau und drei Kinder. Die

Frau will von Scheidung nichts wissen. Oh, Denise ist ein richtiges Karrieremädchen – sie schafft es immer, die Komplikationen dem Mann zu überlassen, weshalb sie nie beim Geschirrspülen und Babynasenputzen endet...« Nancys munteres Geplapper wurde langsamer und versiegte schließlich, wie eine Schallplatte, in einem Abgrund der Stille. »Schätzchen!« rief sie, als ihr Blick auf Ellens Gesicht fiel. »Du bist ja weiß wie Papier! Ich wollte dich nicht aufregen – wirklich, Ellen. Ich dachte nur, du solltest wissen, woran du bist. Ich meine, ich war die letzte, die über Keith Bescheid wußte. Damals.« Nancys verzerrtes Lächeln konnte das Zittern in ihrer Stimme nicht ganz verbergen. »Ich dachte, jedermann hätte ein Herz aus Gold, alles sei offen und ehrlich.«

»Oh, Nan!« Ellen legte impulsiv die Hand auf den Arm ihrer Freundin. »Wir hatten doch auch gute Zeiten, denk daran!« Aber in ihrem Inneren erklang wieder und wieder ein neuer Refrain: *Jacob ist nicht Keith, Jacob ist nicht Keith...*

»›Die guten alten Zeiten...‹ Haha.« Mit einem leisen Seufzer verabschiedete sich Nancy von der Vergangenheit und begann, ihre bewunderungswürdigen, erstklassigen mauvefarbenen Handschuhe anzuziehen.

Mit dem Moment, als sich die Tür hinter Nancy geschlossen hatte, verfiel Ellen in ein sonderbares und für sie absolut untypisches Benehmen. Anstatt ihre Schürze umzubinden und geschäftig in der Küche hin und her zu eilen, um das Abendessen vorzubereiten, setzte sie Jill mit einem Zwieback und ihrem Lieblingsspielzeug im Kinderställchen ab und verschwand im Schlafzimmer, wo sie die Schubladen der Kommode durchwühlte und von Zeit zu Zeit vor sich hin murmelte, beinahe wie ein weiblicher Sherlock Holmes, der eine entscheidende Spur verfolgt.

Warum tue ich das nicht jeden Abend? fragte sie sich eine halbe Stunde später, als sie erregt und frisch gebadet in eine königsblaue Seidenjacke schlüpfte, die ihr mehrere Weihnachten zuvor von einer rastlosen, mittels einer dicken Erbschaft rund um den Erdball reisenden Schulfreundin geschickt worden war und die sie noch nie getragen hatte – ein erlesenes, knisterndes, saphirglänzendes Stück Eleganz, für das es in ihrer vernunftbeherrschten Welt scheinbar keine Verwendung gab. Dann löste sie ihren Zopfkranz und schlang ihre Haare zu einem sehr flotten improvisierten Knoten, den sie mit ein paar Haarnadeln gewagt befestigte. Mit ein paar zaghaften Walzerschritten gewöhnte sie sich an ihre Feiertagsschuhe mit den hohen, schwarzen Absätzen und betupfte sich zum Abschluß ausgiebig mit den letzten Tropfen des französischen Parfums. Während dieser Zeremonie hielt sie entschlossen ihre Augen von dem runden Mondgesicht der Uhr fern, die ihren kurzen schwarzen Zeiger schon hinter die sechs bewegt hatte. *Jetzt kann ich nur noch warten...*

Als sie ins Wohnzimmer tänzelte, fühlte sie plötzlich einen Stich. *Ich habe Jill vergessen!* Das Baby lag ausgestreckt und tief schlafend in einer Ecke des Ställchens, den Daumen im Mund. Vorsichtig hob sie den kleinen, warmen Körper auf und trug ihn ins Schlafzimmer.

Die Zeit im Bad war wunderbar. Jill lachte und strampelte, bis alles unter Wasser stand, was Ellen gar nicht merkte, weil sie nur daran dachte, wie sehr Jill mit ihren dunklen Haaren und den klaren grauen Augen Jacob ähnelte. Selbst als das Baby ihr die Schale mit Haferbrei aus der Hand schlug und über ihren besten schwarzen Rock kippte, konnte sie nicht wirklich böse werden. Sie fütterte Jill mit Pflaumenkompott, als sie das Geräusch eines Schlüssels in der Wohnungstür hörte und erstarrte. Die Ängste und Enttäuschungen des Tages, die für einen Moment beiseite geschoben waren, stürmten wieder auf sie ein.

»Genau das ist es, was ich erwarte, wenn ich nach einem harten Tag nach Hause komme!« Jacob lehnte am Türrahmen, mit einem strahlenden, geheimnisvollen Gesichtsausdruck, der irgendwie nicht von Martinis oder Rotköpfen herzurühren schien. »Frau und Tochter warten am Feuer, um den Hausherrn zu begrüßen...« Tatsächlich schenkte Jill ihrem Vater ein sensationell breites Lächeln, das größtenteils aus Pflaumenkompott bestand. Ellen kicherte, und ihr verzweifeltes Stoßgebet vom Morgen schien seiner Erfüllung nahe zu sein, als Jacob mit zwei Schritten das Zimmer durchquerte und sie umschlang, klebriges Pflaumenkompott und alles übrige in einer herzhaften Umarmung.

»Mmm, Liebling, du riechst gut!« Ellen wartete sittsam auf eine Bemerkung über das französische Parfum. »Eine wunderbare Hausmischung aus Farex und Lebertran. Und ein neues Bettjäckchen dazu!« Er hielt sie zärtlich auf Armlänge von sich. »Du siehst aus wie frisch aus der Wanne, wenn du dein Haar so hochsteckst.«

»Ach!« Ellen befreite sich. »Männer!« Doch ihr Ton verriet sie – offensichtlich sah Jacob in ihr die typische Ehefrau und Mutter, und nichts war ihr lieber.

»Ernsthaft, Liebes, ich habe eine Überraschung.«

»Ist das Stück nicht genug für einen Tag?« fragte Ellen verträumt und lehnte ihren Kopf an Jacobs Schulter, wobei sie sich wunderte, warum sie nicht die geringste Lust verspürte, wegen des Lunchs mit Denise und der unerklärten Abwesenheit über den ganzen öden, sorgenvollen Nachmittag hinweg eine Szene zu machen.

»Ich habe mit dem Makler telefoniert.«

»Makler?«

»Erinnerst du dich an das komische, kleine, abgelegene Büro, wo wir aus Jux während der Ferien in Cornwall angehalten haben, kurz bevor Jill ankam...?«

»Ja-a.« Ellen wagte es nicht, voreilige Schlüsse zu ziehen.

»Also, es steht immer noch zum Verkauf... das Häuschen mit Blick auf die Bucht, das wir gemietet hatten. Willst du's?«

»*Wollen!*« Ellen schrie fast.

»Ich habe es irgendwie gehofft, nachdem du im letzten Frühjahr so davon geschwärmt hast«, sagte Jacob bescheiden. »Deshalb habe ich ausgemacht, die Anzahlung mit dem

Scheck zu machen, den mir Denise beim Lunch gegeben hat...«

Für eine Sekunde fühlte Ellen einen Stich in ihrem Herzen von dem einzigen Haken, den das Ganze haben konnte. »Wirst du nicht wegen deines Stücks in London bleiben müssen...?«

Jacob lachte. »Auf keinen Fall! Diese Denise Kay ist eine Karrierefrau, die weiß, was sie will – ein richtiger Dieselmotor. Ich werde mich hüten, ihr in die Quere zu kommen! Die ist so dynamisch, daß sie mit dem Martini, den sie für mich bestellt hatte, nachgetankt hat, als ich ihr sagte, daß ich das Zeug an Werktagen nicht anrühre.«

Das Telefon, seltsam gedämpft, beinahe musikalisch, unterbrach ihn. Sie packte Jill für ihr Gutenachtlied und Ins-Bett-bringen in Jacobs Arme und schwebte ins Wohnzimmer zum Telefon.

»Ellen, Darling.« Nancy Regans Stimme klang benommen und dünn wie Flitter vor einem rauhen Hintergrund voller Jazz und Gelächter. »Ich habe mir das Gehirn zermartert, was ich tun könnte, um dich aufzumöbeln, und habe für dich einen Termin bei Roderigo für Samstag um elf ausgemacht. Es ist erstaunlich, wie eine neue Frisur die Stimmung total heben kann...«

»Tut mir leid, Nan«, sagte Ellen sanft, »aber ich glaube, du sagst meinen Termin besser wieder ab. Ich habe Neuigkeiten für dich.«

»Neuigkeiten?«

»Flechten kommen diese Saison wieder groß raus, Liebes – der letzte Schrei für die Frau vom Land!«

Eva Heller

Das Straßenfest

Nicht der ist mächtig, der seine Macht ausspielt, sondern der, der es sich leisten kann, darauf zu verzichten. – Das hatte ich irgendwo mal gelesen, und es hatte mir sehr zu denken gegeben. Ich konnte es mir auch leisten, darauf zu verzichten, meine Macht auszuspielen, und rief Albert an.

Albert war aber nicht zu Hause. Oder ging er nur nicht ans Telefon? Oder war er über Pfingsten weggefahren? Vielleicht zu seinen Eltern? – Das hätte er mir doch gesagt. Hatte er vergessen, daß wir jedes Jahr am Pfingstsamstag auf das Straßenfest am kleinen Park gingen? Gut, Albert wohnte zwar nicht mehr hier, aber so eng durfte man das nicht sehen: Es kamen so viele zu unserem Straßenfest, die nicht in Kreuzberg wohnten.

Bis um drei wartete ich darauf, daß er anrufen würde. Dann ging ich allein zum Straßenfest. Wahrscheinlich war er schon dort. Es konnte gar nicht sein, daß er es vergessen hatte.

Mindestens zweihundert Leute waren da: Eine Bürgerinitiative verkaufte Bratwürstchen gegen den Hunger in der Welt; eine andere Bier, Wein und Würstchen für eine Rettet-den-Wald-Initiative der Alternativen; eine Vorort-Kommune mit selbstentworfenen progressiven T-Shirts war da; Pro Familia war mit einem Informationsstand vertreten; ebenso die Bürgerinitiative gegen Häuserspekulationen. Fast alles, was gut und links war, war da. Die Atmosphäre war toll. Ab und zu schrillte ein Geräusch durch die schlappe Mailuft. Das Geräusch kam von der Rockgruppe ›Friede den Hütten‹, die versuchte, ihren Verstärker zu reparieren. Die Anlage der Gruppe war in einem Kleinlaster untergebracht. Vor dem Laster saßen diverse Freaks, soffen Bier und gaben den vier Typen von der Band Tips, wo der Defekt zu suchen wäre. Ich kannte die Gruppe nicht, hatte aber ihre Plakate gesehen, die schon Tage zuvor überall geklebt worden waren. Auf den Plakaten war ein Foto von den Mitgliedern der Band, darunter stand, daß sie große Straßenfest-Erfahrung hätten und daß sie sich bereit erklärt hätten, dankenswerterweise umsonst aufzutreten – trotz ihrer vielfältigen Verpflichtungen –, um ihren Beitrag zu leisten zur Stadtteilverständigung zwischen Ausländern und Alten. Auf dem Foto konnte man deutlich sehen, daß die Typen von ›Friede den Hütten‹ echte Spontis waren: Alle hatten Haare fast bis zum Arsch, jedenfalls mindestens bis zum Ellenbogen.

Albert war nirgendwo zu sehen, ich hätte es mir denken müssen: Ohne mich war er unfähig, etwas zu unternehmen. Egal, ich konnte mich auch alleine amüsieren. Für 15 Mark kaufte ich bei der Vorort-Kommune ein T-Shirt, auf dem in Siebdruckpunkten à la Roy Lichtenstein zwei Comic-Frauen gedruckt waren – über der ersten Frau war eine Sprechblase, darin stand: »Die Männer sind alle Egoisten«, in der Sprechblase über der anderen: »O Schwester, sie werden nie von uns Frauen lernen.« Sehr witzig und sehr wahr. Am liebsten hätte ich es gleich angezogen.

Dann sah ich einen Typen aus einem der unteren Semester. Er sah recht nett aus, aber ich hatte noch nie mit ihm geredet. Es hatte sich nie die Gelegenheit ergeben. Aber hier, auf dem Straßenfest, hier war alles ganz lässig. Ich quatschte ihn also ganz lässig an, fragte, ob er auch in der Gegend wohne.

»Nicht direkt«, sagte er.

Ich fragte ihn, ob er schon lange auf dem Fest sei.

»Nicht direkt«, sagte er.

Ich fragte ihn, welchen Dozenten er am besten fände.

»Warum fragst du das«, sagte er.

Dann fragte ich ihn, wie er eigentlich heißt und sagte, daß ich Constanze heiße.

»Ist mir egal, wie du heißt«, sagte er.

Deshalb sagte ich nichts mehr.

»Warum fragst du das«, sagte er dann wieder.

Ich sagte, daß ich mir jetzt eine Weinschorle holen würde.

»Ist korrekt«, sagte er.

»Tschüs«, sagte ich und dachte, daß der Typ nicht besonders gesprächig war.

»Hey du, Constanze«, schrie er mir plötzlich hinterher, als ich schon einige Meter weiter war. Ich drehte mich um.

»Hey du, gib mir 'ne Zigarette!« rief er.

Er schien zu jener Sorte Typen zu gehören, die nichts umsonst machen, nicht mal Konversation. Die kann ich ausstehen. Aber trotzdem, ich mußte ihm eine Zigarette geben, weil diverse Leute um uns herumstanden und mitgehört hatten, wie er mich anschnorrte. Es war dumm von mir gewesen, ihm meinen Namen zu sagen – das würde mich in der Akademie noch viele Zigaretten kosten. Wenn ein Schnorrer deinen Namen weiß, dann bist du verloren.

Ich ließ mir aber die Laune nicht verderben, kaufte mir eine Weinschorle und ging zu dem Lastwagen, wo die vier von der Gruppe ›Friede den Hütten‹ versuchten, ihre Anlage zu reparieren. Die Berater hatten sich nun darauf geeinigt, daß der Defekt nichts anderes als ein Wackelkontakt sein könne, an einem der unzähligen Stecker und Kabel.

»Mann, Männer«, sagte einer der Punker, die mit den Bierflaschen vor dem Lastwagen lagerten, »det Kabel is die Wurzel allen Übels, begreift ihr det nich!«

»Halt die Fresse«, sagten die von ›Friede den Hütten‹. Ich informierte mich dann am Pro-Familia-Stand über die neuesten Pessar-Modelle. Die Stimmung wurde immer besser, es waren auch eine Menge alter Leute aus den Häusern rings um den kleinen Park gekommen. Die Alten mischten sich ganz natürlich unter die Freaks und Spontis, die Alt- und Neurevolutionäre und die Berufsmütter.

Für Kinder gab es natürlich auch ein Unterhaltungsangebot. Den größten Andrang gab es bei der ›Aktuellen Quiz-Bude‹, ein Stand, den die Public-Relations-Abteilung eines Baby- und Kindernahrungskonzerns aufgebaut hatte. Der Stand wurde von einem speziell Straßenfest-ausgebildeten Diplom-Sozialarbeiter geführt – das stand auf einem Schild, das über der Bude hing, auf dem außerdem die Produkte des Konzerns abgebildet waren. Der Sozialarbeiter zeigte auf einem Großbildschirm Dias. Auf den Dias waren ein Auto oder ein Fußballspieler oder ein Tier oder ein Filmstar, Fernsehstar oder einer aus der Music-Szene. Die Kinder mußten den Namen des Stars, Autos, Tieres, Fußballspielers oder Prominenten wissen. Wer zuerst die richtige Antwort herausbrüllte, bekam ein grünes Kärtchen, auf dem der Firmenname stand. Für fünf Kärtchen gab es einen Plastik-Schlumpf. Der Sozialarbeiter schwitzte zwar schrecklich, er hatte die Meute auf den Bänken seiner Bude aber gut im Griff. Wenn keines der Kinder die richtige Antwort wußte, dann sprach er belehrende Worte über den nichterratenen Autotyp oder Popstar; die Kinder lauschten ihm jedesmal atemlos. Unter den Kindern gab es echte Experten: Einer hatte schon fast zwanzig Schlümpfe gewonnen. Er hatte nicht nur sofort ›Mick‹ aus der prähistorischen Rockgruppe ›Dave, Dee, Dozy, Beaky, Mick & Tich‹ erkannt, sondern wußte sogar den Nachnamen von Udo Jürgens' Ex-Dauerfreundin Corinna!

»Unglaublich, was die Kinder heutzutage alles wissen«, sagte eine Mutter neben mir zu einer anderen.

»Phänomenal«, sagte die andere, »wo die das wohl herhaben?« Gerade hatte ein ungefähr Zehnjähriger wieder einen Schlumpf gewonnen. Dieser Junge war der absolute Crack für Fußballstars. Er kannte alle. Schon 23 Schlümpfe hatte er gehortet. »Scheiß-Schlümpfe«, sagte er jedesmal, wenn er noch einen bekommen hatte. Die anderen Kinder blickten bewundernd zu dem Jungen und neidisch zu den Schlümpfen, die er in Zehnergruppen vor sich aufgebaut hatte.

Der Sozialarbeiter tat, als ob er eine plötzliche Idee hätte. Dann sagte er, daß jeder, der mehr als 22 Schlümpfe gewonnen hätte, aussetzen müsse, um auch den Jüngeren eine Chance zu geben.

»Ich habe 23 Schlümpfe«, schrie der Fußball-Crack prompt. Dann sagte er, aussetzen gäbe es bei den echten Fernsehquizen aber nicht, und er wolle nicht aussetzen. Der Sozialarbeiter aber war schlauer. Er sagte, jeder, der über 22 Schlümpfe hätte, sei ein Champion, das wolle doch hoffentlich keiner bestreiten, und Champions würde er zu seinen Assistenten machen, und der Assistent dürfe den Knopf vom Dia-Projektor drücken. Es sei wohl bekannt, sagte der Sozialarbeiter, daß im Fernsehen die Assistenten auch Champions aus früheren Sendungen seien. Das leuchtete ein. Nur ein Mädchen meldete sich und sagte, daß im Fernsehen aber nur die Frauen Assistenten werden dürfen.

»Wir sind für Gleichberechtigung«, sagte der Sozialarbeiter, »bei uns dürfen auch die Jungs Assistentin werden. Also«, sagte er dann zu dem Champion, »wie heißt du? Stell dich bitte unseren Zuschauern vor.«

»Benjamin Harzer« hieß er, und er verbeugte sich wie eine echte Fernsehassistentin.

Als nächstes war ein Dia mit einem Vogel an der Reihe. Da wußten nur wenige Bescheid. Erst beim achten Versuch traf ein Mädchen die richtige Antwort: Es war die Lerche, nicht der Aasgeier, wie zwei Kinder vermutet hatten. Dann durfte Benjamin Harzer wieder auf den Knopf des Dia-Projektors drücken. Der Sozialarbeiter lobte ihn. Plötzlich heulte ein kleiner Junge neben mir los. Er war zu klein, um mitzuraten, aber er hatte viele Quizrunden lang aufmerksam zugehört. Der Kleine warf sich auf den Boden und hämmerte mit den Fäusten.

»Was ist'n los, Hubbilein?« schrie seine Mutter. Sie warf sich zu ihm auf den Boden. Das Kind plärrte wie ein Wasserhahn.

»Immer werde ich benachteiligt!« schrie das Kind.

»Aber Hubbilein, das ist doch nicht wahr!« Die Mutter weinte auch fast. Die anderen Kinder drehten sich interessiert um.

»Alle anderen Kinder heißen Benjamin«, plärrte Hubbilein, »bloß ich nicht!«

»Aber das ist doch nicht wahr«, sagte die Mutter wieder.

Jetzt setzte sich ein ungefähr vier Jahre altes Mädchen auch auf die Erde zu Sohn und Mutter. »Du, warum bist du denn so aggressiv?« sagte das Mädchen zu Hubbilein. Hubbilein schrie weiter.

»Hubbi«, sagte die Mutter, »sieh mal, das Mädchen heißt bestimmt auch nicht Benjamin, und trotzdem weint es nicht.«

Hubbilein schluchzte ein wenig leiser.

»Nicht wahr?« sagte Hubbileins Mutter verschwörerisch zu dem Mädchen.

»Jedes Baby weiß, daß nur die Jungs Benjamin heißen, nicht die Mädchen«, sagte das Mädchen verachtungsvoll zu der Mutter. Die Mutter wurde rot. »Ich heiße Julia«, sagte das Mädchen und fügte stolz hinzu: »Alle anderen Mädchen aus meiner Spielgruppe heißen auch Julia.«

»Ich will auch Julia heißen«, schrie Hubbilein.

»Das ist der Vagina-Neid«, sagte eine andere Frau zu Hubbis Mutter. Jetzt wollte Hubbi zum Trost für sein Schicksal ein Eis haben. Ich drehte mich etwas zur Seite, um Sohn und Mutter, die zum Eisstand gingen, Platz zu machen, und da sah ich ganz hinten bei der Würstchenbude: Albert!

Er war also doch gekommen. Er sah in meine Richtung. Ich wollte ihn rufen, hatte schon den Mund aufgemacht, als ein Geräusch über mir zusammenschlug. Es war ein Geräusch, als würde einen Meter über meinem Kopf ein Starfighter explodieren. Ich fiel fast um. Es war der lauteste Lärm, den ich je gehört hatte. Alles Leben erstarb.

Ich glaubte, daß sich in der nächsten Sekunde die Dächer von den umliegenden Häusern heben würden und der ganze Stadtteil in Schutt und Asche versinken müßte. Ich stand da, mit immer noch offenem Mund, damit die Trommelfelle nicht platzten. Die Trompeten von Jericho waren garantiert nur ein sanftes Säuseln gewesen gegen dies – gegen die Verstärkeranlage von ›Friede den Hütten‹. Jubel, Klatschen, Stampfen, Pfeifen, Dröhnen, Hurraschreie füllten den Stadtteil – obwohl keiner der Umstehenden klatschte oder auch nur ein Wort sprach. ›Friede den Hütten‹ spielte die Jubelgeräusche von einem Band ab, um auf ihre Darbietungen einzustimmen. Der Lärm brach sich an den Fassaden, multiplizierte sich in den Hinterhöfen, schallte zurück.

Wie bei Rockgruppen mit politischem Anspruch üblich, waren die Elektroinstrumente viel lauter als der Sänger, so daß der Text nur manchmal und wenn, nur bruchstückweise zu verstehen war. Immerhin hatte ich mich beim dritten Lied so eingehört, daß ich einige Wortfetzen verstehen konnte:

»... gewaltfrei ... befreit eure Seelen ... Kampf allen, die uns unterdrücken ... wir bringen euch die Zärtlichkeit ...«

Es waren also deutsche Texte. – Ich fand's echt gut, daß ›Friede den Hütten‹ Lieder mit deutschen Texten brachte, da kommt viel mehr rüber. Wie einer der Gruppe ansagte, war das nächste Lied extra komponiert für Straßenfeste, es hieß: »Sprecht mal wieder miteinander, Alte und Ausländer miteinander.« Aber den Text konnte ich dann wegen der Elektroinstrumente nicht verstehen.

Die alten Leute humpelten in ihre Häuser zurück. Die, die bisher an den Fenstern gehangen hatten, schlossen die Fenster und ließen die Rolläden herunter. Die Pro-Familia-Frauen räumten ihren Stand ab. Der Sozialarbeiter an der Quizbude verteilte die restlichen Schlümpfe an die, die bisher keinen gewonnen hatten. Der Rest der Anwesenden entfernte sich aus dem direkten Umkreis der Lautsprecher. Ich auch. Lediglich zwei Sanyasin-Frauen tanzten mit ihren Kleinkindern direkt vor den Lautsprechern. Sie waren ganz entspannt im Hier und Jetzt. Einige Freaks mit vielen Bierflaschen hockten noch auf den Bänken vor dem Lastwagen und prosteten der Gruppe zu. Es war offenbar der Fan-Club von ›Friede den Hütten‹.

Neben mir schrie ein Kind, ich sah es nur, hören konnte ich es nicht, außer der Musik existierte kein Geräusch mehr. »Hey Leute«, brüllte der Leadsänger durchs Mikro, »jetzt wollen wir die Stimmung echt anheizen!« Er drehte die Lautstärke noch etwas herauf. Dann ging das Jubelband der Gruppe wieder los. Noch gigantischeres Dröhnen, Stampfen, Heulen, Pfeifen.

Eine der Frauen vom Pro-Familia-Stand ging zur Gruppe hin, stellte sich zwischen sie. Die Frau zitterte, wahrscheinlich, weil sie in der Nähe des Lautsprechers stand und von den Schallwellen geschüttelt wurde. Ich ging etwas näher ran, weil ich dachte, daß die Frau eine Extra-Performance geben würde. Zwischen zwei Songs sagte die Frau was zu dem Leadsänger, was nicht zu verstehen war, weil die Verstärkeranlage, auch wenn die Gruppe nicht spielte, ein durchdringendes Schrillen von sich gab, wie eine Industriekreissäge. Der Leadsänger, der die längsten Haare von allen hatte, gestikulierte mit der Frau herum.

»Genossen und Frauen«, schrie er plötzlich ins Mikrofon, »hier ist eine Tussi, die uns einen Maulkorb verpassen will!«

Die Frau sagte wieder was. Der Leadsänger dröhnte die Frau, die direkt neben ihm stand, durch die Verstärkeranlage an: »Wir treten hier umsonst auf! Und da kommst du und behauptest, wir seien kommunikationsfeindlich! Weißt du überhaupt, was unsere Verstärkeranlage gekostet hat!!!«

Man sah nur, wie die Frau den Mund auf- und zuklappte, sie hatte ja kein Mikro und keine Chance gegen das Gellen der Industriekreissäge.

»Wir! kämpfen für die Integration! Von Alten! Und Ausländern!« schrie der Leadsänger. »Und du meckerst!«

Jetzt brüllte der Schlagzeuger von ›Friede den Hütten‹ in sein Mikro: »Genossen und Frauen!« dröhnte er durch das Stadtviertel. »Unsere Verstärkeranlage hat über 30000 Mark gekostet! Wir! treten hier umsonst auf! Wir! lassen uns von keinem Vertreter des Establishments vorschreiben, wie laut wir! zu spielen haben. Schon gar nicht von einer Tussi!«

Die Frau klappte wieder den Mund auf und zu, versuchte jetzt an ein Mikro zu kommen, aber die Typen schubsten sie weg. Einer vom Fan-Club von ›Friede den Hütten‹ schmiß eine leere Bierflasche nach der Frau. Das fand ich eigentlich nicht so gut.

»Fragen wir doch einen aus dem Publikum, wie er uns findet!« brüllte der Schlagzeuger und hielt dem Typen, der die Bierflasche geworfen hatte, sein Mikro hin: »Du blöde Fotze!« schrie der Typ und zeigte mit geballter Faust auf die Frau, »du gehörst mal richtig durchgefickt!« Die Gruppe ›Friede den Hütten‹ lachte, und die Frau verschwand.

Eigentlich tat die Frau mir leid. Und ich fand eigentlich auch, daß man die Anlage etwas leiser hätte machen können, ein Ideechen wenigstens. Der alten Leute wegen. Aber von denen hatte ja niemand gemeckert. Und es hätte nichts genützt, wenn ich mich mit der Frau solidarisiert hätte, ich hatte ja auch kein Mikro. Außerdem fanden es all die anderen Festbesucher gut. Sonst hätten die doch was gesagt. Es waren ja alles antiautoritäre People hier. Also ging es weiter wie bisher. Die Gruppe spielte wieder ihre Jubelpassage ein. »Unser Kampf geht weiter!« schrie der Gitarrist der Gruppe. »Wir! lassen uns nicht unterdrücken!«

Die Bräute Baghwans und ihre beiden Kinder demonstrierten weiter, wie entspannt sie waren im Hier und Jetzt.

Die Festgemeinde zerstreute sich, die meisten gingen jetzt nach Hause. Hinten an der Würstchenbude und am Weinstand standen noch ungefähr fünfzig Leute. Ich suchte überall nach Albert, konnte ihn aber nicht mehr finden. Albert war die Gruppe garantiert zu laut. War er sofort, als die Gruppe angefangen hatte zu spielen, abgehauen? Das würde ihm ähnlich sehen! Er wollte kein Opfer bringen für die Integration von Alten und Ausländern! Ein Straßenfest war nun mal keine Beerdigung!

Allmählich bekam ich Hunger. Eine Bratwurst wollte ich; der Wurstbrater sah mich fragend an, obwohl ich schrie, so laut ich konnte. Der Wurstbrater zeigte auf die Rindswürste, dann auf die Bratwürste, sah mich wieder fragend an, dann hielt er seine Hand hoch, streckte zuerst den Daumen nach oben, dann den Zeigefinger, dann den Ringfinger und dann den kleinen Finger dazu. Er sah mich ungeduldig an. Die Umstehenden auch. Aha, nun hatte ich kapiert. – Er wollte wissen, welche Wurst und wieviele ich wollte. Ich zeigte auf die Bratwürste und signalisierte mit dem Daumen, daß ich nur eine wollte. Ich schämte mich ein bißchen, daß ich noch versucht hatte, mich verbal zu verständigen. All die Umstehenden mußten gemerkt haben, daß es mit meiner Straßenfesterfahrung nicht so weit her sein konnte. Natürlich: nonverbale Kommunikation – das war's! Die meisten Alten waren ohnehin schwerhörig, und die Ausländer verstanden sowieso nichts. Es war nur logisch, daß ›Friede den Hütten‹ so laut spielte. Die Sprache ist seit je eines der subtilsten Herrschaftsinstrumente der herrschenden Klasse gewesen.

Ich stellte mich mit der Bratwurst in eine Hauseinfahrt, wo man vor der Musik etwas geschützt war. Ein junger Mann brachte eine alte Frau die Treppe herunter. Eine andere alte Frau kam aus der Parterrewohnung: »Können Sie mich mitnehmen, bitte, Frau Schmidt«, sagte sie zu der anderen, »in meiner Wohnung ist es lauter als draußen auf der Straße!« Dann sagte sie, zu dem jungen Mann gerichtet: »Ich hab doch niemand, der mich hier abholen kommt.« Aus dem Hinterhaus führte eine ältere Frau einen sehr alten Mann. »Kommen Sie mit uns«, sagte der sehr alte Mann zu der Frau aus dem Parterre, »wir fahren mit dem Bus, irgendwohin.«

›Friede den Hütten‹ spielte gerade wieder das Applausband ab. Ich sah, daß auch aus den umliegenden Häusern alte Leute von ihren Angehörigen abgeholt wurden. Offensichtlich wurde jeder, der irgendwie transportfähig war, evakuiert. Unwillkürlich mußte ich seufzen. »Mein Gott«, dachte ich, »was muß noch alles geschehen, bis die Leute mal bereit sind, sich der politischen Basisarbeit zu stellen?«

Auf den Bänken vor dem Lastwagen hockten immer noch die Fans von ›Friede den Hütten‹. Mittlerweile waren sie total besoffen, ein ebenfalls total besoffener älterer Penner trank mit ihnen Brüderschaft, und vier Frauen, die ihre Babys vor die Brust geschnallt hatten, hatten sich auch dazugesetzt. Nacheinander zogen die Frauen die Brüste aus ihren Baumwoll-T-Shirts und stillten die Babys. Die Säufer prosteten den Babys zu. Die beiden Baghwan-Bräute schleuderten immer noch ihre Kleinkinder im Kreis herum. Immer noch direkt vor den Lautsprechern.

Ich wußte nicht recht, was ich jetzt machen sollte. Die meisten Leute waren schon gegangen, hinten bei den Buden standen fast nur noch alleinerziehende Mütter mit ihren alleinerzogenen Kindern. Ich wollte eigentlich nicht nach Hause, aber hier war nichts mehr los. Es blieb mir doch nichts anderes übrig, als nach Hause zu gehen.

Weil ich nur vier Parallelstraßen vom kleinen Park weg wohne, war in meiner Wohnung ›Friede den Hütten‹ nur wenig leiser zu hören. Als ich die Wohnung betrat, sagten sie gerade ein selbstgeschriebenes Lied an, in dem sie, wie sie verkündeten, gegen die Verlegung einer Autobahn durch ein Wohngebiet protestierten.

Die Scheiben klirrten.

Ich versuchte Albert anzurufen. Wenn er vom kleinen Park aus nach Hause gefahren war, dann mußte er längst zurück sein. War er aber nicht. Es war fast sieben. Warum rief er nicht an? Weil ich immer noch nicht wußte, was ich machen sollte, ging ich früh zu Bett. Um 10 Uhr verstummte ›Friede den Hütten‹ drüben im Park. Ich machte die Fenster wieder auf und schlief sofort ein.

Aber nachts um vier wachte ich wieder auf und konnte nicht mehr einschlafen. Ich wurde wütend, daß Albert nicht angerufen hatte. Vielleicht hatte er Nachtdienst? Ich rief in der Klinik an, wählte die Nummer vom Ärztezimmer direkt. Endlich, nach ewigem Bimmeln, nahm jemand ab, es war ein Kollege von Albert. Der Kollege wirkte nicht besonders wach. Da immer nur einer Dienst hat, war klar, daß Albert nicht in der Klinik war. Ich legte wieder auf, ohne mich zu melden. Am liebsten hätte ich sofort auch bei Albert angerufen und dann auch aufgelegt – aber da wäre sein Verdacht bestimmt auf mich gefallen.

Es regnete in Strömen am Pfingstsonntag. Nachmittags rief Albert an. Er behauptete, er sei das gestern nicht gewesen auf dem Straßenfest, da müßte ich eine Vision gehabt haben. Aber heute könnte ich ihn sehen. Was ich vorhätte? Ich war immer noch sauer, daß er sich gestern nicht gemeldet hatte. Ich sagte, das Fest sei ganz toll gewesen. Was er denn gemacht hätte, wenn er nicht auf dem Fest gewesen sei? Er sagte, er hätte was Besseres vorgehabt.

»Was denn?«

»Geht dich nichts an«, sagte er.

Spazierengehen konnte man eh nicht bei dem Regen. Um ins Kino zu gehen, war es zu früh. Außerdem saß ich nicht auf Abruf bereit, bis der gnädige Herr mich anzurufen beliebte. »Ich habe keine Lust, mit dir wegzugehen«, sagte ich.

»Was machst du dann?«

»Ich muß nachdenken.«

»Über was denn?«

»Geht dich nichts an.«

»Also, du willst nicht mit mir weggehen?«

»Nein.«

»Dann eben nicht!« Albert knallte den Hörer auf.

Zwei Stunden später war mir langweilig. Außerdem hatte ich nichts mehr im Kühlschrank. Die Konservendosen waren auch alle. Und es regnete immer noch in Strömen. Ich beschloß erneut, meine Macht nicht auszuspielen, und rief Albert noch einmal an. Die Leitung war blockiert. Eineinhalb Stunden lang telefonierte er. Dann ging er nicht mehr ans Telefon. Oder war er sofort, nachdem er aufgelegt hatte, weggegangen? Wohin? Mit wem? Oder wollte er mich nur ärgern?

Klar, eigentlich hatten wir uns getrennt, aber trotzdem. Ich strebte ja eine harmonische Trennung an. Wie sich Gottfried Schachtschnabel um seine Ex-Frau kümmerte, da konnte sich Albert ein Beispiel daran nehmen. Aber Albert hat nicht dieses Format. Für einen Augenblick wünschte ich mir, Albert und ich wären verheiratet. Dann würden wir jetzt richtig in Scheidung leben. Und er müßte alles tun, was ich will, sonst würde ich ihn bei der Scheidung reinlegen.

Doris Lessing

Die Falle

Ein Kirschblütenzweig zwischen weißem Flieder und gelben Narzissen in einem dickbauchigen weißen Krug, damit vollendete sie ein wohlüberlegtes Arrangement, das höchste Aufmerksamkeit erfordert hatte. »Frühling!« rief sie und stellte den Krug auf einen kleinen Tisch in der Mitte des Zimmers. Der Frühling sang in den Platanen, die sich vor den zwei Fenstern der einen Wand drängten, durch die Fenster der Wand daneben sah man den strahlendblauen Himmel. Das frische Laub der Bäume wurde von zwei runden Spiegeln reflektiert, die wie Bullaugen im sie umgebenden Weiß ein Gegengewicht zu den Fenstern mit den Bäumen bilden sollten. Gegenüber dem strahlendblauen Himmel hing eine riesige Seelandschaft, für ein paar Pfund auf einem Flohmarkt erstanden: blaues Meer, weiße Gischt, blauer Himmel, weiße Wolken, alles ununterscheidbar miteinander vermengt. Jemand namens Samantha hatte es mit frischem, wahrscheinlich jugendlichem Eifer gemalt.

Man hätte meinen können, es sei ein großes Zimmer, das sich in die endlose Vielfalt der Welt draußen ausdehnte, doch es war klein, ebenso wie ihr Schlafzimmer nebenan. Ihre Wohnung bestand aus diesen zwei völlig ausreichenden Räumen, und sie lebte schon seit einiger Zeit in ihr.

Nachdem sie die Vorbereitungen für den Besuch von James beendet hatte, dem Mann, mit dem sie zehn Jahre verheiratet gewesen war, blieb sie neben dem Tischchen stehen, in dessen Oberfläche sich die Blumen spiegelten. Langsam sah sie sich mit leicht verengten Augen im Zimmer um, eine Inspektion nicht von ihrem, sondern von seinem Standpunkt aus. Zwar konnte sie sich nicht daran erinnern, daß er ihre Arrangements jemals kritisiert hätte, aber daß er sie wegen einer Frau verlassen hatte, die in jeder Beziehung über einen gegenteiligen Geschmack verfügte, mußte doch sicherlich als Kritik aufgefaßt werden.

Sie kannte den Grund seines Besuchs nicht. Zwei Jahre waren vergangen, seitdem sie ihn zuletzt angerufen hatte, weil Nancy, ihre gemeinsame Tochter, dringend Geld brauchte. Davor hatten sie sich einmal zum Mittagessen getroffen, in Manchester, wo sie arbeitete und er zu Besuch war. Das war ihrer Erinnerung nach 1980 gewesen. Bei dieser Begegnung hatten sie sich beide so verhalten, als würden bei einem einzigen falschen Wort sofort Kugeln durchs Restaurant zischen, und beider Angestrengtheit hatte ein weiteres Treffen verhindert. Vorher hatten sie sich lediglich wegen juristischer Angelegenheiten im Beisein ihrer Anwälte oder zusammen mit den Kindern gesehen.

Doch als er jetzt angerufen und gesagt hatte, er wolle sich mit ihr treffen, um »ein bißchen zu reden«, hatte sie sich wider Erwarten gefreut, wie beim Auspacken eines Geschenks, das so gut gewählt war, daß sie nachvollziehen konnte, wie erfolgreich sich der Schenkende in ihre Gedankenwelt hineinversetzt hatte. Sie verstand diese Freude vollkommen, ihre Bedeutung und ihre Art, weil sie dieser Tage bisweilen lächeln mußte, wenn sie an gewisse Männer dachte. Es war ein sattes, verantwortungsloses Freibeuterlächeln, das nichts mit irgendwelchen gesellschaftlichen Konventionen, mit Moral oder dem Krieg zwischen den Geschlechtern zu tun hatte, und sie wußte, daß auch jene Männer so lächelten, wenn sie sich an sie erinnerten.

Aber das Wesentliche war, daß er, ihr früherer Mann, bislang nicht zu ihnen gehört hatte, denn die Gedanken an ihn waren zunächst mit Verantwortung, später dann mit Angst und Selbstzweifeln belastet gewesen. Doch jetzt spürte sie, daß er ihr wiedergegeben war.

Sie stützte eine ihrer ältlichen Hände zwischen den Reflektionen der Blumen auf den glänzenden Tisch und lächelte: Sie blickte nicht in den Spiegel, weil sie wußte, daß er genau wie sie ängstlich, aber zuversichtlich in den vertrockneten Ruinen nach ein Vierteljahrhundert alten Erinnerungen suchen und in ihr nur sehen würde, was sie früher einmal gewesen war. So treffen sich ehemalige Liebespaare wieder, wenn sie alt geworden sind, durchflutet von diesem geheimen, ununterdrückbaren Lächeln.

Früher, als sie noch jung gewesen, irgendwo entlangspaziert waren oder ein Zimmer betreten hatten, war man ihnen stets mit jener Dankbarkeit begegnet, die von absoluter Richtigkeit herrührt. Ein Paar, wie füreinander geschaffen, waren sie gewesen, Fleisch vom selben Fleisch. Gutaussehend, gesund und unzweifelhaft dazu ausersehen, sich zu vereinigen und Kinder zu zeugen. Nie hatten sie dieses geheime Unbehagen erregt, das man bisweilen verspürt, wenn man einem Paar gegenübersteht, das einen unwillkürlich an kranken oder häßlichen Nachwuchs denken läßt. Das Vergnügen, das Sarah und James anderen bereitet hatten, hatte dabei aber letztlich nur wenig damit zu tun, daß sie jung, hübsch und gesund gewesen waren. Nein, es hatte daran gelegen, daß sie Fleisch vom selben Fleisch gewesen waren: beide groß, sie schlank, er hager, beide blond, er mit den Locken eines etwas struppigen Wikingers, sie mit langen, blassen, glänzenden Zöpfen. Beide hatten sie sehr blaue Augen voll gewitzter Unschuld. Wenn es anfänglich Augenblicke der Unruhe gegeben hatte, dann, weil sie, wenn sie einander in den Armen lagen und sich anblickten, daran dachten, daß das, was sie sahen, ihrem eigenen Spiegelbild so sehr ähnelte.

Die Frau, die er nach ihr geheiratet hatte, war sehr groß, schwarzhaarig und dunkelhäutig – eine nette Abwechslung, hatte sie in ihren bitteren Zeiten gedacht. Die Kinder, die er und diese Zigeunerin gezeugt hatten, waren »eins weiß, eins schwarz und zwei khakifarben«, wie sie ebenfalls in ihren bitteren Zeiten kurzzeitig und voller Scham gedacht hatte (natürlich nicht wirklich »schwarz«: Eine Tochter war wie ihre Mutter braun, mit glattem Haar und dunklen Augen, eine wie James blaß, blond und mit Augen, so blau, daß man erschrak, und zwei blieben unentschlossen, ähnelten weder der einen noch dem anderen besonders). Es waren hübsche Kinder, aber wenn die sechs zusammen waren, kam man nicht notwendigerweise auf den Gedanken, daß es sich bei ihnen um eine Familie handelte.

Wenn Sarah und James mit ihren beiden Kindern zusammen waren, waren sie vier von einer Art: blauäugige, blonde Nordeuropäer, so anders als die Mehrheit der Weltbevölkerung, daß einem unwillkürlich eine seltene, vom Aussterben bedrohte Rasse in den Sinn kam und man sich privilegiert fühlte, derart perfekte Exemplare vor sich zu haben. (Damals hatte sie Dinge wie diese nicht wahrgenommen, wohl aber später, als sie mit Rose und der neuen Familie konfrontiert wurde.)

Natürlich waren ihre beiden Kinder jetzt erwachsen. Nancy lebte mit Mann und Kindern in Boston. Ihr Sohn befand sich auf irgendeiner Insel im Pazifik, um Leben und Verhaltensweisen von Fischen zu erforschen. Sie sah die beiden nur selten, ebenso selten wie ihre Enkelkinder. Schuld daran war die Scheidung, dessen war sie sich ziemlich sicher, die ausgesprochen worden war, als die Kinder zehn und elf waren. Aus Selbstschutz hatten sie sich immer mehr zurückgezogen, nicht nur von ihrem Vater, der sie für eine neue Familie verraten hatte, sondern auch von ihr, der unschuldigen Hälfte. Sie waren vorsichtig geworden, knauserten mit ihrer Zuneigung, zweifelten an sich selbst und wurden immer kritischer. Kritisierten *sie*. Das war ungerecht. Doch sie hatte es sich abgewöhnt, in Begriffen wie Gerechtigkeit oder Glück zu denken.

Als ihr Wikingermann sie wegen der sirenenstimmigen, theatralischen, viel zu farbenprächtigen Rose verlassen hatte, war sie – natürlich! – am Boden zerstört gewesen. Buchstäblich. Sie war zerbrochen. Wie die meisten Frauen. Eine Zeitlang wurde sie von Bitterkeit vergiftet und konnte es nicht fassen, wie es möglich war, daß ihr Mann, ihr *Freund*, sie so behandelte. Oh, nein, es konnte einfach nicht sein. Sie konfrontierte ihn mit der Unmöglichkeit seines Verhaltens, die empörte Unschuld in ihrem Blick verlangte nach einer Erklärung, die sie akzeptieren konnte. Sie trank zuviel. Dann hörte sie mit dem Trinken wieder auf, kam auf vernünftige Weise mit den zwei empfindlichen, übervorsichtigen Kindern zurecht, die wie sie vernarbte Wunden schützten.

Doch all das war vergangen, schien zu einer anderen Zeit, zu einer anderen Frau zu gehören.

Sie hatte die Verbindung wiedergefunden, nicht zu der verletzlichen, beiseite geschobenen Frau, sondern zu dem jungen Mädchen, das sie gewesen war, bevor sie ihn kennenlernte.

Die Erlösung von der Schwäche hatte sich langsam vollzogen. Als sie ihren Mann fünf Jahre nach der Scheidung auf einer Party traf, hatte er sie angestarrt, unfähig zu glauben, was ihm alle seine Sinne sagten: daß sie, noch immer, seine Frau war, der Mensch, mit dem er zehn Jahre zusammengelebt hatte. Tränen strömten über sein Gesicht, aus Augen, so aufrichtig wie ihre, und er rief aus: »Aber Sarah, was ist bloß passiert?« Woraufhin sie so wütend geworden war, daß sie ihn anspuckte (und damit erstaunte sie sowohl sich selbst als auch ihn – das war eine Verhaltensweise, die eher der Zigeunerin anstand und nicht ihrer zurückhaltenden Persönlichkeit), dann kehrte sie ihm den Rükken und verließ weinend die Party. Andere Frauen hatten ihr erzählt, daß frühere Ehemänner, wenn man sie unerwartet traf, bisweilen tatsächlich verblüfft ausriefen: »Aber was ist bloß passiert?«, und damit bewiesen, daß sie sich viel weniger mit ihrer Vergangenheit auseinandersetzten als Frauen. Als ob ihre Untaten sie überraschten, nicht im Bereich ihrer Verantwortung lagen, sondern vielmehr einem unentrinnbaren Schicksal zuzuschreiben waren.

Aber so sah sie es mittlerweile auch selbst: Das Schicksal hatte sie getroffen. Zunächst hatte es eine Zeit gewöhnlichen, angenehmen, leichtverständlichen Glücks gegeben, dann, mit einem Tiefschlag aus einem anderen Bereich menschlicher Erfahrung, war das Unglück an seine Stelle getreten. Niemand trug die Schuld daran.

Für kurze Zeit hatte sie gewütet wegen der, wie sie es nannte, verlogenen Sentimentalität des »Aber-was-ist-bloß-passiert?«. Doch lange hatte sie sich das Schwelgen in diesem sinnlosen Gefühl nicht gestattet. Schließlich hatte sie alles vergessen, und wenn sie an ihn dachte, was nicht wirklich oft vorkam, sah sie die blaue Unschuld seines Blicks, in dem sich Aufrichtigkeit und Ehrenhaftigkeit widerspiegelten – Eigenschaften, die sie über alles schätzte und die sie als erstes an ihm geliebt hatte.

Jetzt lebte sie in diesen zwei völlig ausreichenden Räumen. In derselben Stadt wie er, aber das war Zufall. Durch ihre Arbeit als Chefsekretärin bei einem großen Ölkonzern hatte sie in Paris gelebt, in New York, in verschiedenen Städten Englands, war ständig umgezogen und hatte sich wohl dabei gefühlt.

Ihr Mann hatte sie verlassen und war in jenes andere Haus gezogen, in dem er, ohne je wieder umzuziehen, seitdem mit seiner neuen Familie lebte. Nicht immer zufrieden, das wußte sie, doch es war ihr gleichgültig. Er hatte sich ein Zuhause geschaffen, und sie wünschte ihm aufrichtig, daß es ihm gut darin ging. Ihr war es egal, so oder so. Sich nichts draus zu machen ... das war die große, unerwartete, wundersame Erlösung gewesen. Was für ein Unsinn war es doch, zu leiden und sich zu quälen, nachts wach zu liegen und zu heulen. Was für eine Zeitverschwendung!

Und jetzt, da sie sich von ihm befreit hatte, stattete ihr James einen Besuch ab.

Seine Schritte näherten sich der Tür. Schnell. Leichtfüßig. Die Treppe herauf nahm er zwei Stufen auf einmal, klopfte, trat ein, stand neben der Tür und sah sie an.

Wohl wissend, was der jeweils andere vor Augen hatte, runzelten sie die Stirn angesichts der Anstrengung, in dem, was sie tatsächlich sahen, ihr jüngeres Selbst wiederzuerschaffen. Sie blickten einander ruhig in die Augen, ohne Schmerz oder Schuld zu empfinden. Vielleicht hatten sie sich seit ihrer Trennung nicht mehr wirklich gesehen.

Was sie sah, war ein ältlicher Wikinger, dessen struppiger Lockenkopf, wie ihr Haar, von Silber durchzogen wurde, das

Gesicht verbrannt von Sonne und Wind, abgemagert, zerfurcht. Wahrscheinlich hatte er erst vor kurzem irgendwo einen Wanderurlaub verbracht. Er schien ausgetrocknet zu sein, ebenso wie sie sich trocken und leicht vorkam, die Zeit hatte sie ausgedörrt, wie eine Sonne.

Sein Blick schweifte von ihr zu den Blumen... zu dem kleinen Eßtisch... zum Kamin und dem eleganten Sessel daneben... zum Bücherregal... dem ungestüm blauweißen Seestück. Dann ging er mit seinen schnellen, leichtfüßigen Schritten, die mit das erste gewesen waren, was ihr an ihm gefallen hatte – und noch immer gefiel –, auf das blaue Quadrat des gegenüberliegenden Fensters zu. Er blickte hinunter auf Gärten, Bäume, Zäune, an denen Kletterpflanzen rankten, Vögel und Katzen, die ausgestreckt in der Sonne lagen oder sich putzten, auf Klettergerüsten gleich der Takelage eines Segelschiffs, das sich jeden Moment in die Lüfte schwingen konnte. Familienleben... Er betrachtete es prüfend mit jenem kleinen, trockenen Lächeln, an das sie sich so gut erinnerte. Dann schritt er rasch zu den zwei Fenstern nach vorn, die ihm beide dasselbe Bild boten: eine ruhige Straße, gesäumt von parkenden Autos und Platanen, eine alte Frau, die auf einer Bank saß.

Die Wohnung befand sich im zweiten Stock. Im Sommer bevölkerten unzählige Vögel die Bäume, und oft stand Sarah am Fenster und beobachtete sie. Er widmete diesen beiden Fenstern nicht mehr Zeit als dem ersten, drehte sich um und blieb stehen, beherrschte den Impuls, zu irgendeiner anderen Stelle im Zimmer zu gehen. Er war Räume gewohnt, in denen man umherschlendern konnte. Hier war das nicht möglich. Fühlte er sich eingeengt? Gewiß. Vermutlich würde auch sie sich eingeengt fühlen, wäre sie gezwungen, ständig hierzusein.

Wieder sahen sie einander an, als ob man sich mit Blicken streicheln, berühren, ja umarmen könnte.

»Wahrscheinlich wunderst du dich, was ich hier will?« fragte er hastig, und dann wurde er rot, weil es konventionell geklungen hatte.

Sie hatte es nicht so aufgefaßt. »Nun ja, etwas habe ich mich schon gewundert«, sagte sie freundlich und ließ sich in der Nähe des Tischchens nieder, ihr wurde jedoch gleich bewußt, wie sie neben den Blumen aussehen mußte, die sie aus Freude über sein Kommen gekauft hatte, und so setzte sie sich schnell in den Sessel neben dem Kamin. Der Sessel zwang sie zu einer aufrechten Haltung. Sie saß gerade und gelassen da und sah ihn an. Und seufzte. Hörte den eigenen Seufzer, bemerkte seinen kurzen, aufmerksamen Blick, und da war es an ihr zu erröten.

Er setzte sich neben eines der Fenster, hinter ihm lärmten die Vögel in der Platane. Er wirkte, als könnte er jeden Moment wieder aufspringen und gehen. Ein gehetzter Mann. Er runzelte die Stirn, hob eine seiner schlanken braunen Hände ans Gesicht, ließ sie wieder sinken und seufzte ebenfalls. Dann lehnte er sich zurück und sah sie an.

»Es gibt keinen wirklichen Grund«, verkündete er. »Es schien mir nur plötzlich nicht richtig, daß wir uns nur so selten sehen.«

Sie lächelte kaum merklich, unterstrich damit das, was er gesagt hatte: Nie hatten sie sich nur aufgrund einer Laune oder gar versehentlich getroffen.

»Wir waren so lange Zeit zusammen... die Kinder...« Er zuckte die Achseln, gab auf, sah ihr hilfesuchend in die Augen.

Sie hätte sich nach seinen Kindern erkundigen können, nach seiner anderen Familie. Aber sein Besuch, all die Vorbereitungen, die Seufzer und die Aufregung hätten keinen Sinn gehabt, hätten sie nur Floskeln ausgetauscht, um nicht wirklich miteinander reden zu müssen. Außerdem wußte sie, wie es um seine Familie stand: Ein guter Freund von ihr war auch sein guter Freund geblieben und berichtete ihr regelmäßig, was vor sich ging; nicht als Spion, sondern als Freund. Früher hatte sie unbedingt alles wissen müssen, heute hörte sie zu, als handele es sich um Neuigkeiten aus einem Haushalt, der sie im Grund nicht interessierte.

Ungeduldig stand er auf, sah aber erneut, daß er nirgendwo hingehen konnte, und so setzte er sich wieder. »Du hast nicht viel Platz hier«, sagte er. Es klang wie ein Vorwurf, und wieder wurde er rot.

»Ich brauche nicht viel Platz.« Auch das konnte als Vorwurf aufgefaßt werden, und sie machte eine nervöse Geste, eine zu nervöse Geste angesichts dessen, was sie gesagt hatte, eine Geste voller Altersungeduld gegenüber dem Trivialen. »Ich habe nicht gemeint, daß ich...«, formulierte sie vorsichtig. »Was ich meine, ist, daß ich heute, da die Kinder erwachsen und aus dem Haus sind, nicht mehr viel Platz brauche.«

Er warf ihr einen ironischen Blick zu. Auf einmal wirkte er müde und sackte in sich zusammen. Sie wußte, warum. Das Haus, in dem er lebte, war groß, mit Räumen, in denen man herumwandern konnte, aber natürlich war es stets reparaturbedürftig, wie es Häuser nun mal sind, und etwas heruntergekommen, schließlich war es ein stark bewohntes Familienhaus, in dem vier Kinder lebten, die ihre Freunde zu sich einluden. In diesem Haus pulsierte es ständig, Leute, Lärm, Musik, das Telefon klingelte, der Hund bellte, die Klingel schrillte, der Staubsauger dröhnte, und es wurde lauthals gesungen. Familienleben. Das älteste Kind war fünfzehn, das jüngste neun. Vor James lagen noch mindestens zehn Jahre, wahrscheinlich wesentlich mehr, während derer er für die Ausbildung der Kinder eine Menge Geld würde aufbringen müssen. Er war Firmenberater. Wider seinen eigenen Willen. Er hatte den Beruf gewechselt, weil er eine Menge Geld für die neue Ehe benötigte, hatte aufgehört, als Elektronikfachmann in der Luft- und Schiffahrtindustrie zu arbeiten, wie er es während der Zeit mit ihr getan hatte. Das hatte ihm Spaß gemacht.

Alles, was er jetzt tat, wo und wie er lebte, hatte damit zu tun, daß er sich in Rose, ihr genaues Gegenteil, verliebt und sie geheiratet hatte. Und die Dinge würden zwangsläufig noch auf Jahre hinaus so bleiben, wie sie waren. Er war dreiundfünfzig. In Roses Diensten würde er alt werden. So hatte er sich entschieden. Wenn man in diesem Zusammenhang überhaupt von »entscheiden« sprechen konnte – sie war ziemlich sicher, daß es ganz und gar nicht paßte.

Sie war zwei Jahre älter als er.

Sie sagte: »Ich werde mich in diesem Jahr pensionieren lassen. Sie wollten, daß ich noch bleibe, aber ich habe keine Lust mehr.«

Und jetzt sah man seinem Körper für einen Augenblick die Kraft der Worte an, die er nicht aussprach – der Worte, die voller Aggressivität Auskunft verlangten, wenn sie nicht gar Vorwürfe zum Ausdruck bringen wollten. Er hatte ihr ihre gutbezahlte Stelle verschafft. Der Mann, für den sie all die Jahre gearbeitet hatte, war ein Freund von ihm, und er wußte, daß man sie gedrängt hatte, ihr bloßes Sekretärinnendasein hinter sich zu lassen, doch alle möglichen besseren Jobs, die man ihr angeboten hatte, hatte sie ausgeschlagen, hatte keinen Ehrgeiz entwikkelt und ihr Leben nicht dem der Firma unterordnen wollen. Ihr eigenes Leben war ihr interessanter erschienen, und sie war darauf bedacht gewesen, es sich zu bewahren. Hätte sie eines der Angebote angenommen, wäre sie jetzt finanziell besser gestellt. Sie wußte natürlich, daß James ihrer Zufriedenheit, nichts weiter als eine Sekretärin zu sein, kritisch gegenüberstand, und das hatte zunächst einmal nichts mit der finanziellen Seite zu tun.

»Ich brauche jetzt nicht mehr soviel Geld«, sagte sie. »Ich kann mir leisten, was ich will.«

»Glückliche Sarah«, sagte er, plötzlich gefühlvoll.

»Ja, ich glaube, das kann man sagen.«

»Es gab keine Möglichkeit, wirklich überhaupt keine Möglichkeit, dich nicht für Rose zu verlassen«, sagte er völlig überraschend. Überraschend für sich selbst. Sie wußte, daß er deswegen gekommen war. Er mußte es aussprechen. Nicht, um sich zu rechtfertigen. Nicht, um sich zu verteidigen. Er mußte etwas Absolutes, etwas Unausweichliches erklären, was sie, seine erste Frau, verstehen mußte. Er bat um Gerechtigkeit.

»Ich weiß«, sagte sie diplomatisch.

»Es war wie ein...« Er zögerte, nicht, weil er sich gewählt ausdrücken und sie oder sich selbst schonen wollte, sondern weil er sich auch jetzt noch wunderte. Seinem Gesicht war die Anstrengung anzusehen, mit seinen Erinnerungen ins reine zu kommen. »Ich verstehe es nicht«, sagte er. »Auch damals hab ich es nicht verstehen. Nie. Man könnte sogar sagen, daß ich sie nicht einmal besonders mochte...« Sein Blick bestand darauf, daß sie das Gesagte nicht als Loyalitätsbruch gegenüber Rose oder als Entschuldigung mißverstand.

»Ich weiß«, sagte sie noch einmal.

»Es war, weil ich... ich mußte einfach... es war, als wäre ich fortgetragen worden von einer...«

Sie machte eine harte, nervöse Geste, die besagte: *Es reicht.* Aber er bemerkte sie nicht, und falls doch, beschloß er, sie zu ignorieren.

»Hast du dir jemals überlegt, Sarah... wir sind einander so ähnlich, wir zwei sind...«

Sie nickte.

Er war durcheinander, seine Augen schwammen in Tränen.

»Von einem Extrem ins andere«, sagte er. »*Wir* mußten einander nie etwas erklären, nicht wahr? Wir verstanden uns immer... Mit ihr dagegen ist es, als ob man in einem fremden Land, dessen Sprache man nicht spricht, eine falsche Abzweigung genommen hat.« Er hielt inne. »Hell und Dunkel nicht unterscheiden kann.« Wieder eine Pause. »Ich sage nicht, daß ich es bereue. Man kann nicht bereuen, was nicht zu verhindern war. Das wäre reine Zeitverschwendung.«

»Natürlich«, stimmte sie zu.

Und jetzt stand er auf und stellte sich vor sie, seine Hände hingen herab, aber in einer bestimmten Haltung, die Wachsamkeit und Bereitschaft für alles ausdrückte. Für eine Umarmung? Doch er ging zum Fenster, in dessen blauem Viereck eine dicke cherubinische Wolke zu sehen war, weiß, mit goldenen und rehbraunen Schatten. Er betrachtete die Wolke, sah hinunter zu den unordentlichen Gärten.

»Was wirst du machen, Sarah?«

»Ich möchte reisen.«

»Aber du bist doch sowieso ständig unterwegs. Jedesmal, wenn ich von dir höre, bist du wieder irgendwo anders«, sagte er mit jenem kurzen Lachen, das unterdrückten Neid zum Ausdruck bringt.

»Ja, ich habe Glück gehabt. Ich habe einen fantastischen Job... den ich dir verdanke. Aber man behauptet, daß Frauen im Alter ruhelos werden, und so ergeht es auch mir.«

»Nicht nur Frauen«, sagte er und unterband weiteres Jammern, indem er fortfuhr. »Wirst du Nancy und Martin besuchen?«

»Kurz.«

Er sah sie fragend an.

»Ich würde uns nicht als eine Familie beschreiben, deren Mitglieder sich sehr nahestehen«, sagte sie, und wieder wurde er rot.

»Nun, ich glaube, ich habe eine richtige Familie... ich meine, Rose sorgt dafür, sie versteht sich darauf.«

Daraufhin überwältigte sie nahezu unbeherrschbarer Widerwille. Sie wußte, daß er nicht begriffen hatte, wie es ihr in den Jahren ergangen war, in denen sie die Kinder großgezogen hatte, ohne ihn. Er würde es nie begreifen. Sie schwieg, lächelte. Doch spürte sie eine Distanz zwischen sich und ihm, weil er nicht verstand.

»Na, wie auch immer, jedenfalls war es keine schlechte Sache«, sagte er. »Sie haben viele verschiedene Orte kennengelernt, weil du so oft umgezogen bist, sind auf verschiedene Schulen gegangen und haben sich überall angepaßt.«

»Weltbürger«, sagte sie trocken. »Das sind sie allerdings geworden.« Hier hätte er anknüpfen, seinen Standpunkt betonen können, der ihm wichtig war. Doch sie verhinderte es. »Als erstes werde ich Wanderungen machen. Zunächst hier in England. Ich meine, wirklich lange Wanderungen, den ganzen Sommer über...«

»Ja«, sagte er voller Energie, »es gibt nichts Schöneres.«

»Und dann werde ich durch Frankreich und Deutschland wandern, na ja, überall, wo ich kann. In Europa. Norwegen...«

»Ja«, sagte er, war ruhelos, als wollte er im nächsten Moment schon aufbrechen. Rose wanderte nicht gern.

»Um die ganze Welt«, sagte sie. »Warum nicht?« Sie lachte, in ihrem Körper, auf ihrem Gesicht spiegelte sich lebhaft die Freude darüber, frei wie ein Vogel losfliegen zu können... Nein, das war falsch, Vögel waren nicht frei, sie mußten allen möglichen Verhaltensmustern und Naturkräften folgen. Sie würde frei sein, wie nur ein Mensch es sein konnte. Aber wahrscheinlich, denn so spielte das Leben nun mal, nur für eine kurze, wertvolle Zeit. Dann würde irgend etwas geschehen. Frei, zu gehen oder zu bleiben, Freundschaften zu schließen, aufzubrechen, Entscheidungen zu revidieren, und wenn sie Lust dazu verspürte, den ganzen Tag auf einem Berg zu sitzen und die Wolken zu beobachten... Sie hatte vergessen, daß er bei ihr in diesem Zimmer stand, sie ansah, ihr lächelnd seine Wertschätzung zeigte.

»Sarah«, sagte er in leisem, vertraulichem Tonfall, dem verwegene Erregung anzuhören war, »warum können wir beide nicht zusammen irgendwohin... diesen Sommer noch, bald...?«

Sie lächelten einander an, als lägen ihre Gesichter nur Zentimeter voneinander entfernt auf einem Kopfkissen. Dann hörte sie sich seufzen und sah, wie ihn die Kraft verließ.

»Warum nicht, Sarah?« drängte er sie.

Das bedeutete, daß Olive recht hatte: Rose hatte eine Affäre, und so empfand er keine Verpflichtung, seinerseits ihr gegenüber loyal zu sein.

»Und Rose würde es nichts ausmachen?«

Der Gedanke daran, wieviel es Rose ausmachen und wie sie es zeigen würde, wirkte offensichtlich wie ein Schlag in seine Kniekehlen, denn er sackte zusammen und starrte nicht auf sie, Sarah, sondern auf eine Wolke draußen, die aussah, als wäre sie aus einem honigfarbenen Stein gemeißelt.

»Oder würdest du es ihr nicht sagen?« hakte sie nach.

Der Vorschlag, mit ihr zu wandern, war einem Impuls entsprungen. Bevor er gekommen war, hatte er nicht darüber nachgedacht, zumindest nicht ernsthaft. Aber schon, daß er gekommen war – er hätte sich die Freiheit dazu nicht genommen, hätte Rose ihn nicht freigelassen. Quid pro quo ... so würde zumindest er es sehen.

Auf den Boden der Tatsachen zurückgekehrt, sah er sie ernst an, um den Vorwurf zu vermeiden, er weiche ihr aus. »Ich würde es ihr sagen. Sie bekäme es sowieso heraus. Sie würde davon erfahren.«

»Ja, das würde sie.«

»Warum auch nicht, Sarah? Warum nicht? Auch die Rolle des treusorgenden Familienvaters muß ... ihre Grenzen haben.«

Was er eigentlich sagen wollte, wußte sie nicht. Ein guter Ehemann? Ein guter Vater? Sie dachte: Das Leben mit Rose ist dir aufs Gehirn geschlagen! Genau das ist es, worauf sie aus ist: einem den Kuchen abzunehmen, ihn aufzuessen und so zu tun, als sei nichts geschehen.

»Warum fahren wir nicht nach Schottland? Erinnerst du dich an Schottland, Sarah?«

1958, kurz vor ihrer Hochzeit, waren sie drei Wochen lang durch Schottland gewandert.

»Nächsten Monat«, drängte er sie. »Ich habe noch drei Wochen Urlaub.«

Sie schloß die Augen, erinnerte sich daran, wie sie gemeinsam einen heidebewachsenen Hügel hinaufgestiegen waren.

»Sarah«, sagte er mit rauher, anklagender Stimme, »ich habe so oft an dich gedacht. Ich spüre eine schreckliche Leere in meinem Leben. Schon seit Jahren.«

Mit noch immer geschlossenen Augen entgegnete sie trokken: »Polygamie? Das würde dir so passen.« Aber sie konnte nicht aufhören zu lächeln.

»Ja, ja«, rief er, und mit zwei großen Schritten war er bei ihr. »Ja, wenn du es so nennen willst, *ja.*« Neben dem Kamin stand lediglich der eine elegante Sessel, und er streckte einen Arm aus, zog einen Stuhl heran und setzte sich neben sie. Er legte ihr den Arm um die Schulter.

»Sarah«, flüsterte er, seine Wange an ihrer. »Sarah«, sagte er wieder und wieder, während Tränen ihre Wangen aneinanderschweißten.

Plötzlich blendete sie das grelle Licht im Zimmer. Die seitwärts sinkende Sonne sandte Strahlen aus, die auf das Glas des offenstehenden Fensters trafen, vom Spiegel über ihren Köpfen reflektiert wurden und farbige Rhomben und Prismen an die Wände zeichneten. Mit einemmal schien es, als säßen sie in einem glitzernden Teich, der Möbel, Blumen und auch sie überflutete.

Sie machte sich von ihm frei, stand auf und schloß die schlichten weißen Vorhänge vor der Wolke draußen, die mittlerweile in allen Rottönen loderte. Die Wand war jetzt ebenmäßig weiß, mit einem großen Rechteck, durch das heißes Orange stach. Ein Teil dieses Rechtecks hob sich, und ein mandarinenfarbiges Segel blähte ins Zimmer und senkte sich wieder. In ein paar Augenblicken schon würde das Sonnenlicht nicht mehr auf die Vorhänge treffen, die ganze Wand würde tot, flach, weiß sein. Wenn sie, was sie selten tat, alle Vorhänge zuzog, wurde der Raum selbst zu einem weißen Rechteck, und die zwei Spiegel reflektierten nicht die Natur draußen, sondern nur noch zwei nüchterne, weiße Ovale.

Ihre Stimmung hatte sich verändert. Sie wagte nicht, sich wieder neben ihn zu setzen. Wenn sie das täte, würde sie versinken in ... in ...

Er sah sie durch das warme orangefarbene Licht an, das alles tränkte.

»Sarah?« sagte er, als suche er in einem Labyrinth nach ihr. Er stand auf. »Aber sag doch, Sarah, warum nicht? Ich sehe keinen vernünftigen Grund, der dagegen spräche. Ich will dich wieder in meinem Leben haben. Ich brauche dich. Ohne dich komme ich einfach nicht zurecht.«

Er ging zu ihr, beugte den Kopf und rieb zärtlich seine Wange an ihrer. Es war die Forderung eines Ehemanns, nicht die eines Liebhabers.

Und dann war er verschwunden, sie hörte, wie er die Treppe hinunterlief.

Im Zimmer dämmerte es. Das Licht, das von außen hereindrang, war jetzt nicht mehr so grell, daß es jeden Faden des groben Leinens nachzeichnete. Das Gezwitscher der Vögel in den Platanen klang abendlich schrill und warnend, war nicht mehr das leutselige Geplapper des Tages. Abrupt erblaßte das Licht auf den Vorhängen. Die Wand wurde zu einer glatten, weißen Fläche.

Sie setzte sich neben die Blumen und betrachtete sie kritisch. Der Krug war zu geschleckt, hatte eine zu selbstgefällig runde Form für den knorrigen, steifen Kirschzweig und den frischen Frühlingsflieder mit seinen zufällig verteilten Blüten. Sie stellte den Krug hinter sich auf den Boden und versuchte nachzudenken.

In ihr brodelten Empfindungen, die sich in einem einzigen Bedürfnis auflösten – zu fliehen, zu verschwinden ... davonzulaufen. Aus dem Zimmer zu stürzen, aus dem Gebäude, aus London, ja aus England fortzulaufen. Sie stand auf, ging ziellos und schnell im Zimmer umher wie ein eingeschlossener Vogel. Was um alles in der Welt war bloß los mit ihr? Mußte sie vor James davonrennen, war es das? Aber an ihrem Treffen war nichts Bedrohliches gewesen, im Gegenteil, es schien, als sei ein Bann von ihnen genommen, der bislang jede Begegnung, jedes Telefongespräch zu einer ärgerlichen, schuldbeladenen, peinlichen Angelegenheit gemacht hatte. Das Zusammensein mit James heute war mehr wie die erste Begegnung von Menschen gewesen, die einander lieben würden, voller Entdeckungen und süßer Überraschungen. Doch ihr Herz schlug wild, ihr Magen schmerzte, und in ihr wütete Angst.

Sie setzte sich wieder, brachte ihre Beine in eine bequeme Position, saß da wie eine ältere Dame, die ihre Lage mit nüchternem, gesundem Menschenverstand zu überdenken versuchte. Sie schielte aufs Telefon, als rechneten ihre Nerven jeden Augenblick damit, daß es schrillen würde.

Wenn James geradewegs nach Hause gegangen war und Rose dort angetroffen hatte, dann würde irgend etwas an ihm fraglos ihren Verdacht erregen, auch wenn er nicht gleich – was andererseits durchaus wahrscheinlich war – gesagt hatte: »Ich komme gerade von Sarah, nein, nein, reg dich nicht auf, ich hab nur auf einen Sprung vorbeigeschaut, das war auch schon alles.« Wenn er das sagen würde, und sie konnte deutlich hören, wie er es tat, dann, weil er aufgrund der Aufrichtigkeit, die ihm wie ihr eigen war, die Wahrheit nicht wirklich verbergen konnte.

Augenblicklich würde Krisenstimmung in seinem Haus herrschen. Rose würde sofort ihre derzeitige Vertraute anrufen. Sie hatte immer eine Vertraute, der sie intensiv und auf dramatische Weise verbunden war und mit der sie sich zu vertraulichen, aufregenden Gesprächen traf, aber irgendwann gab es Streit und damit eine Ex-Vertraute, was dazu führen konnte, daß sie sagte: »Ich gehe nicht zu der Party, weil sie wahrscheinlich auch hinkommt – diese Kuh!« Doch jetzt sagte sie womöglich gerade zu ihr, wer immer sie auch war. »Mein Gott, weißt du, was passiert ist? Ich bin dabei, meinen Mann zu verlieren! Er hat sich mit seiner ersten Frau getroffen, mit Sarah. Ich muß unbedingt mit dir darüber sprechen, es ist wahnsinnig wichtig. Nein, sag ab. Bitte, komm sofort...« Und während sie auf dieses Tête-à-tête, das erste von vielen, wartete, würde Rose Karten legen, das I-Ging befragen und einen Termin mit ihrer Wahrsagerin vereinbaren, einer Frau mit grenzenlosem psychologischem Durchblick, die mit ihrem, Sarahs, Leben so vertraut wie mit Roses war. Sarah stellte persönlich keinerlei Bedrohung für Rose dar, dessen war sich die Wahrsagerin sicher, aber ihr Typ, die »blonde Dame«, im Gegensatz zu Rose, der »dunklen

Dame«, war grundsätzlich immer eine Bedrohung. Rose lebte in ständiger Furcht vor einer schlanken blonden Nymphe. Wenn die Vertraute bei ihr eintraf, würde das Schicksal bereits aus mehreren Mündern gesprochen und ziemlich eindeutige Empfehlungen gegeben haben. Im Anschluß an das Gespräch der zwei Frauen würden alle möglichen Dinge geschehen. Als erstes würde Sarahs Telefon klingeln, und jemand, von dem sie noch nie gehört hatte, würde sich am anderen Ende melden: »Entschuldigen Sie bitte die Störung, aber Sie könnten mir vielleicht helfen... James hat vorgeschlagen, mich mit Ihnen in Verbindung zu setzen. Können Sie mir eine Auskunft über Manchester geben? James sagte, daß Sie dort gelebt haben. Sie hatten ein Haus, nicht wahr? Wie sind die Schulen dort?« Und so weiter. Ja, James würde von diesem Anruf wissen, denn Rose würde auf ungezwungene, zuversichtliche Weise zu ihm gesagt, ihm dabei einen kühnen, herausfordernden Blick zugeworfen und gelächelt haben: »Ach, James, man könnte doch Sarah fragen. Sie kennt sich doch aus, oder? Schließlich weiß sie alles über Manchester.« Alle möglichen Anrufe und Treffen würden stattfinden, nichts davon widersinnig, auf den ersten Blick würde alles nach zivilisiertem, gesundem Menschenverstand aussehen. So wie der Besuch von James an diesem Nachmittag. Auf den ersten Blick... Anrufe von einer anderen besten Freundin von Rose – genau wie ein Schulmädchen hatte sie nur beste Freundinnen: »Hallo, Sarah, erinnerst du dich an mich? Wir haben uns bei den Tillings getroffen. Ich habe gehört, daß du mit James nach Wales fährst. Wenn ihr in die Nähe von Swansea kommt, könnt ihr dann bei einer alten Freundin von mir vorbeischauen? Seit ihr Mann gestorben ist, fühlt sie sich unheimlich einsam. Sie wäre überglücklich, wenn ihr bei ihr übernachten könntet. Das wäre wahnsinnig nett von euch.« Und dann würde Rose selbst anrufen. Die tiefe, vibrierende Stimme würde Dinge andeuten, die nicht offen auszusprechen waren. »Sarah, hier ist Rose! Ja, Rose! Ich will dich schon seit so langer Zeit endlich besser kennenlernen... meinst du, wir könnten uns einmal treffen, um *wirklich* miteinander zu reden? Nein, ich habe mit James darüber gesprochen, er fände es großartig. Kann ich zum Tee zu dir kommen? Ich würde unheimlich gern einmal deine Wohnung sehen, James sagt, sie ist so hübsch. Ach, ich würde auch gern allein in einer Wohnung leben, frei und ganz ich selbst sein, verstehst du?« Alle möglichen Anrufe von Rose würden erfolgen, beiläufige, grundlose, beleidigende. »Sarah, ist James bei dir? Nein, aber ich dachte ... na, dann hab ich mich eben getäuscht. Wenn er zufällig vorbeikommt, sag ihm bitte, er möchte mich anrufen. Wir haben hier eine kleine Krise, mit der nur er fertig werden kann.«

Und während das so weiterginge, würde Rose zu absolut jedem sagen: »Tut mir leid, aber ich muß es einfach loswerden: In unserer Ehe kriselt es. James und ich, wir arbeiten beide daran, wir sind doch so glücklich gewesen! Und ich bin sicher, am Ende wird es wieder so sein wie früher.«

Nach vielen tränenreichen Treffen würde sie ihre Affäre beenden. »Ich muß eine Entscheidung fällen, mein Liebster. Es ist nicht einfach ... die Kinder ...«

Die Leute würden tatsächlich damit rechnen, daß die Ehe zerbrach. Rose war zum viertenmal verheiratet. Soweit man es beurteilen konnte, sah ihre Lebensgeschichte, die sie immer wieder anders erzählte, in etwa folgendermaßen aus: Nach dem Krieg war sie aus dem Elend Europas aufgestiegen und hatte bereits alles erlebt, was es an Hunger, Kälte und Todesangst zu erleben gab. Ihre Mutter war nach einer Version in einem Konzentrationslager umgebracht worden, nach einer anderen hatte sie Rose für einen Liebhaber verlassen. Die auffällig hübsche Rose heiratete einen amerikanischen Soldaten, den sie wahnsinnig liebte, wiewohl einige Leute behaupteten, ohne sie deswegen zu verdammen, daß sie seine Geliebte wurde, weil man sich an die Besatzungsmächte halten mußte, wenn man essen wollte. Ihr zweiter Mann war wieder ein Amerikaner, der allerdings wesentlich bessergestellt war als der erste. Doch weil sie Amerika angeblich haßte, heiratete sie als nächstes einen Engländer,

der eine wichtige Position im internationalen Erdölgeschäft innehatte. Er betete dieses schlaue, exotische, verwahrloste Kind an, aber nicht lange. Von ihm ist der Ausspruch überliefert, es wäre besser gewesen, Rose nicht zu heiraten, sondern als Geliebte zu behalten. Aus ihr werde nie eine richtige Ehefrau. Mit ihr sei es wie mit einem wunderschönen erbeuteten Haustier, einem Gepard zum Beispiel, den man nicht ans Haus gewöhnen könne. Die Ehe dauerte drei Jahre. Rose dachte ernsthaft nach und folgte dem Rat ihrer Wahrsagerin. Sie war bereits Mitte dreißig. James war sie eine richtige Frau, eine gute Ehefrau, die für Bequemlichkeit und gutes Essen sorgte und ein gesundes Kind nach dem anderen auf die Welt brachte. Die Kinder waren Beweis einer erstaunlichen Willensstärke, denn, wie alle Welt wußte, hatte sie vorher »Dutzende« von Abtreibungen und Fehlgeburten gehabt. Jede Schwangerschaft und Geburt hatte die Aufmerksamkeit nicht nur von James, von Hebammen, Ärzten und Krankenhäusern, von Freunden und Nachbarn gefordert, sondern auch von Menschen, die zuvor kaum je etwas von Rose gehört hatten – als so bemerkenswert und beispiellos stellten sie sich heraus. Sarah hatte jedes dieser Dramen mit Abneigung und Widerwillen verfolgt, vor allem aber konnte sie nicht fassen, daß James nichts dagegen unternahm. Um physisches Leiden machte man einfach kein so großes Aufheben – um kein Leiden, um genau zu sein, man hielt den Mund, hielt die Ohren steif, biß in den sauren Apfel und so weiter und so fort. Gezwungen, diese Grundsätze, dieses *englische* Glaubensbekenntnis, wegen Rose zu überprüfen, kam Sarah zu dem Schluß, daß diese ausländischen Weltbürger über keinerlei Tugenden verfügten, und in Fällen wie dem von Rose war zudem auch noch Unehrenhaftigkeit mit im Spiel, so verschrobene Überlegungen, daß man manchmal erst Jahre später begriff, was eigentlich passiert war.

Bald nachdem sie sich selbst zum Tee eingeladen hätte, würde Rose anrufen und ungefähr folgendes sagen: »Sarah! Ja, ich bin's, Rose. Sarah, willst du nicht zum Abendessen kommen? Halt! Sag auf keinen Fall nein, ohne es dir vorher gut zu überlegen. Warum auch nicht, Sarah? Wir haben so viele gemeinsame Freunde, ganz zu schweigen von James. O nein, ich meine es nicht böse, ich schwör's dir, wirklich nicht, Sarah, bitte glaube mir...«

Es wäre ein grober Verstoß abzusagen. Nur zu leicht könnte man dann denken... kleinmütig. Sie sah sich selbst vor sich, eine von mehreren geladenen Personen, die um den großen Familientisch saßen, James am einen Ende, Rose am anderen, nur die Kinder würden die Gäste beäugen, so wie es ihre eigenen immer getan hatten: höflich, ja respektvoll gegenüber diesen schrecklichen, grausamen, unvermeidlichen Erwachsenen, nur untereinander würden sie sich nervöse Blicke zuwerfen und sich scheu anlächeln, sie würden das Essen hinunterschlingen, sich entschuldigen, aufstehen und in ihre Zimmer verschwinden, wo sie ängstlich und wütend, aber mit (aufgrund ihrer Angst) lautem Spott die Situation einen Stock tiefer diskutieren und bei Freunden anrufen würden. »Die erste Frau unseres Vaters ist heute zum Essen zu uns gekommen... Sarah. Ach, hab ich dir nie von Sarah erzählt? Na ja, sie ißt heute abend hier. Kann ich zu dir kommen?«

Kurz nach diesem zivilisierten und allen zur Ehre gereichenden Familienessen würde James mit jenem widerwilligen und zugleich bewundernden Lachen, mit dem er auf derartige von Rose heraufbeschworene Situationen reagierte, sagen: »Sarah, Rose hat vorgeschlagen, wir sollten die zwei ältesten Kinder mit nach Frankreich nehmen. Sie sind sehr gut zu Fuß. Letztes Jahr war ich mit ihnen im Lake District. Hast du etwas dagegen?«

Sie würde verneinen. Und wahrscheinlich würde sie tatsächlich nichts dagegen haben. Bis dahin würde sie sich bestens mit den Kindern angefreundet und viel Zeit damit verbracht haben, die Geschenke und Votivgaben für sie auszusuchen, die Kinder mittlerweile erwarteten. Für alle vier würde sie... nein, nicht eine zweite Mutter sein, das würde Rose zu verhindern wissen, aber eine nette Tante. James würde sie antworten: »Wie schön, daß Sam und Betty mitkommen. Leider sind die anderen beiden noch zu jung, aber vielleicht nächstes Jahr. Natürlich habe ich nichts dagegen. Warum auch nicht?«

Ihr Herz pochte, ihre Handflächen waren schweißnaß, und sie hetzte durch das Zimmer, als ob sie mit einem Satz durch das Fenster auf die Straße springen und davonrennen, irgendwohin laufen wollte.

Was für eine Kraft diese Frau hatte. Immer. Es war die Kraft der Skrupellosigkeit, verwurzelt in Eigensucht, die ihrerseits zurückging auf... Dummheit. Nie, nicht ein einziges Mal war es Rose in den Sinn gekommen, daß man etwas *nicht* tun sollte. (Aber natürlich war da noch die Sache mit der Kindheit im Konzentrationslager. Bedeutete das, daß man Rose nie und nimmer nach normalen Standards beurteilen durfte?) Als es Sarah schlechtgegangen war, als sie viel zuviel über Rose nachgedacht hatte, war sie immer wieder auf diesen Punkt gestoßen, als wäre sie mit dem Kopf gegen eine Wand aus Glas gelaufen, die zwischen Rose und dem Rest der Welt stand. Zu Rose zu sagen: »Aber das kann man doch nicht tun, verstehst du das denn nicht?«, zu sagen: »Aber das zu tun, wäre höchst unanständig!« – selbst in Gedanken, in denen es leichtfällt, einem Feind etwas ins Gesicht zu schleudern, brachte sie solche Worte nicht heraus.

Dummheit? Auch wenn es das war, Rose hatte damit alles bekommen. Sarahs Mann. Vier Kinder. Ein riesiges Haus. Stabilität, nachdem sie jahrelang Treibgut gewesen war. Einen Mann, der sein Leben für ihre Bedürfnisse opferte. Dummheit! Es war Stärke, Macht, die in einer Schicht der menschlichen Existenz wurzelte, zu der Sarah keinen Zugang hatte. Als James sie wegen Rose verlassen hatte, hatte sie gemeint zu träumen, war es ihr vorgekommen, als würde er in einen verzauberten Wald gezogen, auf ein Territorium, in dem alte, primitive Gesetze galten. Sie hatte gespürt, daß er sein besseres Selbst hinter sich zurückließ.

Aber dann waren da die Kinder. Wieder und wieder hatte sie

sich in all den Jahren gesagt: »Sarah, sie haben vier Kinder. Vier Kinder, Sarah, dagegen gibt es kein Argument.« Jedes Kind bringt das Unbekannte mit sich, bringt Möglichkeiten und Chancen, die in ferner Vergangenheit wurzeln, Möglichkeiten, die sich weit in die Zukunft erstrecken. James war der Hexe in den verzauberten Wald gefolgt, und dort hatte er vier an ihn adressierte Pakete gefunden, und in jedem Paket steckte ein Schicksal.

Sie vermutete, daß Rose James' Anima war, daß sie Eigenschaften verkörperte, die James' bewußtes Selbst unbedingt brauchte. Sie begriff, daß sie dagegen nicht ankämpfen konnte.

Es war Roses Wahrsagerin gewesen, die gesagt hatte, Rose sei James' Anima. Und wo war ihr, Sarahs, Mann, dessen Anima *sie* war? (Dazu hatte sich die Wahrsagerin nicht ausgelassen, soweit Sarah wußte.) Oft genug hatte Sarah, stets auf angemessene Weise, über jene zwei Männer nachgedacht, mit denen sie nach James eine Affäre gehabt hatte. Affären sind keine leichte Angelegenheit mit heranwachsenden Kindern, die, durch die Geschehnisse sensibilisiert, bereits nach Fehltritten Ausschau hielten, wenn man einen Job hatte und, um ihn zu behalten, in diese Stadt oder jenes Land ziehen mußte, wenn man mit den Kindern jonglieren mußte, mit ihren Bedürfnissen, Schulen, Ferien, Wohnungen, Häusern, Reisen. Trotz aller Schwierigkeiten und Beschränkungen waren ihre beiden Affären angenehm gewesen, und wenn sie an die fraglichen Männer dachte, erstrahlte ein genüßliches, zufriedenes Lächeln auf ihrem Gesicht. Doch sie glaubte nicht, daß sie für mehr als sich selbst standen. Nein, James war es, von dem sie glaubte, daß er zu ihr gehörte, ihr anderes Selbst verkörperte, nur war die psychologische Gleichung irgendwo unausgeglichen. Oft genug hatte sie versucht, sich einen finsteren, dramatischen, energiegeladenen, *verlogenen* Mann vorzustellen, der ihre besten Instinkte zum Schweigen bringen würde, aber schließlich war sie zu der Erkenntnis gelangt, daß solche Kraft nur weiblichen Geschlechts sein konnte (was ihr nicht gefiel, da sie Feministin war). Einen Mann mit Roses Eigenschaften konnte sie sich nicht vorstellen. Sie hatte nie einen getroffen, nicht einmal von einem gelesen. Ein Mann wie Rose wäre degeneriert oder kriminell. Rose war weder degeneriert noch kriminell. Sie war schlicht... eine Frau. Ein Typ, den andere Frauen instinktiv auf den ersten Blick erkannten. Und auf den jeder Mann sofort reagierte, entweder indem er sich angezogen fühlte, oder mit Unbehagen und Abneigung. Kein Mann konnte Rose gegenüber gleichgültig bleiben.

Rose mußte nur ein Zimmer betreten...

Zehn Jahre, nachdem sie und James geheiratet hatten, nach zehn glücklichen Jahren – dem fairen, anständigen und aufrichtigen James war immer daran gelegen gewesen, diesen Punkt zu betonen – waren sie zusammen zu einer Party gegangen. Sie waren erst spät eingetroffen, weil es mit dem Babysitter ein Problem gegeben hatte. In der Mitte des Zimmers stand ein Paar, eine dunkle, dramatisch aussehende Frau und ein sehr junger Mann, eigentlich ein Junge, ein lyrischer englischer Junge wie Rupert Brooke. Rose faszinierte ihn. Hypnotisierte ihn. Sie war groß und schlank, wiewohl das kaum auszumachen war unter dem weiten, aus einem scharlachroten, silbernbestickten Sari genähten Kleid. Die glänzenden schwarzen Locken fielen ihr über Schultern und Rücken. Eine Strähne lag auf einem dünnen, braunen Arm, und, das stellte Sarah sofort sarkastisch fest, die verführerische Locke wurde dank einer geschickten Armhaltung (der leicht angehobene Ellbogen bildete eine sanfte, aber entschiedene Kurve) auf der glatten, schimmernden Haut gehalten. Rose war keine Schönheit, aber alle sahen sie an, sie und den armen jungen Mann, der hilflos war angesichts der schwarzen Tiefe ihrer Augen.

Sarah war empört, daß der Junge so mißbraucht wurde. Rose sah sich kurz und scheu nach den Männern um, die sie beobachteten, um sich ihrer Wirkung zu vergewissern, und den Frauen, die sie dafür haßten, was sie nie verstehen würde, warf sie Blicke geheimen Einverständnisses zu, die unerwidert blieben.

»Seht nur, wie lächerlich ich diesen armen Dummkopf von einem Mann mache«, was sie mit allen anwesenden Frauen teilen wollte. Sarah blickte zu James hinüber, zählte darauf, daß er empfand wie sie, aber er sah Rosa auf dieselbe Weise an wie der junge Mann. Vom ersten Augenblick an war er verloren, während seine gute Frau Sarah damit beschäftigt war, sich für ihr Geschlecht zu schämen. Als ihr Mann seine Sinne, seinen Verstand verlor, dachte Sarah: Sie ist eine *Frau*, und zwar ein so abgrundtief vulgäres Exemplar, daß alle anständigen Frauen der Welt sie hassen müssen.

Er ging geradewegs auf Rose zu. Die Leute sahen Sarah an, die er allein hatte stehenlassen. Es hätte nicht dreister sein können. Der arme lyrische Junge schwankte davon, war vergessen von dem Moment an, da James seinen Platz eingenommen hatte. Und auf diese Weise hatte Sarah ihren Mann an Rose verloren, so einfach wie unvermeidlich. Als es Zeit war, nach Hause zu gehen, berührte sie seinen Arm, und jetzt erst machte er sich von Rose los, mit der er sich volle drei Stunden unterhalten hatte, ohne auch nur einen Blick auf seine Frau oder irgend jemand anders geworfen zu haben. Sie nahm den verwirrten Mann mit nach Hause, und nebeneinander lagen sie wach im Bett, sie hörte zu, wie er stöhnte und litt, und gegen Morgen, als es im Zimmer bereits dämmerte, sagte er: »Sarah, was ist nur passiert? Habe ich mich danebenbenommen?«

Alle, die dabeigewesen waren, wußten, was passiert war. Morgens rief Olive, mit beiden eng befreundet, Sarah an und sagte: »Vergiß es, da gibt es nichts, was du unternehmen könntest, die Dinge nehmen ihren Lauf.«

Und noch immer nahmen ›die Dinge‹ ihren Lauf.

›Die Dinge‹ waren dabei, sie zu verschlingen.

»Sarah«, sagte Sarah zu sich, so wie ältere Menschen mit sich selbst sprechen, »Sarah, bist du dir im klaren darüber, daß du tatsächlich daran denkst fortzulaufen? Aus der Wohnung fortzulaufen, die dir gefällt, aus dieser Stadt, die du liebst, nur um Rose zu entkommen, zu fliehen vor... Nein, bestimmt übertreibst du... Angenommen, du tust genau das, was James vorgeschlagen hat, nicht mehr und nicht weniger. Du gehst drei Wochen mit ihm (und woran du jetzt denkst, ist nicht die Freude auf Sex, sondern auf Gespräche, mit jemandem zu reden, der dich, dein anderes Selbst vollkommen versteht), und da ist es völlig unwichtig, ob ihr nach Schottland oder Timbuktu fahrt. Selbstverständlich wirst du darauf bestehen, daß Rose Bescheid weiß, denn das ist nur recht und billig. Du wirst auf ihre Anrufe *nicht* eingehen, sondern lediglich höflich reagieren, nichts weiter, genau wie auf die Anrufe von allen anderen, die samt und sonders den unverwechselbaren Geschmack von Roses Verschlagenheit an sich haben werden. Du wirst nicht an ihrem Tisch essen und ihren Kindern eine nette Tante werden – kurz, du wirst nicht Teil ihres Lebens werden, ihrer Familie, wirst nicht in diesem Treibsand versinken, du wirst einfach mit James einen Wanderurlaub machen, und nichts weiter. Alles ganz einfach und einwandfrei...«

Sarah sank tiefer in den Sessel und schloß die Augen. Es war absurd. Auch nur anzufangen, so zu denken, bedeutete, sich hineinziehen zu lassen in...

Nein, würde sie zu James sagen müssen. Nein, nein, nein, James, es geht einfach nicht, das mußt du einsehen. Und hätte er nicht fünfzehn Jahre mit Rose verbracht, würde er es sofort einsehen.

Schon bevor das Telefon tatsächlich läutete, starrte sie es an, als müsse es jeden Augenblick explodieren.

Vorsichtig nahm sie den Hörer ab und sagte: »Ja?«

Eine Kinderstimme. »Bist du Sarah?« fragte atemlos ein kleines Mädchen (wahrscheinlich Betty), dem sie bereits anzuhören war, Roses Schamlosigkeit.

»Ja«, sagte Sarah.

»Ist mein Vater bei dir?«

»Nein«, sagte Sarah.

Von Rose gedrängt, sagte das Kind ›danke‹ und legte auf.

Sarah stand neben dem Telefon im dunklen Zimmer, durch

die zwei großen Fenster in der Wand sah sie verschwommene Zweige gegen den dämmrigen Himmel. Sie fühlte sich bereits geschwächt, konnte nicht mehr verhindern, sich vorzustellen, wie es wäre, wenn James wieder Teil ihres Lebens würde. Guter Gott, wieviel hatte er mitgenommen, als er sie wegen Rose verlassen hatte! Und wie leicht wäre es jetzt, nicht wegzugehen (*wegzurennen*, hielt sie sich anklagend vor), wie leicht wäre es, zu bleiben und die Sache bis zum Ende durchzustehen.

Dem Ende? Warum *Ende*?

Sarah schaltete das Licht ein. Sie atmete schnell, ihr Körper prickelte vor Energie. Sie konnte nicht stillhalten, schritt durch das Zimmer, das viel zu klein war. In einem der Spiegel sah sie eine bekümmerte, wild aussehende Gestalt mit wirrem Blick, deren Lippen sich bewegten. Sie murmelte etwas vor sich hin, diese Frau, diese Sarah – sie selbst.

Sie murmelte: »Das bin nicht ich, das ist sie. Nicht Sarah, sondern Rose.«

Was meinte sie damit? »Was ist bloß los?« wollte sie gereizt von sich selber wissen. »Was ist los?« Ihr schien, als überflute sie irgendein Verstehen, das wie eine mächtige Substanz wirkte, sie veränderte... »Rose, es ist Rose. Nicht ich, sondern Rose.« Sie sprach diese Worte aus, die ihre ganze Aufmerksamkeit in Anspruch nahmen.

Sie schaltete das Licht wieder aus und stellte sich neben eines der Fenster. Die Dunkelheit verbarg die unordentlichen Gärten, alles, was sie erkennen konnte, waren Dächer vor dem Himmel.

Sie schloß die Augen. Atmete langsam. Vor sich sah sie (dieses Bild zwang sich ihr auf) die dünnen Arme eines jungen Mädchens, die sich ihr aus einer Art Fallgrube entgegenstreckten. Golden gebräunte Arme mit einem feinen Flaum dunkler Haare... die Finger des Mädchens langten herauf zu ihr, gruben sich in die Erde, und dann senkten sich große Stiefel knirschend auf sie herab, und die Arme fielen zurück... tasteten sich erneut nach oben, und hartnäckig krallten die Finger sich in die lose Erde, die abzubröckeln begann, als sie sich hochzuziehen versuchten. Die dünnen Ärmchen spannten sich an, zitterten... Sarah öffnete die Augen, um nicht die großen Stiefel sehen zu müssen, wie sie wieder zutraten.

Wie waren hübsche junge Mädchen dort herausgekommen... wie hatten sie überlebt?

Während des Krieges war Sarah ein Kind gewesen, und ihre Gedanken über ihn hatten dem konventionellen Bild entsprochen, wie es die Notwendigkeiten der Kriegszeit diktierten. Ihr Vater war Verwaltungsangestellter bei der Luftwaffe gewesen, und nach dem Krieg hatten ihre Eltern den Flüchtlingen aus den Trümmern Europas geholfen. Sarah hatte alles darüber gewußt, ohne wirklich etwas zu wissen. Schon als Kind hatte sie sich gesagt: »Natürlich kann man nicht wirklich verstehen, wie es war, nicht, wenn man Engländer ist.« Was bedeutete: nicht, wenn man sein ganzes Leben in Sicherheit war. (Und auch immer in Sicherheit bleiben wird.) ›Es‹ stand für einen Schrecken außerhalb des gewöhnlichen Lebens, und es hatte keinen Sinn, darüber nachzugrübeln. Wenn man es nicht selbst erlebt hatte, würde man es nie verstehen können. Sarah hatte in sich eine Tür geschlossen. Oder hatte sich vielmehr geweigert, sie zu öffnen. Und ja, sie glaubte, daß sie damit recht hatte. Diese Tür mußte man nicht öffnen, um Gutes zu tun. Sie hatte ihre Eltern beobachtet, die jahrelang hart und erfolgreich für verschiedene Flüchtlingsorganisationen gearbeitet hatten, und doch hatten sie es sich nie gestattet, hysterisch zu werden... Sollte man dieses Wort gebrauchen? Ja, es traf zu. Sie hatten die Existenz der Schrecknisse anerkannt, und das tat auch sie, aber warum sollte man darin schwelgen? Wie es viele Leute taten, die das Entsetzen genossen, sich ständig damit beschäftigten, sich davon nährten.

Als sie zum erstenmal von Roses Geschichte erfahren hatte, hatte sie genau hingehört und die Tür bewußt zugehalten. Da war etwas, was sie nicht glaubte. Ja, sie wußte, daß Rose dort gewesen war, daß sie der Hölle entkommen war. Aber nicht notwendigerweise auf die Art, wie sie erzählte. Rose war eine

Lügnerin. Sie log, wie sie atmete. Rose gehörte zu den Leuten, die, wenn sie behaupteten, auf der rechten Straßenseite nach Osten gegangen zu sein, sie mit Sicherheit auf der linken nach Westen gegangen waren. Rose war, und das hatte sie nicht nur einer Person, sondern etlichen erzählt, in einem Konzentrationslager gewesen. Ihre Mutter war im Lager gestorben. Ihr Vater war ein sagenhaft reicher Südamerikaner, der diese erstaunliche Liebesaffäre mit ihrer wunderschönen Mutter eingegangen war, aber er war verheiratet gewesen und zu seiner Frau zurückgekehrt. Die Wahrheit? Wer kannte sie schon? (Und wer wollte sie schon kennen, hatte Sarah in Augenblicken moralischer Erschöpfung stets hinzugefügt – Rose spielte einfach eine zu wichtige Rolle.) War ihre Mutter in einem Konzentrationslager gewesen? Rose? Sarah wußte, daß eine Menge Leute, die der Hölle entkommen waren, behaupteten, in Konzentrationslagern gewesen zu sein, und vielleicht stimmte das auch, doch das Wort stand für ein Entsetzen, das Menschen, die nicht dort gewesen waren, unzugänglich war und unzugänglich sein mußte. Nichts anderes als unzugänglich sein konnte. Eine Art Kurzschrift, das war dieses Wort... Und die Lager waren nur ein Teil davon gewesen. Ein schwarzer Abgrund, in den die Menschen gezogen oder geworfen worden waren, in den sie gefallen waren, und rundherum hatte man gekämpft und sich gewehrt, um sich und andere zu retten, so, wie es sich niemand vorstellen konnte, der nicht in dieser Hölle gewesen war. Rose hatte das alles überlebt... Aber wenn ihre Geschichten nicht der Wahrheit entsprachen? Ja, was dann? Bevor sie sich mit dem Amerikaner, ihrem späteren Mann, zusammengetan hatte, der für den Augenblick stand, in dem die herzzerreißend dünnen Ärmchen des jungen Mädchens es endlich geschafft hatten und nicht wieder abgerutscht waren – was war vor diesem Augenblick geschehen? (War es wichtig?) Fünf Jahre lang hatte sich Rose, ein auf dramatische Weise schönes Kind-Mädchen, dann ein junges Mädchen, irgendwie am Leben erhalten in einem Europa, das sich kein Mensch ausmalen konnte, der es nicht selbst erlebt hatte.

Sie war entkommen. Sie hatte überlebt. Das war genug.

Sie war die verhätschelte, ungeduldige Kindfrau, Geliebte und Ehefrau dreier Männer gewesen, die sie angebetet und wieder weggeschickt hatten, weil sie nicht gewöhnlich, keine normale Ehefrau hatte sein wollen.

Wie hatte sie darüber gedacht? Sie hatte eine Rolle gespielt, an die sie hatte glauben müssen, weil sie sie aus dem schwarzen Loch geholt, sie gerettet hatte, aber danach war diese Rolle nicht mehr angemessen gewesen. Also hatte sie beschlossen, eine gute Ehefrau zu werden, mit allem Drum und Dran, mit selbstgebackenem Brot, lärmenden Kindern und einem großen Haus. Doch hatte sie sich willentlich dafür entscheiden müssen. Diese Rose, James' gute Frau, war ebenso ein Konstrukt, eine Rolle, wie es die verhätschelte Kindfrau gewesen war.

Rose hatte diese Welt, diese sichere, geordnete Welt, die nicht die Hölle war, nie verstanden. Nie war sie in der Lage gewesen, die Regeln zu begreifen, die sie beherrschten. Ja, es waren überwiegend ungeschriebene Regeln, die man sich als Heranwachsende aneignete, so wie Sarah.

Rosa hatte das nicht getan.

Sarah stand mit geschlossenen Augen neben dem Fenster, und sie hatte so sehr Roses Perspektive eingenommen, daß sie beinahe war wie sie, daß sie fühlte wie sie. Und was sie fühlte, war (das spürte Sarah am eigenen Leib) Panik. Mit jedem Atemzug atmete sie Angst. Es war, als griffe sie ständig nach etwas, das Halt versprach, das fest schien, dann aber unweigerlich nachgab. Sie hatte drei Männer verloren, die sie geheiratet hatte, weil sie ihr Sicherheit boten. Nach der dritten Ehe war sie panisch, verzweifelt und entschlossen gewesen, James zu finden.

Und jetzt gab James, gab auch diese Ehe nach.

Ihre Affäre? Die Geschichte (mit einem weiteren lyrischen jungen Engländer, wie Sarah gehört hatte) war nur ein anderes

Gesicht der Panik... die älter gewordene Rose mußte sich vergewissern, daß sie immer noch attraktiv war.

Sarah begann sich noch einmal die Szenen vorzustellen, die sie sich gerade erst ausgemalt hatte.

Die hektische, verzweifelte, angstbesessene Rose telefonierte mit ihrer besten Freundin, die, das mußte sie mittlerweile wissen, schlagartig aufhören würde, ihre Freundin zu sein, aufgrund ihres, Roses, Verhaltens, das falsch, das einfach zuviel war. So kam es immer. In dem Moment, in dem Rose begriff, daß wieder eine Freundin sie aufgegeben hatte, weil sie so exzessiv war, würde sie sich beschweren: »Ich bin zu vital, habe zuviel Energie für die Engländer.« Ihre großen, schwarzen Augen würden voller Unverständnis nach innen blicken, und sie würde sich fragen, was es diesmal gewesen war... »Du hast wieder einmal gelogen«, sagte Sarah zu Roses Bild. Doch Rose würde nie verstehen, was Sarah damit meinte. Wenn Rose mit jedem Atemzug log, so war das ihre Überlebensstrategie, die Lügen hatten sie gerettet, hatten sie aus diesem schrecklichen Ort geholt, der ihre Kindheit gewesen war. Rose spann Netze um James, die er nie verstehen würde, so wie sie ihn nie verstehen würde.

Nie und nimmer würde Rose ganz normale Anständigkeit, gesunden Menschenverstand und Ehrenhaftigkeit verstehen. Diese Eigenschaften konnte man nicht erlernen, wenn man in der Hölle gewesen war.

Sie würde Netze spinnen und Fallstricke spannen, vor Angst schier wahnsinnig werden, jeden Trick anwenden, den sie kannte, um Sarah zu vereinnahmen, in ihr Haus zu locken, in ihre Familie und dann... der große Familientisch, an dem die Kinder und Freunde saßen. James am Kopfende, und wieder waren ein paar seiner Kollegen da. Rose saß am anderen Ende. Olive... andere Leute... und auch Sarah war da, saß wie eine Besucherin bescheiden auf der Seite zwischen den Kindern. Roses Mann und seine erste Frau, zwei Nordländer, zwei alternde Wikinger, gutaussehend, von Sonne und Wind gebräunt, humorvoll, umsichtig. Sie würden die Situation nicht kommentieren, nicht einmal ihre Blicke würden sich kreuzen (bereits das würde ausreichen, um Rose so viel Verdacht einzuflößen, daß sie hysterisch werden würde. Rose selbst benutzte ihre großen Augen für dunkle, bedeutungsvolle Blicke, Anspielungen und zog die Brauen ein wenig in die Höhe – ohne ihre Augen kam sie nicht zurecht, war nie ohne sie und die Atmosphäre des Ich-und-Du, die sie mit ihnen inszenierte, zurechtgekommen)... Doch da saßen sie, ihr Mann und Sarah, ruhig, lächelnd, gelassen, zu Hause in einer Welt, die Rose nicht verstand und nicht verstehen konnte, weil sie in eine Welt hineingeboren worden war, in der es ums Überleben ging.

Rose konnte nichts anderes tun, als Netze um Sarah zu spinnen und James dabei für ihre Zwecke zu benutzen. Sie würde Ränke schmieden, Pläne machen, intrigieren, der Welt, die sie nicht verstand, Fallen stellen, und sie würde diese Welt in ihr Leben ziehen, in ihr Heim und sie an ihren Tisch setzen.

Und dann?

Und dann würde sie sich umbringen. Etwas anderes blieb ihr nicht übrig. Die Panik, das Entsetzen konnten nicht besänftigt, nicht gemildert werden, weil die fügsame, gehorsame, freundliche Sarah an ihrem Tisch saß, sondern im Gegenteil, sie würden in ihr wachsen und sie töten.

Natürlich!

Es lag auf der Hand!

Von Anfang an hatte es auf der Hand gelegen, und deswegen war Sarah auch in diese Panik geraten. Davonlaufen... wegrennen... um sicherzustellen, daß nichts davon geschah.

»Rose, nicht Sarah... sie, nicht ich«, hörte sie sich flüstern – aus dem Teil in ihr (in uns allen), der soviel klüger ist als das langsame, schwerfällige, bewußte Selbst.

Rose würde noch heute abend anrufen. Oder eins der Kinder. Oder James mit einer Nachricht von Rose.

Sarah würde einfach nicht ans Telefon gehen.

Sie schaltete das Licht wieder ein, suchte in einer Schublade nach einem bestimmten Brief und rief ihre Freundin Greta in Norwegen an. »Greta«, sagte sie mit fester Stimme. »Ich würde gern deine Einladung annehmen, nur muß ich dich um einen großen Gefallen bitten. Ich möchte jetzt gleich kommen. Sofort. Von deinem Haus aus möchte ich Wanderungen machen. Ja, den ganzen Sommer über. Eine lange Zeit. Und ich will nicht, daß jemand erfährt, wo ich bin. Auch James nicht. Oder Rose. Niemand. In Ordnung? Ich rufe dich von Oslo aus noch einmal an.«

Es war geschafft.

Energisch begann sie, die Koffer zu packen.

Morgen würde sie die Wohnung einem Makler anvertrauen und auf der Stelle zum Flughafen fahren.

Heute abend, jetzt, würde sie zum Essen in ein Restaurant gehen und erst spät nach Hause zurückkehren, und sie würde nicht ans Telefon gehen ... das läutete, als sie die Treppe hinunterlief, um ihm zu entfliehen.

Christine Brückner

Triffst du nur das Zauberwort

Effi Briest an den tauben Hund Rollo

So hat Mutter mich erzogen: Jeder Mann ist der Richtige. Gutes Aussehen, Adel, gute Stellung. Als ich Instetten zum erstenmal sah, überfiel mich ein nervöses Zittern. Als ob mein Körper sich hätte wehren wollen. Aber ich kannte die Äußerungen meines Körpers nicht. Ich hatte immer ein wenig Angst, und das hat er wohl auch gewollt. Von dem Spuk auf dem Kessiner Hausboden will ich gar nicht reden. Das war nicht recht, und darum hat er auch schuld. Und wenn Crampas mir nicht die Augen geöffnet hätte, dann wäre ich die Angst in mir nie losgeworden. Instetten wollte mich mit Furcht an das Spukhaus binden und mich erziehen. Aber er war ein Schulmeister und kein Erzieher. In Angst darf man auch so ein halbes Kind, das ich noch war, nicht halten.

Mach Platz, Rollo! Wir bleiben eine Weile sitzen auf der Gartenbank.

Du hast dich immer nach oben gerichtet, Instetten. Wenn Bismarck pfiff, war Instetten zur Stelle. Das kannte ich nicht von Hohen-Cremmen. Mein Vater hatte bei allem doch etwas Freies, nicht das Beamtische. Er wollte nicht höher hinaus und mußte darum auch keine Angst haben, daß er stürzen könnte.

Ich bin eine sehnsüchtige Natur. Ich hatte soviel Zeit zum Träumen und zum Mich-Sehnen, und du hattest dein Tun und sehntest dich nach nichts, du wolltest alles erreichen. Eigentlich war ich doch erst in der Knospe, aber von Blumen hast du nichts verstanden und von Frauen auch nicht viel. Du hast mich nicht zum Blühen gebracht. Ich bin, halbaufgeblüht, verwelkt. Ich war dein liebes Spielzeug, das hast du selber gesagt, und so ein Spielzeug holt man hervor, zeigt es, spielt damit und legt es zurück in die Schublade. Ich hatte Alleinsein nicht gelernt zu Hause. Hier in Hohen-Cremmen hatte ich außer den Eltern noch meine Freundinnen und den Garten und die Schaukel und die Heckenwege. Bei dir in Kessin gab es nur die paar Zerstreuungen und das, was du ›die stillen Tage‹ nanntest. Und dann die Abende, wenn du die Lampe nahmst und sagtest, ich habe noch zu tun. Wenn du merktest, daß ich betrübt war, bist du umgekehrt, hast die Lampe auf den Flügel gestellt und gesagt: Spiel etwas, Effi! Und ich stand gehorsam auf und spielte etwas, aus ›Lohengrin‹ oder sogar aus der ›Walküre‹. Wagner paßte doch überhaupt nicht nach Hinterpommern! Irgendwer wird gesagt haben, mein lieber Baron von Instetten, Chopin ist passé, Wagner ist dran! Du hattest deine Karriere im Sinn und wolltest mich zu deiner Wahlhelferin machen. Ich wollte selber auch hoch hinaus, aber mehr wie beim Schaukeln, nicht so mit Bücken und Untertänigsein. Am Anfang habe ich dir manchmal gesagt, was ich dachte und fühlte, eine Briest, das ist auch was! Aber solche Gespräche führten leicht zu Verstimmungen. Als ich mal gesagt habe, ich hätte dich aus Ehrgeiz geheiratet, hast du's spaßhaft genommen, und das war es ja auch und stimmte letztlich doch wieder. Aber ich hatte Ehrgeiz für dich und nicht für mich. Das haben alle Frauen.

Und dann – was du so Zärtlichkeiten nanntest! Jetzt habe ich vor Augen, wie du abwehrend die Hand hebst und sagst: Aber Effi! Da mußte es dunkel sein, damit ich dein Gesicht nicht sehen sollte, als ob wir etwas Verbotenes täten. Du bestimmtest, wann es Zeit für Zärtlichkeiten war, und wenn ich mal die Hand nach dir ausstreckte, dann gabst du mir einen Kuß auf den Handrücken und legtest meine Hand wieder auf meine Bettdecke zurück, und ich wußte Bescheid, für heute nichts weiter, meine liebe Effi! Eigentlich habe ich mich vor deinen Zärtlichkeiten immer gefürchtet, da war auch Gewalt dabei und auch Pflicht. Du wolltest ein vorbildlicher Ehemann und Vater sein und nicht nur der Erzeuger unserer kleinen Tochter Annie. Und deshalb mußte ich ins Bad fahren und Brunnen trinken. Aber daran lag es nicht. Es war das Planmäßige. Ich war mehr fürs Heimliche, für die Dünen. Es muß doch auch Leidenschaft dabei sein, und man muß schwindlig werden, und die Erde muß sich drehen, und es muß sein wie auf der Schaukel, man fliegt, und der Strick reißt. Ach, Instetten! Wir hätten miteinander reden sollen. Statt dessen rede ich jetzt mit Rollo. Wenn ich mal was zu dir sagte, hast du mir aufmerksam zugehört und mir auch zugestimmt, und am Ende hast du doch wieder gesagt: Am besten, es bleibt alles beim alten. Der Satz fällt mir immer ein, wenn ich in Gedanken mit dir rede. In der letzten Zeit rede ich viel mit dir, wenn ich hier in Hohen-Cremmen bei der Sonnenuhr sitze, und der Hund liegt neben mir und knurrt, wenn er träumt.

Als Annie mich nach der Scheidung in Berlin zum erstenmal in der Königgrätzerstraße besuchen durfte, da hätte ich, so wie ich war, zu dir laufen sollen. Nicht in die Wohnung! In dein Ministerium! Ich hätte nicht in meinem Zimmer auf die Knie fallen und beten sollen. Da war nicht Gott dran, da warst du dran! Du hattest das Kind abgerichtet wie einen Papagei. Wenn ich darf? Wenn ich darf? Du konntest mich nicht abweisen lassen, das hätte Aufsehen erregt. Du wärst ans Fenster getreten und hättest mir den Rücken zugewandt. Aber angehört hättest du mich und immer mal die rechte Hand gehoben, was heißen sollte: Aber Effi!

Meine Angst war größer als mein Zorn. Zorn macht stark, Angst macht schwach. Ich sank in mich zusammen. Seit damals werde ich immer schwächer. Berlin war nicht groß genug für uns drei. Ich wollte dir nicht zufällig begegnen, und ich wollte auch nicht auf dem Trottoir stehen, wenn du in der Kutsche vorbeifuhrst und die Leute sagten, das ist der Minister von Instetten, denn Minister wirst du ja wohl bald werden. Und ich wollte auch nicht Annie auf dem Schulweg auflauern, um sie sehen zu können. Das war dann meine Rettung, als die Eltern ein Einsehen hatten und mich nach Hohen-Cremmen holten. Als du mich geheiratet hast, warst du doppelt so alt wie ich, und jetzt bist du noch immer ein Mann in den besten Jahren. Aber ich bin eine alte junge Frau. Das Kind wird später das Hohen-Cremmen der Briest erben, oder läßt du nicht zu, daß Annie ihre verstoßene Mutter beerbt? Doch was soll sie mit Heckenwegen, einer Schaukel und einer Sonnenuhr? Es ist viel Zeit vergangen.

Ich klage dich nicht an, Instetten, du bist, wie du bist. Aber klagen werde ich doch dürfen. Ihr habt mich alle geliebt, weil ich war, wie ich war und wie ich jetzt nicht mehr bin. Und dich hat man geachtet, weil du bist, wie du bist. Und was ist denn nun besser, lange Jahre geachtet oder kurze Zeit geliebt zu werden? Vater würde da wieder sagen, ›das ist ein zu weites Feld‹. Das weite Feld! Ich wußte nicht, daß es Mauern und Zäune gibt, über die man nicht hinwegspringen kann. Hindernisreiten habe ich nicht gelernt.

Jetzt legt er mir wieder seine dicke Pfote aufs Knie. Meinst du, Rollo, daß wir unseren Spaziergang machen sollten, damit alles immer so weitergeht und seine Ordnung hat? Die Wege immer kürzer, die Ruhepausen länger?

Ja, Instetten! Jemand, der Grundsätze hat, der ist im Vorteil, und mehr will ich dazu nicht sagen. Du hast keine Liebe in dir, und dafür kannst du nichts und deshalb hast du vielleicht doch keine Schuld. Du hast gesagt, Festigkeit wäre nicht meine Spezialität. Du hast immer nur gesagt, was ich nicht war und was ich nicht hatte. Das ist wie mit den Zehn Geboten. ›Du sollst nicht!‹ Aber mir muß man sagen, was ich soll! Du hattest dich in das halbe Kind, das ich noch war, verliebt, weil du in jungen Jahren meine Mutter liebtest. Eigentlich hast du doch meine Mutter gemeint, und die hätte auch besser zu dir gepaßt, das denkt Vater auch. Alle haben es gewußt, nur ich nicht. Und die andere Hälfte des halben Kindes wolltest du dir erziehen.

Jetzt müssen wir endlich auch von Crampas reden, Instetten! Crampas ließ mich so, wie ich war, der wollte nichts, und ich wollte auch nichts. Man fliegt und verliert den Boden unter den

Füßen, man denkt, gleich reißt das Seil, und dann reißt es doch nicht, und man steht wieder auf den Füßen, aber man ist danach nicht mehr dieselbe. Von Major Crampas hieß es in Kessin, er sei ein Damenmann. Er nahm die Frauen ernst oder wenigstens doch so ernst wie seinen Dienst und überhaupt die Welt. Ganz ernst war ihm nichts. Ich habe doch ›nein‹ gesagt! Ich habe mich gewehrt, und er hat mich bedrängt, das ging so hin und her. Aber sein Bitten und sein Drängen hatte ich gern. Unsere Pferde gingen dicht und flogen dann nebeneinander her. Bei einem Galopp hat er mir zugerufen: ›Gelegenheit macht Liebe.‹ Erst ließen wir die Pferde traben, und dann ließen wir die Zügel schleifen, so würdest du es wohl ausdrücken. Crampas war nicht immer fein in dem, was er sagte. Und ich glaube, in mir war auch so was, ordinär will ich's nicht nennen, aber was Sinnliches. Die Untreue hat mich zur Frau gemacht, nicht die Heirat und nicht die Geburt des Kindes. Es ist einfach so mit uns durchgegangen. Ich habe ein ›Es‹ in mir, darüber konnte ich mit keinem sprechen. Für Ehebruch war es eigentlich doch zu wenig. Jesus und die Ehebrecherin! Vater hat eine Bibel mit Stahlstichen, da liegt die Ehebrecherin dem Herrn zu Füßen, und er streckt die Hand nach ihr aus, um sie aus dem Staub zu heben. Ich habe mir das Bild noch einmal angesehen, aber es betrifft mich nicht. Vielleicht, weil alles so anders aussieht als in den Dünen, irgendwie orientalisch. Ja, die Dünen und die See, danach sehne ich mich manchmal, da habe ich mich am wohlsten gefühlt. Man wurde nicht gesehen und sah auch nicht viel, aber man hatte doch Ausblicke und das Rauschen. Es war wie Versteckspiel mit dem Wind. Er packte einen und ließ einen wieder los. Jeder hat so eine Landschaft, in die er gehört. Für mich waren es die Dünen, das Unübersichtliche, das Versteckte, und das ist nicht gut. Zu Vater gehören die Feldwege, auf denen er hinter der nächsten Bodenerhebung verschwinden kann. Und du paßt nach Berlin, in die geraden Straßen und auf die breiten Treppen, die zu den Ministerien führen. Und Mutter, wohin paßt sie? Sie ist auch nicht dahingekommen, wo sie hingehört hätte. Es ist schwer herauszufinden, was zu einem paßt, und dann ist es noch schwerer, hinzukommen und da zu bleiben.

Ich träume wieder meine Tagträume. Bei jener Fahrt, damals, Silvester, als es übers Eis ging und Gefahr war, als ich mit Crampas im selben Schlitten saß und du in einem anderen, da hast du nachher gesagt, es wäre dir gewesen, als ob ich mit Crampas untergegangen sei. Da hast du Angst gehabt. Ach, wär ich's nur! Crampas lebte gerne, aber er hätte auch aufhören können, er hing nicht am Leben. Er hing an nichts, er wollte nichts besitzen. Er zog mich an sich und ließ mich auch wieder los. Ich hätte ins Wasser gehen sollen, untreue Frauen müssen ins Wasser gehen, und Wasser war ja auch genug da. Aber da war das Kind. Und wenn eine Frau Landrat von Instetten ins Wasser geht, dann wäre alles herausgekommen, und am Ende hätte ich dann doch nur deine Karriere zerstört. So einfach weitergehen, erst durchs seichte Wasser und dann die Wellen, bis man den Boden verliert, das kann doch so schlimm nicht sein, und Crampas wäre ja auch mitgekommen, er hatte so was, mit ihm hätte man untergehen können. Zum Leben taugte er nicht. Jetzt habe ich keinen mehr, keinen zum Leben und keinen zum Sterben. Eigentlich habe ich nur noch Rollo. Sei still, Rollo! Es ist gut. Bleib liegen, die Sonne wärmt uns wohl noch eine Weile.

Aber am Ende war der Sog des Wassers doch nicht stark genug, sonst säße ich ja nicht hier in Hohen-Cremmen bei meinen alten Eltern und machte ihnen Sorgen. ›Tochter der Lüfte‹ hat Mutter von mir gesagt, das ist lange her. Ich hätte was von einer Kunstreiterin. Von Trapez hat sie auch gesprochen. Immer habt ihr mich angesehen, als wolltet ihr ›Aber Effi!‹ sagen. Dabei hattet ihr das Unpassende trotzdem gern.

Instetten hat sein Alter, und ich habe meine Jugend, habe ich gedacht, und das habe ich auch gegen dich ausgespielt, einen Trumpf, der sticht, mußte ich doch in der Hand haben. Alles, was vernünftig war, dafür sorgtest du. Dabei konntest du nichts für dein Alter und ich nichts für meine Jugend, aber alle taten, als sei es mein Verdienst, so jung zu sein und schon Landrätin und Mutter eines Kindes.

Alle Schuld rächt sich auf Erden! Das sind so deine Sprüche, Instetten. Je älter ich werde, desto weniger glaube ich an Sprüche. Die Sonne bringt es an den Tag! Die Sonne war's nicht, da mußte viel zusammenkommen, lauter Zufälle, was man so Zufall nennt. Aber nichts ist zufällig. Ich hätte mit dir reden sollen, bevor wir aus Kessin weggingen nach Berlin, aber als ich dir sagte, wie ich mich in dem Spukhaus gefürchtet hatte, und dir von meiner Angst berichtete, da hast du dein Schulmeistergesicht gemacht. Und die Sache mit Crampas lag ja auch schon hinter mir.

Man kann nur dort beichten, wo man auf Vergebung hoffen kann. Verstehen sollte es ja keiner. Warum habe ich seine Briefe nicht verbrannt! Manchmal sah ich sie hinten im Nähkasten, nahm sie in die Hand und las sie dann doch nicht. Ich wollte mich nur erinnern: Effi, so eine Frau bist du! Nicht, wie man sich an etwas Schönes erinnert, sondern an etwas Schlimmes. Das darf man doch auch nicht vergessen, und immer dachte ich: Es war nicht nur schlimm, es war auch schön. Bei der ersten Lüge habe ich gedacht, die Decke stürzt ein, aber sie ist nicht eingestürzt. Die zweite fiel mir schon leichter. Alle wollen einem ja glauben, was man sagt, und eigentlich will doch gar keiner die Wahrheit wissen. Geahnt hast du etwas, Instetten! Weißt du, was ich jetzt manchmal denke, wenn ich mein Leben Revue passieren lasse und die Schatten auf der Sonnenuhr anzeigen, wie alles vergeht? Ohne Crampas und die Dünen wäre es nicht besser gewesen. Das habe ich nun auch kennengelernt. Das Leichtsinnige. Eigentlich wollte ich doch, daß alles leicht sein sollte. Ein Leben lang die Baronin Instetten und eines Tages vielleicht die Ministerin und Bälle und Einladungen und vier Wochen Kur im Jahr. Dann werden Ablenkungen ja auch langweilig. Du hattest deine Karriere, und ich hatte die Langeweile, und wenn du vom Bedeutendsein zurückkamst, hätte ich dir entgegenfliegen müssen und dich bewundern. Dafür genügte doch Rollo.

Still, Rollo! Braver Hund. Schlaf weiter. Nachher machen wir unseren Spaziergang. Dann dämmert es bald, und dann ist wieder ein Tag vergangen.

Ich habe viel nachgedacht, Instetten! Auf Liebe steht die Todesstrafe, und für Mord – und Mord war es doch, auch wenn du es ein Duell genannt hast und eine Ehrensache –, für Mord bekommt man sechs Wochen und wird begnadigt, und nach einiger Zeit geht die Karriere weiter. Aber schuld war doch ich. Man hätte die Schuldige vorladen und anhören müssen. Als ginge mich die Sache nichts an! Man mußte mich nur wegschicken. Lebenslängliche Verbannung, dazu hast du mich verurteilt. Entlassen wie ein Dienstbote, der silberne Löffel gestohlen hat.

Wenn du nun zu mir gestanden hättest! Und wir wären zusammen nach Amerika ausgewandert, da fangen doch viele Menschen neu an. Oder auch zusammen nach Hohen-Cremmen! Landwirtschaften kann man doch lernen, und Vater wird alt. Unersetzlich in deinem Amt bist du wohl auch nicht, Instetten! Und jetzt? Nur so mit Pflicht und Ehre, das geht doch auch nicht gut. Manches dringt bis hierher und an meine Ohren, obwohl man mir alles fernhalten möchte. In der ersten Zeit habe ich gedacht: Instettens Ehre wird bald wiederhergestellt sein, eine Weile wird man noch sagen, ›der arme Instetten‹ und vielleicht auch mal jemand ›seine arme Frau‹ und ›sie war ja noch jung‹. Aber irgendwann würdest du dir eine neue Frau suchen, vielleicht sogar eine, die deiner Effi ein wenig ähnlich sieht, nur mit mehr Festigkeit und die nicht mehr erzogen werden muß und die für das Kind eine bessere Mutter wäre. Aber wenn es an keiner Stelle gut ausgeht, Instetten, das meine ich: Crampas tot, du mit deiner Pflicht, das Kind brav in der Schule und ich hier mit dem alten Rollo, der schläft, wenn ich rede, und nur den Kopf hebt, wenn ich seinen Namen nenne.

Ja, Rollo, guter alter Hund, schlaf weiter.

Als du mich fristlos entlassen hast und ich nicht nach Hohen-Cremmen zurückkehren durfte und auch noch eine geschiedene Briest wurde zu der geschiedenen Instetten und in der Königgrätzerstraße der Tag hinging mit Sticken und Patience Legen und Chopin Spielen! Und keiner sagte: ›Spiel mir was auf dem Klavier, Effi!‹ Da hätte ich sogar was aus der ›Walküre‹ gespielt! Und immer nur Roswitha zum Teetrinken und ihre schaurigen Geschichten. Wenn ich hätte arbeiten können, wenn ich was gelernt hätte, aber auch eine geschiedene Frau Baronin durfte sich ihren Lebensunterhalt nicht selbst verdienen, und die Eltern sorgten ja auch, so gut sie konnten.

Ein richtiges Schicksal war es doch gar nicht! Eine Anna Karenina, von ihr sprach man in Bad Ems, aber keine der Damen hatte den Roman wirklich gelesen, man munkelte nur. Ich hatte ja nur am Schicksal genascht! Wenn ich mich prüfe, dann fühle ich weniger Schuld in mir als Scham, wie ein Kind sich schämt, weil es etwas Verbotenes getan hat und dabei ertappt wird. Und du hast mich ja auch bestraft, wie man ein Kind bestraft. Stell dich in die Ecke, schweig still! Roswitha, die hatte ihr Schicksal! Als ihr das ledige Kind gestorben und ihr Vater mit der Eisenstange auf sie losgegangen war und sie nicht aus noch ein wußte, da hatte sie ins Wasser gehen wollen, und so habe ich sie gefunden. Sie hat immer für ihren Lebensunterhalt sorgen müssen, aber bei mir hat sie es doch eher gut getroffen. Mit dem ihrigen verglichen, war mein Schicksal eher zu klein. Richtige Not, da wäre ich vielleicht daran gewachsen und gereift, aber nur Verlassensein und die viele Zeit und niemand, der mich braucht, und die Eltern würden doch auch friedlicher ohne mich leben. Es ist nicht leicht, die Eltern einer Effi Briest zu sein.

Du hast über mich gerichtet. Aber du bist nicht Gottvater, sondern nur der Baron Instetten. Vor Gott habe ich mich immer weniger gefürchtet als vor dir. Und dann denke ich ja auch: Alles wiederholt sich. Frühling im Tiergarten. Ob nun fünfzigmal Unter den Linden oder fünfhundertmal. Und alle paar Jahre ein neuer Muff, damit ich bei Laune bleibe.

Ich hab's doch mal gehabt, den Glanz, meine ich, und so an deinem Arm durch den Saal, und mein Rock rauschte beim Gehen, und die Leute flüsterten: Was für ein schönes Paar! Ich gerate vom Hundertsten ins Tausendste, das kommt von dem Wirren in mir und dem Dunklen. Ja, das Dunkle war doch auch in mir, davon habt ihr nichts geahnt. Gieshübler in Kessin vielleicht und der Geheimrat Rummschüttel in Berlin, aber die hatten dann auch nur ein Pulver für mich zur Beruhigung.

Es geht und vergeht alles so schnell. Eben noch habe ich hier auf der Schaukel gesessen und dann schon an der Wiege in Kessin, und jetzt sitze ich wieder hier und betrachte die Schaukel. Das hat die Natur falsch eingerichtet, mit siebzehn schon Mutter. Aber gegen die Natur darf man sich nicht auflehnen. Mein Körper konnte schon ein Kind empfangen und austragen, aber meine Seele konnte es noch nicht. Manchmal denke ich, wenn wieder ein Sommer vorüber ist, ich bin so ein Blatt, das der Wind schon im August abgerissen hat und das in einen Bach gefallen ist, und dann hat es mich fortgetrieben, erst in einen Fluß und dann in einen Strom, und jetzt treibe ich auf das große Meer zu. Aber das sind keine Themen für dich, Instetten, Blätter im Wind, Sichtreibenlassen im Strom. Aber ich bin dann doch oben geblieben. Ich bin nicht untergegangen, und darauf bin ich nun auch ein wenig stolz. Und das Meer und der Himmel, oder wo wir nun hinkommen oder untergehen, das ist am Ende eins und liegt bei Gott.

Ich bin jetzt ganz ruhig, Instetten. Für dich wird es besser sein, wenn du nicht mehr ein geschiedener Mann bist, sondern sagen kannst, meine Frau ist gestorben. Dann kannst du vielleicht meinen Namen wieder aussprechen und später sogar einmal denken: Meine liebe Effi!

Gleich wird Mutter mit dem Plaid kommen und sagen: ›Aber Effi, du wirst dich verkühlen‹, und mir das Tuch um die Schultern legen, und sie wird mich nicht streicheln, und ich werde sie nicht streicheln, nur danke sagen und lächeln und ihre Hand einen Augenblick lang festhalten.

Männer männlich und Weiber weiblich – das ist auch so ein richtiger Briest-Spruch. Aber dann gibt es doch auch noch die Töchter! Ich bin die Effi Briest aus Hohen-Cremmen geblieben.

Ihr habt mich immer für etwas bewundert, was doch nicht mein Verdienst war. Jung sein und hübsch sein und Anmut, das ist doch noch nichts, und geleistet hatte ich auch nichts. Ein Kind haben, das kann jede Frau, und aufgezogen würde es doch von Johanna und später von Roswitha. Ich habe lauter Nebenrollen gespielt und meine Hauptrolle nicht bekommen. Eine geschiedene Baronin Instetten und eine geschiedene Briest.

Jetzt streichle ich Rollos Fell, das grau und auch schon grindig wird, und manchmal streiche ich über den Seidenstoff, der sich über meine Schenkel spannt. Eigentlich bin ich doch eine zärtliche Natur. Mutter ist eher eine kühle Natur, und Vater hält sich alles vom Leib, auch mich. Er läßt die Kornähren durch die Finger gleiten, klopft dem Pferd auf die Kruppe. Als ich noch klein war, hat er mich manchmal bei den Haaren gepackt und gezaust, wie er es auch bei seinen Hühnerhunden tat, wenn sie ihm ein Rebhuhn vor die Füße legten, und ich habe ihm dann meine Puppe vor die Füße gelegt. Und wenn Mutter mir die Schleife geradezog und mich ermahnte, nicht so wild zu sein, dann war das ihre Art von Zärtlichkeit. Warum habe ich mein Kind nicht mit meinen eigenen Händen gewaschen und gewindelt? Alles konnten die Dienstmädchen besser als ich, und ich hab auch immer gedacht, es könne dem Kind etwas passieren, wenn ich es an mich drückte und küßte, wie ich's mit meinen Puppen getan hatte. Und später habe ich ihr auch die Schleife geradegezogen.

Wir leben alle so weit entfernt voneinander. Die Zwischenräume sind so groß. Gieshübler versuchte, sie zu überbrücken, mit einem Strauß oder einem Billett im richtigen Augenblick. Wäre ich zu ihm in die Apotheke gegangen, da hätte ja niemand etwas sagen können, da war ja keine Gefahr bei jemandem, der ein halber Krüppel war. Er hat mich gern gehabt und ich ihn auch. Wenn ich gesagt hätte, ich muß mit jemandem reden und nicht plaudern, und er gesehen hätte, daß ich verzweifelt war. Aber dann wäre er verlegen geworden und hätte mir doch wieder nur ein Pulver geholt. Geahnt hat er viel. Einmal hat er mir ein kleines Buch geschickt. ›Für die romantische Effi von Instetten. Ein Verehrer mehr‹, stand darunter. Gedichte von Eichendorff. Crampas zitierte Verse von Heinrich Heine, und da wußte man nie, ob man lachen oder die Augen niederschlagen sollte. Ich saß oft mit dem Buch auf dem Schoß da, las ein paar Zeilen, und dann versetzte mir ein Wort einen Stoß, und ich vergaß das Buch und träumte wieder. Damals habe ich die Gedichte beiseite gelegt, aber neulich habe ich sie wieder hervorgeholt und habe einen Federstrich am Rand einer Seite gefunden, und diese Zeilen lese ich nun wieder und wieder und summe sie vor mich hin:

›Schläft ein Lied in allen Dingen,
Die da träumen fort und fort,
Und die Welt hebt an zu singen,
Triffst du nur das Zauberwort.‹

Ich habe mein Zauberwort nicht gefunden, Instetten. Dir darf man mit Zauberworten nicht kommen, da hebst du gleich abwehrend die Hand. Aber Effi! Wenn ich in mich hineinhorche, dann hör ich nichts weiter als: Aber Effi! Einmal klingt es belustigt, dann wieder strafend. Das war kein Zauberwort, das war ein Wort, das den Zauber zerstört. Ich stelle mir vor, wenn ich tot bin, schreibt man auf den Stein: Aber Effi!

Denn wenn ich so früh sterbe, dann ist das auch wieder nicht recht und wie ein Vorwurf.

Doris Dörrie

Ein Mann!

Seit in einer Zeitschrift stand, daß die Chancen, von einer Atombombe getroffen zu werden, größer sind, als als Frau über dreißig in New York einen Mann zu finden, sehe ich Panik in den Gesichtern meiner amerikanischen Freundinnen. Die Wahrscheinlichkeit, heutzutage von einer Atombombe getroffen zu werden, ist doch ziemlich hoch, versuche ich sie zu beruhigen, dann kann es mit den Männern auch nicht so schlimm sein. Ja, in Europa vielleicht, erwidern sie, aber doch nicht hier in Amerika. Da ich dreiunddreißig bin, seit fünf Jahren in New York lebe und nicht vorhabe, wegen der größeren Bombenbedrohung und der damit anscheinend statistisch besseren Chancen, sich einen Mann zu angeln, nach Deutschland zurückzukehren, fange auch ich an, mir ernsthaft Gedanken zu machen.

Vor drei Jahren habe ich mich von Johannes getrennt. Ihm fehlte in Amerika zunehmend deutsches Bier und Labskaus – er nannte es ›Kultur‹ – und er ging zurück nach Hamburg. Seit diesem blöden Artikel denke ich oft an ihn. Er hat in Deutschland als Modefotograf Karriere gemacht. Nach unserer Trennung bin ich manchmal ins ›Bremenhaus‹ in der 86. Straße gegangen und habe die Modefotos in den deutschen Frauenzeitschriften durchgeblättert, glühend vor Eifersucht habe ich in den Blicken der Mannequins ihre Flirts mit ihrem Fotografen, mit Johannes, entdeckt. Heute finde ich seinen winzig kleingedruckten Namen unter der neuen Badekollektion in der ›Brigitte‹. Die Mannequins sehen eher gelangweilt aus. Nein, es war doch kein Fehler, daß ich ihn habe gehen lassen. Aber damals, vor drei Jahren, wußte ich noch nichts über den Zusammenhang von Atombomben, Männern und Frauen über dreißig.

Bei der Käseverkäuferin im ›Bremenhaus‹ kaufe ich wie früher ein Stück Tilsiter, weil ich sie so gerne englisch mit sächsischem Akzent sprechen höre. Über der Theke steht *Quark Today*.

Der Tilsiter stinkt in meiner Handtasche vor sich hin, ich sitze in der ›Kleinen Konditorei‹, stochere in einem Stück Schwarzwälder Kirschtorte und frage mich, ob ich a) wirklich geglaubt habe, ausgerechnet hier auf einen passenden Mann zu treffen und ob ich b) wirklich einen Mann will. Je länger ich den alten Damen mit blaugefärbten Haaren um mich herum zusehe, wie sie energisch ihre Linzer Torten und Sahnestückchen in sich hineinschaufeln und sich übers Wetter und die Gesundheit beschweren, um so mehr beneide ich sie. Sie haben ihre Männer überlebt, ich aber werde nie mehr einen finden.

Eigentlich hat mir seit Johannes ein Mann nicht wirklich gefehlt.

Manchmal, wenn ich das Gefühl hatte, ein bißchen Sex würde mir guttun, meiner Kreativität und meiner Haut, hatte ich kurze Affären, aber seit man sich das nicht mehr leisten kann, habe ich entdeckt, daß ein Kaufrausch in der Chanel-Boutique letzten Endes denselben Effekt hat. Dann zeichne ich gleich viel besser, deshalb fühle ich mich besser, und meine Haut sieht auch viel glatter aus. Es lebe Chanel.

Die Schwarzwälder Kirschtorte bereue ich bereits. Mir ist übel, ich fühle mich ungesund, triebhaft, unamerikanisch. Vor Monaten habe ich aufgehört, rotes Fleisch zu essen und Kaffee zu trinken, das Rauchen habe ich schon vor Jahren aufgegeben, ich beobachte sorgfältig meinen Cholesterinspiegel, sehe zu, daß ich nicht zu viel Sodium zu mir nehme, ich trinke keinen Alkohol, trainiere meinen Körper, bemühe mich, wie ein echter Amerikaner daran zu glauben, daß man es schaffen kann, wenn man es nur wirklich will. Seit drei Jahren gehe ich einmal in der Woche zu einer Psychotherapeutin, die mich darin bestärkt und mich für einhundertzwanzig Dollar in der Stunde eindringlich vor einer Beziehungsfalle warnt. So habe ich Karriere gemacht.

In New York. Und eine Eigentumswohnung im Village habe ich auch schon. Warum also will ich plötzlich einen Mann?

Meine Therapeutin kann ich das nach drei Jahren nicht fragen. Das sind Anfängerprobleme. Ihre ganze Mühe wäre umsonst gewesen.

Wie findet man überhaupt einen Mann? Seit der Veröffentlichung dieser grausamen Statistik sind die Frauenzeitschriften gespickt mit Tips und Ratschlägen. Unter der Rubrik: »Nie mehr einsam: Wie aufgeweckte Cosmo-Mädchen einen Mann kennenlernen« berichten Leserinnen, wie sie es geschafft haben. (Was ist ein Cosmo-Mädchen? Bin ich eins? Ich nehme es einfach mal an.) Penelope, Stewardess, 28 Jahre alt, schreibt: »Männer sprechen einen oft an, wenn man ein seltsames Objekt mit sich herumschleppt. Natürlich sollten Sie sich etwas aussuchen, was Sie auch wirklich interessiert, sonst könnte die Begegnung nach wenigen Sekunden beendet sein. Ich habe gute Erfahrungen mit einem großen eisernen Kreuz gemacht.« Interessant. Penelopes Ratschlag hat nur einen entscheidenden Schönheitsfehler. Sie ist erst 28 und hätte ihr eisernes Kreuz laut Statistik überhaupt nicht nötig gehabt. Barbara, Fernsehproduzentin, 36 Jahre alt, vertraue ich da schon eher: »Schauen Sie sich genau an Ihrem Arbeitsplatz um. Der Trick ist, sich jemanden auszusuchen, der nicht schon von allen anderen Frauen angemacht wird. Natürlich sollten Sie ihn auch mögen.«

Tja, Barbara, in meiner Redaktion gibt es nur den Chef, den alle anmachen, und einen winzigkleinen, buckligen Layouter mit dicker Brille. Ich mag ihn, keine Frage, aber ich bin drei Jahre jünger als Sie, liebe Barbara, und habe das (noch) nicht nötig.

Judy dagegen, Steuerberaterin, ist genau in meinem Alter, 33. Sie schreibt: »Ich habe Männer häufig in Kaufhäusern kennengelernt. Einige Abteilungen sind besonders zu empfehlen: Lederwaren, Schreibwaren und Elektroartikel. Kommen Sie nicht auf die Idee, sich in der Herrenkonfektion auf die Lauer zu legen. Jeder Mann wird annehmen, Sie suchen ein Hemd für Ihren Freund. Dasselbe gilt für Damenunterwäsche. Haushaltswaren sind gut, Männer sind da so hilflos.« Es macht mich etwas skeptisch, daß sie schreibt, sie habe ›häufig‹ Männer auf diese Art und Weise kennengelernt, wie groß war da der Ausschuß, aber ihr Rat scheint mir einen Versuch wert.

Vier Tage lang war ich jetzt jeden Tag nach der Arbeit bei Macy's, aber in all den von Judy so warm empfohlenen Abteilungen habe ich keinen einzigen Mann entdecken können, nur Frauen. Ich habe den Verdacht, sie sind alle aus demselben Grund hier wie ich. Wir umschleichen uns wie Katzen, beobachten uns, wie wir Brieftaschen und Koffer befühlen, Mixer und Toaster ausprobieren, uns stundenlang Schreibmaschinen vorführen lassen, fast nie etwas kaufen, und wenn, dann nur zur Tarnung. Unruhig flattern unsere Blicke über die Regale, wir mustern uns feindselig und versuchen gegenseitig unser Alter zu schätzen. Wie weit über dreißig?

Aber heute bei Bloomingdale's, vielleicht stand mein Horoskop günstig, war ich plötzlich ganz allein in der Lederwarenabteilung, und ein Mann um die vierzig tauchte hinter einem Schweinslederkoffer auf wie ein Deus ex machina. Ein Mann mit dichtem, hellbraunem Haar, gut aussehend, vielleicht eine Spur zu seriös für meinen Geschmack, aber ich kann mir solche Mäkeleien ja nicht mehr leisten in meinem Alter. Er stand also vor den Koffern, ließ sie auf- und zuschnappen, ich robbte mich langsam und so auffällig wie möglich über die Portemonnaies und die Damenhandtaschen näher, bis ich fast direkt neben ihm stand, da hörte ich ihn zum Verkäufer sagen, er suche einen möglichst eleganten Flugkoffer, er sei geschäftlich sehr viel unterwegs und müsse meist direkt vom Flughafen in eine Sitzung. Mir sank augenblicklich das Herz. Was nützt mir ein Mann, in dessen Jackentaschen ich unweigerlich irgendwann die Telefonnummer von Monique aus Paris oder Gabi aus Stuttgart finde?

Ich habe mir statt dessen die neue Folge von »Wie aufgeweckte Cosmo-Mädchen einen Mann kennenlernen« gekauft.

Heute schreibt Susanne, Zahnarzthelferin, 35: »Mein Ex-Mann mochte keine Hunde, also haben wir uns ein Kaninchen angeschafft. Als wir uns scheiden ließen, bekam ich das Sorgerecht für das Kaninchen. Ich nehme es jetzt immer mit, wenn ich mit dem Zug nach Connecticut fahre. Jede Menge interessante Männer haben sich schon neben mich gesetzt, um das Kaninchen zu streicheln.«

Ich sehne mich plötzlich heftig nach einem kleinen, schwarzen Kaninchen mit weißen Ohren, aber meine Eltern wohnen in Wuppertal und nicht in Connecticut. Wohin sollte ich denn fahren mit meinem Kaninchen? Ich sehe mich schon einsam und verlassen in New Haven nachts am Bahnhof stehen, der letzte Zug nach New York ist bereits abgefahren, und weit und breit kein interessanter Mann in Sicht, der mein Kaninchen streicheln will.

Neuerdings habe ich Tagträume. Ich sehe einen Mann in meiner Küche sein Frühstücksei köpfen, ein anderer sitzt mit einem Martiniglas in der Hand auf meiner Couch, einer steht unter der Dusche, einen finde ich in meinem Bett. Er sieht mich erwartungsvoll an und lächelt.

Meine Therapeutin hat ein nervöses Gesichtszucken an mir bemerkt. Sie meint, ich stecke voller negativer Energie. Seit drei Jahren komme ich jeden Mittwoch um elf in dieses Zimmer, und immer riecht es leicht nach Aftershave, die Couch ist noch warm von meinem Vorgänger, manchmal, wenn ich etwas zu früh dran bin und im Vorzimmer warte, höre ich seine sonore Stimme. Aber gesehen habe ich ihn noch nie. Diskret, wie meine Therapeutin ist, entläßt sie die Patienten durch eine andere Tür, bevor der nächste hereinkommt. Heute fiel mir seine Stimme als besonders sympathisch auf.

»Sport«, sagte meine Therapeutin. »Sport?« frage ich schwach. Seit zwei Jahren gehe ich jeden zweiten Tag ins Sportstudio. Sie verordnet mir Urlaub.

Ich nehme vier Wochen frei. Ohne meinen Arbeitsrhythmus fällt mir die Abwesenheit eines Mannes um so schmerzlicher auf. Ich telefoniere mit sämtlichen Freundinnen. Zögernd geben sie alle zu, seit dem Artikel auf der Pirsch zu sein. »Weißt du«, sagt Margie, 36, »seit ich diese verdammte Statistik gelesen habe, sehe ich im Spiegel nur noch eine Frau mit Cellulitis und Bandscheibenschaden, ohne Mann, ohne Doppelbett und ohne Rente.« Ich werfe ihr ihren Materialismus vor, und sie nennt mich eine unverbesserliche, europäische Romantikerin. Sie will sich einen Mann als Untermieter für ihre winzige Zwei-Zimmer-Wohnung suchen. »Auf eine Anzeige melden sich im Schnitt vierhundert Interessenten«, sagt Margie, »und wer in Manhattan mal ein Zimmer gefunden hat, zieht nie wieder aus.«

»Außer er heiratet eine andere«, wende ich ein. Sie legt beleidigt auf.

Ich habe leider nur ein Ein-Zimmer-Apartment. Aber wenn ich durch das Wohnzimmer eine Wand ziehen würde... Unter vierhundert Bewerbern müßte doch ein passender dabei sein.

Im Fernsehen läuft, wie immer, wenn es mir schlecht geht, »The Way We Were«. Ach, Barbra Streisand, diesen Luxus, dich wegen politischer Meinungsverschiedenheiten von Robert Redford zu trennen, würdest du dir heutzutage nicht mehr leisten können.

Im College gab es viele, die so aussahen wie Redford. Gutaussehend, robust, mit fabelhaften Zähnen und einem unerschütterlichen Optimismus. Wo sind die alle geblieben? In New York sind sie jedenfalls nicht. Ich wette, die sind bereits alle verheiratet, und ihre Frauen haben ihnen nach der Lektüre der Atombomben-Männer-Statistik erleichtert die Hemden gebügelt und ihnen jauchzend ein Bier gebracht. Warum mußte ich mich damals im College auch ausgerechnet in den einzigen Deutschen verlieben? Johannes trug die besseren Unterhosen, knappe Slips, nicht diese gräßlichen Boxershorts; er rauchte und redete über Kunst, er war anders als die Amerikaner, er war so wie ich, damals.

Die große Liebe erwarte ich ja gar nicht. Ich möchte nur einem Mann morgens beim Rasieren zusehen, mit ihm Baseball im

Fernsehen sehen und so tun, als interessiere es mich, ich möchte mein Doppelbett nicht mehr nur auf Verdacht auf beiden Seiten beziehen, im Kühlschrank möchte ich Budweiser und im Badezimmer Aftershave finden, am Strand mit ihm auf einem Handtuch liegen und von ihm hören, daß ich eine bessere Figur habe als die anderen. Ist das denn zuviel verlangt? Die Streisand verteilt immer noch ihre Flugblätter, als sie Jahre später ihren Bobby wiedersieht, und sie lieben sich immer noch und können dennoch nie, nie zusammenfinden, und ich weine wie ich immer am Ende dieses Films weine. Verdammt noch mal, ich möchte auch mal wieder so richtig aus Liebe leiden.

In der ›Village Voice‹ liegt eine Beilage des Sommerkursprogramms, in dem ›Kreative Hypnose‹ angeboten wird, ›Geheimnis des Charismas‹, ›Die Kraft der Kristalle‹, ›Lassen Sie Wunder geschehen durch die Kraft der Liebe‹, und ›Wie baue ich ein Glückwunschkartengeschäft auf‹.

Man kann an Sightseeing-Tours teilnehmen zu den Heimen berühmter Filmstars oder zu den Schauplätzen berühmter Morde, auch als Doppelpaket zum ermäßigten Preis zu haben. Ich erwäge kurz, mich dafür einzuschreiben, aber dort trifft man wahrscheinlich nur Touristen, die, kaum weiß man ihre Telefonnummer auswendig, wieder nach Hause fahren. Es gibt natürlich auch maßgeschneiderte Kurse für mein Problem: ›52 Wege, einen Liebhaber zu finden‹, ›Der kreative Flirt‹ und für Fortgeschrittene ›Die kreative Beziehung‹. Aber irgendwie widerstrebt es mir – noch –, dafür einen Kurs zu belegen und mit ähnlich Erfolglosen im Rollenspiel den kreativen Flirt zu üben. Als wäre ich selbst dazu zu blöd. Meine Mutter hat immer, wenn sie ein besonders seltsames Paar sah, gesagt: »Es ist doch kein Topf so schief, daß nicht ein Deckel draufpaßt.« Ich frage mich, ob ich der Topf oder der Deckel bin.

Meine Freundin Julie ruft an und berichtet aufgeregt, sie gehe jetzt jeden Tag zu den Treffen der Anonymen Alkoholiker, da könne man jede Menge interessanter Männer kennenlernen. »Aber du hast doch nie auch nur an Alkohol gerochen«, sage ich. »Opfer muß man eben bringen«, sagt sie, »ich trinke jetzt jeden Tag eine Flasche Bier, und manchmal sogar zwei. Ich muß ja schließlich mitreden können. Und weißt du was, langsam schmeckt's mir sogar!« Sie kichert glücklich.

Ich hole die Whiskyflasche aus dem Schrank, die mir die Kollegen von der Redaktion vor einem Jahr zum Geburtstag geschenkt haben und die seither unberührt im Schrank gestanden hat. Ich trinke ihn in kleinen Schlucken wie Medizin. Ich weiß nicht, ob ich mich daran gewöhnen könnte, aber es gibt ja auch noch die Anonymen Raucher. Nach zwei Jahren sehne ich mich plötzlich nach einer Zigarette.

Ich nehme mir ein Kissen und die Whiskyflasche und lehne mich aus dem Fenster. Für jeden gutaussehenden Mann, der vorbeikommt, mache ich einen Strich auf den Fensterrahmen, für jeden halbwegs attraktiven ein Kreuz. Über Fünfzig- und unter Zwanzigjährige zähle ich nicht mit. Nach drei Stunden sind 187 Männer unter meinem Fenster vorbeigegangen, davon 53 in weiblicher Begleitung, 3 wirklich gutaussehende und 7 halbwegs attraktive. Ein niederschmetternder Prozentsatz. Auf der Straße zieht ein Penner einen Pappkarton hinter sich her. »Wenn du mich noch einmal fragst, ob ich dich liebe, wenn du mich noch ein einziges Mal fragst...«, sagt er zu seinem Pappkarton.

Ich trinke die Flasche aus. Fünf Männer sitzen auf meiner Couch und fragen mich, ob ich sie liebe.

Ich verlasse die Wohnung.

Auf der Sechsten Avenue sitzt eine Handleserin an einem Campingtisch, winkt mir zu und schreit: »Ihr Schicksal steht in Ihrer Hand!« Ich bin sicher, in meiner Hand steht: »Ätsch. Kein Mann in Sicht.«

Ich komme an dem billigen, verstaubten chinesischen Restaurant vorbei, da waren Johannes und ich am Abend, bevor er nach Deutschland zurückgeflogen ist. »Du kannst ja nachkommen«, hat er gesagt. Vielleicht hätte er sagen sollen: »Komm mit. Bitte.« Wenn man wirklich mal eine chinesische Lebensweisheit braucht, findet man in seinem Fortune-Cookie nur banalen Mist. An dem Abend war's ›Große Ereignisse kündigen sich nicht groß an‹.

Neben dem Chinesen hat ein neuer Laden aufgemacht, das ›Magie-Center‹. Im Schaufenster stehen sauber nebeneinander aufgereiht Spraydosen gegen ›negative Kräfte‹, ›Neid und Mißgunst‹, kleine Flaschen mit den Aufschriften ›Ich-bin-stark-Öl‹ und ›Komm-zu-mir-Öl‹. Ich betrete whiskymutig schnurstracks den Laden und erkläre den beiden in schwarzes Leder gekleideten, mit schweren Ketten und Plastiktotenschädeln behängten Magie-Verkäufern mein Problem. Sie hören mir genauso milde lächelnd und aufmunternd nickend zu wie sonst meine Psychotherapeutin. Und umsonst! Sie sind offensichtlich schwul, was mir meine Enthüllungen sehr viel leichter macht. Welche Frau gibt schon gern zu, daß sie zu blöd ist, einen Mann zu finden. »Sie brauchen sich gar keine Vorwürfe zu machen«, sagt der eine zu mir, der seine Haare in einer karottenroten Tonsur trägt, »haben Sie diese Statistik gelesen, wonach es sehr viel wahrscheinlicher ist, als Frau über dreißig von einer Atombombe getroffen zu werden?« Ich nicke bitter. »Schrecklich«, sagt der andere. »Aber es gibt doch genauso viele Männer wie Frauen, nicht?« frage ich. »Tja«, sagen beide unisono und sehen sich an. »Es gibt noch genug Heteros«, wendet der Rote sich wieder mir zu, »sie sind bloß schwer zu finden. Es ist ein bißchen wie bei ... bei Hunden ...« – »Pferden«, sagt der andere. »Ja, wie bei Pferden«, fährt der Rote fort und lächelt seinem Kompagnon zärtlich zu, »wenn Sie hinter ihnen herlaufen, galoppieren sie nur um so schneller davon. Sie müssen stehenbleiben und positive Schwingungen aussenden.« Und deshalb empfehlen sie mir beide dringend das ›Komm-zu-mir-Paket‹, bestehend aus ›Komm-zu-mir-Öl‹, einem Beutelchen mit Liebesduft, das immer bei sich zu tragen ist, und einer Kerze, in die ich den Namen des Begehrten einritzen soll. »Ich habe aber gar keinen Bestimmten im Auge«, sage ich schüchtern.

Daraufhin wiegen beide bedenklich das Haupt. Von anonymer Magie könnten sie mir in dieser Stadt nur abraten, es seien zu viele ausgeflippte Typen unterwegs, die stark auf Magie ansprächen. »Und die werden Sie dann nie wieder los.« Sie raten mir dringend, mir ein ganz bestimmtes Opfer zu suchen (bei dem Wort Opfer stößt der mit der roten Tonsur dem anderen leicht tadelnd in die Rippen), mir seinen Namen zu merken, ihm ein Haar auszureißen oder sein Jackett nach einem ausgefallenen abzusuchen und dann die Beschwörung genau nach Gebrauchsanweisung vorzunehmen.

Ich erwerbe das ›Komm-zu-mir-Paket‹, sie hängen mir fürsorglich das Beutelchen mit Liebesduft gleich um den Hals, weil manchmal schon allein der Duft helfen könne, und entlassen mich mit guten Wünschen und Ermahnungen zu positiver Denkungsart. Das Beutelchen stinkt penetrant nach Moschusöl.

Meine Therapeutin stellt fest, ich röche nach negativen Schwingungen. Sie habe auf einem Fortbildungskurs gelernt, psychische Störungen zu riechen, das sei eine alte chinesische Wissenschaft, und während sie mir davon erzählt, sehe ich plötzlich ein langes, graues Haar auf ihrer Couch. Vorsichtig hebe ich es auf und lege es in mein Portemonnaie.

»Und versuchen Sie auf keinen Fall, ihr Stimmungstief durch eine Beziehung zu beheben«, schärft sie mir zum Abschied ein. Als sie sich abwendet, um die Tür zu öffnen, werfe ich einen schnellen Blick in ihren Terminkalender auf dem Schreibtisch. »*10 Uhr L. Monteleone*«, die sonore Stimme. Ein grauhaariger, gutaussehender Italiener, so Anfang Vierzig, ein Künstler vielleicht, der unter der Welt leidet, stelle ich mir vor und sehe sofort in meinem Portemonnaie nach – das Haar ist noch da –, oder ein fetter Mafioso im Kamelhaarmantel, der sich behandeln läßt, weil ihn sein Gewissen quält?

Ist das lange, graue Haar wirklich von ihm, oder ist es vielleicht ein Hundehaar? Auf dem Weg nach Hause kaufe ich eine Lupe. Es sieht zum Glück sehr nach Menschenhaar aus und leidet unter Spliss. Monteleone, was für ein schöner Name. L. für

Ludovico? Luigi? Lino? Die sechs Tage bis zu meiner nächsten Therapiestunde kommen mir vor wie sechs Jahre.

Am nächsten Mittwoch stehe ich um sechs Uhr früh auf, wasche mir die Haare, schminke mich sorgfältig und ziehe mein bestes Kleid an. Vor Aufregung trinke ich in einer Kneipe einen Wodka, bevor ich um 10.30 Uhr das Vorzimmer meiner Therapeutin betrete.

Ich lausche seiner entfernten Stimme, sie ist nicht nur sonor und sympathisch, sondern auch ausgesprochen sexy. Leider kann ich nicht verstehen, was er sagt, einmal nur glaube ich, ein »Warum? Warum?« herauszuhören. Wie gut ich ihn verstehen kann, Herrn L. Monteleone. Warum geht die Vorzimmerdame ausgerechnet heute nicht wie sonst aufs Klo, um ihre Zigarette zu rauchen? Ich zittere vor Angst, daß sie innerhalb einer Woche das Rauchen aufgegeben hat, da holt sie endlich ihre Zigaretten aus der Schublade, zwinkert mir verschwörerisch zu und verschwindet. Kaum ist sie draußen, springe ich auf und reiße die Tür zum Behandlungszimmer auf. Er liegt nicht auf der Couch, sondern sitzt, wie ich, das macht ihn mir sofort sympathisch, *graue* Haare fallen ihm fast bis auf die Schultern. Überrascht drehen sich meine Therapeutin und er nach mir um. Er sieht markant aus, vielleicht nicht gerade schön, aber markant ist doch viel interessanter als schön, ich schätze ihn auf Anfang Vierzig, das beste Alter für einen Mann, sehr groß ist er nicht, aber bestimmt auch nicht kleiner als ich. »Ich muß schon sagen!« faucht meine Therapeutin, und ich stammle »Entschuldigung. Ich dachte, es ist schon elf Uhr« und schließe schweißnaß vor Aufregung die Tür. Der Vorzimmerdame kritzle ich eine Nachricht, mir sei plötzlich schlecht, ich könne meine Stunde heute unmöglich wahrnehmen.

Zu Hause ziehe ich die Vorhänge zu. Sorgfältig schnitze ich *L. Monteleone* ins Wachs, sein Name ist so lang, daß er kaum auf die Kerze paßt. Genau nach Gebrauchsanweisung reibe ich sie mit dem ›Komm-zu-mir-Öl‹ ein, zünde die Kerze an und halte mit klopfendem Herzen sein Haar in die Flamme.

Es verzischt schneller, als ich gucken kann. Aber die Kerze brennt vier Stunden und zwanzig Minuten lang, und so lange, haben mir meine magischen Berater eingeschärft, muß ich mich auf mein Opfer konzentrieren. Als die Flamme endlich zuckend erlischt, schlafe ich vor Erschöpfung ein.

Vom Telefonklingeln wache ich Stunden später erst auf. Im Traum war ich in Wuppertal. Meine Mutter häkelte einen Klopapierüberzug fürs Auto aus rosa Wolle und murmelte unablässig vor sich hin: »Es ist kein Topf so schief, daß kein Deckel draufpaßt.« Mein Anrufbeantworter, den ich eingeschaltet habe, um bei meiner Zeremonie nicht gestört zu werden, meldet sich und erzählt, daß ich im Moment leider nicht zu Hause bin, es piepst, und ich höre ein Atmen, und dann sagt eine sonore, sympathische Männerstimme: »Hier ist Leonardo Monteleone, schade, daß Sie nicht zu Hause sind...«

Ich springe aus dem Bett, verheddere mich im Bettlaken, kann das Telefon nicht finden. Leonardo Monteleone, was für ein Name! »Schade«, sagt die Stimme, »na ja, dann...« Ich wühle mich quer durch das Zimmer an der Schnur zum Telefon, »warten Sie, warten Sie«, sage ich atemlos, »ich bin gerade nach Hause gekommen.«

»Mein Name ist Leonardo Monteleone«, wiederholt er in fast akzentfreiem Englisch förmlich. »Sie haben heute morgen in der Praxis Ihren Schal vergessen, so einen grüngemusterten...«

Ich trage nie grüngemusterte Schals. »O ja«, sage ich, »das muß meiner sein.« Aus dem Liebesbeutel unter meinem Kinn strömt Moschusduft.

»Ich könnte Ihnen den Schal vorbeibringen.«

»Das ist schrecklich nett von Ihnen...« stottere ich.

»Oh«, unterbricht er mich, »das war nicht aufdringlich gemeint. Ich hatte nur vergessen, daß es Frauen in dieser Stadt nicht gerne haben, wenn wildfremde Männer ihre Adressen kennen...«

»Sie sind nicht von hier?« frage ich.

»Nein, ich komme aus Deutschland.«

»Ach, wirklich?« sage ich nonchalant, »woher denn in Deutschland?«

»Wuppertal, ich weiß nicht, ob Ihnen das was sagt.«

Ich nehme den Liebesbeutel vom Hals und lege ihn unter mein Kopfkissen.

»Ich wohne in der Leroy Street 15«, sage ich langsam auf deutsch, »kommen Sie schnell.«

»Na, denn tschö«, sagt er, »und bis gleich.«

Joyce Carol Oates

Normale Liebe

In der Stadt

stelle ich meinen Wagen in einem Parkhaus ab, oben im dritten Stock. Alles ist still. Die Garage ist grau, die Farbe von Stahl und Beton. Viele Wagen stehen hier, in der Stille, aber niemand ist zu sehen. Ein leises Unbehagen beschleicht mich, Angst. Ist da jemand? Irgend jemand? Unsere Stadt ist keine sehr große Stadt, nicht gefährlich. Vielleicht spät in der Nacht, für eine Frau allein. Jetzt ist es Nachmittag, Winter, mitten in der Woche, trüb, zu kalt, um jemanden zu belästigen... Ich schließe die Wagentür ab, ich stecke die Schlüssel in die Handtasche, ich gehe schnell zum Fahrstuhl und drücke den Knopf für Abwärts.

Der Fahrstuhl braucht lange. Ob er außer Betrieb ist? Warum ist hier niemand? Plötzlich hinter mir ein Geräusch... Hinter mir ein Mann, er kommt auf mich zu, steckt etwas in die Tasche. Wahrscheinlich Autoschlüssel. Seine Schritte klingen hart auf dem Betonboden. Die Luft ist kalt. Mein Herz fängt an zu klopfen, absurd, ich weiß, es besteht keine Gefahr, und doch spannen sich meine Muskeln wie in Erwartung einer Gefahr, mein ganzer Körper versteift sich, wie um einem Schlag zu begegnen... Der Mann wartet mit mir auf den Fahrstuhl. Ich sehe ihn nicht an. Er sieht mich nicht an. Er trägt einen ziemlich guten Mantel, er ist keine Gefahr für mich. Es gibt keine Gefahr in dieser Stadt; die Kälte der Luft an diesem Dezembertag macht alles klar und undramatisch, da ist keine Spannung, nichts. Der Fahrstuhl kommt. Die Tür geht auf. Ich trete hinein, der Mann tritt schnell hinein, einen Augenblick gerate ich in Panik, als würde plötzlich eine Tür aufgehen in mir, ins Nichts, in Schwärze. Der Fahrstuhl bringt uns nach unten. Der Mann sagt nichts, macht keine Bewegung, nimmt seine Hände nicht aus den Taschen, als wäre... als wäre das ein Zeichen, wenn er sie herausnähme, und als wagte er nicht, ein Zeichen zu machen. Ich warte, und mein Herz klopft. Ich warte. Der Fahrstuhl hält, die Tür geht auf, eine Frau und Kinder wollen einsteigen, ich gehe schnell hinaus und entkomme...

Ich verbringe den Nachmittag mit Einkäufen. Ich werde nicht verfolgt.

Mein Mann

sitzt allein unten, nachdem wir alle ins Bett gegangen sind. Diese Zeit ist ihm heilig, glaube ich. Geheimnisse steigen dann in ihm auf. Wenn ich oben auf der Treppe stehe und sage: »Es ist schon nach zwei«, starrt er zu mir hoch, erschrocken. Er sitzt auf dem Sofa mit einem Aschenbecher neben sich. Er raucht und hängt seinen Gedanken nach. Er sitzt da in einer Art gestörtem Frieden, ein Mann von vierzig, fast einsneunzig, hager, nicht muskulös, ein Stadtmensch mit dunklem Haar, das sich zu lichten beginnt, im Gesicht eingegraben die Anspannung und die Verwirrung der Stadt. Ja, sein Gesicht ist zerfurcht. Warum ist sein Gesicht zerfurcht? Er ist nicht mehr fähig, richtig zu staunen, und doch zeigt sein Gesicht im Licht des frühen Morgens, um zwei Uhr, in dem trüben fahlen Licht unserer Lampe, eine Verwirrung, die stärker sein müßte. Er denkt nach, träumt, eine schreckliche Traurigkeit füllt ihn aus, er sitzt da, allein, und blickt zu mir hoch, erschrocken, wenn ich ans Geländer komme. Die Zeitung liegt draußen hinterm Haus, zusammengefaltet, zum Wegwerfen morgen, die Zeitung mit der Geschichte über das Mädchen, das vermißt wird.

Meine Kinder

können es nicht erwarten, durch die Türen aus dem Haus hinauszukommen, sie können es nicht erwarten, durch sie wieder hereinzukommen. Sie drängen hinaus, in die Freiheit. Dann kommen sie eilig zurückgelaufen. Sie haben Hunger. Die Jungen haben lange, schlaksige Beine. Sie stoßen sich immer an Tischen. Sie verschütten Milch, lassen Teller fallen, ihre Nasen sind seit Wochen wund vom Schnupfen. Sie mögen Hot Dogs und Hamburger. Das Fleisch wird in seltsamen Formen geliefert, was ihnen nie auffällt – mit einem kleinen Stück rosa Darm säuberlich abgebunden oder zu einem verschlungenen Labyrinth aus wurmartigem rotem Gewebe zermahlen. Alles ist nur Gewebe. Die Jungen mögen dieses Fleisch sehr. Eine meiner Töchter ist melancholisch und egoistisch, in sich gekehrt und boshaft, dreizehn Jahre alt... ihre Augen verengen sich bei Dingen, die ich mir nicht vorstellen kann. Sie ist immer woanders mit ihren Gedanken. Sie sieht aus wie ihr Vater, mit dem gleichen verkniffenen, abwägenden Gesicht; ein Lächeln kann ein solches Gesicht verwandeln. Das andere Mädchen ist erst neun, ein gutmütiges Kind, sie liebt uns alle und kann nicht verstehen, warum sich ihr Vater immer mehr von uns entfernt, im Alter von vierzig, ein geheimnisvolles, unaufhaltsames Sich-Entfernen, das wir nicht verstehen können.

Der Supermarkt in meiner Gegend

hat einen Weihnachtsbaum aus glänzender Metallfolie aufgestellt. Ein Rauschgoldengel auf der Spitze bläst Trompete. Der Baum ist hübsch, aber man kann ihn nicht ansehen, die silbernen Zweige reflektieren das Licht und tun den Augen weh. Ein Radio spielt *Jingle Bells*, aber in sehr schnellem Rhythmus, beschleunigt... Welcher Tag ist heute? Ich kaufe meist alles am Dienstag ein. Aber manchmal geht uns schon am Mittwoch wieder etwas aus, oder ich habe etwas vergessen zu kaufen, und dann gehe ich noch mal hin. Donnerstags brauche ich dann wieder etwas, meist Milch, und am Freitag lasse ich mir die Haare richten, und der Friseur ist nur einen Häuserblock weiter unten, so daß es keine Mühe macht, schnell noch mal reinzugehen; es ist ein sehr angenehmes Geschäft. Jetzt spielen sie Weihnachtslieder. Aber die Töne sind undeutlich und verzerrt, weit entfernt, so als wären die Engel, die solche Lieder singen, nicht bei der Sache, als hielten sie über die Schulter Ausschau nach irgendwas anderem. Unter der Woche ist nicht viel Betrieb im Supermarkt. Manchmal komme ich samstags noch mal, und dann ist es voll, aber dann sitzen auch mehr Mädchen an der Kasse, so daß ich annehme, es geht ganz gut so. Ich nehme an, sie haben sich das ausgerechnet.

Es ist wichtig, daß ich mir alles genau ansehe. Die meisten Dinge kenne ich – die ganzen Dosen und Packungen –, trotzdem sehe ich genau hin, um festzustellen, ob sich irgendwas geändert hat, um festzustellen, ob es irgendwelche besonderen Dinge gibt, die ich brauchen könnte. Ich muß eine Menge Lebensmittel einkaufen. Manchmal sind zwei Einkaufskarren nötig, also muß einer der Jungen mit. Solange er nicht irgendwas umstößt, ist er eine Hilfe. Ich sollte stolz sein auf meinen Sohn, mein eigener Sohn, aber ich habe keine Zeit, stolz zu sein auf ihn. Seine Nase läuft, er wischt sie mit dem Handrücken ab... mit dem Ärmel... »Hier«, sage ich und gebe ihm ein Kleenex. Er nimmt es. Er putzt sich die Nase, als wäre sie plötzlich zerbrechlich.

Aber lieber gehe ich allein einkaufen. Ich nehme mir Zeit mit allem. Ich nehme mir Zeit beim Fleisch, prüfe die einzelnen Stücke. Das Radio spielt jetzt *Let It Snow*. Was meine Ohren nicht hören, sind die Schreie bestürzter Tiere, von Hammerschlägen betäubt, deren Hufe im Schmutz ausgleiten, deren Schultern und Köpfe sich drehen und wenden, um die Hörner, die sie einengen, freizubekommen – Männer haben diese Hörner gepackt! Sie werden in Wagen gepfercht. Die Keulen und Seiten werden tiefgefroren aus Wagen herausgetragen, großen Tiefkühlwagen, so lang, daß sie kaum abbiegen können in unseren altmodischen kleinen Straßen.

Unser Haus

steht in einer Straße, die zum Teil gut, zum Teil weniger gut ist. An der Ecke sind Wohnheime. Wir sind eine College-Stadt, still und ruhig, ein netter Ort zum Leben; erst in den letzten Jahren hat die Kriminalität allmählich zugenommen, aber uns ist nichts geschehen. Die Studenten in den Wohnheimen machen manchmal Schwierigkeiten, aber nur innen in den Häusern; uns haben sie noch nie belästigt. Die Straße hat Schlaglöcher. Ich fahre automatisch um sie herum, nehme sie nicht einmal mehr wahr.

Der Rektor der Universität wohnt ein paar Häuserblocks entfernt, in einem großen, alten Haus.

An den Vormittagen ist es ruhig in unserem Haus. Meine Kinder gehen jetzt alle zur Schule. Das Telefon klingelt plötzlich, und mein Mund wird trocken; ich laufe zum Telefon, ich bin beunruhigt, überlege ... hat jemand die falsche Nummer gewählt? Oder ist es jemand Bekanntes? Ist es jemand, der uns einladen will? Die Person, die mich anruft, besitzt soviel grausame Macht in ihrer Anonymität! Aber das Telefon klingelt doch sicher auch, wenn ich nicht zu Hause bin, und dann, dann bin ich diejenige, die die Macht besitzt, dann steht der Anrufer (wahrscheinlich eine Hausfrau wie ich) bestimmt da und lauscht traurig dem Klingeln eines Telefons in einem leeren Haus, und die paar Minuten Unterhaltung werden ihr versagt. Meine Kinder gehen jetzt alle in die Schule. Sie gehen zu Fuß in die Schule. Wenn das Telefon klingelt in dem leeren Haus, wird alles leer in mir vor Beklemmung, vor Hoffnung. Das Geräusch dringt durch mich hindurch. Wenn niemand anruft, erledige ich die Hausarbeit, Waschen und Staubsaugen, mache die Betten, räume auf; dann gehe ich einkaufen. Ich arbeite in meinem Haus und denke über das Geheimnis eines Hauses nach, all die Leben, die darin ausgeträumt werden. Meine Kinder haben es eilig, morgens wegzukommen, und eilig, am Nachmittag wieder zurückzukommen. Ich ertappe mich dabei, wie ich von ihnen träume, von ihren drängenden ungeduldigen Gliedern irgendwie in mir drin, die mir Schaden zufügen... Wollen sie mir Schaden zufügen, meinem Fleisch? Nein. Will mein Mann mir Schaden zufügen? Nein. Das Haus, das ich vor acht Jahren unbedingt haben wollte, ist sehr still am Morgen. Ich gehe durch die Zimmer, knöpfe meinen Mantel zu, mache mich fertig, auszugehen und einzukaufen... ich überlege mir, was ich heute einkaufen muß, Kleidung für eines der Kinder, einen Duschvorhang, um den zerrissenen zu ersetzen, ein Paar von diesen neuen dunklen Strümpfen, vielleicht ein Paar neue Schuhe... Ich gehe gern einkaufen, ich gehe jeden Tag einkaufen. Ich kann keinen rechten Platz finden für mich in diesem Haus, also gehe ich weg. Ich habe alles selbst gekauft für die Zimmer, die Möbel sorgfältig ausgewählt, mir darüber Gedanken gemacht, Zeitschriften wie *Das schöne Heim* studiert. Unser Sofa ist dunkelbraun, unser Teppich hellbeige. Der Kaffeetisch ist groß, aus dunklem Walnußholz, und hat eine moderne ovale Form. Das Zimmer war mir immer als etwas Besonderes erschienen, sogar schön, aber jetzt sieht es ein bißchen abgenutzt und billig aus, ich weiß nicht warum. Ich habe all die Möbel ausgesucht, und mein Mann und ich haben uns wegen der Kosten gestritten, aber gehören diese Möbel nicht einer fremden Familie, hat nicht eine andere Frau sie ausgesucht? Mein Mann hinterläßt hier kein Zeichen seiner selbst. Er räumt alles weg, was zu ihm gehört, so wie es sein Vater getan hat. Nichts von ihm bleibt unten im Haus, er ist Professor an der Universität, und die meisten seiner Bücher sind dort, sein wirkliches Leben findet irgendwo anders statt, nicht hier. In diesem Haus hier ist er unsichtbar.

Ich blicke aus dem Vorderfenster. Gegenüber, auf der anderen Straßenseite, steht genau so ein Haus wie unseres, aus dunkelroten Ziegelsteinen, zwei Stockwerk hoch, mit einem großen Speicher, wo zwei Jungen ihr Zimmer haben wie bei uns. Diese Häuser wurden in den vierziger Jahren gebaut. Ich blicke aus dem Fenster. Es kommt mir vor, als bewegte sich etwas hinter dem Fenster jenes Hauses – eine andere Frau, die hinaussieht, nach draußen? Sieht sie mich über die Straße hinweg an?

Die Handtasche

kam durch Zufall in unser Leben. Mein Mann brachte den Wagen weg, um die Bremsen richten zu lassen, und auf dem

Rückweg, zu Fuß, ging er über ein unbebautes Grundstück. Ich weiß, wie er geht, allein, und die Kraft seines Gangs hat mich immer beeindruckt – ein Mann mit einem Ziel, mit einer Entschlossenheit, die Frauen bei Männern brauchen. Aber in Wirklichkeit ist er nicht so. Er hatte seinen Trenchcoat an, einen angeschmutzten gelb-braunen Mantel, die Hände tief in den Taschen versenkt. Er ging schnell, den Kopf nach vorn gebeugt wie üblich (woran dachte er? an seine Studenten? an die Rechnung für den Wagen?), den Blick am Boden... und dann sah er etwas, aus dem Augenwinkel. So ist es passiert.

Er sah die Handtasche einer Frau. Sie war in das gefrorene Gras geworfen worden, dicht beim Weg, eine schwarze Lackledertasche. Er blieb stehen. Er bückte sich und hob sie auf...

Um ihn herum auf dem Feld gefrorene Disteln.

»Das hab ich gefunden«, sagte er zu mir, als er durch die Hintertür hereinkam. Er sah besorgt aus, fast verlegen, so als würde ich ihm die Schuld geben für irgend etwas. In der Handtasche war ein Geldbeutel aus billigem braunem Kunststoff, und darin steckten ein paar Schnappschüsse, ein paar Dollarnoten, Kleingeld, ein Personalausweis. Zerknüllte Papiertaschentücher mit rosa Lippenstift darauf und ein Kamm und ein Lippenstift, ein paar lose Münzen... Schlüssel an einer Kette mit einer kleinen Hasenpfote...

Linda Slater, 1463 St. Clair. Im Notfall zu benachrichtigen: Herr und Frau Slater, 1463 St. Clair.

Beim Zahnarzt   beim Friseur   beim Einkaufen

Betty hat diesmal drei Löcher. Sie will sich nicht die Zähne putzen. Abends kontrolliere ich ihre Zahnbürste: manchmal ist sie naß, aber was hat das schon zu bedeuten? Meine Kinder lügen alle.

Die Sprechstundenhilfe ist etwa 19 Jahre alt, mit einem Wuschelkopf, gebleicht. Ich blättre schon mal in meinem Scheckbuch und stelle fest, daß ich heute einen Scheck einzutragen vergessen habe... was war das nur für ein Scheck? Ich gerate in

Aufruhr, bin beunruhigt, bestürzt. Mein Mann macht nie Fehler beim Scheckbuch oder bei Geld oder überhaupt bei Zahlen, er rechnet alles im Kopf aus, er macht nie einen Fehler. Er verdient nicht viel Geld als Professor, aber er macht niemals Fehler beim Zusammenzählen oder Abziehen seines Geldes.

Draußen im Wartezimmer, während ich auf Betty warte, sehe ich, daß die Zeitung vom Abend vorher noch daliegt. Von weitem lese ich die Schlagzeile über der linken Spalte der Seite: *Mädchen vermißt*. Diese Geschichte haben wir gestern abend gelesen. Linda Slater, 20, wurde als vermißt gemeldet, niemand wußte, wo sie abgeblieben war. Ihre Handtasche wurde am Montag gegen Abend von Dr. Norman York, Geschichtsprofessor an der Universität, gefunden. Er rief ihre Eltern an. Er brachte ihnen die Handtasche. Immer wieder und wieder lese ich seinen Namen – sein Name ist auch mein Name, das ist mein Name in der Zeitung, über einen Mann, der die Handtasche eines Mädchens gefunden hat. Das Mädchen wird jetzt vermißt. Sie ist einssechzig groß, wiegt hundertzehn Pfund, hat dunkelbraune Haare, blaue Augen, ich kann mich nicht erinnern...

Ich blättere in einer Illustrierten und sehe mir die Bilder von festlichen Menüs an. Bald ist Weihnachten. Wir werden Plätzchen backen, die Kinder und ich. Ich werde einen Speisezettel aufstellen, für eine ganze Woche, Essen für die Weihnachtswoche, ich werde im voraus kochen und die Gerichte einfrieren... und am ersten Weihnachtstag wird es einen großen Schinken geben, denke ich, und keinen Truthahn... Die Tischgedecke in dem Heft sind wunderschön, Stechpalmen- und Tannenzweige.

Schließlich nehme ich die Zeitung und sehe mir wieder ihr Bild an – Linda Slater, 20, dunkles Haar, fester, etwas starrer, neugieriger Blick, sehr kurze Oberlippe. Ein gestelltes Foto. Wahrscheinlich macht es sie schöner als in Wirklichkeit.

Freitag beim Friseur. Glenda macht mir die Haare. Sie ist ein großes fröhliches Mädchen. Voller Begeisterung wäscht sie meine Haare, massiert meine Kopfhaut. Einmal rutschte sie ab, und ein Finger oder ein Knöchel fuhr mir ins Auge. Die Seife brannte, aber ich hab nichts weiter gesagt, Schmerzen machen mir nichts aus, meist lache ich nur verlegen.

Glenda dreht meine Haare auf große Lockenwickler. Vier Stühle stehen vor dem großen Spiegel, noch zwei sind besetzt, von Frauen, denen das Haar aufgesteckt wird. Der Laden ist nicht gerade sauber, aber ganz angenehm. Eine geschwätzige, warme Atmosphäre. Die Mädchen sind freundlich. Glenda hat etwas Starkes, Robustes an sich, ich kann ihren Kaugummi riechen. Ihr Diamantring wirkt viel zu groß, um echt zu sein; ich weiß, daß ihr Mann in der Fabrik arbeitet.

»Sag mal, hast du schon mal ein Thalidomid-Baby gesehen?« fragt Glenda das Mädchen neben ihr.

»Was für ein Baby?«

»Thalidomid. Du weißt doch – diese Schlaftabletten.«

»Ach so. Nein. Wo ist denn eins?«

»Ein Baby ist der gerade nicht mehr, er ist schon ganz schön groß.«

»Und wo?«

»Bei meiner Schwiegermutter in der Straße.«

Die Frau neben mir dreht den Kopf. Ich treffe sie oft hier, sie hat ein ausgeblichenes, starres Gesicht, eine Rothaarige mit Sommersprossen. Sie ist ungefähr in meinem Alter, vierzig.

»Bei uns in der Straße wohnt ein Thalidomid-Mädchen«, sagte sie.

»Und wie alt ist die?«

»Zwölf.«

»Dieser Junge, der, von dem ich erzählt habe, der ist ein regelrechtes Ekel. Er ist so an die einsachtzig, geht schon ins College und ist einfach gräßlich. Seine Mutter hat ihn verzogen.«

»Das Mädchen hat kleine Arme, richtige kurze Arme, wie kleine Flossen.«

»*Er* hat auch Flossen. Im Winter da hat er immer solche Wolldinger an, wie Fausthandschuhe. Er kann mit diesen Flossen rummachen, als wär'n es Arme.«

»Ist der klug?«

»Ein Klugscheißer ist er.«

»Das Mädchen ist ziemlich klug, glaub ich. Aber angeben tut sie auch ganz schön; ich hab sie mal gesehen, in einem Geschäft in der Stadt, wie sie sich da aufgespielt hat. Sie und zwei andere Mädchen. Sie gehen so in die siebte Klasse, diese Mädchen, und haben so 'nem jungen Burschen schöne Augen gemacht. Diese Flossen von diesem Mädchen sind ganz klein und kurz, nicht größer als die Arme von einem Baby, und dann hat sie mit einem davon einen Verkäufer am Kinn gekitzelt. Es war ein Schuhgeschäft.«

»*Was* hat sie?«

»Na, sie hat so herumgemacht mit ihm, geflirtet – der Mann ist ganz rot geworden, also komisch war das nicht.«

»Geflirtet? Sie hat geflirtet?«

»Ja, mit diesen kleinen Armen. Sie soll sehr klug sein, aber richtiggehend böse.«

»Und er erst. Er ist ein Ekel. In der Schule, da sind die Mädchen einfach verrückt nach ihm, und andauernd rufen sie ihn an, weil er so nett ist, und die Flossen oder sonst was scheinen sie nicht im geringsten zu stören. Aber zu Hause, da muß seine Mutter alles für ihn machen... er kann nicht mal allein aufs Klo, glaubt, er wäre Wunder wie gescheit, dabei ist er ständig auf Hilfe angewiesen. Sie haben ihn gefragt, ob er solche künstliche Arme haben will, aber die wollte er nicht. Er sagte nein. Sie haben versucht, ihn zu überreden, aber er wollte nicht. Daß die sich alle um ihn kümmern, das ist doch nur wegen dieser kurzen Arme, die er hat...«

Im Supermarkt gehe ich noch mal in die Milchabteilung und nehme mir eine Packung Milch, hebe sie hoch, um zu sehen, ob sie unten nicht undicht ist. Sie scheint in Ordnung. Ich kaufe etwas Quark. Einen Wagen habe ich gar nicht erst genommen, aber dann fallen mir noch alle möglichen Dinge ein, die ich brauche, so daß meine Arme immer voller werden, es ist schwierig, alles zu tragen. Ich halte die Sachen fest an mich gedrückt. An der Kasse bemerke ich einen milchig-wäßrigen Fleck auf meinem Mantel.

Nasser Schnee

ist hartnäckig, will nicht schmelzen. Er ist grau und schwer geworden. Ich war nicht immer vierzig. Ich kann mich noch erinnern, wie ich in meinem Elternhaus in Indiana vorne durch das große Fenster in den Regen gesehen habe. Ich hatte lange blonde Haare, ich zog mich immer hübsch an, ich wartete, daß etwas geschah mit mir, und es geschah. Einmal ging ich spazieren, allein, als ich bei meiner Großmutter in West Bend zu Besuch war. Ich ging in einen kleinen Park. Ich sah mir die Rosen an, weil man sich so viel Mühe gegeben hatte, sie anzupflanzen; ich blieb stehen und betrachtete eine Sonnenuhr... aber die Sonne schien nicht, ich konnte nicht sehen, wie spät es war.

Als ich nach Hause komme, sagt Susan: »Betty ist es schlecht.«

Betty übergibt sich oben im Badezimmer. Während ich bei ihr bin, klingelt das Telefon, eins der Kinder hebt ab. Ich warte, aber niemand ruft mich; es muß für die Kinder sein.

Abendessen

ist immer um sechs. Alle sind fertig zum Essen. Mein Mann ist seit fünf zu Hause, hat sich was zu trinken gemacht, hat die Zeitung überflogen. Sein Name taucht in den Berichten über Linda Slater nicht mehr auf. Ich möchte ihn fragen, was das für ein Gefühl ist für ihn, was er denkt... aber sein Schweigen hält mich zurück. Ich nehme ihm dieses Schweigen übel, obwohl er es schon immer an sich hatte, die ganzen zwanzig Jahre, die wir uns kennen.

Er kommt in die Küche, als Susan ihm keine Ruhe läßt. Susan hängt sich an ihn, bedrängt ihn. Sie liebt ihn, und ihre Liebe ist eine Qual für uns alle und für sie selbst, so daß sie in kindlichem Zorn die Stirn runzelt. »Daddy, du hörst ja gar nicht zu!« sagt sie oft, und wirft sich dabei herum, als wollte sie sich weh tun; oder sie steht würdevoll auf und verläßt den Tisch, und Norman ruft sie zurück, und sie sagt *nein*, und er macht eine plötzliche Bewegung, wie um seinen Stuhl wegzuschieben und sie zurückzuholen, und sie tut so, als hätte sie Angst, ein bißchen Angst vielleicht, und kommt zurück...

Wir sitzen da. Heute abend gibt es Hühnerfrikassee mit Karotten und Erbsen. Es ist kein ungewöhnliches Essen, sie mögen es, sie sind hungrig. Jetzt fangen wir endlich an mit dem Essen, sitzen rund um den großen Küchentisch, jeder auf seinem Platz, wie beim Start zu einer Regatta... schwimmen mühsam auf dem Grundelement unseres Lebens dahin, das Liebe heißt. Ist es Liebe? Wir sitzen hier, rund um diesen ganz besonderen Tisch, weil zwei Menschen einander liebten und geheiratet haben. An jenem Tag, an dem ich auf die Sonnenuhr starrte, war ich überzeugt, daß ich nie heiraten würde... aber ich hätte mir keine Sorgen zu machen brauchen, genausowenig wie die meisten anderen Frauen. Es geschah.

Manchmal beuge ich mich über das Waschbecken im Bad, allein, mir ist schlecht, ich umklammre meinen Kopf und denke, *Was wird geschehen?* Werde ich mich übergeben? Aber ich übergebe mich nie. Ich bring es einfach nicht rauf und raus aus mir – was immer in mir drin ist. Selbst als ich schwanger war, hatte ich einen gesunden Magen. Die Übelkeit geht vorüber, und mein Kopf ist plötzlich voll von Aktivität, all die Bilder der Sachen, die ich benutzen muß – die bunten Schwämme, die ich in der Küche verwende, den einen für das Geschirr und den andern zum Abwischen von Tischen und Schränken, die Laken und Kopfkissenbezüge, die ich zusammenfalten muß, zusammenfalten, immer wieder und wieder, die Betten, die ich machen muß, die kleinen Läufer, die ich geradeziehen muß, die Dosen, die ich mit dem Dosenöffner aufmachen, ausspülen und unter dem Abwasch in den Mülleimer werfen muß. Mein Kopf ist plötzlich erfüllt von Liebe für all diese Sachen. Ich muß hinuntergehen und die Schubläden und den Kühlschrank aufmachen, um bestimmte Packungen und Dosen und Gläser herauszusuchen, die Behältnisse der Liebe. Jeden Tag muß ich das tun. Ich muß hinuntergehen in die Küche und Essen für meine Familie kochen, mit Liebe, ich muß behutsam umgehen mit den zarten Formen der Liebe. Teller, Gabeln, Löffel, Messer, Papierservietten, Gläser... sie alle gewinnen eine geheimnisvolle Bedeutung auf dem Tisch. Wird einer der Jungen sein Milchglas umstoßen? Macht nichts. Wisch es weg. Norman wird es aufwischen, er kümmert sich um Notfälle, aus Tradition. Alle sitzen da. Ein Freitagabendessen. Verstehen sie eigentlich dieses Bukett der Liebe, das ich vor ihnen ausgebreitet habe? Was genau sehen sie? Wenn beim Hauptgericht die Karotten fehlten, und es wären nur Erbsen darin, mit Pfeffer und Salz und einigen anderen Gewürzen, würde das einen Unterschied machen? Ich hätte Pfefferschoten in die Sahnesoße tun sollen, aber der Rest im Glas war verdorben. In den Salat habe ich zwei Sorten grünen Salat gegeben, Tomaten, Radieschen, Gurkenscheiben, etwas Sellerie und grünen Paprika. Wenn ich den grünen Paprika weggelassen hätte, würden sie das bemerken? Bemerken sie, daß er drin ist? Ich habe aus einem Fertigteig Brötchen gemacht. Alle legen sie die Brötchen auf ihren Teller und tun das Frikassee darüber, außer Susan, die nichts Aufgeweichtes mag; wenn die Brötchen nun nicht da wären?... Bobby läßt seine Gabel auf den Boden fallen. Macht nichts, wisch es weg. Mein Mann sagt etwas. Ernst oder lächelnd? Er lächelt. Gut. Mein Mann sagt etwas zu mir über heute abend. »Um wieviel Uhr kommen sie?« Immer fragt er das, wenn jemand zu uns kommt am Abend; sie sind immer für halb neun eingeladen. »Halb neun«, sage ich. Mein Mann ist ein intelligenter Mann, und seine Intelligenz ist freundlich, liebenswürdig; über die Jahre hat er gewisse kleine Aufmerksamkeiten kultiviert, während seine Gedanken von mir forttreiben.

Was kann ich zu ihm sagen?

Am Tisch wird geschwatzt, gekichert, zugelangt, geräuschvoll gegessen. Die Jungen stoßen sich zufällig mit den Ellbogen an, absichtlich. Susan sagt: »Du bist vielleicht ein Ferkel!« Jamie sagt: »Kümmere dich um deine eigenen Sachen!« Susan sagt: »Halt den Mund!« Jamie sagt: »Halt du doch den Mund!« Susan sagt: »Halt *du* den Mund!« Alle am Tisch essen... sie versuchen sich gegenseitig den Rang abzulaufen, haben es eilig, mit dem Essen fertig zu werden und wegzukommen. Susan wird als erste fertig sein. Sie hat alle Erbsen fein säuberlich aussortiert und auf dem Teller liegenlassen. Um mich zu ärgern, oder bekommen ihr die Erbsen wirklich nicht?

Nachdem sie fertig sind, stelle ich die Teller zusammen, die Gabeln, die Löffel, die Messer, die verschmierten Gläser... die Soße ist ganz dick, ich hasse es, mit den Fingern dranzukommen, ihre Kälte ist mir widerlich... der Tisch ist naß, jemand hat Soße verschüttet, macht ja nichts; wir haben einen Tisch, dem nichts etwas anhaben kann. Nichts kann ihm etwas anhaben. Ich räume alles ab, lösche das Tischmuster dieses Abends, und stelle das Geschirr auf die Anrichte, ein Chaos, stelle es hin und habe plötzlich ein ganz komisches Gefühl...

Freunde

kommen, lächeln uns an, ziehen ihre Mäntel aus. Norm mixt die Drinks. Scotch und Wasser. Wir setzen uns, Arnold und Brenda sehen ein bißchen müde aus, oder? Nein, Brenda sieht gut aus. Sie trägt diese neuen Strümpfe, die mit dem nassen Glanz, und ihre Schuhe sehen auch neu aus. Manchmal halten die Leute Brenda für mich, und mich für Brenda, obgleich ich hellere Haare habe als sie und größer bin als sie. Es macht mir nichts aus, für jemand anders gehalten zu werden. Wir sind beide Professorenfrauen. Unsere Männer reden miteinander, wir beide reden miteinander. Ich blicke hinüber zu Norman, um zu sehen, ob er immer noch so zerstreut ist, aber ich kann es nicht sagen. Er vermeidet es, den Blicken anderer zu begegnen, eine alte Gewohnheit von ihm. Gegen elf gehe ich in die Küche, und Brenda kommt mit, mit ihrem Glas. Ich hole die Käsescheiben und das Fleisch aus dem Kühlschrank. Ich habe alles vorbereitet und in Folie gewickelt. Ich lege Brot in einen kleinen Korb mit einer Stoffserviette. Ich nehme Pickles und Oliven. Brenda lehnt sich mit dem Bauch gegen die Anrichte und starrt in ihr Glas. »Tut mir leid, daß sich Arnold heute abend so komisch benimmt«, sagt sie. Sie hat Falten am Hals, die zu sehen sind, wenn sie den Kopf nach vorn beugt, wenn sich ihr Kinn gegen die Kehle schiebt. »Er fing mit dem Trinken an, gleich als er von der Uni kam. Er glaubt, sie wollen ihn abschieben...«

Wir reden von Brendas Gymnastik im CVJM, von der Übungsstunde, die sie und zehn andere Hausfrauen nehmen. Sie tragen ärmellose Trikots. Sie treffen sich jeden Mittwochvormittag. Wir reden von der Frau eines anderen Professors, einer älteren Frau, die nie aus dem Haus geht, die man nie mehr in der Schule oder in der Stadt sieht. Sie hatte eine Operation in diesem Sommer. »Eigentlich ist es doch schon was, wenn sie es schaffen, es einem wegzuoperieren, und man lebt noch«, sagt Brenda. Ihr Gesicht verzieht sich aus Mitgefühl und Bestürzung. »Ich meine, als Frau kann man heutzutage doch so gut wie alles tragen, das merkt doch überhaupt keiner... Wie soll das jemand merken?«

Niemand würde es merken.

Norm und ich schlafen tief in der Nacht, in den zwei Hälften unseres Bettes. Ich erinnere mich noch genau an die vergangenen Jahre, an jene Monate, in denen ich schwanger war. Aber ich kann mich nicht mehr daran erinnern, wie es dazu kam, daß ich schwanger wurde. Ich weiß noch, wie ich Anfang zwanzig war, eine junge Ehefrau, in erotischer Benommenheit irgendwo... in einem Zug?... meine Schenkel verstört in Erinnerung an unsere Liebe, eine unerträgliche Verstörtheit über das, was mein junger Ehemann mit mir getan hatte, immer wieder und wieder, aber das Mädchen in dem Zug ist wie aus einem Film, auf Film, das mir fortgenommen wird, das ich gar nicht bin... es starrt verträumt aus dem Fenster, berauscht, verzaubert. Ich bin nicht jenes Mädchen.

Ich hab mich nie daran erinnern können, warum ich schwanger war, nicht genau. Es war mir wichtig vorgekommen, es war mir heilig vorgekommen, mich an den genauen Tag zu erinnern, an die genaue Nacht... aber das hab ich nie gekonnt. Ich hatte keine Zeit. Alles verlor sich. Ich bekam ein Baby, ich erwartete noch eins; ich hatte zwei Babys, und ich erwartete wieder eins; wir mußten packen, ich war schwanger und hatte Angst vor einer Fehlgeburt, wir konnten uns keine Möbelpakker leisten, wir verbrachten den ganzen Tag damit, Geschirr und Bücher einzupacken... wir fuhren quer durchs Land zu einem College, an dem Norm ein Jahr lang unterrichtete, dann fuhren wir quer durchs Land zurück zu einem anderen College, wo er fünf Jahre lang unterrichtete, und glaubte, das Richtige für sich gefunden zu haben, dann kam er zu dem Schluß, daß dieses College nicht gut genug war für ihn, und so kamen wir hierher, vor neun Jahren oder vor zehn, an ein College, das für mich kein bißchen anders ist als die beiden davor, an denen wir waren.

»Als wir herkamen, hörten wir im Radio, daß man unten am Fluß Teile eines Frauenkörpers gefunden hat«, sagt Brenda und verzieht das Gesicht. »Von Kindern. Ist das nicht schrecklich? Wenn nun eins von unseren Kindern so etwas finden würde! Sie haben gespielt, unten am Fluß...«

Sie ist also tot.

Am Samstag

gehe ich mit Betty zum Arzt. Asiatische Grippe. Das bedeutet, daß alle sie kriegen, alle Kinder. Susan geht in ihre Klavierstunde. Die Heizung im Wagen ist kaputt, ich muß es Norman sagen, ich habe Angst, es Norman zu sagen... wir haben kein Geld dafür. Ich habe angefangen, Weihnachtsgeschenke zu kaufen. Mein Kopf ist plötzlich ganz benommen von dem Gedanken an Geschenke, Weihnachtsgeschenke, mir wird fast schwindlig, wenn ich daran denke... ich bin geblendet wie von einem plötzlichen Lichtstrahl, herrlichem Licht! Vor mir liegen Tage, ausgefüllt mit dem Einkaufen von Geschenken. Und dann die Weihnachtswoche. Ein paar von den Geschenken werde ich bis nach Indiana schicken; es ist wichtig, solche Traditionen aufrecht zu erhalten. Sogar meine alten Onkel, sie schätzen es, wenn man sich an sie erinnert. Jeder schätzt es, wenn man sich an ihn erinnert. Es ist schrecklich, wenn sich keiner an einen erinnert.

...Ein Braten, Roastbeef. Naturreis. Bratensoße. Brötchen vom Bäcker, knusprige Brötchen und Milchbrötchen... Salat... Karotten? Keine Karotten. Blumenkohl mit Käsesoße. Cheddarkäse. Apfelscheiben. Heute abend werde ich Apfelscheiben auf einem weißen Teller anrichten, auf einer weißen Platte, Apfelscheiben, die wie herrliche dunkelrote Räder aussehen...

Im Supermarkt ist es voll. Jeder ist in Eile, aber diese Eile ist heiter und freundlich. Von irgendwoher Musik. Der Boden unter mir scheint mitzuschwingen mit dieser Musik, wie der Boden auf einem Schiff, es ist ein angenehmes Gefühl. Ich lasse mich durch die Gänge treiben. Die Dosen in den Regalen ragen weit über meinen Kopf nach oben, in vielen verschiedenen Größen und Farben – ich lege Dosen in den Wagen, ich lege Kartons, Packungen, Flaschen hinein, ich lege Salatköpfe hinein – der Salat ist nicht sehr frisch heute und kostet 39 Cent –, und dann weiter zu der Abteilung mit den Milchprodukten – vier Packungen Milch – ich sehe unten an den Packungen nach, ob sie nicht undicht sind – Flaschen mit Orangensaft, mit einer extra Kerbe, in die eine menschliche Hand paßt! In einer anderen Abteilung sind Dinge fürs Bad. Tabletten, Shampoo, Seife, Deo-Sprays... die Tabletten erinnern mich an eine Fernsehwerbung für Schnupfen-Tabletten. Die Kapseln springen innerhalb von zwölf Stunden nach und nach auf, glaube ich. Sie setzen sich in winzigen Teilstücken in die Blutbahn ab. Ich muß an die Zellen meines Körpers denken, mit dem Samen meiner Zukunft darin, unlesbar. Sie tragen den Samen von Krebs in sich, ja, sogar den Tod, die ganz spezielle Art und Weise, auf die ich zugrundegehen und sterben werde, alles unsichtbar verborgen in ihnen, aufbewahrt, um irgendwann, zu einem ganz bestimmten Zeitpunkt, loszugehen. Aber dieser Zeitpunkt ist ein Geheimnis.

In der Papierabteilung liegt ein Stapel Zeitungen, und eine der Schlagzeilen lautet *Mädchenkörper im Fluß gefunden.* Wieder das Bild dieses Mädchens, ein schönes Mädchen, das mit seiner kecken Oberlippe, geschminkt und hübsch, direkt in die Kamera blickt, sich seiner selbst sehr sicher. Die Teile eines Körpers wurden entlang des Flusses und im Fluß gefunden, ein Frauenkörper, ein Kopf. Das Gesicht verstümmelt. Ihr Gesicht ist also nicht mehr dasselbe, das Gesicht in der Zeitung?... Ich starre sie an, und ich fühle Panik in mir, hinten im Kopf, in den Kniekehlen. Was hat diese Bedrohung für mich zu bedeuten? Werde ich zusammenbrechen? Werde ich schreien? Eine gelbliche Zelle in mir droht zu bersten; wie Sperma, so gelb und lebendig.

Ein Mann

im Augenwinkel einer Frau lähmt das gesamte Auge. Eine Frau möchte ihren Körper mit den Fingernägeln aufreißen, strömendes Blut, sie möchte ihr Gesicht zerkratzen, damit kein Mann es anzusehen braucht, sie möchte erledigt sein und in Sicherheit. Aber warum hämmert mein Herz so? Wir sind nicht im Krieg. Doch, irgendwo sind wir im Krieg, Soldaten, irgendwo »im Krieg«, aber wir selbst sind nicht im Krieg und sollten daher Frieden haben. Warum habe ich keinen Frieden, mit meinen vierzig Jahren?

Dieser Mann hat ein kränkliches Gesicht, er sieht sehr jung aus. Das Foto ist unscharf. Er ist doch noch ein Junge, seine Augen sind die Augen eines Jungen... aber er hat nichts Jugendliches an sich, nur etwas Endgültiges. Er ist am Ende von irgend etwas angekommen. Von einem Motelbesitzer identifiziert, Samstagabend als letzter zusammen mit Linda Slater gesehen worden; die beiden kamen in ein bestimmtes Motel draußen am Highway, und dort stritten sie sich in einem Zimmer, und dann gingen sie weg... Worüber haben sie sich geschritten? Warum wird man nie genau wissen, worüber sie sich gestritten haben in jener Nacht?

Man stelle sich die Kraft vor hinter einem Messer, das den Kopf vom Körper trennt, einen so schönen Kopf! Man stelle sich die Ströme von Blut vor, die aus der Kehle stürzen! Am Ende muß Verwirrung geherrscht haben, Wahnsinn, nicht Liebe oder Haß. Die Dinge beschleunigen sich, wenn sie sich einem Ende nähern. Der Junge muß gehetzt gewesen sein, Fehler gemacht haben, er wimmerte vor sich hin, alles wurde immer schneller, wurde verwirrend und verrückt, unfaßbar für ihn... Um ein Uhr wußte keiner von beiden, weder das Mädchen noch der Junge, was um zwei geschehen würde. Vielleicht wußten sie, daß etwas geschehen würde, irgend etwas Seltsames, aber vielleicht hatten sie etwas Derartiges schon einmal gespürt in ihrem Leben, fälschlicherweise, als nichts geschah. Diesmal geschah es.

Mein Mann
läßt die Zeitung fallen, sein Gesicht vor Kummer betäubt und leer. Ich beobachte ihn vom dunklen Eßzimmer aus. Aus einem anderen Zimmer dringt der Lärm des Fernsehers, jemand lacht, eine Menge Leute lachen aus dem Gerät. Ich habe keine Zeit für den Kummer meines Mannes. Ich sehe die Verträumtheit in ihm, die lähmende Klarheit einer endgültigen Erkenntnis – ich würde ihm gern ins Gesicht schreien: »Warum bist du überrascht? Sie mußte sterben wie wir alle!« Aber ich sage nichts. Er kam heute spät heim vom Unterricht und sah aus, als wäre ihm nicht gut. Wenn er die Grippe kriegt wie Betty, muß ich mich um ihn kümmern, als wäre er ein Kind, schlimmer als ein Kind, und ich freue mich plötzlich... aber nein, nein, das macht mehr Mühe als alles andere, er war schon oft krank wie ein Kind, schlimmer als ein Kind; ich kann mich nicht freuen. Ich bin in Eile, ich kann überhaupt nichts fühlen. Mir wird die Zeit weggenommen, eine Handvoll nach der anderen. Die Leute, die im Fernseher lachen, im anderen Zimmer, lachen im schrecklichen Einklang, wie winzige Menschen mit winzigen Lungen, die mich auslachen. Ich stehe da und beobachte einen Mann, mit

dem ich viele Jahre verheiratet bin, und ich kann ihn niemals besitzen, meinen Mann. Ich habe zwanzig Jahre lang mit ihm zusammen gelebt, aber ich kann ihn nicht besitzen. Ich kann nie so jung sein wie dieses Mädchen. Mein Kopf und mein Leib sind fest miteinander verbunden. Er wird mich nie so ansehen, wie er sie, ihr Foto, angesehen hat.

Ich muß noch einkaufen vor sechs. Der silberne Weihnachtsbaum sieht aus wie sonst, der Engel sieht aus wie sonst, ich halte mich nicht damit auf, einen Wagen zu nehmen, sondern laufe gleich nach hinten zur Milchabteilung. Ein paar Hausfrauen sind dort, in Eile wie ich. Drei Kinder albern herum, aber es läßt sich nicht sagen, wem sie gehören. Ich nehme mir einen Karton Eier, Güteklasse A, die ich vorher vergessen hatte, und noch ein paar andere Dinge; ich laufe zurück zur Kasse.

Der Parkplatz ist fast leer zu dieser Tageszeit. Rissiges Eis auf der Straße, ein weiß-blauer Container mit der Aufschrift »Heilsarmee Sammelstelle«, am Bordstein mit lautem Motor ein klappriges Auto voller Schüler, Unkraut und Abfälle zwischen Parkplatz und Gehsteig, steifgefroren... Ich laufe zu meinem Wagen.

Ich werde nicht verfolgt.

Virginia Woolf

Das neue Kleid

Den ersten ernstlichen Argwohn, daß etwas nicht richtig war, empfand Mabel, als sie den Abendumhang ablegte und die alte Barnet – die ihr den Handspiegel reichte und auf die Bürsten und Kämme wies und so vielleicht recht deutlich ihr Augenmerk auf alle die Dinge zum Zurechtrichten und Auffrischen von Frisur, Teint und Kleid da auf dem Garderobetisch lenkte – diesen Argwohn bestätigte, daß etwas nicht richtig, nicht ganz richtig war, und der verstärkte sich beim Hinaufgehn über die Treppe und wurde jäh zur Überzeugung, als sie Clarissa Dalloway begrüßte. Darum ging sie schnurstracks durch den ganzen Salon auf einen in gedämpftem Licht liegenden Winkel zu, wo ein Spiegel hing, und sah hinein. Wirklich! Es war *nicht* richtig, das Kleid. Und sogleich überkam sie das Elend, das sie immer zu verbergen suchte, und die tiefe Unzufriedenheit – dieses Gefühl der Minderwertigkeit gegenüber andern Leuten, das sie seit ihrer Kindheit hatte, – sprang sie schonungslos, erbarmungslos an, mit einer Heftigkeit, die sie nicht abzuwehren vermochte, wie sie das, wenn sie daheim nachts erwachte, tun konnte, indem sie Borrow oder Scott zu lesen begann; denn – oh, diese Männer, oh, diese Frauen! – alle dachten sie: »Was hat Mabel da nur an? Wie schauderhaft sie aussieht! Was für ein scheußliches neues Kleid!« und blinzelten, wenn sie nahekamen, und schlossen dann für eine Sekunde die Augen.

Was sie bedrückte, war ihre entsetzliche Unzulänglichkeit; ihre Feigheit; ihr erbärmliches, wässeriges Blut. Und sogleich erschien ihr jenes Zimmer, darin sie viele Stunden lang mit der kleinen Schneiderin besprochen hatte, welchen Schnitt es haben sollte, überhaupt als jämmerlich und abstoßend; und ihr

Wohnzimmer daheim als so schäbig; und sie selbst vorhin beim Weggehn als aufgeblasen von Eitelkeit, wie sie mit dem Finger über die Briefe auf dem Tischchen im Hausflur strich und »Fades Zeug!« murmelte, um sich aufzuspielen, – das alles schien ihr nun unsäglich albern, armselig und provinzlerisch zu sein. Das alles war völlig vernichtet, entlarvt, zum Platzen gebracht worden in dem Augenblick, als sie Clarissa Dalloways Salon betrat.

Was sie sich an jenem Spätnachmittag, an ihrem Teetisch sitzend, gedacht hatte, als Mrs. Dalloways Einladung kam, war, sie werde freilich nicht modisch gekleidet hingehn können. Lächerlich, das auch nur vortäuschen zu wollen, – modisch bedeutete guten Schnitt, bedeutete Stil, bedeutete, gering gerechnet, dreißig Guineen – aber warum nicht originell sein? Warum nicht überhaupt sie selbst sein? Und sie war aufgestanden und hatte das alte Buch ihrer Mutter hervorgesucht, ein Pariser Modealbum aus der Zeit des Ersten Kaiserreichs, und sich gedacht, um wieviel hübscher, würdevoller und weiblicher die Frauen damals waren, und sich vorgenommen – oh, wie närrisch von ihr! – zu versuchen, ihnen zu gleichen, hatte sich wahrhaftig etwas darauf eingebildet, daß sie sittsam und altmodisch und sehr scharmant wirken werde, hatte sich zweifellos einer Orgie von Eigenliebe überlassen, die gezüchtigt zu werden verdiente, und hatte sich also auf diese Weise aufgetakelt.

Doch sie wagte nicht, wirklich in den Spiegel zu blicken, vermochte nicht, sich dem ganzen Greuel zu stellen – dem mattgelben, blödsinnig unmodernen knöchellangen Seidenkleid mit den Puffärmeln und der hohen Taille und allem, was in dem Modealbum so reizend aussah; aber nicht an ihr, nicht unter allen diesen alltäglichen Menschen. Sie kam sich, als sie hier stand, vor wie die Kleiderpuppe einer Schneiderin, nur dazu da, daß junge Leute Stecknadeln hineinstachen.

»Aber, meine Liebe, wie reizend!« sagte Rose Shaw, sie von oben bis unten musternd, mit diesem leichten spöttischen

Kräuseln der Lippen, das sie erwartet hatte, – Rose, selber immer nach der allerneuesten Mode gekleidet, ebenso wie die andern.

Wir sind alle wie Fliegen, die über den Rand einer Untertasse zu krabbeln versuchen, dachte Mabel, und wiederholte die Worte im stillen, als bekreuzigte sie sich, als wollte sie einen Zauberspruch finden, um diese Pein loszuwerden, diese Tortur erträglich zu machen. Fetzchen aus Shakespeare, Zeilen aus Büchern, die sie vor urlanger Zeit gelesen hatte, fielen ihr immer ein, wenn sie Qualen litt, und sie sagte sie sich wieder und wieder vor. »Fliegen, die zu krabbeln versuchen«, wiederholte sie. Wenn sie sich das oft genug vorsagen und sich die Fliegen vorstellen könnte, würde sie gefühllos werden, kalt, starr, stumm. Nun konnte sie Fliegen sehen, die langsam aus einer mit Milch gefüllten Untertasse herauskrabbelten, die Flügel verklebt; und als sie so vor dem Spiegel stand und Rose Shaw zuhörte, war sie angestrengt bemüht, sich Rose und alle die andern Leute hier als Fliegen vorzustellen, wie sie sich aus irgend etwas herauszuhieven suchten oder in etwas hinein, – mieserige, unbedeutende, sich abstrampelnde Fliegen. Aber sie konnte sie sich nicht so vorstellen, nicht andre Leute. Sich selbst sah sie so – sie war eine Fliege, die andern aber waren Libellen, Schmetterlinge, herrliche Insekten, tanzende, gaukelnde, schwebende, während sie allein sich aus der Untertasse herausmühte. (Neid und Bosheit, die hassenswertesten aller Laster, waren ihre Hauptfehler.)

»Ich fühle mich wie eine schäbige, schlampige, schwächliche, gräßlich schmuddelige alte Fliege«, sagte sie, damit Robert Haydon just in dem Augenblick stehnbleibe und ihre Worte höre; sagte es nur, um sich zu beruhigen, indem sie eine matte, knieweiche Phrase auf Hochglanz polierte und so zeigte, wie unbeteiligt sie sei, wie witzig, wie sie sich nicht im geringsten als außenstehend vorkomme. Und selbstverständlich antwortete Robert Haydon etwas völlig Höfliches, völlig Unaufrichtiges, das sie sogleich durchschaute, und kaum daß er weg war, sagte sie sich (abermals aus irgendeinem Buch): »Lügen, Lügen, Lügen!« Denn auf so einer Gesellschaft wird alles entweder viel wirklicher oder viel weniger wirklich, dachte sie; blitzartig sah sie auf den Grund von Robert Haydons Herz; sie durchschaute alles. Sie sah die Wahrheit. *Dies* war wahr, dieser Salon, dieses Selbst hier und nicht jenes andre. Miß Milans kleine Werkstatt war wirklich schrecklich heiß, stickig, armselig. Es roch darin nach Kleidern und gedünstetem Kohl; und dennoch, als Miß Milan ihr den Handspiegel reichte, damit sie sich in dem fertigen Kleid von allen Seiten besehen könne, wurde ihr Herz von einer außerordentlichen Seligkeit durchdrungen. Lichtübergossen gewann sie Dasein. Aller Kümmernisse und Sorgenfalten ledig, stand, was sie sich erträumt hatte, vor ihr – eine schöne Frau. Nur für eine Sekunde (sie hatte nicht gewagt, nochmals hinzublicken, Miß Milan hatte die Länge des Kleids wissen wollen), sah ihr, eingerahmt von den Mahagonischnörkeln des Stehspiegels, ein schimmerndes, geheimnisvoll lächelndes, reizendes junges Geschöpf entgegen, ihre wahre Seele, ihr innerstes Selbst; und es war nicht bloß Eitelkeit, nicht bloß Eigenliebe, daß sie dieses für gut, zartsinnig und aufrichtig hielt. Miß Milan sagte, das Kleid dürfe gar nicht länger sein; es müsse, wenn überhaupt, sagte sie abwägend, die Stirn gerunzelt, ihre fünf Sinne beisammen, eher kürzer sein.

Und plötzlich fühlte sie sich ehrlich von Liebe für Miß Milan erfüllt, empfand viel, viel mehr Zuneigung für sie als für irgend jemand sonst auf der ganzen Welt und hätte vor Mitleid weinen können, daß sie auf dem Fußboden herumkriechen sollte, den Mund voller Stecknadeln, hochrot im Gesicht, mit vorquellenden Augen, – daß ein Mensch so etwas für einen andern tun sollte; und sie sah alle Menschen bloß als Menschen und sich selbst, wie sie auf die heutige Abendgesellschaft ging, und Miß Milan, wie sie die Hülle über den Käfig des Kanarienvogels zog oder, ein Hanfkorn zwischen den Lippen, ihn es wegpicken ließ, und der Gedanke daran, an diese Seite der menschlichen Natur und deren Geduld und Langmut und Sichzufriedengeben mit solch kläglichen, kärglichen, kümmerlichen kleinen Freuden füllte ihr die Augen mit Tränen.

Jetzt war das alles entschwunden. Das Kleid, das Zimmer dort, die Liebe, das Mitleid, der umschnörkelte Stehspiegel und der Käfig mit dem Kanarienvogel – alles war entschwunden, und hier stand sie nun, in einem Winkel von Clarissa Dalloways Salon, von Qualen gepeinigt, hellwach der Wirklichkeit gegenüber.

Aber wie armselig, dünnblütig und kleinlich, wenn sie, in ihrem Alter, mit zwei Kindern, noch so völlig abhängig war von andrer Leute Meinung und selber keine Grundsätze oder Überzeugungen besaß, nicht, wie andre Leute, imstande war zu sagen: »Schließlich gibt es Shakespeare! Es gibt den Tod! Wir sind alle nur Würmer in einem Stück Schiffszwieback!« – oder was immer es war, was Leute sagten.

Sie blickte sich fest an in dem Spiegel; sie zupfte an ihrer linken Achsel; sie wagte sich aus ihrem Winkel ins Zimmer hinaus, als würde ihr gelbes Kleid von allen Seiten mit Speeren beworfen. Aber statt trotzig oder tragisch dreinzusehen, wie Rose Shaw dreingesehen hätte – Rose hätte wie Boadicea, die heldische Britenkönigin, dreingesehen – sah sie dämlich und verlegen drein, lächelte geziert wie ein Schulmädchen und durchquerte knieweich den Salon, schlich gradezu wie ein verprügelter Köter zu einem Bild, einem Kupferstich, und betrachtete es. Als ginge man auf eine Gesellschaft, um Bilder zu betrachten! Alle mußten doch merken, warum sie es tat – weil sie sich schämte, sich gedemütigt fühlte.

»Nun ist die Fliege in der Untertasse«, sagte sie sich, »mitten drin, und kann nicht heraus, und die Milch«, dachte sie, das Bild anstarrend, »verklebt ihr die Flügel.«

»Es ist so altmodisch«, sagte sie zu Charles Burt, damit er (was er schon an und für sich haßte) stehnbleibe, während er zu jemand hin und mit ihm reden wollte.

Sie meinte oder versuchte vielmehr, sich glauben zu machen, sie meine, das Bild und nicht ihr Kleid sei altmodisch. Und ein anerkennendes Wort, ein herzliches Wort von Charles hätte für sie in diesem Augenblick den ganzen Unterschied gemacht. Wenn er doch nur gesagt hätte: »Mabel, Sie sehen reizend aus heute abend!« hätte das ihr Leben verändert. Aber da hätte sie aufrichtig und unumwunden sein müssen. Charles sagte natürlich nichts dergleichen. Er war die personifizierte Bosheit. Er durchschaute einen immer, vor allem, wenn man sich besonders armselig, erbärmlich und schwachsinnig vorkam.

»Mabel hat ein neues Kleid an!« sagte er, und die arme Fliege wurde buchstäblich in die Mitte der Untertasse zurückgeschnippt. Wirklich, er würde sie gern ertrinken sehen, vermutete sie. Er besaß kein Herz, keine Güte im Grunde, nur einen äußern Anstrich von Freundlichkeit. Miß Milan war viel wirklicher, viel gütiger. Wenn man das bloß immer empfinden und dabei bleiben könnte! »Warum«, fragte sie sich – während sie Charles viel zu schnippisch antwortete und ihn so merken ließ, daß sie schlechter Laune war oder »schief gewickelt«, wie er das nannte (»Bißchen schief gewickelt?« sagte er bloß und ging weiter und machte sich über sie mit einer andern dort drüben lustig) – »warum«, fragte sie sich, »kann ich nicht etwas ein für allemal fühlen, immer sicher sein, daß Miß Milan recht und Charles unrecht hat, und dabei bleiben? Nicht immer sicher sein, was den Kanarienvogel und Mitleid und Liebe betrifft, statt sogleich umgestimmt zu werden, sobald ich ein Zimmer voller Leute betrete?« Es war eben wieder ihr hassenswerter, schwacher, schwankender Charakter, der immer im kritischen Augenblick nachgab und sich nicht ernsthaft für Conchologie, Erymologie, Botanik, Archäologie interessierte und dafür, Saatkartoffeln zu zerschneiden und ihre Keimfähigkeit zu prüfen wie Mary Dennis, wie Violet Searle.

Dann kam Mrs. Holman, die sie hier stehn sah, auf sie zugesteuert. Freilich, so ein Ding wie ein Kleid war zu unwichtig, um von Mrs. Holman beachtet zu werden, deren Sprößlinge immer die Treppe hinunterfielen oder Scharlach hatten. Könne Mabel ihr sagen, ob Elmthorpe je im August und September zu mieten sei? Oh, es war ein Gespräch, das sie unsäglich anödete! – es machte sie wütend, wie ein Häusermakler oder ein Botenjunge behandelt zu werden, benützt zu werden. Keinen Wert zu haben, das war es, dachte sie und versuchte, etwas Hartes, etwas Wirkliches zu erfassen, während sie sich bemühte, vernünftige Auskünfte zu geben über das Badezimmer und die Südlage und die Heißwasserleitung bis ins oberste Stockwerk; und die ganze Zeit konnte sie winzig ihr gelbes Kleid in dem runden Konvexspiegel sehen, der alle Leute so klein wie Stiefelknöpfe oder Kaulquappen aussehen ließ; und es war verblüffend, sich zu denken, wieviel Demütigung und Qual und Ekel vor sich selbst und Mühsal und leidenschaftliches Auf und Ab der Gefühle in etwas von der Größe eines Dreipennystücks enthalten war. Und noch seltsamer: dieses Etwas dort, diese Mabel Waring, war davon getrennt, ganz davon losgelöst. Und obwohl Mrs. Holman (der schwarze Knopf) sich vorneigte und ihr erzählte, daß ihr Ältester sich beim Laufen das Herz überanstrengt hatte, konnte sie sie ebenso ganz losgelöst in dem Spiegel sehen, und es war unmöglich, daß der schwarze Punkt, der sich jetzt vorneigte, gestikulierte, den gelben Punkt, der ganz für sich dasaß, mit sich selbst beschäftigt, fühlen machen könnte, was der schwarze fühlte, und doch täuschten beide das vor.

»Einfach nicht zu erreichen, daß Jungens sich ruhig verhalten« – war so ungefähr, was man darauf antwortete.

Und Mrs. Holman, die nie genug Sympathie bekommen konnte und gierig nach dem wenigen, das sich fand, haschte, als wäre das ihr gutes Recht (aber ihr gebührte viel mehr, denn war nicht ihre Kleine heute mit einem geschwollenen Kniegelenk zum Frühstück gekommen?), nahm diese schäbige Gabe und besah sie mißtrauisch, verdrießlich, als wäre sie ein Halbpennystück, wenn es doch eine Pfundnote hätte sein sollen, und steckte es in ihre Börse, mußte sich damit begnügen, so kärglich und knauserig es auch war, bei den heutigen harten Zeiten, den sehr harten; und weiter ging's, das Geknautsche Mrs. Holmans, der gekränkten, über die Kleine mit dem geschwollenen Kniegelenk. Ah, es war tragisch, dieses Gieren, dieses Geschrei der Menschen nach Sympathie – gleich einer Reihe von Kormoranen mit ihrem Kreischen und Flügelschlagen; es war tragisch, wenn man sie wirklich empfunden und nicht bloß vorgegeben hätte, sie zu empfinden!

Aber heute abend, in ihrem gelben Kleid, vermochte sie keinen einzigen Tropfen mehr davon hervorzupressen; sie wollte die ganze ganz für sich selbst. Sie wußte (sie blickte weiter in den Spiegel, tauchte ein in diesen entsetzlich bloßstellenden blauen Tümpel), daß sie verurteilt war, verachtet, auf einem toten Geleise gelassen, weil sie so war, ein schwächliches, unentschlossenes Geschöpf; und das gelbe Kleid schien ihr eine Buße zu sein, die sie verdient hatte, und wenn sie wie Rose Shaw in schönes, schmiegsames Grün gekleidet gewesen wäre, mit einer Rüsche aus Schwanenflaum, hätte sie eben *dies* verdient; und es gab, dachte sie, keinen Ausweg für sie – keinen wie immer gearteten. Doch es war schließlich nicht ganz allein ihre Schuld. Die Schuld lag daran, eins von zehn Geschwistern gewesen zu sein; nie genug Geld zu haben, immer knapsen und knausern zu müssen; und daran, daß ihre Mutter selber schwere Kannen geschleppt hatte und das Linoleum über den Stufenkanten abgewetzt gewesen war, und an einer jämmerlichen kleinen häuslichen Tragödie nach der andern – die Schafzucht auf dem Gut ein Mißerfolg, aber kein völliger; ihr ältester Bruder unter seinem Stand verheiratet, aber nicht allzusehr darunter, – es war nichts Romantisches, nichts Extremes an ihnen allen. Sie vegetierten auf achtbare Weise dahin, in kleinen Städtchen am Meer; in jedem Badeort schlief sogar jetzt irgendeine Tante von ihr in irgendeiner möblierten Wohnung, deren Vorderfenster nicht unmittelbar aufs Meer gingen. Das war so typisch für sie alle – immer mußten sie auf alles nur schielen. Und sie selbst hatte es auch so gemacht – sie war genau wie ihre Tanten. Sosehr sie es sich erträumt hatte, in Indien zu leben, mit einem Helden wie Sir Henry Lawrence verheiratet, mit irgend jemand, der das Empire ausbauen half (immer noch erfüllte sie der Anblick eines beturbanten Eingeborenen mit Romantik), hatte sie ganz und gar versagt. Sie hatte Hubert Waring geheiratet, mit seinem sichern untergeordneten Dauerposten beim Obersten Gerichtshof, und es ging ihnen leidlich in einem eher kleinen Haus ohne richtige Dienstmädchen und, wenn sie allein war, nur bei Haschee oder bloß Butterbrot, aber dann und wann – Mrs. Holman hatte sich getrollt, überzeugt, sie sei die vertrocknetste, verständnisloseste Staude, der sie je begegnet war, lächerlich gekleidet obendrein, und würde jedem Menschen erzählen, wie unmöglich Mabel ausgesehen habe, – dann und wann, dachte Mabel, auf dem blauen Sofa alleingeblieben und das Kissen mit kleinen Püffen wieder in Ordnung bringend, um beschäftigt auszusehen, denn sie wollte sich nicht zu Charles Burt und Rose Shaw gesellen, die wie Elstern drauflosschwatzten dort neben dem Kamin und vielleicht über sie lachten, – dann und wann kamen köstliche Augenblicke für sie, neulich abends zum Beispiel, als sie im Bett noch las, oder unten am Strand in der Sonne letzte Ostern – sie trachtete sich genauer zu erinnern – ein dichter Schopf blassen Sandgrases, ganz sparrig wie ein Bündel Speere gegen den Himmel, der blau war wie ein glattes Porzellanei, so fest, so hart, und dann die Melodie der Wellen: »Schsch, schsch«, sagten sie, und die Rufe der planschenden Kinder – ja, es war ein göttlicher Augenblick gewesen, und sie lag dort, so hatte sie empfunden, in der Hand der Göttin, die die Welt war; einer recht hartherzigen, aber sehr schönen Göttin; ein kleines Lamm, auf den Altar gelegt (man dachte sich solche Dummheiten, und es schadete nichts, solange man sie nicht aussprach). Und auch mit Hubert hatte sie manchmal ganz unerwartet – wenn sie den Hammelbraten für das sonntägliche Mittagessen vorschnitt – aus gar keinem Grund – wenn sie einen Brief öffnete, in ein Zimmer kam – göttliche Augenblicke, wo sie zu sich sagte (denn sie würde so etwas zu niemand anderm sagen): »Das ist so einer. Es ist wirklich geschehen. Das ist er!« Und das Entgegengesetzte war ebenso überraschend – das heißt, wenn alles bereit war: Musik, Wetter,

Ferien, jeder Grund zum Glücklichsein – und dann gar nichts geschah. Man war nicht glücklich. Es war schal, einfach schal, sonst nichts.

Wieder, unbezweifelbar, ihr jämmerliches Selbst! Sie war immer eine überbesorgte, willensschwache, ihrer Aufgabe nicht gewachsene Mutter gewesen, eine ihrer selbst nicht sichere Gattin, die in einer Art von Dämmerdasein dahindöste, mit keinen sehr klaren oder kühnen Ansichten, nicht dies und nicht das, wie alle ihre Geschwister, Herbert vielleicht ausgenommen, – sie waren alle die gleichen armseligen dünnblütigen Geschöpfe, die nichts vollbrachten. Dann plötzlich, in dieser kriechenden, krabbelnden Art von Existenz, war sie manchmal hoch oben auf einem Wellenberg gewesen. Diese elende Fliege – wo hatte sie nur die Geschichte gelesen, die ihr immer wieder einfiel, von der Fliege in der Untertasse? – war mühsam herausgekrochen. Ja, sie hatte solche Augenblicke. Nun aber, seit sie vierzig war, würden die immer seltener werden. Nach und nach würde sie aufhören, sich zu mühen. Aber das wäre jämmerlich. Das wäre unerträglich. Es erfüllte sie mit Scham über sich selbst.

Gleich morgen wollte sie in die Londoner Bibliothek gehn. Sie würde irgendein wundervolles, hilfreiches, erstaunliches Buch finden, ganz zufällig, ein Buch von einem Geistlichen oder einem Amerikaner, von dem niemand je gehört hatte; oder sie würde den *Strand* entlanggehn und zufällig in einen Saal geraten, wo ein Grubenarbeiter über sein Leben im Schacht spräche, und plötzlich würde sie ein neuer Mensch werden. Sie wäre ganz und gar verwandelt. Sie würde eine Uniform tragen; würde Schwester Irgendwas genannt werden; sie würde nie wieder einen Gedanken an Kleider verschwenden. Und danach wäre ihr für immer alles völlig klar über Charles Burt und Miß Milan und dieses Zimmer und jenes Zimmer; und es wäre immer, Tag auf Tag, so, als läge sie in der Sonne oder schnitte den Sonntagsbraten vor. Es wäre immer *der* Augenblick!

Also stand sie von dem blauen Sofa auf, und der gelbe Knopf in dem Spiegel stand auch auf, und sie winkte Charles und Rose zu, um ihnen zu zeigen, daß sie nicht im geringsten von ihnen abhängig war, und der gelbe Knopf entfernte sich aus dem Spiegel, und alle Speere hatten sich in ihrer Brust gesammelt, als sie auf Clarissa Dalloway zuging und sich verabschiedete.

»Aber es ist zu früh, um schon wegzugehn«, entgegnete Mrs. Dalloway, die immer so reizend nett war.

»Ich muß leider schon nach Hause«, sagte Mabel Waring. »Aber«, setzte sie mit ihrer schwächlichen, schwankenden Stimme hinzu, die nur noch lächerlicher klang, wenn sie ihr mehr Kraft zu verleihen suchte, »ich habe mich riesig gut unterhalten.«

»Ich habe mich gut unterhalten«, sagte sie zu Mr. Dalloway, mit dem sie auf der Treppe zusammentraf.

»Lügen, Lügen, Lügen!« sagte sie sich, während sie weiter hinunterging, und: »Mitten drin in der Untertasse!« sagte sie sich, als sie der alten Barnet für ihre Hilfe dankte und sich rundum und rundum in den chinesischen Umhang wickelte, den sie schon an die zwanzig Jahre trug.

Patricia Highsmith

Die Heldin

Sie hatte keinen Augenblick daran gezweifelt, daß sie die Stellung bekommen werde. Unbekümmert war sie nach Westchester gefahren und hatte ihren Koffer gleich mitgenommen. Nun saß sie in einem bequemen Sessel im Wohnzimmer der Christiansens und sah in dem dunkelblauen Mantel und dem Mützchen womöglich noch jünger aus als einundzwanzig. Ernsthaft gab sie Antwort auf alle Fragen.

»Sind Sie schon mal irgendwo als Kindermädchen angestellt gewesen?« fragte Mr. Christiansen. Er saß auf dem Sofa neben seiner Frau, die Ellbogen auf die Knie der hellgrauen Flanellhose gestützt, die Hände verschränkt. »Ich meine, haben Sie irgendwelche Referenzen?«

»Die letzten sieben Monate war ich als Hausangestellte bei Mrs. Dwight Howell in New York.« Lucilles graue Augen weiteten sich, als sie ihn voll anblickte. »Wenn Sie wollen, könnte ich von ihr sicher eine Referenz bekommen... Ich wollte bloß nicht erst warten heute morgen, als ich Ihre Anzeige las. Ich habe mir immer eine Stellung bei Kindern gewünscht.«

Mrs. Christiansens Lächeln galt mehr sich selbst, als sie die naive Begeisterung in dem jungen Gesicht sah. Sie nahm eine Silberdose von dem kleinen Tischchen, erhob sich und bot sie dem jungen Mädchen an. »Mögen Sie?«

»Nein danke, ich rauche nicht.«

»Schön«, meinte Mrs. Christiansen und zündete ihre Zigarette an, »da könnten wir natürlich nachfragen, aber mein Mann und ich finden eigentlich den persönlichen Eindruck wichtiger als Empfehlungen... Was meinst du, Ronald? Du wolltest doch jemand haben, der Kinder wirklich gern hat.«

Fünfzehn Minuten später stand Lucille Smith in ihrem Zimmer im Dienstbotenflügel etwas weiter hinten im Garten und schloß den Gürtelknopf des neuen weißen Hauskleides. Behutsam fuhr sie sich mit dem Lippenstift über den Mund. »Jetzt fängst du noch einmal ganz von vorn an, Lucille«, hielt sie ihrem Spiegelbild eindringlich vor. »Heute beginnt für dich ein glückliches und nützliches Leben, verstanden? Und alles Gewesene wird vergessen.«

Doch schon wurden ihre Augen groß und dunkel, als wollten sie die Worte widerlegen. Wenn sich die Augen so weiteten, dann sahen sie aus wie die ihrer Mutter, und ihre Mutter gehörte zu dem, was sie vergessen sollte. Sie mußte sich das abgewöhnen, die Augen so weit zu öffnen; sie sah dann so erstaunt und unsicher aus – das ging nicht, wenn man mit Kindern zu tun hatte. Ihre Hand zitterte, als sie jetzt den Lippenstift weglegte. Sie glättete ihr Gesicht vor dem Spiegel und fuhr mit der Hand vorne über die gestärkte weiße Uniform. Es waren ja nur ein paar Kleinigkeiten, die sie sich merken mußte, ein paar dumme Angewohnheiten wie das mit den Augen – Papierfetzen im Aschenbecher verbrennen, manchmal die Uhrzeit vergessen –, Kleinigkeiten, die viele Leute sich angewöhnt hatten, die sie sich aber nicht leisten durfte. Daran mußte sie denken. Und mit der Zeit brauchte sie dann gar nicht mehr aufzupassen, dann unterließ sie das ganz automatisch. Weil sie ja ein Mensch war wie alle anderen (das hatte ihr der Psychiater doch gesagt, oder etwa nicht?), und andere Menschen dachten an so etwas überhaupt nicht.

Sie ging durchs Zimmer, ließ sich am Fenster mit den blauen Vorhängen auf die Fensterbank fallen und blickte hinaus auf den Garten und den Rasen, der zwischen dem großen Haus und dem Haus des Dienstpersonals lag. Der Platz war mehr lang als breit, in der Mitte war ein runder Springbrunnen, und über den Rasen führten zwei Steinplattenwege, die wie ein schiefes Kreuz im Gras lagen. Bänke wie weißes Spitzenwerk standen hier und da unter einem Baum, in einer Laube. Ein herrlicher Garten!

Und das Haus – ach, das war das Haus ihrer Träume. Weiß, zweistöckig mit dunkelroten Fensterläden, mit Türen aus schwerem Eichenholz und Messingklopfern und Riegeln, die sich mit einem Daumendruck öffnen ließen... weite Rasenflächen und Pappeln, so dicht und hoch, daß man nicht hindurchsehen konnte... man brauchte gar nicht daran zu denken, ob es irgendwo draußen noch andere Häuser gab... Das regenfeuchte Haus der Howells in New York mit den Granitsäulen und schwerem Schnitzwerk hatte ausgesehen wie ein altbackener Hochzeitskuchen unter vielen anderen ebenso altbackenen Hochzeitskuchen.

Sie stand schnell auf. Dieses Haus hier war lebendig, freundlich, warm. Hier gab es ja auch Kinder. Gott sei gedankt für die Kinder! Und dabei hatte sie sie noch nicht einmal kennengelernt.

Eilig lief sie nach unten, trat vor der Haustür auf den Weg hinaus und blieb noch einen Augenblick bei dem feisten kleinen Faun stehen, der aus dem Schilf das Wasser in den steingefaßten Teich sprühte... Wie war das doch noch mit dem Gehalt, das die Christiansens ihr zahlen wollten... wieviel war es noch? Sie wußte es nicht mehr, es war ja auch egal. In einem so herrlichen Haus würde sie auch umsonst arbeiten.

Mrs. Christiansen führte sie nach oben ins Kinderzimmer. Sie öffnete die Tür, und Lucille stand in einem Raum, dessen Wände mit fröhlichen bäuerlichen Zeichnungen geschmückt waren, mit tanzenden Pärchen und Tieren und blühenden Bäumen in lustigen Verrenkungen. Zwei gleich große helle Betten standen darin, und der mit gelbem Linoleum belegte Fußboden glänzte vor Sauberkeit.

In einer Ecke lagen die beiden Kinder ausgestreckt auf dem Fußboden, Bilderbücher und Malstifte um sich herum.

»Kommt mal her, ihr zwei, und sagt Lucille guten Tag«, forderte die Mutter sie auf.

Der kleine Junge erhob sich und streckte ihr feierlich die buntverschmierte Hand entgegen. »Guten Tag«, sagte er.

Lucille nahm seine Hand, nickte langsam und wiederholte die Worte.

»Und Heloise auch, bitte«, sagte die Mutter und führte die Kleinere zu Lucille. Heloise starrte die weiße Gestalt an und sagte dann ebenfalls: »Guten Tag.«

»Nicky ist neun und Heloise sechs«, erklärte Mrs. Christiansen.

»Ja«, erwiderte Lucille. Beide Kinder hatten, wie ihr Vater, einen Schimmer von Rot in dem blonden Haar. Sie trugen blaue Kittel ohne Blusen, Rücken und Schultern waren sonnengebräunt unter den Trägern. Lucille konnte die Augen nicht abwenden: dies waren die Traumkinder in ihrem Traumhaus. Offen blickten beide sie an, ohne Mißtrauen, ohne Feindseligkeit. Nur Zuneigung und kindliche Neugier sprach aus den Gesichtern.

»... und viele Menschen leben lieber draußen auf dem Lande«, sagte Mrs. Christiansen gerade.

»O ja... Ja. Hier ist es viel schöner als in der Stadt!«

Mrs. Christiansen strich zärtlich über das Haar des kleinen Mädchens. Wie hübsch das aussah... »Gleich ist es Zeit zum Lunch für die Kinder«, sagte sie dann. »Sie essen also mit hier oben, Lucille. Was hätten Sie gern – Tee, Kaffee oder Milch?«

»Ich hätte gern Kaffee, bitte.«

»Schön. Lisabeth wird gleich hier sein mit dem Essen.« An der Tür blieb sie stehen und wandte sich um. »Sie haben doch keine Angst, Lucille?« fragte sie halblaut.

»O nein, Ma'am.«

»Das brauchen Sie auch wirklich nicht.« Sie schien noch etwas sagen zu wollen, ging dann aber mit freundlichem Lächeln hinaus. Lucille starrte ihr nach. Was hatte sie sagen wollen?

»Du bist viel hübscher als Catherine«, erklärte Nicky jetzt. Lucille drehte sich um. »Wer ist denn Catherine?« Sie setzte sich auf einen Hocker und wandte sich den Kindern zu, die sie immer noch betrachteten. Langsam ebbte das Gefühl der Spannung in den Schultern ab.

»Catherine war unser voriges Kindermädchen. Die ist wieder nach Schottland gegangen. Ich bin aber froh, daß du da bist. Catherine mochten wir nicht.«

Heloise stand mit auf dem Rücken verschränkten Händen vor ihr und wippte hin und her, während sie Lucille weiter musterte. »Nö – Catherine mochten wir nicht.«

Nicky sah seine Schwester an. »Das sollst du nicht sagen. *Ich* hab das gesagt!«

Lucille lachte und umschlang ihre Knie, und die Kinder begannen ebenfalls zu lachen.

Ein farbiges Hausmädchen trat mit dampfendem Tablett in die Tür und stellte es auf den hellen Holztisch mitten im Zimmer. Sie war schlank und von unbestimmbarem Alter. »Ich bin Lisabeth Jenkins, Miß«, sagte sie halblaut und versah die drei Gedecke mit bunten Papierservietten.

»Ich heiße Lucille Smith«, sagte Lucille.

»Ja – dann werden Sie wohl allein fertig, Miß. Wenn noch etwas fehlt, brauchen Sie bloß zu rufen.« Sie verließ das Zimmer. Die Hüften unter dem blauen Servierkleid sahen klein und fest aus.

Die drei setzten sich zu Tisch. Lucille hob den Deckel von der großen Schüssel, und zum Vorschein kamen drei mit Petersilie garnierte Omeletten, hell von der Sonne beschienen, die über dem Tisch lag. Doch zuerst mußte Lucille die Tomatensuppe auffüllen und gebutterten Toast herumreichen. Vor ihr stand ein silbernes Kännchen mit Kaffee; die Kinder tranken jedes ein großes Glas Milch. Der Tisch war reichlich niedrig für Lucille, doch das machte ihr nichts aus. Es war wunderbar, einfach hier zu sitzen mit diesen Kindern. Die Sonne schien warm und fröhlich auf den gelben Fußboden, auf den Tisch, auf Heloises kleines braunes Gesicht ihr gegenüber. Wie herrlich, daß sie nicht mehr im Hause Howell war! Immer war sie sich dort linkisch und ungeschickt vorgekommen. Hier wäre gar nichts dabei, wenn sie den Krugdeckel fallen ließe oder wenn der Saucenlöffel bei jemandem auf dem Schoß landete. Darüber würden die Kinder nur lachen.

Lucille trank ihren Kaffee in kleinen Schlucken.

»Willst du gar nichts essen?« fragte Heloise mit vollem Mund.

Die Tasse entglitt Lucilles Hand, und der Kaffee ergoß sich auf die Tischdecke. Nein, Gott sei Dank, es war keine Tischdecke, es war bloß Wachstuch. Das konnte sie mit einem Papiertuch aufnehmen, und Lisabeth würde es gar nicht merken.

»Schweinchen!« lachte Heloise.

»Aber Heloise!« mahnte Nicky streng. Er lief ins Badezimmer, um Papiertücher zu holen. Zusammen wischten sie alles auf. Nicky setzte sich wieder und sagte:

»Papa gibt uns immer 'n bißchen von seinem Kaffee ab.«

Lucille hatte gerade überlegt, ob die Kinder wohl ihrer Mutter von dem Mißgeschick erzählen würden. Was Nicky da andeutete, war vermutlich ein Bestechungsversuch. »Ja, wirklich?« fragte sie.

»Er gießt uns immer etwas in unsere Milch«, fuhr Nicky fort. »Nur 'n bißchen, damit man die Farbe sieht.«

»So viel ungefähr?« Lucille goß ein wenig Kaffee aus der hübschen Silberkanne in jedes der beiden Gläser.

»Ja-ha!« Beide Kinder strahlten.

»Mama will immer nicht, daß wir Kaffee trinken«, erklärte Nicky, »aber wenn sie nicht hinguckt, dann gibt Papa uns ein bißchen – soviel wie du eben. Papa sagt, ohne Kaffee taugt der ganze Tag nichts, und das finde ich auch... Mensch, aber Catherine hätte uns nie so viel gegeben, nicht, Heloise?«

»Nö – nie!« Heloise hielt ihr Glas in beiden Händen und nahm einen langen genußvollen Schluck.

Lucille fühlte, wie tief innerlich etwas Warmes in ihr wach wurde, es stieg ihr bis in die Wangen und brannte dort weiter. Die Kinder mochten sie, da war kein Zweifel. Sie dachte daran, wie oft sie in der Stadt in einem der städtischen Parks gesessen hatte während ihrer drei Jahre als Hausmädchen in verschiedenen Familien (mehr hatte sie sich damals nicht zugetraut). Sie hatte immer nur auf einer Bank sitzen und den Kindern beim Spielen zusehen wollen. Aber die Kinder dort waren meist schmutzig oder ordinär gewesen, und sie selbst war und blieb ein Outsider. Einmal hatte sie gesehen, wie eine Mutter ihr Kind ins Gesicht schlug; vor Schmerz und Entsetzen war sie sofort davongelaufen...

»Du, warum hast du so große Augen?« Das war Heloises Stimme.

Lucille fuhr zusammen. »Meine Mutter hatte auch so große Augen«, sagte sie langsam. Es klang wie ein Geständnis.

»Och.« Die Antwort genügte Heloise.

Behutsam fuhr Lucille mit dem Messer in das Omelette, auf das sie jetzt keinen Appetit mehr hatte. Drei Wochen war ihre Mutter nun tot. Drei Wochen erst – es kam ihr viel, viel länger vor. Sicher lag das daran, daß sie allmählich lernte zu vergessen. Langsam versanken all die hoffnungslosen Hoffnungen der letzten drei Jahre, die aussichtslose Erwartung, daß die Mutter im Sanatorium vielleicht doch noch genesen werde. Genesen – wovon denn? Die Krankheit war ja ein Ding für sich, ein Leiden, an dem sie gestorben war. Es war unsinnig gewesen, eine völlige geistige Gesundung zu erhoffen, denn die hatte ihre Mutter nie gekannt. Das hatten sogar die Ärzte gesagt. Sie hatten Lucille noch mehr gesagt, über sich selbst noch einiges. Gute ermutigende Dinge hatten sie gesagt. Sie sei genauso normal, wie ihr Vater gewesen war. Lucille blickte in Heloises liebes kleines Gesicht auf der anderen Tischseite und fühlte, wie das warme Gefühl wiederkam. In diesem Traumhaus, abgeschlossen von aller Welt, da konnte sie vergessen und ganz neu anfangen.

»Nun – und wie ist's jetzt mit Jello?«

Nicky zeigte auf ihren Teller. »Du hast ja noch gar nicht aufgegessen.«

»Ich hatte keinen Hunger.« Lucille verteilte den Pudding unter die Kinder.

»Jetzt könnten wir in der Sandkiste spielen«, schlug Nicky

dann vor. »Wir gehen sonst immer nur morgens, aber ich möcht dir gern unser Schloß zeigen.«

Die Sandkiste stand hinten am Haus in einer Ecke, die von einem großen vorgezogenen L gebildet wurde. Lucille setzte sich auf den hölzernen Rand, und die Kinder begannen eifrig wie Sandmännchen zu schaufeln.

»Ich bin die gefangene Prinzessin!« rief Heloise.

»Ja, und ich rette sie dann, Lucille, paß mal auf!«

Die Sandburg wuchs schnell in die Höhe. Von den Turmzinnen wehten Fähnchen, ein Festungsgraben lief um die Burg, und eine Zugbrücke – ein Zigarrenkistendeckel mit Sand darauf – führte hinüber. Fasziniert schaute Lucille dem Aufbau zu. Im Geist sah sie Brian de Bois-Guilbert und Rebecca vor sich; sie hatte damals *Ivanhoe* geradezu verschlungen und darüber, genau wie jetzt, alles um sich her vergessen.

Das Schloß war fertig. Hinter die Zugbrücke legte Nicky ein halbes Dutzend bunte Marmeln. »Das sind die guten Soldaten – die sind hier gefangen«, erklärte er. Er stemmte einen weiteren Kistendeckel gegen die Marmeln, errichtete einen Schutzwall aus Sand, zog dann den Deckel weg und sah befriedigt, daß der Sand fest stand wie ein Portal.

Heloise hatte inzwischen Munition in Form von kleinen Steinchen nahe am Haus angehäuft. »Weißt du, wir schlagen das Tor ein, und die guten Soldaten kommen den Berg 'runter über die Brücke, und dann bin ich gerettet.«

»Nicht sagen, nicht sagen! Sie soll es selber sehen.«

Nicky stand auf dem Sandkistenrand gegenüber dem Schloßtor und warf seine Steine ins feindliche Ziel, während Heloise hinter dem Schloß stand und zwischen den Schüssen die Hand ausstreckte, um die Schäden so gut wie möglich zu reparieren, denn sie personifizierte außer der gefangenen Prinzessin auch noch die Verteidigungsarmee.

Auf einmal hielt Nicky inne und blickte Lucille an. »Papa – der kann mit'm Stock schießen, Lucille. Auf das eine Ende legt er einen Stein, und auf das andere Ende, da haut er drauf – so. Das ist 'ne Balliske.«

»Balliste«, sagte Lucille.

»Woher weißt *du* denn das?«

»Ich hab's mal gelesen in einem Buch über Schlösser.«

»Mensch!« Nicky nahm seine Steine auf und begann wieder zu werfen; es war ihm sichtlich peinlich, das Wort falsch ausgesprochen zu haben. »Wir müssen die guten Soldaten jetzt ganz schnell 'rauskriegen, die sind noch gefangen, siehst du? Wenn sie frei sind, dann können wir alle zusammen kämpfen und das Schloß überrennen.«

»Und die Prinzessin befreien!« warf Heloise ein.

Lucille sah ihnen zu und wünschte sehnsüchtig, es käme irgendeine wirkliche Katastrophe, etwas Schreckliches, Gefährliches, das Heloise zustoßen müßte. Dann könnte sie sich zwischen das Kind und den Angreifer werfen und auf diese Weise Mut und Hingabe beweisen... Sie würde dabei selber schwer verletzt werden, eine Kugel müßte sie treffen oder ein Messer, aber den Verbrecher würde sie in die Flucht schlagen. Dann würden die Christiansens sie immer lieben und nie mehr von sich gehen lassen. Wenn jetzt einer käme, ein Wahnsinniger mit hängendem Mund und blutunterlaufenen Augen: Sie hätte kein bißchen Angst.

Die Sandmauer bröckelte, und der erste gute Marmelsoldat riß sich los und kam den Berg heruntergetorkelt. Nicky und Heloise schrien vor Freude. Die Mauer brach, und drei – vier – fünf buntgestreifte Soldaten folgten dem ersten den Sandberg hinunter. Lucille beugte sich vor. Jetzt hatte sie alles verstanden. Sie selbst war einer der guten Soldaten, die im Schloß gefangen waren. Das Schloß war das Howellsche Haus in der Stadt, und Nicky und Heloise hatten sie befreit. Nun war sie frei und konnte lauter gute Taten tun. Wenn jetzt doch bloß etwas passieren wollte...

»Au-au!«

Das war Heloise. Nicky hatte ihr einen Finger mit dem Kistendeckel gequetscht, als sie beide nach derselben Marmel langten.

Lucille griff nach der Kinderhand. Ihr Herz begann laut zu klopfen, als sie sah, wie das Blut aus mehreren winzigen Punkten der kleinen Schramme rann. »Tut es sehr weh, Liebling?«

»Sie durfte doch die Marmeln gar nicht anfassen!« Mit trotzigem Gesicht setzte sich Nicky in den Sand.

Lucille hielt ihr Taschentuch über den verletzten Finger und schleppte das Kind ins Haus, halbtot vor Angst, daß Lisabeth oder Mrs. Christiansen ihnen begegnen könne. Sie brachte Heloise ins Bad neben dem Kinderzimmer, ging an das Medikamentenschränkchen und fand blutstillende Watte. Behutsam säuberte sie den Finger. Es war nur eine ganz kleine Wunde, und Heloise hörte auf zu weinen, als sie sah, wie klein die Stelle war.

»Sieh mal, es ist bloß ein kleiner Kratzer«, sagte Lucille. Ein Trost für das Kind, aber für sie selbst war es durchaus kein kleiner Kratzer. Entsetzlich, daß ihr das am ersten Nachmittag mit den Kindern passierte. Eine echte Katastrophe, die sie nicht verhindert hatte. Wieder und wieder wünschte sie sich die Wunde an die eigene Hand und doppelt so schlimm.

Heloise lächelte, als ihr der Verband angelegt wurde. »Du mußt Nicky nichts tun«, sagte sie. »Er wollte mir gar nicht weh tun, er ist bloß immer so grob.«

Aber Lucille lag es völlig fern, Nicky zu strafen. Sich selbst wollte sie strafen, mit einem Stock in die eigene Hand stechen, daß es schmerzte.

»Warum machst du so mit deinen Zähnen?« Das Kind blickte sie an.

»Weil – ich dachte, ich täte dir weh.«

»Tut gar nicht mehr weh.« Heloise hüpfte fröhlich aus dem Badezimmer und warf sich auf ihr Bett mit der hellbraunen Überdecke, die an den Ecken rund geschnitten war und bis auf den Boden reichte. Der verbundene Finger hob sich weiß von der braunen Haut der kleinen Arme ab. »Wir müssen jetzt schlafen«, teilte sie Lucille mit und schloß die Augen. »Wiedersehen.«

»Wiedersehen«, sagte Lucille und versuchte zu lächeln.

Sie ging nach unten, um auch Nicky heraufzuholen, und als sie die Treppe hinaufstiegen, stand Mrs. Christiansen an der Kinderzimmertür. Lucille wurde blaß.

»Es ist bestimmt nicht schlimm, Ma'am. Eine kleine Schramme, unten von der Sandkiste.«

»Der Finger? Aber nein, Kind, das ist gar nichts. So kleine Kratzer haben sie dauernd, und das ist auch nur gut, dann nehmen sie sich das nächstemal besser in acht.«

Mrs. Christiansen trat ins Zimmer und setzte sich zu Nicky auf den Bettrand. »Hör zu, mein Junge, du mußt lernen, etwas vorsichtiger zu sein. Schau mal, wie Lucille sich erschrocken hat!« Lächelnd fuhr sie ihm mit der Hand durchs Haar.

Lucille stand an der Tür und sah zu. Wieder kam sie sich vor wie ein Außenseiter, diesmal wegen ihrer Unfähigkeit. Aber wie verschieden war das hier von den Szenen, die sie im Park beobachtet hatte!

Im Hinausgehen legte ihr Mrs. Christiansen leicht die Hand auf die Schulter. »In Ordnung, Kind. Wenn der Abend kommt, ist alles vergessen.«

»Wenn der Abend kommt!« flüsterte Lucille, als sie ins Kinderzimmer zurückging. »Wie schön das klingt.«

Die Kinder waren eingeschlafen, und Lucille nahm sich ein Kinderbuch – Pinocchio – vor und setzte sich ins Kinderzimmer. Sie hungerte nach Geschichten jeder Art, am meisten nach Märchen und Abenteuerstories. Und hier neben ihr standen solche Bücher reihenweise auf dem Bücherbord! Sie würde Monate brauchen, um das alles zu lesen. Daß es Kinderbücher waren, störte sie nicht – im Gegenteil, die las sie sogar lieber. In Kinderbüchern gab es immer viele Bilder von verkleideten Tieren und von märchenhaften Häusern und Tischen und anderen Dingen, die zum Leben erwachten...

Vertieft in Pinocchio, fühlte sie eine so starke Freude und

warme Zufriedenheit in sich aufsteigen, daß sie das Buch darüber vergaß. Der Arzt im Sanatorium hatte ihr geraten zu lesen, das wußte sie noch; auch ins Kino sollte sie gehen, »möglichst viel mit normalen Menschen zusammensein und nicht so viel an den traurigen Zustand der Mutter denken ...« (Zustand, hatte er gesagt. Sonst hatte er immer von Veranlagung gesprochen. Veranlagung, das war es – ein Faden, der sich durch die Generationen spannte und auch, wie sie meinte, durch sie selbst.) Der Psychiater – sie sah ihn noch vor sich: den Kopf ein wenig auf die Seite gelegt, die Brille hielt er beim Sprechen in der Hand, genau wie sie sich einen Psychiater immer vorgestellt hatte. »Daß Ihre Mutter diese Veranlagung hatte, ist noch lange kein Grund für Sie, nicht normal zu sein. Ihr Vater war völlig normal, und ich bin überzeugt, daß auch Sie es sind, Lucille. Sie sind doch ein intelligentes Mädchen: sehen Sie zu, daß Sie eine Stellung finden außerhalb der Stadt, und dann entspannen Sie sich, genießen Sie das Leben ... versuchen Sie, auch das Haus zu vergessen, in dem Sie mit den Eltern gewohnt haben ... Ein Jahr auf dem Lande, und Sie sind ein anderer Mensch, glauben Sie mir.«

Das war erst vor drei Wochen gewesen, gleich nachdem die Mutter gestorben war. Und der Arzt hatte recht gehabt. In diesem Haus, das Liebe und Frieden, Schönheit und Kinder in sich barg, spürte sie, wie die Mühsal der Stadt von ihr abglitt wie die trockene Haut einer Schlange. Und das schon jetzt, nach einem halben Tag! In acht Tagen hatte sie sicher für immer vergessen, wie ihre Mutter ausgesehen hatte.

Fast atemlos vor Glück trat sie an das Bücherbord und nahm wahllos sechs oder sieben große bunte Bücher heraus. Eins legte sie offen, mit dem Rücken nach oben, auf ihren Schoß, ein zweites öffnete sie und lehnte es gegen die Brust. Die übrigen hielt sie mit einer Hand fest und drückte ihr Gesicht mit halbgeschlossenen Augen in den Pinocchio-Band. Langsam wiegte sie sich im Sessel hin und her, angefüllt von froher Dankbarkeit, ohne einen Gedanken an irgend etwas anderes. Unten schlug die Uhr drei. Sie hörte es nicht.

»Was machst du da?« Das war Nickys höflich-neugierige Stimme.

Lucille nahm das Buch vom Gesicht. Als sie seine Frage begriff, wurde sie rot wie ein ertapptes Kind. »Ich lese!« lachte sie.

Nicky lachte ebenfalls. »Du hältst aber das Buch mächtig dicht vor die Augen!«

»Ja – mächtig dicht!« echote Heloise, die sich ebenfalls im Bett aufgesetzt hatte.

Nicky trat zu Lucille und betrachtete die Bücher, die sie auf dem Schoß hielt. »Um drei stehen wir immer auf. Liest du uns jetzt was vor? Catherine hat uns immer nachmittags was vorgelesen, bis zum Essen.«

»Ja – soll ich euch aus Pinocchio vorlesen?« fragte Lucille eifrig und voller Vorfreude auf den gemeinsamen Spaß an dem Buch, das ihr schon nach den ersten Seiten so gut gefallen hatte. Sie setzte sich auf den Fußboden, damit die Kinder beim Vorlesen die Bilder betrachten konnten. Nicky und Heloise saßen neben ihr und schoben die erhitzten Gesichter so dicht über die Buchseiten, daß Lucille ein paarmal kaum weiterlesen konnte. Sie wußte nicht, daß sich die fieberhafte Intensität, mit der sie vorlas, den Kindern mitteilte und daß dies der Grund war, warum es ihnen so besonders gefiel. Sie las zwei Stunden lang; die Zeit verging wie im Fluge.

Um kurz nach fünf brachte Lisabeth das Tablett mit dem Abendessen. Als sie fertig waren, baten die Kinder um weiteres Vorlesen bis zur Schlafenszeit um sieben. Lucille war gern dazu bereit und begann mit einem neuen Buch, doch als Lisabeth kam und das Geschirr holte, sagte sie Lucille, es sei jetzt Zeit, die Kinder zu baden. Mrs. Christiansen werde bald heraufkommen, um gute Nacht zu sagen.

Mrs. Christiansen erschien um sieben. Die Kinder waren frisch gebadet und saßen in ihren Bademäntelchen mit Lucille auf dem Fußboden, ganz vertieft in eine neue Geschichte.

»Du, Mama«, sagte Nicky, »Catherine hat uns das alles auch

schon vorgelesen, aber jetzt, wo Lucille vorliest – da sind es auf einmal lauter neue Geschichten!«

Lucille errötete vor Freude. Als die Kinder im Bett waren, ging sie mit Mrs. Christiansen nach unten.

»Nun, Lucille, sind Sie zufrieden? Geht alles gut?... Ich dachte, Sie hätten vielleicht noch Fragen –?«

»Nein, Ma'am, das nicht, bloß... kann ich wohl in der Nacht mal 'raufgehen und nachsehen, ob den Kindern auch nichts fehlt?«

»Nein, Lucille, das möchte ich nicht, daß Sie extra aufstehen. Sehr lieb von Ihnen, aber das ist wirklich nicht nötig.«

Lucille schwieg.

»Die Abende werden Ihnen vielleicht manchmal lang werden, Kind. Wenn Sie mal in die Stadt fahren möchten, ins Kino oder so, dann kann Alfred Sie gern hinfahren. Alfred ist der Chauffeur.«

»Vielen Dank, Ma'am.«

»Dann also gute Nacht, Lucille.«

»Gute Nacht, Ma'am.«

Sie ging zur Hintertür hinaus und durch den Garten, wo der Springbrunnen noch plätscherte. Ihre Hand lag auf dem Türknauf. Wenn doch dies die Kinderzimmertür wäre! Und wenn es doch schon acht Uhr früh wäre, der Beginn eines neuen Tages!

Trotzdem war sie jetzt müde, angenehm müde. Wie schön das war, dachte sie, als sie das Licht ausmachte, abends richtig müde zu sein (auch wenn es erst neun Uhr war), anstatt hellwach und voller Tatendrang, anstatt wieder nicht schlafen zu können, weil man an die Mutter denken mußte oder an eigene Kümmernisse. Einmal, das war noch gar nicht so lange her, da hatte sie sich fünfzehn Minuten lang nicht auf ihren Namen besinnen können. In Todesangst war sie zum Arzt gestürzt...

Das alles war vorbei. Sie konnte sogar Alfred bitten, ihr aus der Stadt ein Päckchen Zigaretten mitzubringen – ein Luxus, den sie sich seit Monaten versagt hatte.

Aus dem Fenster warf sie einen letzten Blick auf das Haus. Die Gardinen im Kinderzimmer blähten sich ein-, zweimal und legten sich dann zurück. Der Wind in den nickenden Wipfeln der Pappeln flüsterte, es klang wie freundliche Stimmen, wie das helle Auf und Ab von Kinderstimmen...

Der zweite Tag verlief wie der erste, nur gab es keinerlei Mißgeschick, keine aufgeschürfte Hand; und ebenso gingen der dritte und vierte Tag vorbei: alle gleichmäßig und einander ähnlich wie Nickys Zinnsoldaten, die in einer Reihe auf dem Kinderzimmertisch aufgestellt waren. Was sich änderte, war nur Lucilles hingebende Liebe zur Familie und zu den Kindern – eine blinde und leidenschaftliche Anbetung, die sich jeden Morgen zu verdoppeln schien. Es gab so viele kleine Dinge, die sie in sich aufnahm, hegte und liebte: die Art, wie Heloise ihre Milch trank, in kleinen Schlucken hinten im Hals; der blonde Flaum auf dem Rücken der Kinder, der im Nacken mit dem seidigen Haar zusammentraf, und beim Baden die empfindsame Zartgliedrigkeit der beiden kleinen Körper.

Am Sonnabend fand sie im Briefkasten unten am Haus einen an sie adressierten Umschlag, der ein leeres Blatt Papier und darin zwei neue Zwanzigdollarnoten enthielt. Sie nahm einen der knisternden Scheine in die Hand und betrachtete ihn. Der Wert bedeutete ihr nichts, denn wenn sie ihn ausgeben wollte, mußte sie in Läden gehen, wo andere Menschen waren. Wozu brauchte sie überhaupt Geld, wenn sie für immer im Hause Christiansen blieb? Das Geld lag dann da und wurde immer mehr; jede Woche kamen vierzig Dollar hinzu, in einem Jahr hatte sie zweitausendundachtzig Dollar, und in zwei Jahren doppelt soviel, und schließlich kam es noch soweit, daß sie ebensoviel hatte wie die Christiansens, und das war nicht in Ordnung.

Ob sie es wohl seltsam fanden, wenn sie bat, umsonst arbeiten zu dürfen? Oder vielleicht für zehn Dollar pro Woche? Sie mußte mit Mrs. Christiansen darüber sprechen.

Am nächsten Morgen ging sie hinüber. Die Zeit war nicht

sehr glücklich gewählt; Mrs. Christiansen saß am Schreibtisch und stellte den Speisezettel für eine Abendgesellschaft zusammen.

»Ich komme wegen meines Gehalts, Ma'am«, fing Lucille an.

»Ja –?« fragte Mrs. Christiansen freundlich.

Lucille blickte auf den gelben Bleistift, der eilig über das Papier fuhr. »Ich – es ist zuviel.«

Der Bleistift hielt an. Mrs. Christiansens Mund öffnete sich erstaunt. »Also, Lucille – Sie sind wirklich ein merkwürdiges Mädchen.«

»Wieso merkwürdig?« fragte Lucille neugierig.

»Nun – zuerst wollten Sie ungefähr Tag und Nacht bei den Kindern sein. Nicht mal Ihren freien Nachmittag wollten Sie haben. Immer reden Sie davon, Sie möchten etwas ›Großes‹ für uns tun, obgleich ich mir darunter nichts Rechtes vorstellen kann... Und nun finden Sie Ihr Gehalt zu hoch! So ein Mädchen haben wir noch nie gehabt, Lucille. Sie sind wahrhaftig eine Ausnahme!« Sie lachte – ein freundliches ungezwungenes Lachen, während Lucille blutrot und angespannt vor ihr stand.

Hingerissen von Mrs. Christiansens Worten, fragte Lucille: »Wieso bin ich eine Ausnahme, Ma'am?«

»Kindchen, das habe ich Ihnen ja gerade erklärt. Und eine Herabsetzung Ihres Gehalts kommt gar nicht in Frage. Wir haben nicht die Absicht, Sie auszunutzen. Wir wären auch bereit zu einer Zulage, wenn Sie eines Tages...«

»Nein, nein, Ma'am... ich wünschte ja bloß, ich könnte noch mehr für Sie tun... für Sie alle, meine ich...«

»Nun hören Sie mir mal zu, Lucille. Sie arbeiten doch für uns, nicht wahr? Sie betreuen unsere Kinder. Sehen Sie nicht, daß das für uns das Allerwichtigste ist?«

»Ja, bloß – ich meine was anderes. Was Größeres, irgendwas –«

»Unsinn, Lucille«, unterbrach sie Mrs. Christiansen. »Die Leute, bei denen Sie vorher waren, mögen vielleicht nicht so – nicht ganz so freundlich gewesen sein, aber deshalb brauchen

Sie sich hier doch nicht totzuarbeiten.« Sie wartete darauf, daß das Mädchen sich zum Gehen wandte, aber sie blieb weiter mit verwirrtem Gesicht am Schreibtisch stehen. »Mein Mann und ich sind sehr zufrieden mit Ihnen, Lucille.«

»Ja. Vielen Dank, Ma'am.«

Sie ging zurück ins Kinderzimmer, wo die beiden Kinder spielten. Nein, Mrs. Christiansen hatte sie nicht verstanden. Wenn sie bloß noch einmal zurückgehen und ihr erklären könnte, wie ihr zumute war, von der Mutter erzählen und von den monatelangen Ängsten vor sich selbst, wie sie nie den Mut gehabt hatte, irgend etwas zu trinken oder auch nur eine Zigarette zu rauchen, und wie sehr das Zusammenleben mit der Familie in diesem wunderbaren Hause ihr geholfen und sie geheilt hatte... Alles, alles würde sie ihr gern erzählen, nur um es los zu sein. Sie wandte sich zur Tür. Aber der Gedanke, sie zu stören oder zu langweilen mit all diesen Geschichten – Dienstmädchengeschichten – hielt sie zurück, und den ganzen Tag lang lag die unausgesprochene Dankbarkeit wie eine steinschwere Last in ihrer Brust.

Abends saß sie in ihrem Zimmer; das Licht brannte bis nach Mitternacht. Sie besaß nun Zigaretten und hatte sich an diesem Abend nicht mehr als drei erlaubt, doch schon diese drei hatten genügt, ihren Puls zu beschleunigen; die Spannung ließ nach, und wieder kamen die Träume, die Sehnsucht nach einer großen Tat, nach etwas Heldenhaftem... Als die dritte Zigarette zu Ende geraucht war, erhob sie sich leicht berauscht und legte das Zigarettenpäckchen in die oberste Schublade, um nicht in Versuchung zu kommen. Sie wollte die Schublade schließen, da fiel ihr Blick auf die beiden Zwanzigdollarnoten, die sie von Christiansens erhalten hatte und die oben auf dem Taschentuchkästchen lagen. Sie nahm sie heraus und setzte sich.

Aus der Streichholzschachtel nahm sie ein Zündholz, strich es an und stellte es mit dem brennenden Ende nach unten gegen ihren Aschenbecher. Ein Zündholz nach dem anderen flammte auf und wurde so hingestellt, daß ein kleiner gleichmäßiger

Scheiterhaufen entstand. Als alle Streichhölzer verbraucht waren, riß sie die Schachtel in kleine Streifen und ließ sie behutsam ins Feuer fallen. Endlich griff sie zu den beiden Zwanzigdollarnoten und riß sie etwas mühsam in gleich große Stücke, die ebenfalls ins Feuer wanderten.

Nein, Mrs. Christiansen hatte sie nicht verstanden. Aber wenn sie dies hier sähe, dann müßte sie begreifen. Nur war auch dies noch nicht genug. Treue und Zuverlässigkeit waren nicht genug; das konnte jeder geben, für Geld. Sie war anders – sie war eine Ausnahme, das hatte doch Mrs. Christiansen selbst gesagt. Sie hatte sogar noch mehr gesagt: *»Mein Mann und ich sind sehr zufrieden mit Ihnen, Lucille.«*

Die Erinnerung an diese Worte brachte ein verzücktes Lächeln auf Lucilles Lippen. Sie stand auf. Wie gut das war – sie fühlte sich jetzt ganz stark und sicher im Gedanken an den Platz, den ihr die Christiansens eingeräumt hatten. *Mein Mann und ich sind sehr zufrieden mit Ihnen, Lucille.* Nur eins fehlte ihr noch zum vollkommenen Glück: sie mußte sich bewähren – in einer Krise bewähren.

Wenn bloß eine der biblischen Plagen käme... »Und das Land wurde heimgesucht von einer schweren Plage.« So würde es in der Bibel wohl heißen. Sie stellte sich vor, wie eine Flutwelle kam und das Wasser immer höher am Haus emporstieg, bis es fast am Kinderzimmer angelangt war. Sie würde die Kinder an sich reißen und schwimmend mit ihnen das rettende Ufer erreichen, wo immer das auch sein mochte.

Rastlos wanderte sie im Zimmer auf und ab.

Oder ein Erdbeben... Sie würde, während die Wände einstürzten, die Kinder aus dem Hause schleppen und in Sicherheit bringen. Die Kinder würden sie vielleicht anflehen, ihnen noch ein Lieblingsspielzeug herauszuholen, Nickys Zinnsoldaten oder Heloises Buntstifte, und sie würde unter den einstürzenden Mauern umkommen. Dann mußten die Christiansens ihre Hingabe erkennen.

Oder wenn ein Feuer ausbrach... Das konnte überall geschehen. Feuer war etwas Alltägliches, dazu bedurfte es keiner überirdischen Heimsuchung. In der Garage war so viel Benzin – wenn da ein Streichholz in die Nähe kam, konnte eine furchtbare Feuerbrunst entstehen.

Langsam ging sie nach unten und trat durch die Innentür, die in die Garage führte. Der Tank war drei Fuß hoch und bis zum Rand gefüllt. Wäre sie nicht so besessen gewesen von der Größe und Dringlichkeit ihres Vorhabens, so hätte sie es gar nicht fertiggebracht, den Tank über die Schwellen der Garage und der Haustür zu heben. Sie rollte ihn quer über den Grasplatz, so wie sie Männer mit Bierfässern und Mülltonnen hatte umgehen sehen. Es ging fast ohne Geräusch auf dem Rasen, nur auf dem Plattenweg gab es ein kurzes Rumpeln, das sich in der Stille der Nacht verlor.

In keinem der Fenster brannte ein Licht, doch auch wenn eins erleuchtet gewesen wäre, so hätte das Lucille nicht zurückgehalten. Selbst wenn Mr. Christiansen am Springbrunnen gestanden hätte: sie hätte sich nicht beirren lassen, denn sie hätte ihn wahrscheinlich gar nicht gesehen. Und außerdem: war sie nicht im Begriff, eine große Tat zu tun? Nein, sie hätte nichts als das Haus gesehen und die Gesichter der Kinder oben im Kinderzimmer.

Sie schraubte den Tankdeckel ab und goß etwas Benzin über eine Hausecke, dann rollte sie den Tank weiter und goß mehr Benzin über die weißen Mauerschindeln, ging ein paar Schritte weiter und ließ wieder das Benzin über die Hauswand laufen, bis sie an der entferntesten Hausecke angekommen war. Hier blieb sie stehen, strich ein Zündholz an und ging den gleichen Weg zurück, und überall an den nassen Stellen hielt sie das Zündholz an die Hauswand. Ohne sich auch nur einmal umzusehen, schritt sie hinüber zu ihrer Haustür; dort wandte sie sich um und blickte zurück.

Die ersten Flammen hüpften blaß und eilfertig, reckten sich und leckten dunkelgelb mit rötlichen Streifen nach oben. Lucille stand ganz still. Alle Spannung, alle Furcht, die sich so lange in ihrem Körper und Geist angestaut hatte, löste sich, schwebte sacht nach oben und befreite sie für immer von Druck und Angst. Jetzt war nur noch Erwartung in ihr, die freudige und freiwillige Erwartung des Sportlers, der auf den Startschuß horcht. Höher, viel höher mußten die Flammen züngeln, bis hinauf zum Kinderzimmerfenster, damit die Gefahr am größten war, wenn sie dann hineinstürzte. Ein Lächeln wie das einer Heiligen erschien auf ihren Lippen. Wer sie dort mit leuchtenden Augen in dem flackernden Feuerschein erblickt hätte, der hätte in ihr ohne Zweifel eine sehr schöne junge Frau gesehen.

An fünf Stellen hatte sie das Feuer entfacht, und von den fünf Stellen krochen nun die Flammen, wie die Finger einer Hand, warm und zärtlich streichelnd immer weiter nach oben. Lucille strahlte; noch hielt sie sich zurück und wartete.

Plötzlich gab es einen Knall wie ein Kanonenschlag: der Benzintank war heiß geworden und explodiert, und einen Augenblick wurde die ganze Szene strahlend hell erleuchtet.

Als habe sie nur auf dieses Signal gewartet, löste sich Lucille von der Tür und ging mit ruhigen Schritten zum Haus hinüber.

Leonie Ossowski

Die Rivalin

Es waren Wochen vergangen, vielleicht auch Monate. Wanda hätte die genaue Zeit nicht angeben können, in der zwischen Konrad und ihr sechsmal der Name Irene gefallen war. Aber wie oft der Name gefallen war, das wußte sie genau, ein Irrtum war ausgeschlossen. Der erste Anstoß war unverfänglich, nämlich die Empfehlung eines Lokals in der Nähe des Englischen Gartens, das neu aufgemacht hatte.

Das ist wirklich gut, hatte er gesagt, die Weine sind gepflegt, das Essen ist vorzüglich, die Beleuchtung angenehm, und die Stühle sind bequem.

Warst du schon dort?

Ich will ja gerade mit dir hingehen.

Und woher kennst du es dann?

Von Irene.

Die, mit der du neulich telefoniert hast?

Ja.

Ein Alltagsdialog, wäre nicht Irene im Spiel, ein Name, zu dem für Wanda kein Gesicht gehörte, keine Stimme, kein Lachen und kein Alter. Nichts, was sie abstieß oder anzog, nichts, was eine weitere Frage begründete außer der, was das für eine Frau sei, deren Bekanntschaft Konrad ohne Wanda gemacht hatte.

Sie schwieg drei Atemzüge zu lang und flüchtete in ein Nikken, das Konrad zufrieden stimmte.

Auch die folgenden Anlässe, bei denen Konrad auf Irene hinwies, waren belanglos. Der Titel eines Films, der Hinweis auf eine Ausstellung oder ein Theaterstück. Wie gesagt, sechsmal in den vergangenen Wochen, vielleicht auch Monaten.

Wandas Unbehagen nahm zu, und sie gewöhnte sich an, Frauen, die ihr begegneten, aufmerksamer zu betrachten. Ständig bewegte sie sich in Vergleichen, änderte mehrmals die Frisur, trug Röcke statt der gewohnten Hosen, schminkte sich modisch und verbrachte viel Zeit vor dem Spiegel.

Gefalle ich dir, fragte sie Konrad eines Tages, und er antwortete, daß sie ihm immer gefalle, egal wie sie sich kleide, frisiere oder schminke. Dabei küßte er sie flüchtig, ging in sein Zimmer und zog leise die Tür hinter sich zu, als müsse er Lärm vermeiden.

In der anschließenden Stille verloren die Wände an Rot, das Brot an Blau, und der Tag, der ein Sonntag war, wurde grau. Wanda saß im Drugstore am Wedekindplatz und wippte mit dem Knie. Wanda zog alle Blicke der Männer auf sich. Sie trug goldene Strümpfe und sah sich um.

Die Männer rückten schon näher und hoben schnüffelnd ihre Nasen. Der da drüben grinste zuerst, war so ein kleiner, stinkiger Mittvierziger in Lederjacke und offenem Hemd, obwohl der Winter noch nicht vorbei war. Wanda grinste zurück, grinste ihn vom Stuhl weg und zur Drehtür hinaus.

Mausgrauer Nachmittag, weitere Blicke, nur keine falsche Bewegung. Außer einem Mann, der einen Trenchcoat trug, saßen alle an Tischen. Der im Trenchcoat trank stehend Kaffee, hatte Wanda den Rücken zugewandt und erinnerte in Haltung und Größe an den Jürgen aus Elba. Sein Haar sah ebenfalls aus, als kürze er es sich selbst, unter dem ausgefransten Trenchcoatsaum kamen verwaschene Jeans hervor, und die Füße steckten in grobgeflochtenen Sandalen. Ein Typ, der sich neben Wanda gesetzt hatte, hörte ihrem Lachen zu und fuhr ihr dann über die goldenen Strümpfe, nur so, ganz sanft und ohne bestimmte Absicht.

Wie heißt du, fragte er freundlich, und Wanda antwortete: Irene.

Da drehte sich der Mann im Trenchcoat um und sah Wanda lange an. Wie heißt du? fragte er staunend.

Irene, antwortete Wanda, hörte das Flattern in ihrer Stimme, hielt den Blick aber besser aus, als sie dachte.

Wenn das stimmt, sagte der Mann im Trenchcoat, dann komm mit.

Sechsmal hatte Wanda die Fahrbahn gewechselt, war sechs Stockwerke hinaufgestiegen und durch sechs Türen gegangen. Sechs Tauben zählte sie auf dem Dach, und sechs Kleidungsstücke legte sie ab.

Die goldenen Strümpfe, sagte Wanda, die goldenen Strümpfe behalte ich an, und ließ nicht mehr als sechs Küsse zu.

Wie ungewöhnlich, sagte der Mann, zog seinen Trenchcoat aus, nahm auf die Strümpfe Rücksicht und liebte Wanda, aber nicht sechsmal, sondern nur einmal.

Wo ist Porco, das Schwein, und Conte, der Hund, wollte Wanda, noch atemlos von der Umarmung, wissen.

Ich habe kein Schwein, knurrte der Mann mürrisch, und einen Hund besitze ich auch nicht.

Nicht? Wanda begann sich wieder anzuziehen.

Dann sag mir zum Abschied, wie du heißt.

Jürgen, antwortete der Mann am Ende seiner Geduld, das wirst du vielleicht noch wissen.

Alles weitere machte Konrad zunichte, denn er brachte Wanda mit der Frage in Verlegenheit, ob ihr etwas einfiele, das sie beide gemeinsam unternehmen könnten. Schließlich sei Sonntag, ein Tag, der nach einem Abschluß verlange.

Während er sprach, ging er auf und ab, sah in den graublauen Abend hinaus und auf den feuchten Asphalt der Straße. Seine Schritte waren zu hastig, seine Stimme zu schnell, die Hände zu unruhig, sein Lächeln nicht echt.

Also was?

Ruf Irene an, sagte Wanda, es wird Zeit, daß ich sie kennenlerne. Das wäre ein Abschluß, findest du nicht?

Konrad blieb mitten im Zimmer stehen. Wandas unerwarteter Vorschlag überraschte ihn. Er schwieg eine Weile und schien verlegen zu sein. Das gefiel ihr. Sie hatte ihn in die Klemme gebracht, in der sie schon lange steckte. Sie war zum Angriff übergegangen und hatte Stellung bezogen. Jetzt war sie es, die in seinem Schweigen hin- und herging, aber mit ruhigen Schritten und ruhigen Händen, ganz versunken in dem sicheren Gefühl, sich nicht foppen zu lassen. Der Nachmittag war nicht umsonst gewesen, und vielleicht würde sie sich morgen goldene Strümpfe kaufen.

In ihre Gedanken hinein fiel Konrads Antwort, eine Antwort, die eine Frage war, mit der sie nicht gerechnet hatte. Er stellte sie nachdenklich, freundlich und mit verletzender Herzlichkeit.

Du bist doch nicht eifersüchtig?

Wanda schleuderte ihm kein Nein entgegen und auch kein Ja. Sie antwortete nicht mit Erklärungen, die das Gegenteil beweisen sollten. Sie legte, in der ihm vertrauten Art, ihre Hände auf seine Schultern und sagte: Du spinnst, mein Lieber, wirklich, du spinnst.

Wanda mochte Konrads Stammkneipe nicht, saß im Sommer lieber draußen und war immer nur hineingegangen, wenn er sich nach der Arbeit mit ihr verabredet hatte.

Die Gäste wirkten auf sie ebenso fremd wie die lebensgroße, von einer Rundbank umgebene Palme in der Mitte des Raumes, der man nicht ansah, ob sie echt oder künstlich war. Decken auf den Tischen, Jugendstillampen und Jugendstilspiegel, frische Blumen in den Vasen. Am Tresen Barhocker, auf denen die Männer seitlich in Abfangstellung hockten, den Blick auf die Eingangstür gerichtet.

Wenn Irene an Konrads Stammtisch wartete, überlegte sich Wanda, müßte sie ihn schon öfter dort getroffen haben. Es wäre also gut, sich Zeit zu lassen.

Was soll ich anziehen?

Irgend etwas, sagte Konrad, nur beeil dich, ich möchte nicht unpünktlich sein.

Konrads Frage löste in Wanda die Angst aus, das Eis, auf dem sie sich bewegte, könnte brechen. Zweimal zog sie sich um und wählte dann eine lila Seidenbluse.

Wird dir das nicht zu kühl? fragte Konrad besorgt.

Nein, sagte sie, ich glaube nicht.

Ein Bühnenauftritt. So jedenfalls kam es Wanda vor, als Konrad die schwere Portiere teilte, die das Lokal vor Zugluft und Winterwind schützte. Das Schauspiel konnte beginnen. Irene saß bereits am Tisch. Sie streckte Wanda die Hand hin, während sie Konrad ein kurzes Hallo zuwarf, zärtlich und mit gespielter Distanz. Aber er fing es nicht auf, gab es nicht zurück, sondern erkundigte sich höflich und ein wenig zu umständlich nach ihrem Wohlergehen.

Na, gut geht's mir, sagte Irene leicht amüsiert und wie es schien erstaunt darüber, daß er das nicht wisse.

Wanda fand Irene weder hübsch noch häßlich, weder sympathisch noch unsympathisch, wunderte sich nur über die Selbstverständlichkeit, mit der sie die Billigung ihrer Vertrautheit zu Konrad vorauszusetzen schien. Und während Wanda noch grübelte, worin sich eigentlich diese Vertrautheit äußerte, sagte Irene, wie wichtig es ihr sei, nun endlich auch Wanda kennenzulernen. Die Wiederholung des Wunsches, den Wanda ein paar Stunden zuvor selbst ausgesprochen hatte, störte sie, und sie fragte spöttisch, um Irene verlegen zu machen: Du meinst Konrads Frau?

Ja, antwortete Irene, die meine ich, hob ihr Glas und sah Wanda an.

Ein Schlagabtausch über Konrads Kopf hinweg, der Wanda in Unruhe versetzte. Lieber würde sie die Karten auf den Tisch legen und zugeben, daß Pokern nicht ihre Sache sei. Sie suchte nach Worten, zupfte an den frischen Blütenblättern des kleinen Straußes auf der Mitte des Tisches, zupfte nur gelbe Blätter heraus und drehte winzige, unansehnliche Würstchen aus ihnen, die sie vor sich hinlegte und mit dem Fingernagel zusammenschob. Sie sah nicht auf, sie fürchtete Irenes Lächeln, noch mehr ihr eigenes Spiegelbild zwischen den geschliffenen Ranken und Seerosen, zwischen denen sie nichts mehr zu suchen hatte, während sich Konrad im Schilfrohr verbarg.

Merkte er nicht, daß sie hier von allen Seiten zu sehen und zu hören war, auch wenn sie nichts sagte? Aufstehen und gehen oder im Holz der Dielen versinken, bevor sie einbrach und Konrad sich abwandte, weil er das Singen des brechenden Eises nicht ertrug.

Er saß mit dem Rücken zur Palme neben Irene. Er schien ganz und gar nur mit sich beschäftigt zu sein, gab weder Wanda noch Irene den Vorzug, war unerschöpflich in der Aufzählung einzelner Episoden, in denen er eine Rolle spielte, sparte nicht mit Selbstironie und trank mehr, als Wanda es von ihm gewohnt war. Sein Schädel schwoll rosarot an, Flaum wuchs ihm aus der Haut, bunte, seidig geschmeidige Federn, die er glattstrich und ständig neu ordnete. Da griff Irene in den von Wanda zerrupften Strauß, zog eine knallrote Blume heraus und steckte sie Konrad ins Knopfloch. Sofort schloß er den Mund und schluckte den Rest seiner Sätze hinunter.

Sein Schweigen schien Wanda noch unerträglicher als das, was er bisher gesagt hatte. Irene hatte eine Chance genutzt und Wanda eine verpaßt. Irene hatte Konrad lächerlich gemacht und Wanda dazu.

Wenn er jetzt aufstünde und Wanda den Vorschlag machte, mit ihr nach Hause zu gehen, würde sie ihm folgen und den Abend nie wieder erwähnen. Aber Konrad blieb sitzen, hatte die Schlappe längst weggesteckt und hörte Irene zu. Da war nichts zu machen. Wanda verstand nicht, was Irene sagte, sah nur durch Zigarettenqualm die rotgemalten Lippen. Lachmund, Schmollmund, Spottmund, Kußmund, aus denen ihre Worte in den Rauch fielen, der Wanda von beiden trennte.

Jemand hatte die Musik lauter gestellt. Die Bedienung brachte neuen Wein, und Konrad goß Irenes Glas zuerst voll. Ein Herr fragte höflich, ob der Stuhl neben Wanda noch frei sei.

Bitte! Der Herr trug den Stuhl weg.

Wo der Stuhl gestanden hatte, war nun eine Lücke, die Wanda unangenehm war.

Wovon redet ihr?

Von nichts, sagte Konrad, brach das Gespräch ab, tauchte aus dem Qualm auf, scheinbar verwundert über die Unterbrechung seiner Unterhaltung.

Da erst nahm Wanda die Blume, die ihm Irene ins Knopfloch gesteckt hatte, richtig wahr. Eine Zinnie, eine rote, breitblättrige Zinnie, wie sie im Vordergarten des Hauses an der Wand wuchs und Wandas Meinung nach nirgends sonst hingehörte.

Du kennst Konrads Manuskript? sagte sie leise, ohne ihre Stimme zu heben, so betonungslos, daß es ebenso als Frage wie auch als Feststellung zu verstehen war.

Trotzdem erwartete sie Antwort. Sie starrte in die Lücke und sah das Haus an der Wand von oben, sah die Zinnien und Dahlien und die Astern, die Konrads Mutter zur Hausseite hin gepflanzt hatte. Knisterte das Dach? Knickten nicht Blumen und Blätter vom Gebläse des Ventilators um? Bog sich der Schornstein im Gelächter der Gäste des Lokals? Ließen die Wände sich eindrücken, und war das alles beschriebenes Papier?

Da Irene schwieg, müßte Konrad jetzt reagieren. Wanda sah ihn an. Aber die beiden beachteten sie nicht mehr. Wanda stand auf, schob ihren Stuhl zurück und verließ das Lokal.

Mondlose Nacht, deren Dunkelheit Wanda betäubte. Unter schwarzem Himmel lief sie auf schwarzen Steinen, im Schatten schwarzer Bäume an schwarzen Häuserwänden entlang, viel zu schnell für ihre Ziellosigkeit, sorgsam darauf bedacht, Straßenlichtern und Schaufensterbeleuchtungen auszuweichen.

Nur kein Spiegelbild. Was hatte sie falsch gemacht, daß die Zinnien jetzt blühten? Nur keine Tränen. Die waren warm, ließen das Eis brechen und Wanda unter die Flüsse spülen. Nur keine Eile.

Wanda blieb stehen, stand so lange still und in sich verloren, bis ein Streifenwagen vor ihr hielt, ein Polizist ausstieg und sie fragte, was sie habe und warum sie nicht weiterginge.

Ich bin traurig, antwortete Wanda, nur traurig.

Aber nicht auf dieser Straße, meine Dame, fuhr der Polizist sie an, gehen Sie nach Hause und weinen Sie dort.

Aber ich weine ja nicht, ich bin bloß traurig, können Sie das nicht verstehen?

Meine persönliche Meinung, klärte der Polizist sie auf, steht nicht zur Debatte. Wenn Ihre Traurigkeit Sie in den Zustand versetzt, über Gebühr lang nachts auf der Straße zu stehen, ist Ihre Traurigkeit unerwünscht, und ich muß Sie auffordern weiterzugehen.

Wohin?

Bahnhofsplatz, sagte der Polizist, grinste und rückte seine Mütze zurecht, aber natürlich nur, wenn Sie goldene Strümpfe tragen.

Nadelscharf fuhr das Licht unter Wandas Augendeckel und zog die Pupillen zusammen. Konrad trug eine Mütze und sah so, wie er jetzt vor ihr stand, in Haltung und Gesichtsausdruck dem Polizisten lächerlich ähnlich.

In seinem Anzug wirkte er außerordentlich korrekt, und von der roten Zinnie in seinem Knopfloch war nichts zu sehen. Er beugte sich nicht über Wanda, sondern stand aufrecht und fragte in sachlichem Ton, was sie habe und warum sie im Wohnzimmer auf dem Sofa liege.

Ich bin traurig, antwortete Wanda, nur traurig.

Auf dem gedeckten Tisch in der Küche standen Wein und Kerzen. Konrad begrüßte Wanda, geschäftig am Herd stehend, mit dem Hinweis, daß er einen andalusischen Heilbutt zubereite. Er schilderte den Einkauf des Fisches, die Wahl des Rezeptes und die Vielzahl der Kräuter, die er frisch vom Viktualienmarkt geholt habe.

Alles für mich?

Alles für dich, sagte Konrad, ohne sie dabei anzusehen. Aber Wanda hörte die Wärme in seiner Stimme. Sie stand in der Tür, unfähig, sich an den Tisch zu setzen, ganz darauf konzentriert, den richtigen Augenblick für ihre Nachricht zu finden.

Sie sah Konrad zu, wie er am Herd hantierte, die Soße kostete und das Tomatenmus würzte. Sie ging auf ihn zu und umarmte ihn, legte ihren Kopf an seine Schulter und biß ihn sanft in die Halsgrube.

Komm, sagte sie und band ihm die Kochschürze ab, komm, laß uns essen.

Es blieb ihm kaum Zeit, den im Sud siedenden Fisch vom Feuer zu nehmen. Sie setzte sich an den Tisch. Ich esse ihn auf, dachte sie, ich esse ihn in Form dieses Fisches auf, den er für mich gekocht hat. Mit jeder Gabel, die ich zum Mund führe, schlucke ich ein Stück von ihm hinunter. Ich verschlinge ihn zwar nicht mit Haut und Haar, aber ich stopfe ihn langsam in mich hinein. Ich lasse mir Zeit, denn er braucht seinen Platz in mir. Ich lasse ihm Zeit, damit er sich einrichten kann. Erst wenn kein Restchen auf dem Teller übrigbleibt, kann ich seiner Liebe gewiß sein.

Der andalusische Heilbutt, hatte die Fischfrau gesagt, reiche für drei.

Wanda gab trotz der aufsteigenden Übelkeit nicht auf, aß verbissen und fühlte, wie sich der Magen weitete und ihr Leib wölbte. Sie war stark, das wußte sie. Sie hatte Konrad ganz und gar vereinnahmt und fühlte sich sicher.

Wie du ißt, sagte Konrad staunend, das hätte ich von dir nicht erwartet.

Du siehst, antwortete sie, meine Augen sind nicht größer als mein Appetit, meine Liebe zu dir ist nicht kleiner als mein Magen. Du kannst dich auf mich verlassen. Heute ist ein besonderer Tag.

Sie nahm sein kleines Kopfschütteln nicht ernst und stimmte seinem schweigenden Widerspruch nicht zu. Sie wollte, daß er an ihrer Freude teilnahm, denn er sollte sich wohl fühlen und alles vergessen, was nicht sie beide berührte. Ihr Verlangen, alles für Konrad zu tun, um ihn in den Zustand ihres Glücks zu versetzen, veranlaßte sie plötzlich, ihn nach dem Fortschritt seines Manuskripts zu fragen. Und weil Konrad nicht gleich antwortete, plapperte sie los und redete von dem, was sie aus den Aufzeichnungen von Konrads Vater über die Familie und das Haus wußte. Seit fünf Generationen war das Land in eurem Besitz, das Haus einmal abgebrannt und wieder aufgebaut. Stimmt's? Konrad schwieg und begann den Tisch abzuräumen.

Wanda blieb bei dem Thema, erwähnte die Zugehörigkeit des Landes zu Polen noch im achtzehnten Jahrhundert, erwähnte die Dreifelderwirtschaft, und als Konrad immer noch nichts sagte, wollte sie wissen, ob er auch über den Großonkel schriebe, der, von der Familie verachtet, Totengräber im Dorf gewesen und bei der Ausübung seines Berufes auf dem Friedhof gestorben sei.

Wanda mischte Geschichte und Familienchronik bunt durcheinander, vermied die eigene Phantasie und hoffte, auf diese Weise ihr Interesse deutlich zu machen.

Ich meine, sagte sie zögernd, ich meine, wie weit bist du jetzt eigentlich?

Willst du mich kontrollieren? fragte Konrad.

Der gereizte Ton, mit dem er das sagte, erschreckte Wanda. Sie begriff nicht, warum er sie nicht an seiner Arbeit beteiligte, und die Abwehr, die sie zu spüren glaubte, machte sie ratlos. Warum schloß er sie mit dieser Unerbittlichkeit von dem aus, was ihn beschäftigte?

Was jeder von uns tut, sagte sie freundlich, geht den anderen etwas an. Deine Zurückgezogenheit macht mich traurig. Meine Unkenntnis über das, was du tust, vermiest mir die Arbeit im Verlag, verstehst du das?

Nein, sagte Konrad, ich will dich auch gar nicht verstehen. Ich will nur in Ruhe gelassen werden, auch von dir.

Plötzlich hob er den Kopf, kniff die Augen zusammen und sah aus, als suche er Streit.

Oder geht's dir ums Geld?

Wanda starrte ihn sprachlos an. Sofort fügte Konrad hinzu, daß er diesen Vorwurf nicht gelten ließe, er sei nicht der Typ, der anderen auf der Tasche läge, erst recht nicht der eigenen Frau.

Schon hatte er Papier und Stift zur Hand, nannte Zahlen, rechnete sorgfältig und schnell und belegte Wanda auf Heller und Pfennig, daß sie von ihrem Gehalt nicht für ihn aufkommen müsse.

Im übrigen, sagte er immer noch zänkisch, im übrigen will ich dir einmal etwas sagen...

Dazu ließ es Wanda nicht kommen. In panischer Angst, er könnte etwas sagen, was alles zerstöre, das Haus zum Einstürzen bringen würde und die Liebe in Gefahr, sprang sie auf.

Der Lärm, den sie durch ihr Aufspringen verursacht hatte, war ihr nur angenehm. Auch das Glas, das sie umgeworfen hatte, stellte sie nicht wieder hin. Einen Augenblick sah sie auf den über die Tischkante tropfenden Wein, auf die Pfütze, die sich auf dem Fußboden bildete und dort einen Fleck hinterlassen würde. Sie verlor keinen Gedanken daran, den verschütteten Wein fortzuwischen, sie hüpfte mit einem Satz darüber hinweg auf Konrad zu. Sie umarmte und küßte ihn mit der gleichen Innigkeit, wie sie es vor dem Essen getan hatte. Dann legte sie die Lippen an sein Ohr und flüsterte hinein, als spräche sie ihm einen Brief aufs Band, diktierte ihm die Worte ihrer Mitteilung, langsam und in Pausen, als habe er mitzuschreiben:

Lieber Konrad, ich habe auf der polnischen Botschaft unser Visum beantragt. Ich habe gesagt, daß du Schriftsteller seiest, und man hat mir zugesichert, dir bei deinen Recherchen behilflich zu sein. Wenn du willst, können wir in deinem Elternhaus wohnen, und wenn es die jetzigen Besitzer gestatten, werden wir es durch die Hintertür betreten. Vergiß nie, daß ich dich liebe und alles tun will, was dich glücklich macht.

Da stand Konrad auf und trug sie auf seinen Armen aus der

Küche, trug sie durch die Nacht zwischen vier rote Wände in einen gelben Tag nach dem anderen hinein.

Wanda wollte es dem Zufall überlassen, ob Konrad in seiner Kneipe saß oder nicht. Sie hatten sich nicht verabredet. Nach dem Abend, an dem sie gemeinsam den andalusischen Heilbutt gegessen und sie ihm die Beantragung der Visa mitgeteilt hatte, zog Wanda es vor, die Begegnungen mit Konrad außerhalb der Wohnung nicht mehr zu planen. Es machte ihr Spaß, seine Freude darüber festzustellen, und nie wäre sie auf den Gedanken gekommen, daß sie ihn in Wirklichkeit suchte.

Seit dem Abend zu dritt hatte Wanda Irene nicht mehr gesehen, und Konrad hatte sie nicht mehr erwähnt. Auch das mochte ein Zufall sein, dem nachzugehen sich Wanda verbot.

Noch war der Frühling nicht abzusehen, noch hingen die Winterportieren vor der Tür zum Lokal, noch hatte jeder Gast seinen Bühnenauftritt. Der von Wanda fiel in den Spätnachmittag. Im Publikum saß Irene.

Sie saß mit dem Rücken zur Palme allein am Tisch. Ob Konrad auch käme, wollte sie wissen, und warum Wanda sich hier so rar mache.

Ich mag das Lokal nicht, sagte Wanda.

Ich find's gemütlich, antwortete Irene.

Sie sprachen eine Weile über die Vor- und Nachteile dieser Kneipe, ohne Konrad zu erwähnen. Sie teilten sich gegenseitig ihre bevorzugten Speisen mit, die dazugehörigen Getränke und waren sich über die freundliche Bedienung einig. Später fragte Wanda nach Irenes Beruf und erfuhr, daß sie Auslandskorrespondentin sei, zur Zeit in der Autobranche. Wandas Beruf hingegen war Irene durch Konrad bekannt. Sie hatte diese Bemerkung mit so großer Selbstverständlichkeit geäußert, daß Wanda Absicht dahinter vermutete.

Was weißt du noch von mir?

Irene schien zu überlegen, drehte das Glas in den Händen und sah Wanda nicht an.

Daß du ehrgeizig bist, sagte sie schließlich.

Wanda bemühte sich um ein gleichmütiges Nicken. Sie nahm sich zusammen. Allein der Gedanke, daß Konrad mit Irene über sie redete, rief einen klopfenden Schmerz unter ihren Nägeln hervor, einen Schmerz, den sie gern Irene zugefügt hätte, um ihr den hochmütigen Blick zu verderben und diese Sicherheit, mit der sie die Dinge auf ihre Weise ordnete, rücksichtslos und klug.

Du hast Konrad gern, nicht wahr? fragte Wanda.

Ja, antwortete Irene, ich habe ihn gern.

Die Wiederholung der eigenen Worte verdoppelten Wandas Schmerz. Jetzt gab's kein Zurück mehr, halbe Strecken waren nicht ihre Sache. Sie versuchte, Irene mit Konrads Augen zu sehen, aber es blieb beim Versuch. Aus Konrads Sicht war hier nichts wahrzunehmen.

Also wollte sie wenigstens hören, was sie nicht sah.

Schläfst du mit ihm?

Was für ein Lachen, entwaffnend, heiter und erstaunt. Es war im ganzen Lokal zu vernehmen. Die Gäste drehten sich um, neugierig, wer hier soviel Frohsinn verbreitete.

Glaubst du im Ernst, daß ich dir die Frage beantworte?

Ja.

Das Ja schien Irene zu ärgern. Es paßte nicht in ihr Spiel, sie konnte nichts damit anfangen, das sah Wanda ihr an. Weg war die Heiterkeit, nur noch ein Zucken in den Mundwinkeln, unwillig und spöttisch.

Wenn du das wissen willst, sagte sie, mußt du Konrad fragen. Es ist nicht meine Aufgabe, dir mitzuteilen, ob er mit mir schläft oder nicht.

Verloren, Wanda hatte verloren. Nur nicht schreien, nicht weglaufen und vor allen Dingen nicht das Haus anzünden. Hier halfen nur Ruhe und Klugheit.

Möchtest du gehen? fragte Wanda.

Nein, warum? sagte Irene, vielleicht kommt Konrad noch.

Vielleicht.

Vielleicht riß vorher der Himmel auf, oder die Erde schickte Irene Tod und Teufel und fegte sie aus Konrads Nähe. Vielleicht aber schaffte es Wanda auch selbst. Vorsichtig überlegte sie sich jeden Satz. Nichts wäre jetzt falscher, als Spitzen auszuteilen, Trümpfe auszuspielen. Nur Tatsachen durften gelten.

Und die wären?

Konrad und ich fahren für ein paar Wochen nach Polen.

Und da Irene sie fassungslos anstarrte, fügte Wanda hinzu, daß diese Recherchen für die Arbeit an seinem Manuskript äußerst wichtig seien.

Hat er das gesagt? unterbrach sie Irene.

Nein, antwortete Wanda, es war eine Idee von mir.

Sie genoß für Sekunden Irenes Verblüffung. Alles wußte diese Frau also nicht. Der Schachzug war gut, das Spiel konnte fortgesetzt werden.

Wenn du etwas willst, hörte sie neben sich den alten Schäfer sagen, mußt du nur daran glauben. Und Wanda glaubte fester denn je an ihre und Konrads Liebe, an seine Arbeit und ihre gemeinsame Reise. Sie vergaß den klopfenden Schmerz, und sie wollte auch Irene vergessen, die an der künstlichen Palme lehnte und in das künstliche Grün starrte, als sei dort abzulesen, was jetzt zu sagen war.

Aber er schreibt doch längst nicht mehr an seinem Manuskript, sagte sie schließlich, keine Zeile, was soll er in Polen?

Keine Zeile, hämmerte es in Wandas Kopf, keine einzige Zeile? Er saß also den ganzen Tag in seinem Zimmer und schrieb keine einzige Zeile. Hatte Konrad nichts anderes als eine Lüge produziert, die er zwischen sich und Wanda wie ein Kind großzog, für die er sie arbeiten und sich sorgen ließ, für die er ihr Rücksicht abverlangte und Liebe?

Du lügst, schrie Wanda, du lügst infam!

Irene schob die Hände in die Taschen ihres Jacketts. Sie wirkte unnachgiebig und unversöhnlich.

Woher kann ich ahnen, daß du das nicht weißt, sagte sie schnippisch und laut genug.

Hier half keine Ruhe mehr. Wanda hatte geschrien, jetzt würde sie weglaufen und später das Haus anzünden. Merkwürdig, wie sich die Beine verselbständigten und Wanda aus dem Lokal trugen, als gehörten sie einer fremden Person. Sie liefen in großen Schritten und kindlicher Eile nach Hause. Wanda brauchte die Hälfte der gewohnten Zeit und war noch nie eine so lange Strecke hindurch so schnell gelaufen. Selbst die Treppenstufen rannte sie noch hinauf.

Konrad?

Die Wohnung war leer, nirgendwo eine Nachricht und Konrads Zimmer versperrt. Unerkannt saß die Lüge hinter Schloß und Riegel. Wanda ging an die Arbeit. Sie war umsichtig und leise, sie zog sich die Schuhe aus und lief auf Zehenspitzen. Sie probierte alle Schlüssel aus, prüfte mit ruhigen Händen, welcher von ihnen paßte, und hörte erst auf, als das Schloß sich bewegte. Wieso glaubte sie Irene mehr als Konrad, warum wartete sie nicht, bis er kam, was trieb sie zu dem zwielichtigen Tausch, Mißtrauen gegen Vertrauen einzuhandeln? Noch war die Tür verschlossen und kein Beweis zur Hand, noch war nichts angezündet.

Sie wurde ganz ruhig und saß lange in sich versunken vor Konrads Tür auf dem Fußboden. Dann stand sie auf. Mit seiner Stimme in den Ohren, seinen Händen um ihre Schultern, seinen Küssen auf ihrem Mund und seiner Zärtlichkeit vor Augen, öffnete sie vorsichtig die Tür.

Der Schreibtisch war tadellos aufgeräumt. Sie kannte den Kasten mit den Fotos, die Akte mit den Aufzeichnungen der Familienchronik, die Konrad auf das sorgfältigste angelegt hatte, und sie sah auch mit einem Blick den Stapel der Manuskriptblätter, dick und hoch, mindestens dreihundert Seiten umfassend.

Also war es Irene, die gelogen hatte. Schamröte und Tränen. In den Handflächen bildete sich klebriger Schweiß. Nur keine Fingerabdrücke, keine Veränderung der Papiere, kein Verschieben des Fotokastens, nichts, was ihre klägliche Schnüfffelei an den Tag bringen könnte. Entgegen ihrem Willen, das verbotene

Spiel zu beenden, beugte sich Wanda über das Manuskript und fing an zu blättern.

Die ersten fünfzig Seiten waren ihr bekannt. Aus denen hatte Konrad ihr vorgelesen, sie erzählten die Kindheit zwischen Zinnien, Dahlien und Astern. Was dann?

Nichts – ein Stoß weißes unbeschriebenes Papier, keine einzige weitere Zeile. Ein Bluff, mit dem er vor Wanda die Wahrheit verborgen hatte, während Irene mit dieser Wahrheit vertraut war.

Da brannte das Haus lichterloh, da stürzte das Dach ein, zersplitterte das Glas der Fenster mitsamt der Vorder- und Hintertür. Die Tiere verkohlten im Stall, und das Feuer versengte den Katzen die Schwänze. Der Qualm stopfte der Gans den Hals, und die Blätter der Blumen im Vorgarten wurden schwarz. Kein Stein blieb auf dem anderen. Mutter und Vater machten sich auf die Flucht, während die Trümmer das Hauses Wandas Vorstellung von der Liebe begruben.

Barbara Wood

Sind Sie verheiratet, Frau Doktor?

In der Legende heißt es: Eines Tages vor vielen, vielen Jahren beschloß ein Gott namens Lono, Bauer zu werden, und nahm deshalb Menschengestalt an. Er schlug sich versehentlich den Hackstock in den Fuß und brachte sich eine schreckliche Verletzung bei. Da erschien Kane, der Schöpfer, der Höchste der hawaiischen Götter, und zeigte Lono, wie er seine Verletzung heilen konnte, indem er ein Pflaster aus *popolo*-Blättern auflegte. Sodann teilte Kane mit Lono, der nun Lono-puha hieß, Lono mit der Schwellung, all sein Wissen um die Heilkunst und die heilende Kraft der Pflanzen und machte Lono-puha so zum Gott aller Ärzte, die nach ihm kamen.

An der Stelle, wo Kane sein Wunder vollbrachte, wurde ein Gotteshaus errichtet, eine Stätte, wohin sich die Lahmen und Kranken wenden konnten, um sich die bösen Geister der Krankheit austreiben zu lassen. Es war ein schlichtes Haus aus *koa*-Ästen und dem heiligen *ohia*-Holz. Die Zeit verging; vor den Stürmen neuer Welten und Zeiten zogen sich die Götter immer weiter zurück, und die Erinnerung an sie verblaßte. Doch an dem Ort, der Lono-puha heilig war, entstand eines Tages ein neues Haus zu Ehren eines anderen Gottes der Heilkunst, eines weißen Gottes. Im Jahr 1883 errichteten die Briten dort ein kleines Missionskrankenhaus und gaben ihm den Namen *Great Victoria*.

Bis Mickey Long ins Great Victoria kam, war aus dieser Gedenkstätte für die Götter der Heilkunst ein gewaltiger Komplex aus Beton und Glas geworden, der vom fruchtbaren Boden Oahus zehn Stockwerke in die Höhe ragte. Einzige Erinnerung an die Vergangenheit war die Sonnenuhr der Missionare am Rand eines mächtigen alten Banyan.

Dort saß Mickey jetzt auf einer Steinbank etwas abseits von dem gepflasterten Weg, der sich durch den gepflegten Park des Krankenhauses zog. Es war ein schöner Tag, aber die Hitze war fast unerträglich. Die Insel litt unter einem Einbruch von *kona*-Wetter, einem jener herbstlichen Witterungsumschwünge, wo die Passatwinde ersterben und ein von Lee wehender Wind Hitze und hohe Luftfeuchtigkeit über die Insel treibt.

Während Mickey genüßlich in der Sonne saß und sich der unerwarteten freien halben Stunde freute, las sie noch einmal Sondras Brief, den sie drei Tage zuvor bekommen und nur flüchtig überflogen hatte.

›Liebe Mickey, wie geht es Dir? Gut hoffentlich. Ich habe leider immer noch meine Probleme damit, mich hier einzuleben. In den letzten sechs Wochen mußte ich erst einmal eine Menge von dem, was ich in Phoenix gelernt hatte, wieder *ver*lernen. Solange ich in Phoenix war, fand ich immer, wir müßten schuften wie die Ackergäule. Ich konnte es kaum erwarten wegzukommen. Aber wenn ich jetzt zurückschaue, sehe ich, wie leicht wir es hatten! Hier in der Mission gibt es keinen Röntgenapparat, kein EKG, keinerlei Diagnosegeräte, die uns schnell auf die Sprünge helfen. Es gibt keine Laboranten für die Blutuntersuchungen. Unser Labor hier ist der reinste Witz. Ein Mikroskop und eine Zentrifuge. Alle Analysen und Messungen müssen wir mit den primitivsten Mitteln selber machen.

Der ganze Laden ist hoffnungslos veraltet, und ich kann es mir einfach nicht abgewöhnen, immer wieder auf die Dinge zurückgreifen zu wollen, mit denen ich ausgebildet worden bin. Neulich wollte ich zum Beispiel einen Patienten ans Atemgerät hängen lassen, worauf Dr. Farrar mich fragte, ob ich die Absicht hätte, ihn dazu nach Nairobi zu verfrachten.

Derry und ich krachen andauernd zusammen. In den Busch hat er mich bis jetzt kein einzigesmal mitgenommen, und ein Skalpell habe ich in den sechs Wochen, seit ich hier bin, auch noch nicht in der Hand gehabt. Und jetzt habe ich auch noch Schwierigkeiten mit den Schwestern. Sie wissen nicht, was sie mit mir anfangen sollen. Anscheinend haben sie noch nie mit einer Ärztin zu tun gehabt. Meistens ignorieren sie einfach meine Anweisungen oder gehen zu Derry oder Alec, um sich eine Bestätigung zu holen. Sie sind alle in Mombasa ausgebildet, nach dem alten britischen System, bei dem strengstens auf die Rangunterschiede zwischen Ärzten und Pflegepersonal geachtet wird. Wenn zum Beispiel ein Arzt ins Zimmer kommt, muß eine Schwester aufstehen und ihm ihren Platz anbieten. Alle meine Bemühungen, mich ein bißchen mit ihnen anzufreunden, finden sie nur verdächtig.

Die Eingeborenen, die als Patienten hierher kommen, trauen mir genausowenig. Sie haben gelernt, daß der weiße Mann der Heilkundige ist; weiße Frauen sind nur zum Teekochen da.

Aus Derry werde ich überhaupt nicht klug. Er ist ein sehr stiller und verschlossener Mensch und gibt sich keine sonderliche Mühe, mir etwas beizubringen. Wenn ich etwas lernen will, muß ich mich auf Alec MacDonald verlassen.‹

Mickey nahm das beigelegte Foto aus dem Umschlag. Es war ein sonderbares Bild: Fünf Menschen standen steif im Schatten eines Feigenbaums, und im Vordergrund stolzierte ein hochbeiniger Vogel umher. Auf die Rückseite hatte Sondra geschrieben. ›Von links nach rechts: Pastor Sanders, seine Frau, ich, Alec MacDonald und Rebecca (Samburu Krankenschwester). Der Vogel heißt Lulu und ist ein Jungfernkranich. Das Foto hat Ndschangu aufgenommen. Derry ist abgehauen, als wir sagten, er solle sich dazustellen.‹

Mickey wandte sich wieder dem Brief zu.

›Wir hoffen hier alle auf baldigen Regen. Es ist angeblich ein ungewöhnlich trockenes Jahr, und das Wasser ist sehr knapp. Die Tiere kommen deshalb sehr nahe an unsere kleine Siedlung – Elefanten, Nashörner, Büffel. Nachts hören wir oft Löwen in der Nähe.

Ich hab' das Gefühl, mein Brief klingt ziemlich miesepetrig. Das wollte ich gar nicht. Insgesamt fühle ich mich nämlich sehr wohl hier und bin so entschlossen wie eh' und je, den Leuten hier zu helfen. Es dauert eben nur ein bißchen länger, als ich erwartet hatte.

Was hörst Du von Ruth? In ihrem letzten Brief schrieb sie mir, sie hätte den Verdacht, daß es diesmal Zwillinge werden. Ich frage mich wirklich, wie Ruth das alles schafft. Beruf, Haushalt, Mann und Kind.‹

Mickey ließ den Brief in ihren Schoß sinken und starrte geistesabwesend zu einer Gruppe Schwestern hinüber, die auf dem Rasen saß und plauderte.

Haushalt, Mann und Kind.

Mickey hätte dem Thema wohl kaum viel Beachtung geschenkt, wenn sie nicht die verschiedensten Leute immer wieder damit konfrontiert hätten. Gerade die Patienten brachten es häufig zur Sprache. »Sind Sie verheiratet, Frau Doktor? Nein? Eine schöne Frau wie Sie? Ich meine, der Arztberuf ist sicher etwas Schönes, aber Sie sollten auch einen Mann und Kinder haben.«

Einige Schwestern hatten sich ähnlich geäußert. »Wissen Sie, Mickey, ich hab' wohl daran gedacht, Medizin zu studieren, aber ich wollte auch eine Familie haben. Vier Jahre Medizinstudium – und das *nach* vier Jahren Grundstudium –, dann ein Jahr Assistenz, dann die Fachausbildung, die noch mal bis zu sechs Jahren dauern kann – das war mir einfach zuviel. Das kann ein Mann sich leisten. Der hat eine Frau zu Hause, die ihm das Essen kocht, den Haushalt macht und die Kinder bekommt. Für eine Frau ist das unmöglich. Da bin ich lieber nur zwei Jahre auf die Schwesternschule gegangen. Jetzt haben wir unser eigenes Haus und die drei Kinder, die wir uns gewünscht haben.«

Ruth schaffte es dennoch. Aber zu welchem Preis? Ihre Briefe waren immer kurz und sachlich. Arnie erwähnte sie selten; alles drehte sich um Rachel. Mickey erinnerte sich an Arnies Gesicht, als Ruth ihr Diplom unter ihrem Mädchennamen Shapiro in Empfang genommen hatte, und fragte sich, was für eine Ehe die beiden führten.

Sie faltete Sondras Brief und steckte ihn wieder ein. Jeder muß seinen Weg gehen.

»Hallo! Ich hab' dich gesucht.«

Sie sah auf und beschattete die Augen mit der Hand. »Hallo, Gregg. Du hättest mich über den Piepser erreichen können.«

»Ach, ich wußte doch, daß ich dich hier finden würden.« Er setzte sich zu ihr auf die Bank. »Ich hab' um vier eine Brustbiopsie und mögliche Amputation. Hast du Lust, mir zu helfen?«

»Das fragst du noch? Aber natürlich. Dir ist hoffentlich klar, daß die anderen dir bald vorwerfen werden, daß du mich bevorzugst. Das ist schon der dritte gute Fall, zu dem du mich in dieser Woche zugezogen hast. Parker schäumt immer noch wegen der Gallenoperation.«

»Laß ihn schäumen. Ich tue es aus rein egoistischen Gründen. Meine zukünftige Partnerin soll neben mir der beste Chirurg am Ort sein.« Gregg bückte sich, pflückte einen Grashalm ab und drehte ihn zwischen den Fingern. »Ich hab' mich eben mit Jay Sorensen unterhalten. Er erzählte mir von eurer heißen Operation heute morgen.«

»Ja, das war was.« Mickey spürte, wie ihr Zorn wieder aufflammte. Gleich nach der Operation war sie in die Notaufnahme hinuntergelaufen und hatte Eric Jones gründlich die Meinung gesagt.

»Na, vielleicht kann das Nakamura endlich dazu veranlassen, ihn rauszusetzen. Es war schließlich nicht die erste Schlamperei, bei der Eric erwischt worden ist. Aber weißt du, Mickey, du hättest bei der Frau vorher auf jeden Fall einen Schwangerschaftstest machen sollen. Das gehört doch bei Verdacht auf Eileiterschwangerschaft zur Routine.«

»Ich weiß. Ich habe mich einfach auf das Wort der Patientin verlassen, die sagte, sie hätte keinen Geschlechtsverkehr gehabt, und in Erics Aufzeichnungen war eine Abdominaluntersuchung eingetragen. Ich wollte die Frau nur möglichst schnell auf dem Operationstisch haben. Das passiert mir bestimmt nicht wieder.«

Gregg nickte. Er schätzte es an Mickey, daß sie Kritik vertragen konnte und nicht wie viele andere mit Gekränktheit oder Feindseligkeit reagierte, wenn man ihr etwas sagte.

»Zwei Dinge mußt du dir merken: Verlaß dich nie darauf, daß der Patient dir die Wahrheit sagt, und verlaß dich nie darauf, daß ein Assistenzarzt wie Eric Jones eine ordentliche Untersuchung vornimmt.«

»Weißt du, Gregg, die Frau bat mich, ihrem Mann nichts zu sagen, falls es eine Eileiterschwangerschaft sein sollte. Sie wollte, daß ich ihn belüge und sage, es wäre der Blinddarm gewesen.«

»Dann hast du ja Glück gehabt, daß es wirklich der Blinddarm war. Was hättest du getan, wenn er's nicht gewesen wäre?«

»Ich weiß es nicht.« Sie sah ihn an. »Was hättest du denn getan?«

Er erwiderte einen Moment lang ihren Blick, dann wandte er sich ab.

»Mickey, ich möchte was mit dir besprechen.«

Sie hörte den Ernst in seinem Ton. »Was denn?«

»Es geht um Mason. Er will eine schriftliche Entschuldigung von dir.«

»Und was hast du ihm gesagt?«

»Daß sie heute nachmittag auf Nakamuras Schreibtisch liegt.«

»Nein!« sagte Mickey scharf. »Ich schreibe keine Entschuldigung, Gregg. Ich bin bereit, mich in Nakamuras Büro mit ihm zu treffen, wenn er das will. Ich stelle mich jedem Schiedsgericht, das er auswählt, ich laß' mich auch auf einen Kampf mit ihm ein, wenn es sein muß. Aber entschuldigen werde ich mich nicht!«

»Mickey, du hast keine andere Wahl. Denk' doch an deine Karriere hier am Great Victoria. Denk' daran, was für ein Rückschlag es für dich und mich wäre, wenn man dich hier rauswirft.«

»Das kann ich mit meiner Integrität nicht vereinbaren, Gregg. Ich hatte recht, und er hatte unrecht.«

Gregg trommelte mit den Fingern auf sein Knie. Er wußte aus

Erfahrung, wie dickköpfig Mickey sein konnte. Nach einem Moment der Überlegung hob er den Kopf und sah sie mit dem Lächeln an, das immer Versöhnung bedeutete, wenn sie einen ihrer Dispute gehabt hatten.

»Ich weiß, daß du's tun wirst, Mickey«, sagte er leichthin. »Du enttäuscht mich – du enttäuschst *uns* bestimmt nicht. So, und jetzt ab mit dir in den OP. Wir sehen uns dann um vier.«

»Okay, Koko«, sagte er zu der polynesischen Operationsschwester und zwinkerte ihr zu. »Ich hoffe, Sie haben uns das Messer für heute richtig gewetzt.«

Das Mundtuch der Schwester verzog sich mit ihrem breiten Lächeln. Mit Gregg Waterman arbeiteten alle gern zusammen, er war immer freundlich, geduldig und fair. Und Mickey Long mochten die Schwestern, weil sie selten nervös war und eigenen Mangel an Erfahrung niemals damit zu kaschieren versuchte, daß sie die Schwestern anschrie. »Das Messer bitte, Koko«, sagte Mickey ruhig, die rechte Hand ausgestreckt, während sie mit der linken die Brusthaut straffzog.

Nachdem Mickey den etwa drei Zentimeter langen Schnitt gemacht hatte, fand sie rasch den Knoten und entfernte ihn so geschickt, daß das Trauma am umliegenden Gewebe minimal blieb. Gregg tupfte für sie, griff nur einmal ein, um eine Klammer etwas anders zu placieren, und überließ ihr, nachdem die Gewebeprobe an die Pathologie weitergegeben worden war, die Wahl der Methode zur Schließung der Wunde. Er wußte, daß Mickey daran gelegen war, gerade im Nähen möglichst viel Übung zu bekommen.

Die Patientin war eine Frau in den Fünfziger, der Schnitt befand sich dicht bei der Brustwarze und würde niemals zu sehen sein. Gregg hätte sich zum Schließen der Wunde mit einer einfachen Naht begnügt. Doch Mickey arbeitete so sorgfältig, als hätte sie das Gesicht eines Filmstars unter den Händen, und legte mit Nylon eine verdeckte Naht, die später höchstens noch als haarfeine Linie zu erkennen sein würde.

Sie hatten Zeit für solche Präzisionsarbeit; sie mußten sowieso auf den Befund des Pathologen warten.

»Art hat gesagt, wir können dieses Wochenende sein Boot haben, wenn wir wollen«, bemerkte Gregg und tupfte hier und dort ein wenig, während Mickey nähte. »Wir brauchen uns den Schlüssel nur abzuholen.«

Art war Orthopäde. Er hatte seit einem Jahr seine eigene Praxis und verdiente glänzend an den Verletzungen von Wasserskifahrern, Surfern und Vulkankletterern.

Mickey antwortete Gregg nicht. Die meisten Chirurgen werden gesprächig, wenn der Patient erst einmal in Narkose ist und die Operation glatt läuft; Mickey schwieg lieber bei der Arbeit.

Sie arbeitete immer sehr gewissenhaft und mit Gefühl, verwendete, wo es irgend ging, nur die kleinsten Klammern und war stets darauf bedacht, nicht unnötig zu verletzen. Gregg sah ihr mit Bewunderung zu. Mickey war ein Greenhorn gewesen, als sie vor 16 Monaten ans Great Victoria gekommen war, aber sie hatte mit erstaunlicher Schnelligkeit gelernt, alles Neue begierig aufgesogen, niemals lockergelassen. Sie hatte das Zeug zu einer erstklassigen Chirurgin. Als Team würden sie – später, wenn sie ihre gemeinsame Praxis hatten – unschlagbar sein.

Als Mickey noch dabei war, die Wunde zu verbinden, schlurfte Dr. Yamamoto in Papierschuhen herein. Wie jeder, der nur vorübergehend im Operationssaal zu tun hatte, trug er einen ganzen Overall aus weißem Papier.

»Okay, Gregg.« Er trat näher an den Operationstisch heran und zeigte den beiden Operateuren die Gewebeprobe, die auf einem Gazeviereck auf seiner offenen Hand lag. »Ihr habt hier eine Präcancerose. Wie alt ist die Patientin?«

»Sechsundfünfzig. Was würdest du tun, Mickey?«

Sie überlegte einen Moment.

»Teilweise entfernen. Und Biopsie auf der anderen Seite.«

Gregg nickte. »Okay, Leute, fangen wir gleich an.«

Die Vorbereitungen waren schnell getroffen, da das Operationsteam mit der Möglichkeit eines weiteren Eingriffs gerechnet hatte. Während neue Instrumente aufgelegt wurden, schlüpften Gregg und Mickey in frische Kittel und Handschuhe und wechselten die Tücher aus, mit denen die Patientin bedeckt war. Sobald das Team am Tisch versammelt war, blickte Gregg zu Mickey hinüber und sagte: »Willst du's machen?«

»Wenn ich darf?«

»Koko, geben Sie Dr. Long das Skalpell.«

Yvette, die Verbindungsschwester, stöhnte innerlich und zog ein Kreuzworträtsel aus der Tasche ihres grünen Kittels. Wenn ein Stationsarzt operierte, selbst wenn es Dr. Long war, dauerte die Prozedur unweigerlich zwei- oder dreimal so lang wie unter normalen Umständen. Dr. Scadudo, der Anästhesist, schob hinter seinem Schirm eine Kassette in seinen Recorder.

Mickey drehte das Skalpell in der Hand und zeichnete mit dem stumpfen Griff die Linie des beabsichtigten Schnitts vor. Einen Moment lang studierte sie die unsichtbare Wunde, dann drehte sie das Messer, um zu schneiden.

»Was machst du?« fragte Gregg.

»Einen Horizontalschnitt. Auf der Höhe der vierten Rippe.«

»Warum?«

»Weil es ein verdeckter Schnitt ist. Da sieht man die Narbe nicht.«

»Wo hast du das gelernt?«

»Bei Dr. Keller. Letzte Woche. Er hat es mir gezeigt. Wir entfernen gerade soviel Brustgewebe wie –«

»Ich erinnere mich an den Fall. Die Patientin war fünfunddreißig und hatte Keller schon vor der Operation gesagt, daß sie später eine Prothese machen lassen wollte. Unsere Patientin ist Mitte fünfzig, Mickey. Wir haben nicht die Zeit, auch noch an die Schönheit zu denken.«

»Aber beim normalen Schnitt bleibt eine Narbe, die über dem Badeanzug zu sehen ist, Gregg.«

»Mickey, na komm schon, du lernst hier allgemeine Chirurgie. Heb dir die Finessen für die Fachausbildung auf.«

Sie starrte ihn einen Moment lang an, dann zuckte sie die

Achseln und setzte zum Standardschnitt an. Aber eines Tages, dachte sie bei sich, eines Tages...

»Ich geh' und rede mit dem Ehemann«, sagte Gregg, während er Handschuhe und Kittel auszog. »Ich treff' dich in einer halben Stunde in der Kantine.«

Mickey, die gerade Anweisungen auf das Krankenblatt der Patientin schrieb, nickte zerstreut. Dann aber sah sie auf und sagte: »Was?«

Gregg war schon hinausgegangen. Sie lief ihm nach. »Wieso in der Kantine? Ich muß noch zu den Patienten, Gregg.«

Jetzt sah sie etwas in seinem Blick, das sie während der dreistündigen Operation, die sie völlig in Anspruch genommen hatte, nicht bemerkt hatte.

»Wir müssen miteinander reden, Mickey«, sagte er.

»Es gibt nichts zu reden.« Sie sah zu der Uhr an der grüngekachelten Wand. »Es ist nach sieben. Nakamura wird inzwischen gemerkt haben, daß der Brief nicht kommt.«

Gregg blickte den Korridor hinauf und hinunter, der jetzt bis auf zwei Putzfrauen mit Schrubbern und Eimern leer war. Er nahm Mickey beim Arm und zog sie weg von der Tür, durch die gleich ihre Patientin herausgeschoben werden würde.

»Nakamura hat den Brief schon, Mickey«, sagte er leise.

»Was?«

»Es ist vorbei. Du kannst die ganze Geschichte vergessen.«

»Ich versteh' nicht –« Mickey erstarrte plötzlich. »*Du* hast den Brief geschrieben«, flüsterte sie.

»Ich mußte es tun, Mickey. Ich wußte, daß du es niemals tun würdest.«

»Also Gregg!« Mit einem Ruck wandte sie sich von ihm ab, machte drei zornige Schritte und drehte sich wieder um. »Das ist wirklich das Schlimmste, was du mir hättest antun können!«

»Du wirst mir noch dankbar sein, Mickey, glaub mir. Wenn wir erst unsere gemeinsame Praxis haben und du in der Rückschau erkennst, was ich dir erspart habe –«

»Du hattest nicht das Recht!«

Gregg warf einen Blick zu den beiden Putzfrauen, die ihn und Mickey verstohlen beobachteten.

»Verdammt noch mal, Mickey. Ich hab' mir Sorgen gemacht. Nicht nur um dich, sondern um uns beide. Kannst du das denn nicht verstehen? Meinst du vielleicht, du würdest an irgendeinem Krankenhaus wieder als Stationsärztin genommen werden, wenn Nakamura dich rausschmeißen würde? Hör endlich auf, nur an dich und deine Prinzipien zu denken.« Er hob abwehrend eine Hand. »Nein, setz dich jetzt nicht aufs hohe Roß und mach mich zum Bösewicht. Du hast dich selber da reinmanövriert. Und komm mir jetzt nicht mit deiner Integrität und deinen ethischen Grundsätzen. Die hast du nicht allein gepachtet.«

Mickey zitterte. Und je steifer sie sich hielt, desto stärker zitterte sie. Es kostete sie große Anstrengung, sich so weit unter Kontrolle zu bringen, daß sie in halbwegs normalem Ton sprechen konnte.

»Ich weiß, warum du so dringend wolltest, daß ich mich bei Mason entschuldige, Gregg«, sagte sie. »Mit *meiner* Karriere und *meinem* Ruf hat das überhaupt nichts zu tun, stimmt's? Es geht dir einzig um dich.«

»Um mich?« Gregg lachte gezwungen. »Was, zum Teufel, redest du da?«

»Du hast Angst, Nakamura könnte an deinen Fähigkeiten als Gruppenleiter Zweifel bekommen, wenn du nicht einmal eine Stationsärztin im zweiten Jahr dazu bringen kannst, daß sie die Anweisungen befolgt. Du hattest nicht um meine Karriere Angst, Gregg – sondern nur um deine eigene.«

Damit drehte sich Mickey um und ging.

Sie lehnte am offenen Fenster des Ärztezimmers und sah zu, wie der Himmel langsam dunkel wurde. Ihr Gesicht war weiß, die grünen Augen brannten vor Zorn. Sie konnte Gregg nicht verzeihen, was er getan hatte. Er hatte kein Recht dazu gehabt.

Er hatte sie verraten. Nun gab es für sie beide keine Möglichkeit mehr, weiter zusammenzuleben oder auch nur freundschaftlich miteinander zu verkehren. Und auch ihre berufliche Beziehung würde leiden, weil immer Argwohn und Mißtrauen dasein würden.

Mickey spürte plötzlich, daß sie todmüde war. Die Beine taten ihr weh, und ihr Magen knurrte. Als sie auf die Uhr sah, wurde ihr bewußt, daß sie abgesehen von der halbstündigen Mittagspause im Park seit fast vierundzwanzig Stunden ununterbrochen auf den Beinen war.

Am vergangenen Abend, als sie sich gerade mit Gregg zum Essen gesetzt hatte, war sie auf die pädiatrische Station gerufen worden, um einem Leukämiepatienten einen Katheter einzusetzen. Unmittelbar danach brauchte man sie in der Notaufnahme, wo eine Frau mit Verdacht auf eitrige Gallenblasenentzündung eingeliefert worden war. Nachdem Mickey sie untersucht und auf die Chirurgie überwiesen hatte, mußte sie wieder in die Pädiatrie, weil sich am Katheter eine Infiltration entwikkelt hatte. Sie hatte die halbe Nacht gebraucht, um einen neuen zu legen, während zwei Schwestern das völlig hysterische Kind gehalten hatten. Gegen Morgen war bei einer Frischoperierten die Operationswunde aufgebrochen und hatte neu genäht werden müssen. Danach hatte Mickey es geschafft, zu duschen und eine Tasse Kaffee zu trinken, und hatte gerade die morgendliche Runde begonnen, als sie wieder in die Notaufnahme gerufen worden war. Vierundzwanzig hektische Stunden praktisch ohne Pause; die halbe Stunde bei der Sonnenuhr hatte gerade gereicht, um einmal kurz Luft zu holen.

Mickey ging vom Fenster weg und ließ sich auf das Sofa fallen. Sie war im Ärztezimmer auf Drei Ost, weil sie Notdienst hatte und in der Nähe eines Telefons sein mußte. Auf der Station warteten zweiunddreißig Patienten, die sie zu betreuen hatte: Verbände mußten nachgesehen, Fäden gezogen, Medikamente verschrieben oder abgesetzt werden. Zweiunddreißig Patienten mit Schmerzen und Ängsten und tausend Fragen;

und alle erwarteten sie, daß Mickey heiter lächelnd in ihr Zimmer kommen und sie aufmuntern würde.

Sie schlug die Hände vor ihr Gesicht. Sie konnte nicht. Sie konnte sie jetzt nicht sehen.

Sie weinte lautlos in ihre Hände. Vom Korridor hinter der geschlossenen Tür kamen die alltäglichen Krankenhausgeräusche: das Wispern der Operationswagen, die vorbeigeschoben wurden, das leise Quietschen von Gummisohlen auf dem Linoleumboden, Stimmen, die im Näherkommen lauter wurden und dann wieder verklangen. Nur ein einziges Mal zuvor hatte sich Mickey einen solchen Zusammenbruch erlaubt, ihrer Erschöpfung nachgegeben und sich richtig ausgeweint; aber selbst damals war sie innerlich ständig auf dem Sprung gewesen, aus Sorge, es könnte jemand ins Zimmer kommen und sie ertappen. Jetzt war sie soweit, daß ihr alles gleichgültig war. Sie wollte nur weinen, bis sie keine Tränen mehr hatte, und dann eine ganze Woche lang schlafen. Am liebsten wäre sie aufgesprungen und zur Tür hinausgerannt, fort aus diesen Gefängnismauern, fort von den zweiunddreißig Patienten, die darauf warteten, daß sie sie erheitern und wieder gesundmachen würde, ohne daran zu denken, daß vielleicht auch sie dringend ein bißchen Fürsorge und Ermutigung gebraucht hätte.

Mickey bekam plötzlich eine Riesenwut auf sie, auf ihre Krankheiten und ihre Erwartungen an sie. Sie haßte das Krankenhaus; sie haßte Gregg und Jay Sorensen und Sharla in der Notaufnahme. Wie halten die das nur aus? Wie halten sie es aus, Tag für Tag hierher zu kommen, in diesem künstlichen Licht zu leben, diese künstliche Luft zu atmen und serienweise in ihren Funktionen gestörte menschliche Körper zu reparieren wie Techniker an einem Endlosfließband? Wo blieb da die Erfüllung? Wo blieb die Würde?

Und das noch einmal fünf Jahre lang.

Mickeys Weinen wurde heftiger. Sie schluchzte ihr Elend jetzt laut heraus, und es war ihr immer noch gleichgültig, ob jemand sie hörte. Sollen sie es doch hören! Sollen sie doch merken, daß ich keine Maschine bin! So nämlich erschien es ihr – daß diese vergangenen sechzehn Monate im Great Victoria sie beinahe in eine hervorragend funktionierende, völlig emotionslose Maschine verwandelt hätten. In der zwölfmonatigen Assistenzzeit war ihr jegliche Sentimentalität ausgetrieben worden; sie hatte gelernt, den Tod als nichts weiter zu betrachten als eine klinische Phase der Krankheit; sie hatte gelernt, sich innerlich nicht an Patienten zu binden, sondern sie als ›Fälle‹ zu sehen. Ihre natürlichen Instinkte waren unterdrückt worden.

Wenn ich hier rauskomme, bin ich einunddreißig Jahre alt.

Das Telefon läutete. Mickey blickte auf. Geh nicht hin! schrie es in ihr. Dann zog sie ein Taschentuch heraus, und noch während sie sich das Gesicht trocknete, meldete sie sich.

»Sind Sie das Dr. Long?« Die Stimme klang dringlich. »Hier ist Karen von der Pädiatrie. Wir haben einen Notfall. Blutungen nach einer Mandeloperation.«

»Wer ist der Assistenzarzt?«

»Toby Abrams. Er hat mich gebeten, Sie zu rufen.«

Mickey legte auf und ging automatisch zur Tür. Sie handelte, wie ihre Ausbildung es sie gelehrt hatte. Aber innerlich war sie kalt und abgestorben.

In der Pädiatrie war die Hölle los, als Mickey hinkam. Draußen im Korridor bemühten sich mehrere Schwestern, eine hysterische Frau zu beruhigen; im Krankenzimmer hielten zwei Schwestern und der Assistenzarzt ein Kind auf dem Bett fest. Bettzeug, Kleider und Fußboden waren voll mit frischem Blut.

Mickey lief zu dem kleinen Mädchen, das auf die Seite gedreht im Bett lag, und fragte: »Was ist denn los?«

Toby, der Assistenzarzt, war blaß. Sein weißer Kittel war blutbefleckt. Mit einer Hand hielt er das Handgelenk des Kindes, um zu verhindern, daß die Kanüle des Tropfs herausrutschte.

»Bernie Blackbridge hat sie heute nachmittag an den Mandeln operiert. Bis vor einer Stunde war alles normal. Da spuckte sie plötzlich eine Ladung Blut und fiel in Schock. Ich hab' eine Blutprobe genommen, um eine Untersuchung machen zu lassen, und wollte ihr einen Tropf legen. Aber sie hat partout nicht stillgehalten, und ihre Venen sind so klein –«

Mickey prüfte die Pupillen des kleinen Mädchens und sah ihr in den Hals.

»Wir mußten sie zu dritt niederhalten«, berichtete Toby niedergeschlagen. »Ich kriegte die Nadel endlich rein, und da fing sie wieder an, Blut zu spucken. Die Transfusion ist jetzt –«

»Verdammt noch mal, Toby«, unterbrach Mickey und sprang vom Bett. »Die Kleine braucht nichts weiter als ein paar Stiche. Haben Sie Dr. Blackbridge angerufen?«

»Seine Frau sagte, er wäre noch nicht zu Hause, aber sie würde ihn wieder herschicken, sobald er kommt.«

Sie wandte sich den Schwestern zu. »Haben Sie versucht, Dr. Waterman zu erreichen?«

»Der operiert gerade.«

»Gut. Dann lassen Sie Jay Sorensen ausrufen. Das Kind muß sofort in den OP.«

Es war Mitternacht, als Mickey endlich dazu kam, zu duschen und ihre blutbefleckten Sachen auszuziehen. Aber sie war sonderbarerweise überhaupt nicht müde. Nachdem sie auf Drei Ost angerufen hatte, um zu sagen, daß sie so bald wie möglich die Runde machen würde, ging sie wieder in die Pädiatrie hinunter, um nach der Mutter des kleinen Mädchens zu sehen, der sie zuvor ein Beruhigungsmittel gegeben hatte. Die Frau schlief ruhig in einem der freien Zimmer. Im Ärztezimmer gab es frischen Kaffee, Orangensaft, Donuts und Obst, alles soeben für die Nachtschicht aus der Küche heraufgebracht. Mickey goß sich einen Kaffee mit viel Sahne ein und streckte sich in einem der Sessel aus.

Merkwürdig, sie war müde, aber auf ganz andere Art müde als ein paar Stunden zuvor, als sie am liebsten alles hingeschmissen hätte. Diese Art der Müdigkeit, wie sie sie jetzt verspürte, hatte etwas Befriedigendes, beinahe Belebendes. Seit Tagen hatte sich Mickey nicht mehr so gut gefühlt.

Die Tür öffnete sich, ein deprimiertes Gesicht zeigte sich.

»Hallo«, sagte Toby. »Kann ich reinkommen?«

»Aber natürlich. Im Kühlschrank liegt hervorragende Salami.«

Doch Toby schüttete den Kopf. Er hockte sich auf die Sofakante und machte ein Gesicht, als säße er auf der Armsünderbank.

»Danke, daß Sie die Kleine gerettet haben, Mickey. Mir haben Sie damit auch das Leben gerettet.«

»Man tut, was man kann, Toby.«

Wieder schüttelte er den Kopf. Er war ein großer, bärenhafter Bursche mit dem Temperament eines Bernhardiners. Es gab niemanden, der ihn nicht mochte.

»Ich hätte die Kleine beinahe umgebracht, Mickey. Ich hab' einen furchtbaren Fehler gemacht. Das werd' ich mir nie verzeihen.«

Als Mickey die Trostlosigkeit in seinen Augen sah, die Mutlosigkeit in seinen hängenden Schultern, stellte sie ihren Kaffee nieder und beugte sich, die Ellbogen auf die Knie gestützt, vor.

»Toby«, sagte sie ruhig und eindringlich, »Sie sind gerade vier Monate mit dem Studium fertig. Kein Mensch erwartet von Ihnen, daß Sie alles wissen.«

»Ja, aber sie brauchte nur ein paar Stiche. Und ich wußte das nicht. Ich fummelte eine ganze Stunde rum wie ein Blöder, während ihr das ganze Blut in den Magen lief. Ich hätte Sie sofort rufen sollen.«

»Aber das gehört doch zum Lernprozeß, Toby. Jetzt, da Sie's wissen, vergessen Sie es bestimmt nie wieder.«

Er war nicht zu trösten. »Und was ist das nächstemal? Was passiert, wenn ich meinen nächsten Fehler mache? Ich hab' Angst, Mickey. Die Sache hat mir eine wahnsinnige Angst gemacht.«

Sie sah es in seinen Augen. Sie kannte diesen Blick – von sich und anderen. Ein anderer Assistenzarzt fiel ihr ein, Jordan Plummer, der zur gleichen Zeit mit ihr ans Great Victoria gekommen war; ein ehrgeiziger junger Mann, ungeheuer gewissenhaft und idealistisch. Etwa ein Jahr war es her, da hatte Jordan Plummer einen alten Mann mit schwersten Atembeschwerden aufgenommen. Da er Herzversagen fürchtete, hatte er dem Patienten eine Morphiuminjektion gegeben. Der alte Mann war kurz danach gestorben. Bei der Obduktion hatte sich herausgestellt, daß der Patient nicht an einer Herzschwäche, sondern an schwerer Bronchitis gelitten hatte. Durch das Morphium waren die sowieso nur noch schwachen Atemreflexe völlig unterdrückt worden. Obwohl die einzige Konsequenz für Jordan eine harte Rüge vom Chefarzt der internistischen Abteilung gewesen war – schließlich war Jordan ein absoluter Neuling –, war Jordan nicht über die Sache hinweggekommen und hatte sich sechs Wochen später das Leben genommen.

Auf Tobys Gesicht lag in diesem Moment ein Schatten der gleichen Verzweiflung, die Jordan Plummer in den Tod getrieben hatte.

»Toby«, sagte Mickey ruhig. »Sie sind ein guter Arzt. Sie sind einer unserer besten Assistenzärzte hier. Lassen Sie sich nicht von einem einzigen Fehler aus der Bahn werfen.« Sie rutschte zur Kante ihres Sessels vor. »Ich habe voriges Jahr auch einige Fehler gemacht, darunter einen großen, der mich beinahe Kopf und Kragen gekostet hätte. Hier, auf dieser Station. Man brachte uns einen sechzehn Monate alten Jungen – Richard Grey hieß er, ich werde ihn nie vergessen. Er hatte seit mehreren Tagen an Durchfall gelitten, war stark entwässert und völlig lethargisch. Ich war wirklich vorsichtig. Ich berechnete ganz genau die Menge an Elektrolyten, Wasser und Salz, die zur Aufrechterhaltung der Lebensfunktionen notwendig waren, und hängte den Kleinen dann an den Tropf. Eine Weile lief es gut, der Junge erholte sich, also ließ ich ihn weiter am Tropf. Aber am nächsten Tag bekam er Krämpfe. Ich versuchte alles – Kalziumglukonat, konzentrierte Kochsalzlösung –, aber nichts half.

In meiner Verzweiflung holte ich schließlich Jerry Smith, der war damals mein Gruppenleiter. Er warf nur einen Blick auf das Kind, einen zweiten auf meine Aufzeichnungen und brüllte mich an, daß mir Hören und Sehen verging. Ich hatte den Kleinen völlig überwässert, Toby, und hätte dadurch beinahe ein Herzversagen herbeigeführt! Hätte Jerry nicht eingegriffen, wäre der Kleine gestorben.«

Mickey hielt inne und sah Toby aufmerksam ins Gesicht. Er schien sie gar nicht gehört zu haben, blieb ganz ohne Reaktion. Erst nach einer Weile sah er sie an und seufzte.

»Ich schaff' das nicht mehr, Mickey. Das ist kein Beruf für mich. Da muß man eisenhart sein und darf überhaupt keine Nerven haben. Geschweige denn ein Herz. Als Sie das Kind in den OP raufbrachten, hab' ich mich hier reingesetzt und geheult wie ein Schloßhund.«

Er schnüffelte und drückte eine Hand an seine Wange. Mickey setzte sich zu ihm aufs Sofa und legte ihm einen Arm um die breiten Schultern.

»Wann haben Sie das letztemal richtig geschlafen, Toby?«

»Was für ein Tag ist heute?«

Mickey lachte leise. »Okay, Sie haben seit März nicht mehr geschlafen, sind total ausgepowert, und heute wäre Ihnen beinahe ein Kind gestorben, das Sie retten wollten. Kein Wunder, daß Sie fertig sind, Toby.«

Er schüttelte den Kopf. »Es ist nicht nur die Sache heute, Mikkey. Es ist alles! Wissen Sie, wie oft ich meine Frau zu sehen bekomme? Jedes zweite Wochenende, wenn wir Glück haben. Und dann bin ich viel zu müde, um irgend etwas mit ihr zu unternehmen. Ich verschlafe das ganze Wochenende. Das ist doch ein völlig unnatürliches Leben, Mickey. Man rackert sich dreißig Stunden an einem Stück ab, kommt kaum zum Schlafen oder zum Essen, muß dauernd Angst haben, daß man eine falsche Entscheidung trifft. Und wenn ich schon einmal Zeit zum Schlafen finde, renne ich sogar im Traum ständig hier durch die Korridore und wache dann meistens völlig verspannt und erschöpft auf. Nein, Mickey –« Er schüttelte den Kopf – »ich kann nicht mehr.«

Mickey betrachtete ihn mitleidig und sah sich selber, wie sie vor einigen Stunden gewesen war, ausgepumpt, entmutigt, bereit, das Handtuch zu werfen. Genauso wie Toby jetzt hier saß, hatte sie selber vor drei Stunden dagesessen und hatte das gleiche gedacht: Ich kann nicht mehr. Aber im Operationssaal waren Niedergeschlagenheit und Untergangsstimmung wie durch Zauber von ihr abgefallen, sie hatte Zuversicht und Hingabe wiedergefunden.

»Wie halten Sie das nur aus?« fragte Toby. »Wie können Sie Tag für Tag hier in diese Fabrik marschieren und schuften wie ein Roboter? Wo alles so sinnlos ist!«

»Es ist nicht sinnlos, Toby, das wissen Sie doch. Stellen Sie sich mal eine Waage vor, so eine, wie sie die Justitia in der Hand hält, und legen Sie in die eine Schale alle Ihre Erfolge und in die andere alle Ihre Mißerfolge. Nach welcher Seite neigt sich die Waage?«

»Der Vergleich stimmt nicht, Mickey. Ein tödlicher Fehler wiegt schwerer als hundert Erfolge.«

»Falsch. Jeder Erfolg, den Sie errungen haben, kam nämlich als potentieller Mißerfolg hier ins Krankenhaus.«

»Sie reden wie Dr. Shimada. Er sagt immer, wir sollen nicht die Patienten zählen, die wir retten, sondern die, die wir nicht umbringen.« Toby lachte kurz auf. Dann straffte er die Schultern. »Ich halte das nicht noch weitere acht Monate durch, Mickey. Der Juli ist mir einfach zu weit weg.«

»Okay, dann geben Sie auf. Der Juli kommt trotzdem, ob Sie durchhalten oder nicht.«

Mickey zog ihren Arm von seinen Schultern und lehnte sich zurück. Ihr fiel ein, was sie selber noch vor wenigen Stunden gedacht hatte: Wenn ich hier rauskomme, bin ich einunddreißig Jahre alt. Jetzt lautete ihre Entgegnung: Und wie alt bin ich in fünf Jahren, wenn ich jetzt aufgebe?

Die Tür öffnete sich. Eine Schwester schaute herein.

»Dr. Abrams? Wir brauchen Sie für eine Punktierung.«

Er streckte sich, als versuchte er, seinen Körper aus der Erstarrung zu lösen. Im Aufstehen sagte er zu Mickey: »Ich bin einfach hundemüde. Ich werd' immer quengelig, wenn ich mein Mittagsschläfchen versäumt habe.«

»Sie sind ein guter Arzt, Toby. Geben Sie nicht auf.«

»Hm«, machte er nur lächelnd, dann ging er mit großen Schritten hinaus.

Mickey nahm sich einen Apfel von der Obstschale und dachte an Gregg. An dem Tag, an dem sie ihm begegnet war, war sie am gleichen Punkt gewesen wie Toby heute. Sie hatte sich nutzlos und unfähig gefühlt und sich gefragt, ob sie überhaupt weitermachen solle. Da hatte Gregg sie auf eine Art angesehen, die ihr zu Bewußtsein gebracht hatte, daß sie immer noch eine Frau war, eine schöne, blühende Frau, und sie war ihm, so sehr aus Dankbarkeit wie aus einem Gefühl des Zu-ihm-Hingezogenseins, in die Arme gefallen. Nicht unbedingt eine solide Basis für eine lebenslange Beziehung. Zumal in den zwölf Monaten ihres Zusammenseins die Liebe, auf die sie gehofft hatte, sich bei ihr nicht eingestellt hatte.

Als das Telefon summte, hob Mickey von neuer Kraft beschwingt den Hörer ab. Das kommende Wochenende hatte sie frei. Sie würde wieder in das Krankenhaus-Wohnheim ziehen, wo sie zu Beginn ihrer Assistenzzeit gewohnt hatte. Vielleicht würde sie sich einen gebrauchten Wagen kaufen und in ihrer kostbaren Freizeit ein bißchen herumkutschieren, die Insel erkunden, wandern, schwimmen, sich einfach Raum schaffen, um frei zu atmen...

»Mickey«, sagte die Schwester von der Notaufnahme, »Mr. Johnson, den Sie vor zwei Wochen nach seiner Magenoperation entlassen haben, ist eben eingeliefert worden. Akute Unterleibsbeschwerden...«

Mickey nahm sich noch einen Apfel und flitzte hinaus.

Brigitte Schwaiger

Eine schillernde Persönlichkeit

Herr von Freudenau, der Christine irgendwie bekannt vorkam, so wie alle Männer ihr in gewisser Weise ein wenig bekannt vorkamen, zeigte auf die hohe Tür hinter Herrn Albertonis Arbeitssessel und sagte: »Wenn Sie, bitte, noch signieren kommen. Wir haben schon alles hergerichtet.«

Sie mußte sich im anderen Zimmer an einen Tisch setzen, auf dem zwei Stapel Bücher standen. So hoch waren die Stapel, daß sie nicht sehen konnte, wie Herr von Freudenau immer neue Stapel von Büchern herübertrug und sie dort hintrat, wo ein Stapel gerade kleiner geworden war. Er schnitt die Plastikfolie auf, in die jedes Buch eingeschweißt war, an einer Naht geschlossen, durchsichtiges Plastik, das sie lieber nie gesehen hätte. Sie hatte gebeten: »Bitte, mein Buch nicht einschweißen.«

Aber Herr Albertoni hatte ihr erklärt, daß das Einschweißen von Büchern notwendig war. Wenn man die Bücher in die Buchhandlungen lieferte, wurden sie auf diese Weise nicht schmutzig, und es konnte auch nicht jeder Dahergelaufene in einer Buchhandlung ein Buch aufschlagen und darin ein wenig lesen, sondern Buchhändler fragten nur Kunden, die ihres Vertrauens würdig waren, ob sie die Einschweißung aufmachen sollten. Damit ersparten sich alle viel Ärger.

Es handelte sich hier eindeutig um Herrn Albertonis Bücher, nicht um ihre, und so viele Unterschriften hintereinander hatte sie noch nie in ihrem Leben geben müssen. Bei jeder kam ihr vor, daß sie etwas unterzeichnete, was gelogen war. Sie wußte auch nicht, daß ein Buch, einmal geschrieben, so viel Arbeit machen würde.

»Wie viele sind denn das?«

»Nur zweihundert.«

»Und für wen?«

»Wir verschicken sie an gute Buchhändler und an Freunde des Verlags.«

Dann bekam sie von Herrn von Freudenau einen Brief. Sehr geehrte...! Sie werden am 1. 2. da und am 3. 2. dort, am 21. 3. in... und am 24. 3. bei... lesen.

»Bitte, Albertoni«, flehte sie, »ich weiß nicht, ob ich lesen möchte.«

»Der Freudenau hat sich nur ungeschickt ausgedrückt. Weißt du, er ist ein Trottel. Du liest natürlich nur dort, wo es dir wirklich Spaß macht.« Herr Freudenau war ›der Vertrieb‹. Romane vertreiben.

»Ich möchte aber überhaupt nicht lesen!«

»Du mußt lesen«, sagte Herr Albertoni. »Es ist üblich. Die Buchhändler erwarten es. Du mußt bedenken, wenn ein Buchhändler weiß, daß du bei ihm lesen wirst, bestellt er eine Partie mehr.«

»Was ist eine Partie?«

»Eine Partie«, sagte Herr Albertoni, »sind zehn Stück. Manche Buchhändler bestellen gleich zehn Partien! Andere nur eine halbe! Und den Unterschied macht, ob man bei ihm liest oder nicht.«

Sie fühlte sich verpflichtet, nach allem, was die Korrektur der Druckfahnen gekostet hatte, Herrn Albertoni das Geschäft nicht zu verderben. Schließlich war sie freie Schriftstellerin und mußte von den Einkünften leben, wie er.

Schnurr fragte, ob seine Freundin mit Christine ein Interview machen dürfe. Die Redakteurin habe seine Freundin schon gewarnt, sie müsse bei der Leitenmeier aufpassen, die sei doppelbödig.

Christine erfuhr auch, daß sie ›schillerte‹. Eine ›schillernde‹ Person. Und daß sie mit einem Schauspieler lebte, mit einem Regisseur, mit einem Kameramann, mit einem Journalisten, sogar mit einem Psychiater. Sie hatte auch Verhältnisse mit Leuten, die sie gar nicht kannte, und sie sei süchtig nach Tabletten und Alkohol, auch Rauschgift.

Wer sie im Fernsehen gesehen hatte, wußte, daß Christine Leitenmeier vor allem nett war, lieb und freundlich, sogar zu Späßen aufgelegt. Wer könnte je vergessen, wie Zillinger sie fragte: »Und Sie? Warum heiraten Sie nicht?«

Christine keck in die Kamera: »Mich will keiner.«

Hinter dem Kameraauge saß nämlich der Türmler, aber es fühlten sich so viele Österreicher und Deutsche von der Aussage angesprochen, daß es Liebesbriefe und Heiratsanträge schneite. Türmler war nicht gleich aufgesprungen, hinter der Kamera, o ja! ich will dich!, sondern blieb sitzen hinterm dokumentierenden Auge und drehte weiter.

Und nun sollte Christine nach Linz fahren, ausgerechnet in die Stadt, wo ein gewisser Rudi wohnte. Der kam nicht zur Lesung, aber Seibert aus dem Gymnasium war da, und Christine las nur für ihn, weil er Rudi alles erzählen würde.

Zum Geburtstag bekam sie viele Briefe, unter anderem eine Einladung von einem Herrn, den sie nicht näher kannte, der einmal mit einer ihrer Tanten zweiten Grades verheiratet gewesen war, und er schrieb: »Liebe Christine! Zu Deinem Geburtstag wünsche ich Dir das Allerbeste. Ich möchte Dir eine kleine Freude bereiten und Dich bitten, zu mir zu kommen. Meine Tochter, Du und ich, wir könnten ja Deinen Geburtstag gemeinsam feiern.« Der gar nicht blutsverwandte und durch Scheidung sehr entfernte Onkel hatte Christine, obwohl sie seit Jahren in Wien lebte, noch nie kontaktiert. Aber das Fernsehen wirkte Wunder.

Es meldeten sich jetzt viele Leute, die jahrelang so getan hatten, als brauchten sie Christine nicht. Andere, die immer um sie gewesen waren, traten einige Schritte zurück. Sie riefen nur noch selten oder gar nicht an. Die Welt stand Kopf, soviel war klar. Abweisende wurden freundlicher, sogar der Wirt an der Ecke, früher mürrisch, hofierte sie nun.

»Viele werden jetzt etwas von dir wollen«, sagte Herr Albertoni, »und es werden so manche versuchen, dich aus dem Verlag zu holen und dich mir zu entreißen. Wenn es jemand versucht, dann erzählst du es mir!«

»Leitenmeier! Heb dein Telefon ab, wenn du daheim bist! Leg dir eine Geheimnummer zu! Das geht nicht, daß du dein Telefon einfach nicht abhebst.«

»Aber es rufen so viele Leute an, die mir sagen, daß sie schreiben, und ob ich ihnen irgendwie helfen kann.«

»Ich will, daß du jetzt mit dem Fotografen einer sehr bekannten Illustrierten essen gehst.«

»Kann ich nicht! Ich bin mit einer Freundin verabredet.«

»Die Illustrierte hat eine hohe Auflage!«

»Ich habe da einen Brief bekommen«, sagte Christine, »von einem literarischen Agenten mit ungarischem Namen. Er schreibt, der Zillinger hat ihm von mir erzählt, und er möchte mich vertreten.«

»Um Gottes willen. Hast du ihm schon geantwortet?«

»Nein.«

»Dann gehen wir heute abend essen. Um halb sieben Uhr hole ich dich ab.«

»Das geht nicht! Ich bin mit dem Walter Slavik verabredet.«

»Du rufst den Slavik an und sagst ihm, daß du heute nicht kannst.«

Slavik sagte, sie solle Herrn Albertoni anrufen und ihm sagen, sie könne nicht mit ihm essen gehen. Albertoni sagte, sie sollte Slavik sagen, er solle mitkommen. Slavik ließ ausrichten, er würde zwar nicht gern, aber doch mit ihm und der Christine essen gehen. Dann saßen sie zu dritt an einem viel zu großen Tisch im Restaurant ›Wegenstein‹ in der Nußdorferstraße. Albertoni an einem Ende des Tisches, Slavik am anderen.

»Zeigen Sie mir den Brief«, sagte Slavik, »der Sie so sehr aufgeregt hat, daß Sie ihn dem Fräulein Leitenmeier gleich wegnehmen mußten!«

Albertoni gab das Schriftstück nur widerwillig her.

Slavik las. »Was wollen Sie? Das ist ein ganz normaler Brief von einem ganz normalen Agenten. Das Fräulein Leitenmeier wird ja oder nein sagen, und es bleibt ihr überlassen, ob sie sich in Zukunft einen Agenten nimmt oder nicht.«

»Sehen Sie nicht, daß mein vermeintlicher Freund Zillinger das angezettelt hat? Und daß es gegen mich gerichtet ist?«

»Warum soll Ihr Freund Zillinger seiner Kollegin Leitenmeier nicht dem Agenten empfehlen, der ihn selbst vertritt?«

»Zillinger ist mir in den Rücken gefallen!«

»Wieso, bitte?«

»Weil die Leitenmeier keinen Agenten braucht!«

»Das wird sie entscheiden! Ich finde, Sie machen viel zu viel Wetter um den Brief. Geben Sie ihn dem Fräulein Leitenmeier zurück.«

»Nein!«

»Der Brief gehört ihr!«

»Sehen Sie nicht, daß das alles ein Komplott gegen mich ist! Ich brauche den Brief als Beweis!«

»Ich hoffe, Christine«, sagte Slavik, »du kämpfst jetzt darum, daß du von Herrn Albertoni den Brief, der ausschließlich an dich gerichtet ist, zurückerhältst.«

»Christine?« fragte Herr Albertoni einfühlsam. »Willst du den Brief haben?«

»Nein!« rief sie tapfer.

»Aber das ist doch kindisch!« sagte Slavik. »Selbstverständlich nimmst du den Brief an dich.«

»Das mit Zillinger erschüttert Sie also gar nicht, Meister?« fragte Albertoni.

»Mich hat noch nie etwas erschüttert, was vom Zillinger gekommen ist.«

»Wie in Ketten!« sagte Herr Albertoni am nächsten Tag, als er bei Christine anrief. »Der Slavik hat dich nach unserem gemeinsamen Essen wie in Ketten abgeführt! Und du hast dich gar nicht gegen ihn gewehrt!«

Daß sie den Brief des Agenten mit dem ungarischen Namen nicht beantwortete, hing bei Christine mit etwas ganz anderem zusammen. Ihre ältere Schwester war einmal mit einem Ungarn verlobt gewesen, und sie war mit diesem Ungarn nach Ascona gefahren.

»Sie hat so ein Glück!« rief damals die Mutter. »Er ist nett und er ist sogar reich! Nein, daß meine Kinder so viel Glück haben!«

Da läutete schon das Telefon, und eine Dame meldete sich.

»Ja!« sagte Christines Mutter. »Ich weiß! Sie sind die Mutter meines zukünftigen Schwiegersohnes! Sie rufen an aus Budapest, nicht wahr? Meine Tochter war ja bei Ihnen, und es hat ihr in Ungarn so gut gefallen! In Ungarn, dort sind Sie ja alle, seid ihr alle so –«

Gastfreundlich, hatte die Mutter sagen wollen, aber die Dame fiel ihr in den Satz. Sie sei nicht die erste, sondern die zweite Frau des Herrn Nagy, und seine erste Frau in Budapest kenne sie nicht, noch interessiere sie sich für sie, und es gehe ihr um das Glück ihres Stiefsohns, der dürfe keine Nazitochter heiraten, und schon gar nicht eine, deren Eltern erlaubten, daß sie ganz allein mit dem Stiefsohn, und das ohne Einwilligung seines Vaters und dessen zweiter Frau, kurz, diese Verlobung müsse gelöst werden.

»Jesus, na, die hat mich zusammengeschrien«, sagte die Mutter damals, und Christines ältere Schwester schenkte dem Ungarn noch eine Schallplatte mit Edith Piaf, ›Je ne regrette rien‹. Dann ging die Verlobung in die Brüche. Der Ungar hatte geglaubt, Christines Schwester meine ihr Vorleben, und die große Schwester gab zu, daß sie den Ungarn vor allem geliebt hatte, weil er reich war.

»Der Nagy will doch nur deine Kurzgeschichten verscherbeln an die Illustrierten!« sagte Albertoni.

»Ich hab' ohnehin nichts.«

»Doch, Christine, du hast Kurzgeschichten. Und wenn nicht, dann wirst du ein paar schreiben. Und dann gibst du mir sie.«

»Ich will keine Geschichten schreiben.«

»Du mußt! Wir bringen jetzt ein großes Buch mit lauter lustigen Geschichten von dir. An dem sollen die Kritiker sich die Messer stumpf stoßen. Und du schreibst derweil dein eigentliches zweites Buch. Die Kurzgeschichten veröffentlichen wir, um alle zu täuschen!«

Da Herr Albertoni das Wort ›Verlag‹ sehr oft aussprach, begann Christine sich für das Verlagswesen zu interessieren. Jolly und Albertoni verschmolzen für sie zu einer einzigen Persönlichkeit.

Sie mußte Interviews geben und kam sich dabei vergewaltigt vor, biß aber die Zähne zusammen, weil auch ihr das Wohl des Verlages über alles ging. Herr Albertoni hielt sehr viel von Kritikern. Er legte ihr mit großem Bedauern die Presseartikel hin.

»Siehst du. Er lobt dich. Du darfst dich freuen. Aber der hier, der scheint etwas gegen dich zu haben. Kennst du ihn vielleicht persönlich?«

Er hatte Zettel bedrucken lassen mit der Bitte, man möge das Buch besonders freundlich aufnehmen, denn es handle sich um den ersten Versuch einer Autorin, die Fragwürdigkeit der Ehe in sympathischer Weise und dennoch mit scharfem Urteil zu behandeln.

»Den kenne ich. Er lobt dich. Weißt du, er ist ein sehr, sehr guter Freund von mir. Und ich habe ihm dein Buch besonders ans Herz gelegt.«

»Der hat etwas gegen mich«, sagte er und warf einen Zeitungsausschnitt in den Papierkorb. »Der kann dich nicht loben, weil er mich seit Jahren mit Haß verfolgt.«

Christine las ›Erstling‹ und ›Senkrechtstart‹.

Die Cheflektorin wohnte in einem Reihenhaus im neunzehnten Bezirk. Man ging über schmale Stiegen. In einem Zimmer waren Schinkenfleckerl vorbereitet, in einem zweiten saß auf einem Sofa, bei schummriger Beleuchtung, es brannten nur Kerzen, so als handle es sich um eine geheime Zusammenkunft, ein

Musikkritiker. Seine Augen funkelten böse hinter einer Brille. Sein Gesicht war eckig, die Augen winzig und rund.

»Sie haben einmal etwas geschrieben, was mich sehr geärgert hat«, sagte Christine.

»So?«

»Ja. Sie haben von einem Konzert berichtet, bei dem eine Sängerin schlecht singt, weil sie alt ist. Und Sie haben geschrieben, daß Sie daraufhin nach Hause gegangen sind und eine Schallplatte auflegten mit der Stimme derselben Sängerin, als sie jung war. Und daß Sie die junge Stimme wesentlich besser fanden.«

»Es war aber genauso! Warum soll ich nicht die Wahrheit schreiben?«

»Weil man sie auch anders schreiben kann.«

»Ich habe nur die Wahrheit geschrieben.«

»Finden Sie nicht auch, daß so etwas unmöglich ist?« fragte Christine eine neben dem Musikkritiker sitzende Dame.

»Ja. Ich habe es gelesen und genauso unmöglich gefunden wie sie«, sagte die Frau. »Und ich habe es ihm auch gesagt. Noch bevor es in Druck ging. Der Herr ist mein Mann.«

»Oh, Verzeihung.«

»Es gibt nichts zu verzeihen.«

Um zu den Schinkenfleckerln zu kommen, mußte man an Damen vorbei, die wie Herren aussahen, und an Herren, die sich wie Damen benahmen. Christine konnte Herrn Albertoni nirgends finden, so verabschiedete sie sich bald.

»Ich habe dir etwas Erfreuliches mitzuteilen«, sagte Herr Albertoni am Telefon. »Doris Schwind von der Süddeutschen Zeitung möchte mit dir ein Interview machen.«

Christine ging ins chinesische Restaurant, setzte sich an einen Tisch und wartete auf ›die Zischn‹, wie Walter gewarnt hatte. »Paß auf, das ist eine Zischn!«

Eine sehr nette Frau kam an ihren Tisch, stellte ihre Handtasche drauf, zog ihren Mantel aus, nahm Kugelschreiber und Papier aus der Tasche, fragte sie viel, schrieb etliches auf, und

Christine fühlte sich so angenehm wie bei einer Prüfung, bei der es egal ist, ob man etwas gelernt hat oder nicht. Man sagt einfach, was man denkt. Oder was man glaubt. Oder was man reden will, denn die Prüferin weiß ja nicht, ob man etwas verschweigt oder nicht, sie ist ja den *Stoff* nicht *durchgegangen*. Christine muß nur Auskunft geben, ihr Gesicht zeigen und ihre Stimme spenden für ein kleines Tonbandgerät.

»Sie haben ein gutes Buch geschrieben«, sagte die blonde Frau.

Christine begann zu weinen.

»Ja, was ist denn?«

»Es geht mir so schlecht.«

»Was haben Sie denn?«

»Depressionen!«

Wenigstens wird sie nicht streng sein, dachte Christine. Das kann für das Buch und für Herrn Albertoni nur gut sein, wenn ich mich gebe, wie ich bin. Die Frau wird sehen: hier Buch, hier, hingegen, ich. Dann hat sie eine interessante Geschichte.

Auf einmal wurde sie neugierig auf das, was die Frau schreiben würde. Wie sie wirklich war, bekam sie ja von einem Journalisten am besten dadurch heraus, daß sie alles erzählte, was ihr gerade einfiel, und dann konnte sie lesen, wie ein Journalist das sah.

»Ich möchte mich am liebsten umbringen«, sagte sie. »Ich bin so krank. Ich möchte nicht mehr schreiben.«

»Schauen Sie, wenn man gerne schreibt, schreibt man nicht gut. Ich habe einen Kollegen, der schreibt furchtbar gern. Aber er bringt es nicht weit. Es macht ihm nur eine wirklich große Freude.«

»Mir früher auch.«

»Na, sehen Sie. Und Sie, Sie können jetzt schreiben! Und keiner, der es wirklich kann, schreibt gern!«

Das Wort SCHREIBEN begleitete ihr Leben jetzt schon seit Monaten. Sie hörte es scheppern wie eine Kassa, wie in einer Kassa, eine Registrierkasse, und es gab nur dieses Wort, sie war wie in einer Walze, in der etwas durchgedreht wurde, es gab dieses Wort, ›schreiben‹, aber sie gab es nicht mehr. Es ging nicht um sie, wie sie da saß und essen und reden wollte. Es ging ums Schreiben! So als hätte sie das nicht gewußt, die ganze Zeit.

Sie würde nie mehr etwas schreiben. Die Besen tanzten. Ein Buch in Herrn Albertonis weichen Händen, das immer mehr wurde und sich vermehrte zu Hunderten und Tausenden. Die blonde Frau hatte so ein Buch auf den Tisch gelegt, dort war Christine drauf, wie sie an dem Fenster in der Wohnung der Botschafterstochter lehnte. Die Frau hatte sie in ihrer Handtasche gehabt, und jetzt lag sie neben einem Teller. Sie wäre gern aufgesprungen und durch die verregnete Gasse gelaufen, irgendwohin, aber dieses Buch konnte ihr schon an der nächsten Ecke wieder entgegenfliegen, aus der Rocktasche von irgend jemandem, der es zufällig gekauft hatte.

Das ist verrückt, dachte sie, jeder Autor freut sich, undankbar wäre es außerdem Herrn Albertoni gegenüber. Ich bin jemand, für den der ganze Verlag viel tut. Albertoni hat mein Leben gerettet, er hat bewirkt, daß ich für eine Journalistin befragenswert geworden bin.

»Geht es Ihnen schon besser?«

Christine hatte die ganze Zeit die Fragen der Frau beantwortet. Sie fragte nur kurze Sachen und leichte. Sie schrieb etwas auf, dann schaute sie freundlich, fragte wieder etwas ganz Leichtes und schrieb wieder mit. Christine hätte sie gern gebeten, etwas Schwereres zu fragen, damit sie besser nachdenken konnte. Die Fragen waren alle so einfach, daß sie wußte, das habe ich schon oft erzählt, das muß ich irgendwie neu erzählen, sonst glaubt die Frau, ich lerne die Interviews auswendig, die bis jetzt erschienen sind, oder die Leute glauben, Journalisten schreiben voneinander ab.

Was schreibt sie, dachte Christine, als die Frau sehr lange schrieb und nichts sagte. Vielleicht ein eigenes Tagebuch! Die Frau war auf einmal so entspannt, und es fiel ihr so viel ein. Sie schrieb wahrscheinlich schon den Artikel.

Christine wollte sie nicht stören. Sie bestellte sich einen Schnaps und dachte: Wenn man wüßte, was die immer schreiben! Das ist so unfair. Selbst haben sie alles gelesen, was man geschrieben hat, und dann zeigen sie nicht her, was sie veröffentlichen werden.

Sie schaute, um zu sehen, ob Doris Schwind sie vielleicht zeichnete. Aber sie schrieb und schrieb.

Sie war ungerecht! Sie hätte eben dieses Buch nicht schreiben dürfen! Die Frau saß ja nicht ihretwegen da, sondern wegen diesem verdammten Buch.

Und sie wird dann gehen und sagen: Dankeschön.

Aber »Kommen Sie uns einmal besuchen«, sagte die Frau. »Ich bin mit dem Ignaz Hutter verbandelt. Das wissen Sie vielleicht.«

Das war der, der gegen die Kirche schrieb. Das war aber gut! Das fand Christine großartig!

Man mußte nur ein Buch veröffentlichen, und schon fielen einem alle Leute, die man früher nie kennenlernen hätte können, in den Schoß.

»Ich würde mich freuen, wirklich«, sagte die Frau, »wenn Sie uns einmal besuchen.«

Sie hielt, als sie aus dem Lokal gingen, in den schwarzen Regen hinaus, den Arm so, daß Christine sich in sie einhängen konnte. Sie lehnte sich fast an sie. Bis sie vor einem kleinen Auto in einer Seitengasse standen. Sie umarmte Christine und drückte sie fest. »Das kann ich brauchen«, sagte sie, »dankeschön.«

Warum nahm sie sie nicht gleich mit? Einen Helden mit Tinte und Feder würde sie kennenlernen. Der, von dem Zucki Taborski so geschwärmt hatte. »Der Hutter!« schrie er oft. »Der Hutter! Der ist der einzige in Österreich, der sich wirklich etwas zu sagen traut gegen die Scheißkatholiken, diese Schwerverbrecher!«

»Diese Varrrbrechaarr! Dieses Gesindelll!« hört sie Zuckis Stimme noch heute.

Danièle Granet – Chatherine Lamour

Clara und Marie-Pierre

Clara hatte gerade einen neuen Vertrag bei Emmanuele Ciao bekommen. Sechs Pullovermodelle für 15000 Francs. Dieses Mal hatte sie sich nicht bemühen müssen. Der italienische Fabrikant hatte sie gebeten. Als um Viertel vor zwölf mittags die Sache abgeschlossen war, fand sie sich in der Rue Boétie wieder, gut angezogen, gut geschminkt, gut frisiert, aber allein. Sie hatte Lust, ihre Freude und diesen schönen Sonnentag mit jemandem zu teilen. Die Bank Veuve Pinson und Gebrüder war nicht weit. Sie beschloß, Marie-Pierre guten Tag zu sagen.

Am Eingang des Fin-de-Siècle-Hauses wachte ein Zerberus in Uniform. Er wollte nichts vom Hinaufgehenlassen wissen, bevor er nicht grünes Licht von den oberen Etagen hatte. Die Sekretärin wies auf die Bank im Flur, wo sie auf Marie-Pierre warten sollte, die nicht in ihrem Büro war. Strenge und üppige Ausstattung, blauer Bodenbelag, grüne Pflanzen, an den Wänden moderne Bilder. Die weißen Türen öffneten und schlossen sich hinter geschäftigen Leuten, die sofort verschwanden. Marie-Pierre erschien.

»Was für eine schöne Überraschung! Hast du Zeit, mit mir zu Mittag zu essen?«

»Das gleiche wollte ich dich fragen. Ich wollte dich ins Royal Monceau einladen, um mit dir meinen neuen Vertrag zu begießen. Ich hab' Geld wie Heu.«

»Komm fünf Minuten in mein Büro. Ich muß noch schnell was fertigmachen.«

Und ganz nebenbei fügte Marie-Pierre hinzu:

»Sag vor ihnen nichts.«

Aus Angst, eine Dummheit zu machen, begnügte sich Clara

damit, ›Guten Tag‹ in den Raum hinein zu sagen und setzte sich. Keiner antwortete ihr. Sie begann, den ›Nouvel Économiste‹ durchzublättern, um Haltung zu bewahren. Geschützt hinter der Zeitschrift, beobachtete sie.

Marie-Pierre versuchte zu schreiben, doch Clara sah sehr wohl, daß sie nervös war. Jacqueline Larivière hatte das Telefon abgenommen.

»Guten Tag, Onkel. Sehr nett, Ihr Essen gestern abend. Ich war entzückt, den Botschafter zu treffen. Kann ich ihn in Ihrem Namen anrufen und mit ihm über die Sache mit der Weltbank reden?«

Sie legte auf und warf einen Blick in die Runde, um ihre Wirkung abzuschätzen. Marie-Pierre hatte das Ende des Gesprächs vorausgeahnt und wieder ein vertieftes Aussehen angenommen. Clara bemerkte, daß ihr Gesicht sich verändert hatte. Marie-Pierre stand auf, griff nach ihrer Jacke und verkündete:

»Ich werde um Viertel nach drei zurück sein.«

Keine Antwort.

Der Garten des Restaurants Royal Monceau war ein Sommertreffpunkt der Geschäftsleute, der Bankiers und der Journalisten. Sie wählten einen Tisch in der Sonne und nahmen sich Zeit, die Anordnungen der Tische zu studieren, um so bei ihrem Gang zur Theke zwei oder drei Hände schütteln zu können. Vier Kellner teilten alle nur vorstellbaren Vorspeisen unter einem großen grün-weiß gestreiften Zelt aus. Nachdem sie sich gegenübersaßen, amüsierten sich Marie-Pierre und Clara über die interessierten Blicke, die die Zigarrenraucher den beiden ›alleinstehenden‹ Frauen zuwarfen.

»Ist in deinem Büro immer so eine Stimmung? Oder habt ihr im Augenblick nur Krach?« fragte Clara.

»Der Chef der Abteilung ›Wertpapiere‹ wird gehen. Wir sind fünf, die diesen Posten wollen. Und es ist das erste Mal, daß zwei Frauen auf der Liste stehen. Alle Schläge sind wichtig. Hast du sie gesehen, wie sie ihre Beziehungen ausbreiten? Man weiß nie, worüber sie reden, über welche Akte, welches Geschäft. Aber wenn es darum geht, die Namen bekannter Leute herauszuposaunen, die sie getroffen haben oder die sie treffen werden, dann sind sie unschlagbar. Sie machen es absichtlich, um mich aus dem Gleichgewicht zu bringen. Ich müßte mir Ohropax kaufen. Sie zu hören entmutigt mich und hält mich vom Arbeiten ab.«

Marie-Pierre mußte ihr Herz ausschütten. Clara hörte zu. Sie informierte sich.

»Verstehst du, für sie ist es einfach. Er ist der Sohn der Armateurs Réunis. Sie hat durch ihre Mutter Kontakt zu den Fernys. Glücklicherweise habe ich im Haus ein paar Freunde, die sensibler auf die Arbeit als auf Äußerlichkeiten reagieren.«

»Du kannst doch trotzdem dieser Jacqueline Larivière nicht ihre Herkunft vorwerfen«, machte sich Clara auf sanfte Weise lustig. »Was hat dir diese Frau denn getan?«

Sofort legte Marie-Pierre heftig los.

»Sie klettert die Leiter schneller hinauf als ich, das hat sie mir getan.« In Claras verblüfftes Schweigen erklärt sie: »Weißt du nicht, was sie mir neulich um die Ohren gehauen hat? Sie wagte, mir zu sagen. ›In unserer Familie wissen wir, was das ist: Management und internationale Strategie.‹ Sie hat den Kübel über mir ausgeschüttet, und ich konnte nichts sagen. So etwas ist unverzeihlich.«

»Kannst du nicht deine Sachen machen, ohne dich um sie zu kümmern? Frauen glauben immer, daß sie sich mit anderen messen müssen. Männer haben in sich genügend Sicherheit, die Besten zu sein.«

»Täusch dich da nicht. Wenn sie ihre Bekannten anruft, dann kann Bruno Holinger es sich nicht verkneifen, sofort seine herzuzeigen.«

»Und du? Du bist doch immerhin auch nicht in der Kohlenkiste geboren worden. Du bekommst doch allmählich auch ein ganz schön ernstzunehmendes Adreßbuch.«

»Was mich traurig macht, ist, daß ich langsam auch anfange, mich wie sie zu benehmen. Ich verliere Zeit, indem ich mit Persönlichkeiten herumtelefoniere, um sie zu reizen. Nun, ich habe schließlich auch welche. Ich spüre, daß sie sich fragen, wo ich diese Leute kennengelernt habe. Sie werden unruhig, sie argwöhnen, daß ich geheime Unterstützung bekomme. Sie fragen sich, was ich für ein Privatleben habe oder wo ich meine Abende verbringe.«

Claras Gesicht hellte sich plötzlich auf. Sie fragte:

»Nun, und wo verbringst du deine Abende?«

»Ich führe ein Leben, das ein bißchen kompliziert ist...«

Marie-Pierre lachte und lenkte sofort das Gespräch auf etwas anderes:

»Und du? Was machen deine Geschäfte?«

»Sie gehen gut. Manchmal sage ich mir, daß die Freiheit gar nicht so schlecht ist. Wenn ich dich in deiner Bank sehe, frage ich mich, ob ich ein Büroleben ertragen würde. Ich habe gerade diesen Vertrag mit Emmanuele Ciao geschlossen. Meine Kasse ist bis Ende des Jahres voll: 15000 Francs für diese Arbeit plus 20000 von den Deux Hémisphères und 7000 mal hier, mal dort. Das sind für mich 42000 Francs in sieben Monaten. Mehr oder weniger, 6000 Francs im Monat. Und du, wieviel verdienst du?«

Marie-Pierre wollte nicht Claras gute Laute unterminieren, doch trotzdem hatte sie mit ihren vierzehn Monatsgehältern einen Vorsprung, der schwer einzuholen war. Sie antwortete ausweichend:

»Es gibt Tage, da beneide ich dich. Als ich dich das erste Mal bei Frau Dumont-Perrier getroffen habe, habe ich mir gesagt: ›Da ist eine, die Erfolg hat. Sie wird in ihrem Beruf anerkannt wie jemand, der einmal wichtig sein wird.‹ Doch ich würde es nie wagen, so herumzuflattern wie du. Wenn ich kein festes Gehalt hätte, würde ich vor Angst umkommen. Du kannst dir vorstellen, daß ich sonst diesen Laden verlassen würde. Und im übrigen sollte ich ihn verlassen.«

»Du bist verrückt. Du weißt nicht, wie es ist, jeden Tag seine Karten auf den Tisch legen zu müssen, um einen Vertrag hier, einen Vertrag dort an sich zu reißen. Mit der Bekanntheit kann ich mir mein Brot nicht bestreichen. Hast du die Presse gesehen, die ich nach der Vorstellung meiner Kollektion gehabt habe? Nun, ich habe nur zwei Arbeitsangebote daraufhin erhalten. Immer bin ich es, die Leute auftreiben muß. Klar, jetzt ist es leichter als vorher. Ich werde besser empfangen. Es funktioniert öfter. Doch man muß Mut haben.« Clara und Marie-Pierre plauderten noch einige Zeit weiter vor der Tür der Bank. Sie hatten keine Lust, sich zu trennen:

»Mist, ich wollte mit dir über den Club reden, und wir haben nicht mal Zeit dazu gehabt.«

»Das macht nichts, ich rufe dich an«, sagte Marie-Pierre, die sich, ganz kopflos wegen der Zeit, davonmachte.

Clara drückte sich die Nase an den Auslagen der Avenue Montaigne platt.

Ich muß mich schließlich über das auf dem laufenden halten, was in den Boutiquen läuft, sagte sie sich, um guten Gewissens bummeln zu können. Als ihre Füße ganz geschwollen waren, kaufte sie drei Modezeitschriften und setzte sich in die Sonne auf eine Café-Terrasse. Gipfel des Glücks: in der Rubrik ›Leute, von denen man spricht‹ fand sie etwas über sich. Der Artikel stellte sie in eine Reihe mit den ›aufsteigenden Modezeichnerinnen‹. Er war mit einem ihrer Modelle illustriert. Sie bedauerte, daß man nicht lieber ein Foto von ihr gewählt hatte.

Sie hatte einen kleinen Moment des Größenwahns. Mit Hilfe des Irish Coffee, ihrer süßen Sünde, sah sie sich auf dem Weg zum Ruhm. Wieder verglich sie sich mit Marie-Pierre. Dieses Mal neigte sich die Waage nach ihrer Seite.

Es ist sicher, sie wird Karriere machen, dachte sie, es ist nur eine Frage der Ausdauer. In sechs oder sieben Jahren, wenn sie es aushält, wird sie einen Direktorenposten haben. Sie wird Macht, Sicherheit haben. Aber nicht mehr.

Wenn Clara ihre Gedanken hin- und hereilen ließ, war der Pflock gesetzt, und die Ziege drehte sich um ihn. Sie und ihre Freundinnen jagten dem Heiligen Gral der totalen Entfaltung hinterher. Sie wollten alles auf einmal: Sicherheit, Freiheit, beruflichen Erfolg, einen Ruf und das Glück. Die Unmöglichkeit dieser Wunschmischung gab ihnen das Gefühl, sich nicht völlig zu verwirklichen. Sie wollten auf nichts verzichten; das war der Kern ihrer Angst und der Antrieb ihrer Dynamik.

»Möglich oder nicht, man kann es immerhin versuchen«, scherzte Clara, wenn eine mitfühlende Seele sie im Namen der Vernunft stoppen wollte.

Marie-Pierre hatte die Sicherheit gewählt, doch sie hoffte trotzdem, daß auch sie irgendwie und eines Tages ihren Namen in den Zeitungen finden würde. Clara hatte Angst vor ihrer Unabhängigkeit. In ihren düsteren Stunden sah sie sich gescheitert und arm vor sich, wie sie in einem Dienstbotenzimmer dahinvegetierte. Um sich zu beruhigen, brauchte sie eine gemütliche Wohnung und Freunde an ihrem Tisch. Alles Dinge, die sie ganz prosaisch dazu zwangen, ihr Brot zu verdienen. Sie akzeptierte das erste beste, um ihre Rechnungen bezahlen zu können. Ihre ungleichmäßige Karriere war ständig durch die Vorkehrungen bedroht, die sie traf, um sich zu schützen. Intuitiv hatte Clara begriffen, daß ihr Weg nicht über die üblichen Bahnen gehen durfte. Ende der sechziger Jahre, in der Zeit, in der die Konfektionskleidung blühte, hätte sie in ein großes Konfektionsunternehmen eintreten können, wo sie auf ganz natürliche Weise Direktorin der Modezeichner oder der Herstellung geworden wäre. Sie hatte diesen leichten Weg abgelehnt. Sie wollte etwas anderes: anerkannt werden. Warum? Sie fand auf diese Frage keine Antwort. Es schien ihr, daß sie seit ihrer Kindheit es immer als normal angesehen hatte, besser zu sein als die anderen.

Dieser Wunsch trieb sie ständig dazu, nach einer Möglichkeit zu suchen, um dem Schicksal von Frau Jedermann zu entkommen. Wie viele andere Frauen, die ihr Geschlecht immer dazu bestimmt hatte zu dienen, konnte Clara sich nur davonmachen, indem sie Abkürzungen wählte. Sie hatte das Glück, Talent zu besitzen.

Der wachsende Verkehr auf der Straße zog ihre Aufmerksamkeit auf sich. Die Büros machten zu.

»Schon sechs Uhr«, sagte sie mechanisch. »Ich muß nach Hause.«

Dann jedoch im gleichen Moment:

»Warum sollte ich nach Hause gehen? Es ist zu spät zum Arbeiten, und niemand wartet auf mich.«

Sie seufzte befriedigt auf. Als sie noch mit Didier zusammenlebte, konnte sie nicht nach acht Uhr abends heimkommen, ohne Erklärungen liefern zu müssen. Im Laufe der Jahre war ihr dieser Zwang unerträglich geworden, um nicht zu sagen, daß er sie rasend machte. Sie hörte sich noch bei einer ihrer Szenen kühn sagen: »Ich mache es wie du, ich tue, was ich will. Ich weigere mich, nach der Uhr zu leben.«

»Ich bin frei und unabhängig wie Tante Picot von Saint-Flour«, sagte sie. Diese Figur aus der Schmalzliteratur war in ihrer Kindheit eine ihrer größten Wonnen gewesen. Auch sie hatte sich das Recht erobert, ihren Zeitplan nach ihrem Wunsch zu gestalten. Im Moment hatte sie nur eine Verabredung: im Theater, um halb acht.

Es war die Premiere von ›Einstein on the beach‹, dem letzten Stück von Bob Wilson. Eine Menge von Menschen, die dazu gehörten, drückte sich vor der Tür der Komischen Oper in fröhlicher Unordnung. John, mit zerzausten Haaren und wie üblich ganz in Weiß, hatte sich zur ersten Reihe durchgeschlängelt. Als er Clara entdeckte, winkte er ihr fröhlich zu. Sie fand ihn schön. Als es ihr gelang, zu ihm durchzukommen, küßte er sie lange inmitten der Menge, die sie ins Innere stieß.

Sie stapelten sich zu fünfzehnt in einer Loge für acht. Das große Theater Napoleon III. mit seinen Vergoldungen, seinem Samt und seinen Kronleuchtern war vollgestopft mit einer Fauna, die zumindest ungewöhnlich war. Langhaarige in Leinenschuhen, Mädchen in T-Shirts und Jeans standen oder saßen in den Sitzreihen im Parterre und füllten die Balkone. Schon ab dem ersten Akt hatte die sich wiederholende Musik von Phil

Glass die Zuschauer auf eine große Reise entführt. Im Halbdunkel sah man die Joints wandern. Die Aufführung dauerte vier Stunden. Ab einem bestimmten Moment begannen die Leute zwischen dem Saal und dem Café gegenüber hin- und herzugehen, von wo sie Bier und Würstchen mitbrachten. Als sie gerade mal von der Kneipe zurückkam, entdeckte Clara die Ausstattung des letzten Aktes: die vier Etagen eines Gebäudes, die sich bis zu den Gewölben erhoben und mit blinkenden Lichtern übersät waren, die in Abständen das strenge Gesicht von Phil Glass beleuchteten. Er spielte ungerührt und saß vor einem Harmonium, das mit Seilen zehn Meter über der Bühne aufgehängt war. Clara und John waren glücklich. Sie erlebten zusammen einen einzigartigen Augenblick.

Nach einem Sauerkraut in der Brauerei Flo gemeinsam mit einer ganzen Gruppe kehrten sie zu Fuß in aller Ruhe in das Zimmer mit Bad zurück, das Freunde John überlassen hatten. Es war leer bis auf eine Matratze, die am Boden lag, und einen Zeitungsstapel. John war kein Mann, der Wurzeln fassen konnte.

Ich bumse in einer Bude, sagte sich Clara, um sich selber zu schockieren. Und dieser Gedanke befreite ihre Phantasie.

John hatte Clara am Rande der Verzweiflung aufgelesen, als sie von dem jahrelangen tagtäglichen Kampf mit einem verführerischen, tyrannischen, unfaßbaren Mann erschöpft war. Ihrem Mann Didier.

Sie konnte nur sich selber die Schuld geben. Sie wollte ihn um jeden Preis heiraten. Sie hatte ein traditionelles Bild von der Ehe und erwartete von ihr, ohne daß sie es sich eingestehen wollte, einen sozialen Status, Schutz und Fürsorge. Clara hatte sich nicht in irgend jemand verliebt. Didier entsprach für sie allen Kriterien des idealen Ehemannes. Ein Historiker, bereits von seinesgleichen und den Medien anerkannt, acht Jahre älter als sie, umgeben von einem Kreis tonangebender Linksintellektueller, die sie unter sich als ›Lebe-Linke‹ bezeichneten.

Ihm auf den Fersen, hatte sie im Mai 1968 die Welt neu erbaut. Sie gefiel sich nur noch in der Haut der Frau Didier Lastery.

Sie hatten mit einem Mißverständnis angefangen. Nach langen Studien, die ihn davon abgehalten hatten, das Leben zu genießen, wollte Didier Atem holen. Er liebte Claras Phantasie, ihre Sorglosigkeit und ihre Art, über alles zu lachen. Sie, die ihn bewunderte, wollte für ihn großen Erfolg, dessen Etappen sie sich insgeheim vorstellte. Sie verbrachte ihre Zeit damit, ›Essen großer Köpfe‹ zu organisieren, die Didier tödlich langweilten. Er ging manchmal schon beim Käse fort, ließ sie mit ihren Gästen allein und gab dabei vor, seine Doktorarbeit über ›die Sitten am Hofe der Medicis‹ beenden zu müssen. Um in Ruhe arbeiten zu können, hatte er ein Apartment gemietet.

Clara hatte lange gebraucht, bis sie verstand, daß Didier ein völlig freies Wesen war, der die Freiheit der anderen nicht respektierte. Und ihre noch weniger als die aller anderen. Er wollte alles von ihr wissen, wo sie den Tag verbracht hatte, mit wem sie gegessen hatte, worüber sie geredet hatten, was sie gesagt hatte. Er hatte ganz feste Vorstellungen über das, was sie machen sollte und was nicht. Manchmal entschied er an ihrer Stelle, wenn man ihr einen Modezeichnervertrag vorschlug. Oft sehnte Clara sich nach Einsamkeit und Schweigen. Für ihren Überdruß machte sie ihre Müdigkeit verantwortlich.

Unter anderen Abenteuern hatte Didier schließlich eine Leidenschaft kennengelernt. Er hatte das gemeinsame Heim verlassen. Er war sechs Monate später zurückgekommen, ohne Erklärung, und trug eine Liebesgeschichte mit sich herum, die einfach nicht aufhören wollte. Ohne nachzudenken, nutzte er Claras Vorrat an Verständnis aus, die es sich als Ehre anrechnete, daß sie ihre Eifersucht bezähmte. Bei Didier hatte sie das Gefühl, intensiv zu leben, ohne daß sie erkannte, daß sie ganz einfach in einem Masochismus dahinsiechte, der bei vielen Frauen latent vorhanden ist. Da sie sich ihres Mißerfolgs schämte, verheimlichte sie ihre wacklige Ehesituation vor ihren Eltern und sogar vor ihren besten Freunden. Sie drehte sich im

Kreis, war eingeschlossen in ihrem Schweigen und wußte selbst nicht mehr, wer sie war.

Es war an einem jener düsteren Tage, daß sie eine Erleuchtung hatte: sie verdiente selber ihr Geld. Moralisch war sie allein. Physisch war sie verlassen. Was blieb ihr noch außer den Zwängen: am Abend heimkommen, mit ihm die Wohnung teilen, für ihn organisieren? Sie hatte angefangen zu tasten, um sich eine ganz eigene Identität aufzubauen, die einer Frau, die für ihr Schicksal selbst verantwortlich ist. Darauf hatte sie aufbegehrt und führte gegen Didier einen heftigen Kampf, um zu leben. Er machte sich lustig und machte für diese Festigkeit den schlechten Einfluß der Frauenbwegung verantwortlich. Er wartete darauf, ›daß es vorbeiging‹.

Anläßlich eines Weihnachtsessens, bei dem er die Möglichkeit gefunden hatte, zu ihnen beiden noch eine sogenannte Freundin einzuladen, hatte Clara John wie eine Sonne gesehen. Sie hatte sich gesagt: Wenn er mich vor Ende des Abends küßt, habe ich gewonnen. Wenn nichts passiert, ist mein Leben futsch.

Sie war seit einem Monat dreißig.

Albertine rief von Zeit zu Zeit Marie-Pierre im Büro an, immer als R-Gespräch. – Sie nutzte dies, um des langen und breiten ihre Seelenzustände darzulegen. In den Vereinigten Staaten hatte sie Höhen und Tiefen.

An diesem Tag war Clara bei ihr und dabei, eine Liste mit Clubmitgliedern zu erstellen: schon 50. Sie hatten die Mittagspause benutzt, um an dem Veranstaltungskalender für das Jahr zu arbeiten, den sie anläßlich der Eröffnung vorlegen sollten. Das Beitragskonto sollte am Tag X anfangen. Die Arbeiten waren fertig, man mußte jetzt nur noch Möbel beschaffen.

Marie-Pierre nahm den Telefonhörer ab. Sie machte sofort Clara deutliche Zeichen.

»Nimm schnell den Hörer, es ist Albertine.«

Albertines Stimme war ausdruckslos. Ohne sich darum zu kümmern, ob Marie-Pierre Zeit hatte, legte sie los:

»Ich habe ein Problem. Ich muß mit dir reden.«

Der Atlantik existierte nicht, auch nicht die Zeit, auch nicht die Telefonrechnung, da Albertine schließlich ein Problem hatte.

»Es ist doch wohl nicht schlimm?« fragte Marie-Pierre schon beunruhigt.

»Doch, ich bin verliebt.«

»Was für eine gute Nachricht!«

»Ja. Aber es läuft nicht. Dabei hatte meine Kartenlegerin mir gesagt, daß es mit einem Stier klappen müßte.«

Inzwischen kannte Marie-Pierre den Ablauf: sie zuerst beruhigen, dann die Beratung.

»Alles wird gutgehen. Fang nicht an, dich wegen nichts zu ängstigen. Erzähl doch mal genau, wieweit ihr seid. Was ist das letzte Mal, als ihr euch gesehen habt, passiert? Rede laut, ich verstehe dich nicht.«

»Ich kann nicht schreien. Er ist im Nebenzimmer.«

»Wo seid ihr?«

»Im Hotel.«

Marie-Pierre legte die Hand über die Muschel und kommentierte leise für Clara.

»Im Hotel? Was machen sie im Hotel? Sie sind nicht im selben Zimmer.«

Sie saßen alle beide wie auf heißen Kohlen.

Am anderen Ende hatte sich Albertine in einen Redefluß von extremer Verwirrtheit gestürzt; sie blieb den elektronischen Stößen gegenüber gleichgültig, die das Gespräch unterbrachen. Typisch für sie, schüttete Albertine alles durcheinander auf dem Tisch aus und erwartete, daß ihre Freundinnen für ihre Geschichte die Lösung fanden.

»Um zusammenzufassen«, meinte Marie-Pierre, »du bist verliebt in einen deiner Kommilitonen von der Universität. Du weißt nicht, ob es gegenseitig ist, und du hast Angst, daß du deine beruflichen Beziehungen aufs Spiel setzt, wenn du die Dinge überstürzt. Was für Anzeichen von Interesse hat er gezeigt?«

»Wir sehen uns sehr oft. Wir diskutieren viel und oft bis spät in die Nacht. Jetzt sind wir für eine Woche mit ein paar Freunden in San Francisco. Wir kommen gerade vom Essen. Er ist in seinem Zimmer, genau neben meinem. Ich frage dich: was soll ich tun?«

»Aber wie spät ist es denn?« fragte Marie-Pierre, um Zeit zu gewinnen.

»Zwei Uhr morgens.«

In Paris war es Mittag.

»Ist dein Urteil ausgereift? Wenn nicht, überstürze bloß nichts. Du riskierst nur, alles aufs Spiel zu setzen.«

»Ich weiß nicht«, antwortete Albertine seufzend.

»Wie seid ihr heute abend auseinandergegangen?«

»Wir haben eine leidenschaftliche Diskussion über die West-Ost-Beziehungen gehabt.«

»Ah... Und du hast es mit ihm aufgenommen? Du weißt sehr gut, daß man mit Essig keine Fliegen fängt.«

Marie-Pierre gingen die Argumente aus. Die Sache war verwickelt. Sie sah Clara fragend an, suchte ihre Hilfe.

»Es ist nicht der Zeitpunkt, mir Lehren zu erteilen«, regte Albertine sich auf.

»Beeil dich! Also, geh' ich hin oder geh' ich nicht hin?«

In dem Augenblick ging die Tür des Büros auf und der stellvertretende Direktor streckte seinen Kopf herein:

»Kann ich Sie vor dem Essen einen Augenblick sprechen?«

Marie-Pierre übermittelte Albertine brutal ihren Urteilsspruch:

»Heute abend ist es noch verfrüht. Ruf mich morgen wieder an.«

Seit sie in den USA legte, gab Albertine oft wochenlang kein Lebenszeichen von sich. Dann ganz plötzlich begann sie, mehrmals am Tag anzurufen, als ob sie noch in ihrer Wohnung in der Rue Lecépède wäre.

Um 19 Uhr Pariser Zeit erwischte sie gerade noch Marie-Pierre, die das Büro verließ. Ohne Übergang führte sie das Gespräch vom Morgen fort:

»Es ist zu dumm, stell dir vor, er hat gestern abend dauernd versucht, mich in meinem Zimmer zu erreichen. Da die Leitung ständig besetzt war, ist er eingeschlafen. Und was soll ich jetzt machen?«

Sie hatte sich nicht gedrückt. Der Schnee Anfang des Jahres war fürs Wedeln am besten. Seit den vier Jahren, in denen sie Philippe kannte, verbrachten sie unabwendbar das letzte Januarwochenende in Chamonix.

Dieser Aufenthalt, über den sich Marie-Pierre hätte freuen sollen, machte sie griesgrämig. Sie haßte die Berge im Winter. In Genf wartete Philippe vor der Grenze auf sie. Er erschien schlanker und noch größer in dem marineblauen körpernahen Anzug mit den feinen weißen Streifen, den sie für ihn ausgesucht hatte.

Kaum saß sie in dem Mietwagen, als Marie-Pierre auch schon ihr Sprüchlein anbrachte, das sie seit Paris vorbereitet hatte.

»Hör zu, wir sind uns doch einig, daß du mich nicht dazu zwingst, jeden Tag Ski zu fahren?«

»Einverstanden, aber ich habe für übermorgen einen Führer für eine Gletscherabsetzung bestellt. Es wird eine schöne lange Abfahrt sein.«

Er lachte und tätschelte ihr dabei das Knie. Sie lachte nicht. Eine Gletscherabsetzung, das hieß sechs Stunden im Pulverschnee ab dem Gipfel des Dôme du Coûter, wo ein Hubschrauber einen bei Einbruch der Morgendämmerung absetzte. Tausend Francs für eine Folterveranstaltung. Sie fuhren an Chamonix vorbei, um direkt nach Argentières am Fuße der Pisten zu fahren. Sie hielten mitten im Dorf neben der Kirche vor einem Holzhaus mit geschnitzten Balkonen, wo sie ein äußerst sportliches Freundespaar erwartete. Fürs Abendessen hatten sie einen Tisch in der Casa de Filippo bestellt, einem italienischen Restaurant im Aosta-Tal. Das Wirtshaus war am Ende eines in den Schnee gebahnten Hohlweges auf der anderen Seite des Mont-Blanc. Eine Expedition, aber auch eine echte Entspannung. In diesem Operettendekor, inmitten der Chiantiflaschen, Schinken und Knoblauchsträuße, die von der Decke hingen, war es schwierig, der allgemeinen Heiterkeit der beschwipsten, fröhlichen Gruppen von Italienern zu widerstehen.

Die Frauen hatten sich einander gegenübergesetzt, um zu plaudern, während die Männer wie üblich über das Geschäft redeten. Marie-Pierre, die durstig über den Valpolicella hergefallen war, streichelte Philippes Schenkel und sah ihn dabei aus den Augenwinkeln schelmisch an. Er zuckte nicht mit der Wimper. Er blieb unter allen Umständen ernsthaft. Sie lehnte sich an ihn, legte eine Hand hinter seine Schultern und begann, ihm systematisch den Nacken zu massieren. Bei jeder Äußerung unterbrach sie ihn, um ihn dazu zu zwingen, das Thema zu ändern. Er vermied es, das zu zeigen, doch er war entzückt. Marie-Pierre beugte sich zu ihm, sah ihm gerade ins Gesicht, ihre Augen leuchteten, und sie schlug ihm suggestiv vor:

»Und wenn wir ins Bett gingen?«

Ihr Zimmer aus Kiefernholz roch nach Ferien. Als Marie-Pierre, kaum eingehüllt von einem Handtuch, aus dem Bad kam, war Philippe schon halb eingenickt. Ohne sich bei diesem Detail aufzuhalten, drückte sie sich nackt an ihn und begann, ihn zu streicheln. Er ergriff ihre Hand, die er küßte, und schlang seine Arme um sie, mit der offensichtlichen Absicht, sich nicht mehr zu rühren:

»Mein Liebling, ich bin ein bißchen müde. Ich bin um fünf aufgestanden.«

Er schlief schon, an sie geschmiegt, glücklich. Sie machte sich los, nahm ›Le Monde‹ und begann zu lesen, wobei sie geräuschvoll die Seiten umblätterte. Er rührte sich nicht. Sie stand auf, um in einen Pyjama zu schlüpfen, und legte sich in ihre Ecke.

Als er sich um acht Uhr morgens anschickte, sie zu wecken, roch das Haus schon nach Kaffee und Toast. Man hörte im Parterre die Obstpresse schnurren. Während er ihr ins Ohr flüsterte, versuchte Philippe, die Barriere ihres Pyjamas zu überwinden. Sie öffnete ein finster blickendes Auge:

»Kommt nicht in Frage. Morgens schwächt es mich immer zu sehr.«

Vor den Treppen der Gondel drängten sich schon die Skifahrer, um zur Sperre zu kommen. Bei jeder Bewegung, die vom Trampeln der Stiefel und dem Scharren der Skier begleitet wurde, grummelte die durchgefrorene Marie-Pierre:

»Man könnte meinen, man sei vor einem Fabriktor.«

An den Wochenenden wurde die Terrasse der Chavanne auf 2000 Metern Höhe zum höchsten Klatschsalon. Dort war Marie-Pierre in ihrem Element. In Pullover, mit hochgekrempelten Ärmeln und ohne Schuhe entspannten sich hier die Pariser nur scheinbar. Man rückte weg, um Philippe zu begrüßen. Er war sehr bemüht, Marie-Pierre vorzustellen. Sie schnurrte. Der Präsident der Großen Zementfabriken der Oise machte ihr den Hof. Er setzte sich für einen Augenblick:

»Ah, Sie sind in der Bank Veuve Pinson und Gebrüder«, sagte er zu Marie-Pierre, um den Liebenswürdigen zu spielen. »Wir werden sicher Gelegenheit haben, uns zu sehen, ich habe Geschäftsbeziehungen mit Bruno Holinger.«

Marie-Pierre brachte ein verkrampftes Lächeln zustande. Vorbei war der günstige Moment. Und jetzt mußten sie außerdem wieder hinunter. Philippe bestand absolut darauf:

»Du wirst langsam fahren. Ich werde auf dich warten, es ist eine leichte Piste, das ist gut für deine Form.«

Auf halber Strecke, auf dem schmalen Weg zwischen den Tannen, war sie natürlich doch allein. Sie verfehlte alle Kurven und sah das Ende nicht mehr. Sie hatte zuviel Angst, um Schuß zu fahren. Während sie versuchte, sich ein bißchen abschüssig hinzustellen, hängte sie sich schließlich an einen Skifahrer, und sie fuhren zusammen hinab. Sie mußte Beschimpfungen über sich ergehen lassen.

Sie antwortete Philippe nicht, der unten auf sie wartete und liebenswürdig zu ihr sagte:

»Bravo, du warst mutig.«

Hinter seinem Rücken hob sie die Augen gen Himmel. Sie stellte sich den nächsten und übernächsten Tag vor, den schlimmsten, an dem sie im Pulverschnee herumwatscheln mußte. Ihr war kalt an den Füßen, den Ohren, am Hintern, sie würde sich nie daran gewöhnen.

Auf der Rückfahrt im Auto suchte sie nach Worten, um ihm freundlich zu verstehen zu geben, daß sie von nun an erwartete, daß auch ihr Vergnügen in Betracht gezogen werden würde, genauso wie seines. Sie fand es immer absurder, um nicht zu sagen unerträglicher, sich Plackereien aufzuerlegen unter dem Vorwand, den anderen zufriedenzustellen. Ein Liebesbeweis? Sie sah eher in dem Verzicht auf ihre eigenen Vorlieben ein Zeichen der Unterwerfung unter veraltete Muster.

»Das war ein äußerst angenehmes Wochenende, das muß ich zugeben. Aber das Gebirge, der Winter, damit ist für mich Schluß! Davon ist nicht mehr die Rede!«

In Marie-Pierres Äußerungen war eine überraschende Festigkeit, die er an ihr nicht kannte.

Tatsächlich, sie veränderte sich, dachte er. Betrügt sie mich?

Sobald Bruno Holinger hereingekommen war, ging Marie-Pierre zum Angriff über. Sie war braungebrannt, sie fühlte sich in Form. Sie saß seit acht Uhr am Schreibtisch und bereitete vor der Ankunft ihrer Kollegen den Schlachtplan für die Woche vor. Der Zeitpunkt war gekommen, um die Schrauben anzuziehen. Durch Hintertreppengerüchte wußte sie, daß die Entscheidung darüber, wer Abteilungsleiter werden würde, kurz bevorstand. Marie-Pierre hatte aufs Wort Philippes Ratschläge befolgt und unermüdlich gearbeitet. Mit Bedacht hatte sie auch ihre Aufwartung gemacht. Sie hoffte sehr darauf, den Titel zu bekommen.

»Ich habe gestern mit dem Präsidenten der Großen Zementfabriken der Oise geplaudert«, sagte sie zu Holinger, der noch seinen Mantel anhatte. »Er hat mich gefragt, wie weit die Akte sei, die er uns gegeben hat?«

»Wo haben Sie ihn getroffen?« fragte Holinger, der sofort hellhörig wurde.

»In Chamonix.«

Jetzt, wo er es wußte, war er noch mißtrauischer. Hinterhältig antwortete er:

»Ich habe erst die Studie über den Rückkauf der Zementfabriken des Südens vorbereitet. Doch der Generaldirektor wird die Entscheidung treffen.«

Er stürzte sich demonstrativ in die ›Financial Times‹, um zu zeigen, daß er dieses Gespräch nicht zu verlängern wünschte. Marie-Pierre konnte einen Punkt für sich verbuchen. Sie ging hinaus, um einen Kaffee mit ihrer Komplizin Diane zu trinken, mit der sie jeden Tag Tips und Ratschläge austauschte.

Zwei Ausscheidungen waren im Halb-Finale angelangt. Diane gegen Matmore in der Abteilung Investitionen. Marie-Pierre gegen Holinger in der Abteilung Wertpapiere.

Um sich lustig zu machen, gewöhnten sich die beiden Frauen die in ihrem Milieu gängige Sprache an. In der Bank Veuve Pinson und Gebrüder bezeichnete man, wie in den zweitrangigen Radiosendungen, die Männer mit dem Nachnamen und die Frauen mit dem Vornamen. Da es selbstverständlich war, daß die Frauen nicht dazu bestimmt waren, sich einen Namen zu machen, konnten sich die treuen Mitarbeiterinnen schon glücklich schätzen, wenn man sie mit dem Status und der Rolle bedachte, die in einem Zirkus der Partnerin des Messerwerfers zufiel.

Jacqueline Larivière war aus dem Spiel. Die Eiskaffees hatten ihr einen Ring übergestreift und eine Kugel an den Fuß gebunden. Sie hatte sich auf den Weg zur Leitung der Werbeabteilung aufgemacht, wo sie ihre Talente bei der Verwaltung von Zuckertörtchen anwandte.

Aus ihrer ketzerischen Zusammenkunft im Café kamen Marie-Pierre und Diana bis aufs äußerste gespannt wieder herauf. Sie bestärkten sich gegenseitig in dem Gefühl, die Besten zu sein.

Am Ende des Vormittags rief die Sekretärin des Generaldirektors nach Marie-Pierre:

»Sind Sie heute nachmittag um fünf Uhr frei? Herr Froment d'Orée möchte Sie sehen.«

Die Antwort verstand sich von selbst. Sie hatte Zahnschmerzen und um dieselbe Zeit einen Termin beim Zahnarzt. Trotzdem antwortete sie, ohne zu zögern:

»Einverstanden, um fünf Uhr.«

Nachdem der erste Augenblick der Euphorie vorbei war, begann Marie-Pierre unruhig zu werden wie im Gymnasium, wenn sie zur obersten Aufsicht gerufen worden war. Sie ließ ihre Aktivitäten der vorangegangenen Wochen, ihre Erfolge, ihre Mißerfolge, ihre rückständigen Akten Revue passieren. Sie versuchte, den genauen Grad an Verbindlichkeit der Sekretärin abzuschätzen, um zu erraten, ob der Generaldirektor sie rief, um sie zu befördern oder ihr Vorwürfe zu machen. Trotz ihrer Sicherheit, gut zu arbeiten, gelang es ihr nicht, völlig selbstsicher zu sein. Sie nahm ein weißes Blatt Papier und begann, die Argumente aufzuführen, die sie anbringen mußte, um ihre Beförderung zu bekommen. Sie drehte sich im Kreis. Schließlich ging sie hinaus, um im ersten Stock in aller Ruhe zu telefonieren. Nur die ehemalige Chefsekretärin, die vor kurzem in den Ruhestand getreten war, konnte ihr sagen, wie sie vorgehen sollte. Sie mochte Marie-Pierre gern und hatte ihr schon mal geholfen.

»Wenn er mir den Posten vorschlägt, glauben Sie, daß ich dem gewachsen sein werde?« fragte Marie-Pierre, die nur noch aus Zweifeln bestand.

»Meine kleine Freundin, Sie würden nie so reden, wenn Sie keine Frau wären. Die Männer nehmen Posten an, ohne sich zu fragen, ob sie dazu fähig sind. Danach wurschteln sie sich schon durch.«

»Es genügt nicht, den Stuhl zu erobern, man muß sich auch darauf halten. Es wird nicht an Leuten fehlen, die mir den Teppich unter den Füßen wegziehen wollen.«

»Passen Sie gut auf, Marie-Pierre. Um andere zu leiten, muß man es verstehen, Schläge entgegenzunehmen, doch auch welche auszuteilen, wenn es nötig ist. Niemand erwartet von Ihnen, daß Sie lieb sind. Selbst Ihre Angestellten erwarten von Ihnen, daß Sie fest und effektiv sind. Ich spreche aus Erfahrung.« Jahrelang hatte sie neben Herr Froment d'Orée gearbeitet, sie wußte, wie die Sache lief.

»Seien Sie schnell, präzise, und vermeiden Sie es vor allem, ihm zu widersprechen. Das haßt er.«

Marie-Pierre war bis zum äußersten gespannt, als sie die Doppeltür durchschritt, hinter der Herr Froment d'Orée residierte, in einem Zimmer, das mit Platten à la Ludwig XV. getäfelt war. Er war ein großer knochiger Mann mit gezierten Bewegungen und ebensolcher Sprechweise. Tief in seinem gepolsterten Lehnsessel verschwindend, machte er einen schläfrigen Eindruck. Es war besser, auf der Hut zu sein. Jedes seiner Worte zählte. Ohne sich die Zeit zu nehmen, eine gute Atmosphäre herzustellen, servierte Marie-Pierre, auf der Sesselkante sitzend, die Rede, die sie sich den ganzen Tag vorgesagt hatte. In ihrem Bemühen, sich kurz zu fassen, und dabei doch nichts zu vergessen, redete sie wie ein Maschinengewehr. Herr Froment d'Orée begriff nichts.

Er wartete geduldig darauf, daß sie zum Schluß kam, um dann auf den Grund des Treffens zu kommen. Als sie verstummte, ihre Wangen hochrot waren und sie nicht einmal bemerkt hatte, daß er nicht mehr zuhörte, ließ er ein paar Sekunden Stille vorbeiziehen.

»Ich bin sehr zufrieden mit Ihrer Arbeit«, sagte er schließlich.

»Wir haben beschlossen, Ihnen einen schwierigen Posten anzuvertrauen.«

Marie-Pierre konnte das Ziel schon erahnen. Sie unterdrückte eine Freudenexplosion. Sie war ganz Ohr und hörte ihn präzisieren:

»Ja, ein schwieriger Posten. Unsere Filiale in Orléans muß vollständig neu aufgebaut werden.«

Er sah zur Seite.

Mit trockenem Mund brauchte Marie-Pierre einen Augenblick, bevor sie verstand, welche Beziehung es denn wohl zwischen der Filiale in Orléans und ihr geben könnte.

Herr Froment d'Orée sah ihr plötzlich fest in die Augen und sprach es aus:

»Ich will Ihnen die Leitung anvertrauen.«

Die Ratschläge zur Mäßigung, die durch den Ärger hinweggefegt wurden, flogen in einem heftigen Anfall davon, den Marie-Pierre nicht mehr unterdrücken konnte. Sie antwortete einfach:

»Herr Präsident, ich bin aus meiner Provinz hierher gekommen, und ich werde nicht wieder dorthin zurückkehren.«

Sie ging auf die Tür zu und hörte in weiter Ferne die gedämpfte Stimme von Herrn Froment d'Orée, der sagte:

»Orléans liegt nur eine Stunde von Paris weg. Sie haben einen Monat, um nachzudenken und eine Entscheidung zu treffen.«

»Schließlich hat man nur ein Leben«, hatte Clara ausgerufen, als John ihr vorgeschlagen hatte, ihn für eine Woche nach New York zu begleiten, wohin er für eine Reportage fuhr. Sie war noch zwei Lieferungen von Zeichnungen für das Monatsende schuldig und hatte sich schon verspätet. Doch ein amerikanisches Lüftchen würde hervorragend sein, um ihr neue Eingebungen zu verschaffen. Es war sogar für ihren Beruf unerläßlich. Über diesen guten Argumenten hatte Clara beschlossen auszureißen. Eine Woche, nur eine ganz kurze Woche. Ihr schlechtes Gewissen war ab dem Start vergessen, und sie ging völlig in dem lebendigen Strudel von New York auf. Der Anblick der Straßen bot ihr immer wieder neue Ideen, und John wußte daraus wie kein anderer Nutzen zu ziehen. Zwischen zwei Treffen fand er immer Zeit zu trödeln, als ob nichts ihn drängte. Sie liefen zu Fuß durch die Stadt. Und wenn sie sich wegen seiner Langsamkeit aufregte, nahm er sie in die Arme und lachte:

»Das Leben ist kein Roman, aber es ist auch kein historisches Drama. Relax.«

Sie nannte ihn ›Mister Cool‹.

Im Moment wartete sie in Roissy auf ihr Gepäck. John war sehr heiter und kommentierte ihre Reise und die Pläne für die kommenden Wochen, in die sie offensichtlich nicht miteinbezogen war. In einer Dreiviertelstunde, nach der Taxifahrt, würde der Zauber endgültig gebrochen sein. Er würde sie vor ihrem Haus absetzen und zu seinen Geschäften zurückkehren, zu seiner katzenhaften, unabhängigen Existenz in einem Zimmer, in dem er zur Untermiete wohnte. Es war ein stillschweigendes Abkommen zwischen ihnen: Keine Verpflichtungen. Im Grunde war Clara damit einverstanden. Doch nach einer Woche voller Intimität bei Tag und Nacht fand sie es schwierig, sich auf dem Randstein zu verabschieden, als wäre nichts passiert.

So ist es nun mal, wenn man einen Geliebten hat. Ich muß mich daran gewöhnen, sagte sie sich und zog dabei aus ihrem Briefkasten Rechnungen und noch mal Rechnungen. Plus einen Brief von Emmanuele Ciao, der sie daran erinnerte, daß sie dringend auf ihre Entwürfe warteten, um sie am 1. März nach Italien zu schicken. Mit den Zeichnungen, die sie auch noch den Deux Hémisphères schuldete, hatte sie für gut zwanzig Tage Arbeit. Es blieben ihr kaum noch zehn, die Wochenenden eingeschlossen. Eine unmögliche Planung, die sie trotzdem mit schwarzem Kaffee und schlaflosen Nächten einhalten müßte. Nach dem Abstecher nach New York wurde es dringlich, ihre Schecks einzusammeln. Ihr Konto war in den roten Zahlen.

Es stimmt, daß die Freiheit nicht zu bezahlen ist, dachte

Clara, während sie schnell ihren Koffer auspackte. Diese unglückliche Ferienwoche werde ich teuer bezahlen. Wenn ich bei einem Unternehmen angestellt wäre, würde die Tatsache, daß ich ein paar Urlaubstage nehme oder mir den Arm breche, nicht verhindern, daß am Ende des Monats meine Mäuse hereinkommen.

Sie steckte das Telefon aus und kettete sich an den Arbeitstisch. John war schon weit. Doch Didier streifte umher. Er schneite eines Abends herein.

»Nun, diese Reise nach New York, war das aus geschäftlichen Gründen?«

»Was die Arbeit angeht, so lebe ich zur Zeit mit der Stoppuhr. Können wir uns nicht an einem anderen Tag sehen?«

»Für mich bist du nie frei. Ist es dieser Typ von Ökologiefreak, mit dem ich dich neulich bei Balzar entdeckt habe, der deine ganze Zeit in Anspruch nimmt?«

Clara ahnte, daß sich ein Verhör abzeichnete. Sie war nicht in der Laune dafür.

»Offen gesagt, was geht dich das an? Würde es dich erstaunen, daß ich einen Liebhaber habe? Ein Glück für mich.«

Didier wechselte seinen Angriffspunkt.

»Sag mir, mein Engel, würde es dich sehr stören, wenn ich für einige Zeit hier wohnen würde? Das Apartment, wo ich wohne, ist nicht mehr frei. Du wirst mich doch nicht auf der Straße stehen lassen.«

Er wurde schmeichelnd. Wenn sie nicht antwortete, würde er versuchen, sich einen Vorteil zu verschaffen und wieder einmal das Problem ihrer Trennung auf den Tisch bringen. Wenn sie explodierte, würde er ihr eine Szene machen. Wie immer trieb er sie in die Enge. Solange sie in der Wohnung bliebe, in der sie zusammengelebt hatten, würde sie keine Ruhe haben.

»Das hat mir gerade noch gefehlt, ich werde umziehen müssen«, stellte Clara fest.

Direktor einer Bank in der Provinz, das ist ideal für einen Mann, aber nicht für mich, sagte sich Marie-Pierre den ganzen Tag lang immer wieder.

Diese Sicherheit, die all ihren Prinzipien über die Gleichheit der Geschlechter widersprach, machte sie wütend. Doch keines der Argumente, die sie sich ins Gedächtnis rief, um sich das Gegenteil zu beweisen, hielt stand angesichts einer Realität, die sie nur zu gut kannte.

Wie das war, als unverheiratete Frau und Chefin eines Unternehmens in Orléans zu leben, brauchte ihr niemand zu beschreiben. Sie wäre sofort die Sehenswürdigkeit der Stadt, die Amazone, die die Hausfrauen stört und den Gästen angst macht. Nach Tagen voller Arbeit würde sie einsame Abende kennen, außer wenn irgendein Honoratior den Erzpriester, einen Chef, der der Hauptstadt entronnen war, oder einen Freund, dessen Frau im Urlaub war, zum Abendessen da hatte. Besser noch, nach ein paar Monaten hätten die geachteten Familien, die weiter darauf bestanden, sie einzuladen, sich beraten, um den idealen Kavalier zu bestimmen: einen alten Junggesellen guter Herkunft, der an allen Tischen zu Hause war und den sie zufällig in allen Salons wiedertreffen würde.

Sie kannte das schon, danke. Ihre ganze Jugend hatte sie in dieser spießbürgerlichen Atmosphäre gebadet. Sie bewahrte von den Partys, den Bällen, den Tennisturnieren zwischen Primrose, dem superschicken Club von Bordeaux, und dem von Bergerac eine Erinnerung an unerträgliche Zwänge. Es schien ihr verlorene und verschwendete Zeit zu sein. Jede Einladung war der Anlaß für einen Krach mit ihrer Mutter. Marie-Pierre empörte sich über die Belanglosigkeit und weigerte sich, elegante Kleider anzuziehen. Eines von drei Malen gelangte sie an ihr Ziel. Sie blieb zu Hause und schmökerte. Man hielt sie für ein Original. Es stimmte ein wenig. Sie war unfähig, sich den Regeln ihrer Kreise anzupassen. Sie sah ihr Schicksal irgendwo und wartete darauf, ihr Abitur zu haben, um Bergerac zu verlassen. Was mußte sie beweisen? Was wollen die beweisen, die gehen?

Zwölf Jahre später fragte Marie-Pierre sich immer noch, hinter was sie herlief. Doch wenn sie ihre Freundinnen aus der Kinderzeit wiedersah, war sie sicher, richtig gewählt zu haben. Die meisten von ihnen hatten den klassischen und empfohlenen Weg eingeschlagen: ordentliches und angenehmes Leben, mit Mann, Kindern, Zweitwohnung, Familienmöbeln. Und ohne berufliche Verpflichtungen. Sie waren glücklich, daran zweifelte Marie-Pierre nicht. Doch sie hätte es nicht sein können. Jedem sein Glück.

Vielleicht sündigten Marie-Pierre, Albertine oder Clara aus Hochmut, wenn sie sich nicht einmal mit einer interessanten Arbeit begnügten. Sie verlangten zu allem Überfluß auch noch, Karriere zu machen. Oft fragten sie sich insgeheim, was sie wohl ganz am Ende dieses Hindernisrennens erwarten mochte, in das sie sich gestürzt hatten. Zwischen dem Wunsch nach Selbstverwirklichung und ihren Ängsten, am Glück vorbeizugehen, kamen sie nur im Zickzack vorwärts, zwei Schritte vor und einen zurück zum Erfolg oder zum Mißerfolg. Sie nahmen dieselben Risiken auf sich wie die Männer. Sie verstanden sie besser. Doch sie wußten auch, daß es noch keine Chancengleichheit gab.

Ein Mann hätte seine Berufung in die Provinz als eine Etappe im Karriereplan aufgefaßt. Selbst wenn es ihr schwerfiel, es zuzugeben, Marie-Pierre hatte gute Gründe, überzeugt zu sein, daß für sie diese Berufung ein Rückschritt sein würde. Sie kannte zu viele Fälle, in denen Beförderungen, die als für Frauen ungewöhnlich angesehen wurden, das Ende ihres Vorwärtskommens bedeuteten. Man beeilte sich, sie zu vergessen dort, wo man sie hingesteckt hatte, vor allem, wenn sie gut mit ihrer Aufgabe fertig wurden. Wenn man von ihnen sprach, senkte man die Stimme und wurde ehrerbietig, als würden sie einem plötzlich Furcht einflößen. Und wenn zufällig auf höherer Ebene ein Posten frei wurde, bestimmte man unweigerlich zu ihrem Vorsitzenden einen jungen Wolf, der gerade sein Diplom an einer amerikanischen Universität gemacht hatte.

Für eine junge Frau wie Marie-Pierre hieß es: weit weg vom Firmensitz, keine Rettung. Ganz zu schweigen von ihrem Privatleben. Frau und Kinder folgten dem Familienoberhaupt, das in die Provinz gerufen wurde. Die Ehemänner, die Liebhaber, die Geliebten blieben in der Pariser Wohnung, wenn ihre Gefährtinnen weit entfernt von der Hauptstadt aufrückten. Was Philippe anging, so stellte sich die Frage nicht einmal. Was ihre Freundinnen betraf, so lief sie Gefahr, sie aus den Augen, das heißt also, überhaupt zu verlieren.

Gleichzeitig sah Marie-Pierre die offensichtliche Reaktion der Männer an der Macht voraus, wenn sie sich weigerte, nach Orléans zu gehen. Sie würden es ausnutzen, um ihr den Weg zu versperren, unter dem Vorwand, daß ihre persönlichen Gründe vor dem Interesse der Bank kämen. Es würde sich sicher einer finden, der mitten im Verwaltungsrat hinzufügen würde:

»Es ist immer das gleiche mit den Frauen!«

Marie-Pierre blieben nur noch ein paar Tage für ihre Entscheidung. Sie wußte nicht mehr, woran sie war. Über einen einfachen beruflichen Rat hinaus brauchte sie eine Beratung in Lebensführung. Sie lud sich zum Abendessen bei Clara ein. Ausnahmsweise war das Atelier einmal ordentlich. An der Tür ging ein Schild, auf dem weiß und blau eingraviert stand: »Nicht stören, ich arbeite.« Ein Geschenk-Gag von Didier. Der Tisch war gedeckt, das Feuer im großen Kamin brannte, das Essen war mit Liebe zubereitet – Clara hatte alles vorbereitet, um ihre Freundin zu trösten.

Sie empfing sie mit einem kleinen Pastis. Marie-Pierre hatte sich in einem Berg aus Kissen niedergelassen und träumte dort von einem Leben ohne Zeitplan, ohne Spesenrechnung, wo auch sie sich um das kümmern könnte, was ihr gefiel, ohne durch die Befehle und Gegenbefehle der kleinen Chefs daran gehindert zu werden.

»Ich hab's satt. Ich frage mich, ob ich nicht aus der Bank weggehen soll. Ich komme nicht voran. Ich muß etwas anderes suchen oder ein Jahr Pause machen.«

Clara hatte Marie-Pierre noch nie etwas Derartiges sagen hören. Es erschien ihr angeraten, sie zu bremsen.

»Du bist verrückt, Marie-Pierre. Ein bißchen Geduld. Alles wird schon in Ordnung kommen.«

»Du bist nicht in einem großen Laden, du kannst nicht verstehen, wie entmutigend es ist zu arbeiten, ohne wirklich zu wissen, was man von dir denkt. Du siehst sofort, ob das, was du machst, geht oder nicht. Du weißt einfach nicht, was für ein Glück du hast, selber entscheiden zu können.«

»Und wer hindert dich daran, es genauso zu machen? Mit deiner Ausbildung, deiner Erfahrung könntest du deinen eigenen Laden aufziehen.«

»Was für einen Laden? Für Erbsen?«

»Ich weiß doch nicht. Für Mode, vielleicht? Wenn dich das interessiert, bin ich dein Abnehmer.«

Clara begeisterte sich bereits für ihre Idee.

»Das wäre toll. Zu zweit würden wir ein Vermögen machen. Wir würden den amerikanischen Markt erobern. Albertine würde das Terrain erforschen.«

Marie-Pierre biß nicht an.

»Das wäre sicher ganz gut, aber ich habe nicht die nötige Frechheit dafür. Meine größte Angst, wenn ich an die Zukunft denke, ist, plötzlich ohne feste Arbeit dazustehen.«

»Und das, was ich dir vorschlage, ist keine Arbeit?«

Clara war empfänglich für das Thema.

»Du verstehst mich nicht richtig. Ich spreche nicht von einer Arbeit im engen Sinne des Wortes, sondern von einer Stellung. Ich muß in einer Struktur sein und ihre Stufen erklimmen. Das ist meine Art, eine Stellung zu bekommen, abzumessen, was ich wert bin, und zu wissen, wer ich bin. Und dann, ohne regelmäßiges Einkommen würde ich in Panik geraten. Vielleicht weil ich allein bin und nicht die Absicht habe, anders zu leben. Und selbst wenn ich heiraten würde, würde ich es nicht wollen, daß man sich finanziell um mich sorgt. Das würde mich unsicher machen.«

»Na und? Ich lebe doch auch allein.«

»Bei dir stimmt es nicht ganz. Du hast John.«

»John? Er ist total abgebrannt. Du weißt doch, daß er für eine Zeitung schreibt. Wenn es einen Menschen gibt, auf den ich nicht zählen kann, dann ist das er. Und jetzt, um alles in Ordnung zu bringen, muß ich umziehen.«

Clara hielt inne. Sie wollte nicht von ihren Problemen reden, Marie-Pierre war dran. Doch es stand ihr bis obenhin. John hatte ihr am Morgen zu verstehen gegeben, daß er für zwei, drei Monate nach Kalifornien fuhr. Er hatte ihr weder vorgeschlagen, ihn zu begleiten, noch nachzukommen. Um ehrlich zu sein, wurde es immer deutlicher, daß Clara ihm besser paßte, solange sie mit Didier verheiratet war, als unabhängig. An manchen Abenden machte er sich aus dem Staube. Seine Lebensart war ohne Verpflichtung: keine Leine, auf keinen Fall. Beziehungen ja, aber nur solange sie angenehm und locker blieben. Bei der ersten Wolke machte er sich aus dem Staube. Er wollte nur für sich selbst verantwortlich sein.

»Und schon das ist ziemlich schwer«, sagte er.

Wenn sie den Dingen ins Gesicht sehen wollte, dann war Clara eine alleinstehende Frau mit unsicherem Einkommen und gewagtem Liebesleben.

»Du willst keine Kinder haben?« fragte sie Marie-Pierre und kam damit vom Hundertsten ins Tausendste.

In Wahrheit richtete sich die Frage an sie selber.

»Nein, absolut nicht. Wenigstens in dieser Hinsicht ist meine Entscheidung klar.«

»Und Philippe, was denkt er darüber?«

»Philippe! Er hat seine Frau, seine Kinder, seine Geschäfte. Wir haben kein gemeinsames Leben, wir haben Spaß zusammen. Das ist unser Vertrag, und bis jetzt paßt er mir.«

»Du fühlst dich nicht manchmal ein bißchen allein?«

»Wenn du an die beschützende Seite einer männlichen Anwesenheit denkst, dann sage ich dir offen, nein. Was mir mehr an ihm fehlt, ist eine größere Vertrautheit. Auf dem Gebiet gibt es glücklicherweise Freundinnen.«

»Wo du gerade davon sprichst, die Freundinnen fangen an zu meckern. Sie finden, daß der Club auf sich warten läßt. Ich weise dich darauf hin, daß Anne und Micky das Eröffnungsdatum festgesetzt haben. Der große Tag ist vorgesehen für den Mai.«

Der gemietete Lieferwagen machte unerwartet kehrt, um vor der Metro-Station einzuparken. Die dicke Suzanne mit ihrem Filzhut, ihrer braunen Golfhose, ihrer gekräuselten gelben Jacke und ihren braun-gelben schottischen Schuhen hatte sich einen vollkommenen Anzug für einen Samstagmorgen auf dem Flohmarkt zusammengestellt. Die Hände in den Taschen und mit flinken Schritten ging sie auf den Réveil de la Porte de Montreuil zu, wo sie sich mit den Frauen vom Club verabredet hatte. An der Theke traf sie Marie-Pierre, die gerade einen Kaffee trank. Sie trug ihre Kamelhaarjacke und ihren grün-blauen Regenhut, alles von Burberry. Es nieselte.

»Vor der Zeit ist noch nicht Zeit, danach ist keine Zeit mehr«, schrie Suzanne und zeigte dabei auf die Uhr, die halb acht anzeigte. »Wer ist zu spät dran?«

»Alle außer dir und mir, wie immer.«

Marie-Pierre hatte eine Uhr im Kopf. Sie kam immer als erste. Um zehn nach acht tauchte Micky auf, sie kam auf ihren Pfennigabsätzen dahergetrippelt, ein schwarzer Rock schmiegte sich um ihre Rundungen; sie tat so, als liefe sie, als sie die Stufen der Metro heraufkam, gefolgt von ihrer Freundin Anne, die ihrerseits sich nicht beeilte. Sie fand es unfein, schnell zu gehen. Sie sah aus, als käme sie gerade vom Kensington Square in ihrem beigefarbenen, in der Taille enggeschnürten Regenmantel. Nach ihren üblichen zwanzig Minuten Verspätung erschien Aurore mit einer vorfabrizierten Entschuldigung, immer derselben, genau wie ihre Kleider, Hose und Jeansjacke.

»Ich bin am Telefon aufgehalten worden.«

Offenbar verbrachte sie dort ihre Tage. Aurore war eine Nachtschwärmerin, verschlang alle Zeitungen und war wie besessen von Diskussionen; sie lebte außerhalb der Zeit. Fehlte noch Clara. Sie brach um halb herein, bekleidet mit einem kleinen Kostüm, ohne Regenmantel, unfrisiert und mit nassem Kopf.

»Ich bin nicht aufgewacht.«

Sie hatte auch noch nicht bemerkt, daß es regnete.

»Sie hat schon wieder die Nacht durchgemacht«, tuschelte Micky Marie-Pierre ins Ohr.

»Léa kommt nicht?« fragte Aurore, um auf dem laufenden zu sein.

»Du weißt doch, daß sie am Samstag die Kinder hat. Er ist beim Fußball«, antwortete Micky, die immer bereit war, Informationen über das Leben der anderen zu liefern.

Léa, die charmant und immer nervös war, schlug sich, so gut sie konnte, durch, um der Tyrannei eines lästigen Ehemannes und ihrer zwei Kinder zu entkommen. Sie war einer der Pfeiler des Clubs geworden, was ihr erlaubte, ein bißchen Luft zu schnappen, da sie ja nicht arbeitete.

Um Viertel vor neun stiegen alle in den Lieferwagen. Es ging darum, vor den Touristen auf dem Flohmarkt anzukommen, um die guten Sachen zu ergattern. Marie-Pierre verstand nichts davon. Doch da sie sich seit mehreren Wochen nicht um den Club hatte kümmern können, juckte es sie, das Unternehmen zu leiten. Schließlich war es ›ihr Club‹. Sobald sie auf dem Markt von Montreuil ankamen, spielte sie die Chefin.

»Gut, wir teilen uns in zwei Gruppen auf. Clara, du nimmst Aurore und Suzanne mit. Ihr kümmert euch um Tischchen und Lampen. Wir brauchen ungefähr zehn. Anne und Micky, ihr kommt mit mir, wir kümmern uns um die Sessel, die Gläser und Tassen.« Hinter ihrem Rücken ging Aurore in Hab-Acht-Stellung. Wie gute kleine Soldaten stürzten sie sich auf die drei Standreihen, die über 500 Meter entlang des Autobahnringes standen. Alles ging durcheinander. Altmöbel, nostalgische Klamotten, nicht zusammenpassendes Geschirr, Ersatzteile. Man mußte sich ranhalten, um sich vor den Profis bedienen zu können. Um neun Uhr war die Razzia auf die besten Stücke beendet. Clara und Aurore hatten einen Salon im Stil von 1925 entdeckt – vier Sessel, ein Sofa und einen niedrigen Tisch –, der ihnen vorzüglich zusagte. In dem Moment, als sie mit dem Handeln aufhörten, tauchte ein Antiquitätenhändler auf, der sie überbot.

»Zu spät, er gehört uns«, sagte Aurore zu ihm und erhob sich auf ihren Absätzen zu bedrohlichen ein Meter achtzig.

Der Händler zögerte vor dem Bündel Banknoten, die der andere ihm zuzuschieben versuchte.

Suzanne zog ein Pfeifchen aus der Tasche und gab drei durchdringende Pfiffe von sich, das vereinbarte Signal, um die Freundinnen herbeizurufen. Sie erschienen Schulter an Schulter. Jede ergriff einen Sessel, Suzanne und Marie-Pierre packten das Sofa. Blieb noch der niedrige Tisch.

Ohne sich auch nur zu beraten, hievten sie ihn auf das Sofa. Die Karawane setzte sich in Bewegung wie ein Konvoi von Trägern durch den Dschungel, mit Sitzen auf den Köpfen oder den Armen. Das Lager war der Lieferwagen. Bevor sie die Möbel hinaufstellten, probierten sie sie aus, um die Sprungfedern zu testen.

»Wie wär's denn, wenn ich jetzt Sandwiches und Bier holen würde?« schlug Suzanne vor. »Das würde uns wieder aufmöbeln.« Behaglich sitzend hielten sie am Eingang des Marktes Salon und nutzten dabei den Sonnenstrahl einer kurzen Aufheiterung. Das Bier brachte nicht den erwarteten Effekt. Sie waren unfähig, noch einmal zum Angriff überzugehen. Es fehlten Tischchen und Stühle. In der Rue de Lappe hielten sie an einem Lager an, das Sachen verkaufte, die man in abgerissenen Cafés aufgelesen hatte, und kauften acht Tische mit Marmorplatte und ungefähr dreißig Bistro-Stühle plus einer sehr hübschen kupferbeschlagenen Theke. Sie stritten hartnäckig darum, sofort alles geliefert zu bekommen. Sie starben vor Ungeduld, es sich in ihren Möbeln gemütlich zu machen.

Die 1925er-Gruppe wirkte ein wenig verloren in dem großen getäfelten Salon gegenüber dem Kamin. Die Bar hatte auf ganz natürliche Weise ihren Platz in dem zweiten, längeren Raum gefunden. Die Tische und Stühle gaben ihm sofort einen vollendeten Anstrich. Sobald erst einmal die Gläser auf der Theke standen, fehlte nur noch das Wichtigste: etwas, was man hineintun konnte. Suzanne, die diesbezüglich nie die Ideen ausgingen, ging los und kaufte beim Händler an der Ecke zwei Flaschen Champagner.

»Wir sind immerhin nicht die Schlechtesten«, sagte sie, während sie den Korken knallen ließ.

»Wer von euch hat wirklich geglaubt, daß wir es schaffen würden?«

Nur Aurore hob beide Hände.

»Eine für mich und eine für Léa«, sagte sie leicht streitsüchtig.

»Unter uns gesagt, wir haben alle beide ganz schön was dazu getan.«

Clara und Marie-Pierre hatten nur ein halb ruhiges Gewissen. Sie lenkten ab.

»Bevor wir zu ernsten Themen kommen, trinken wir auf Albertine, da sie doch heute nicht unter uns sein kann.«

Aurore dachte, daß man für die Eröffnung des Clubs eine profilierte Persönlichkeit einladen müßte, die Aufsehen erregen würde in der Kleinstadt. Alle stimmten zu. Blieb nur noch die Frage, wen. Eine lebendige Diskussion entstand, um zu entscheiden, ob es ein Mann oder eine Frau sein sollte.

Um sieben Uhr abends gingen sie auseinander, ohne irgend etwas beschlossen zu haben, doch die Stimmung war auf dem Höhepunkt. Marie-Pierre setzte Clara ab.

»Was für ein toller Tag! Zwölf Stunden lang waren wir zusammen. Wenn ich daran denke, daß es Leute gibt, die behaupten, Frauen würden sich zusammen langweilen!«

»Und deine Jobprobleme, wie geht's dir damit?« fragte Clara, bevor sie aus dem Auto stieg.

»Heute ist Pause. Es gibt im Leben nicht nur Arbeit. Ich werde dir ein anderes Mal darüber erzählen.«

Clara bestand nicht darauf.

Marie-Pierre fängt endlich an, etwas lässiger zu sein, dachte sie zufrieden.

Sie war nicht ganz unschuldig daran und war stolz darauf. Marie-Pierres Leben leichter und einfacher zu machen, war es, was Clara ihr als besten Freundschaftsbeweis anbieten konnte.

Keto von Waberer

Fata Morgana

Nachts war es so still um das Haus, daß Klara nur den Wind hörte. Er spielte die ganze Nacht auf seinen Instrumenten. Das grüne Holzgatter in der Mauer klapperte in verschiedenen Tonlagen, das Gittertürchen neben dem Waschhaus, das Klara abends mit einem runden, schwarzen Kiesel verschloß, ächzte und bebte. Papierfetzen schleiften mit leisem Zischen über die unebenen Steine.

Margarete schloß abends immer die Tür zu ihrem Zimmer. Sicher schlief sie schon und hörte nichts, ihr Zimmer hatte kein Fenster. Klara sah sie auf der schmalen Matratze liegen, die Arme ausgebreitet, das rostrote Haar hing auf dem Boden. Klara schloß die Augen. Ein leerer Joghurtbecher rollte draußen über die Steinplatten im Patio. Sie hatte ihn liegen sehen, ehe sie zu Bett ging und war zu müde gewesen, ihn aufzuheben. Jetzt kollerte er hin und her und stieß manchmal mit einem kleinen Knall an die Hauswand.

Klara hatte das verfallene Haus vor drei Jahren gekauft und langsam wieder hergerichtet. Immer wenn sie aus Deutschland kam, war sie mit Küchengeräten, Deckenbündeln und Klappstühlen beladen gewesen wie ein Händler. Margarete wußte nicht, wie das Haus früher ausgesehen hatte. Die geschwärzten Wände waren jetzt weiß getüncht, die gemauerte Bank im Patio trug frischvermörtelte Keramikplatten. Klara war stolz, als sie zusah, wie selbstverständlich Margarete sich in die bereite Fensternische setzte. Ein Fenster zum Meer. Klara hatte es hineinbrechen lassen. In dem großen Raum stand nun Klaras Zeichentisch, und an den Wänden hingen die Masken und Puppen, die sie aus den Dingen gemacht hatte, die sie auf der Müllhalde sammelte. Mit einem Stock stöberte sie zwischen den immer schwelenden Abfällen herum, zwischen den Rauchsäulen mußte sie aussehen wie eine Hexe.

Margarete bewunderte alles und versuchte, ihre bunte Wolle, aus der sie Gürtel und Armbänder flocht, in ihrem Zimmer an die Wand zu hängen wie ein farbiges Moospolster. Aber es wurde nichts Rechtes daraus. Die Wolle hatte sie aus ihrem Laden mitgebracht. Es gab dort auch Häkelgarn, Batikfarbe und Töpferwaren, und auf Bestellung strickte sie Pullover.

Klara hatte einen Monat zurückgezogen in dem Haus gelebt. Sie ging selten weiter als bis zum Laden unten im Dorf. Das Meer betrachtete sie nur aus ihrem Fenster oder abends über die niedrige Mauer des Patios, wenn die Sonne unterging und das Licht klar und unwirklich über der Insel lag wie eine gläserne Glocke.

Draußen spielte der Wind auf den Gläsern, die zum Trocknen auf dem Mäuerchen neben der Küche standen. Sir klirrten aneinander, ein zartes Klingen und Klickern, manchmal vielstimmig und manchmal in zögernden vereinzelten Seufzern.

Margarete war in der Nacht so überwältigt gewesen von dem riesigen Sternenhimmel, der über dem kleinen Haus gespannt war wie ein Baldachin, daß sie glaubte, die Sterne machten solche Musik.

Am ersten Abend hatte Margarete viel gesprochen, später, als sie in der Küche saß und zusah, wie Klara Kartoffeln schälte und das großkörnige Salz aus der Saline im Mörser zerstieß. Sie erzählte Klara von ihren Reisen, den eigenartigen Leuten, denen sie begegnet war, der Frau, die ihren zwergenhaft kleinen Mann auf dem Rücken trug, dem Fährmann mit dem Vogelkopf, der glaubte, er werde von seiner verstorbenen Schwester bewohnt. Wo war das nur gewesen? Klara ekelte sich ein wenig in der kleinen rauchigen Küche, aber sie wußte nicht genau, ob sie Margaretes Erzählungen glauben sollte. Margarete sprach von diesen Leuten, als habe sie von ihnen geträumt. Später erzählte Margarete von Albin, ›ihrem Geliebten‹, wie sie ihn zu Klaras Verlegenheit nannte. Auch Klara ließ sich widerstrebend herbei, über Ulrich zu reden: Mein Freund, seit vielen Jahren, viel mehr konnte ihr Margarete nicht entlocken. Klara dachte selten an ihn. Margarete hatte noch öfter versucht, sie auszuhorchen, aber Klara war einsilbig geblieben bei ihren Fragen.

Der Wind fuhr in die Blätter der Clematis und ließ sie rascheln. Sie versuchte, sich Ulrich vorzustellen, wie er nieste und sich umständlich die Nase putzte. Was für Geräusche er machte, wenn er nach dem Zähneputzen gurgelte und das Wasser in den Eimer spuckte. Hier auf der Insel gelang es ihr oft tagelang, nicht an ihn zu denken, an sein Schweigen und an seine langen bitteren Monologe, über das Leben, die Arbeit und seine Liebe. Sie war seine Liebe, das sagte er ihr, das brüllte er ihr ins Ohr, wenn sie so teilnahmslos neben ihm saß, ohne wie früher zu widersprechen und sich zu verteidigen. Vielleicht blieb sie bei ihm, weil er ihr das sagte, weil er schrie: »Du bist meine Liebe.« Konnte man einen Mann verlassen, dessen Stimme so hoch und schwankend diesen Satz sagte, mit weitgeöffneten Augen, in denen die Iris rot wurde, wenn die Sonne hineinschien?

Margarete langweilte sich, wenn Klara ihr von ihrem Freund Ulrich erzählte. Sie selbst sprach gerne und immer wieder von ihrem Geliebten. Sie kannte ihn, wie sie sagte, noch nicht lange. Klara bemerkte, daß es Margarete wohltat, seinen Namen auszusprechen: Albin. Klara dachte an Albino, aber Margarete lachte und zeigte auf die Erde neben den Geranien. »So schwarz sind seine Haare.« Sie begann viele Sätze mit Albin. »Albin kennt die Namen aller Sterne. Albin müßte jetzt bei uns sein und den Wein probieren. Albin ist heute nacht in meinem Traum über die Mauer geklettert.«

Klara versuchte, sich Albin und Margarete vorzustellen, aber das gelang ihr nicht. Sie konnte Margaretes Gesicht nicht deuten, wenn sie anfing, Albingeschichten zu erzählen. Es war Klara, als läge eine Absicht dahinter, wenn sie diese Geschichten erzählte, aber welche Absicht, das konnte Klara nicht ergründen. Vielleicht wollte Margarete sich ihr entziehen, sich damit schützen vor dem Zauber von Klaras Haus, Klaras Zeichnungen, Klaras Insel. Sie ertappte sich bei dem Verdacht, es gäbe keinen Albin. Margaretes Gesicht sah tückisch aus, wenn sie über ihr Perlenbrett gebeugt zu Klara aufblickte. »Eine Haut wie, wie Seide.« Nie fand sie ein eigenes Bild, sogar wenn sie Albin zu beschreiben versuchte. Trotzdem hörte Klara ihr zu. Sie wartete darauf, daß Margarete sich verraten würde. Sie glaubte ihr die Sorglosigkeit nicht, mit der sie ihr Leben schilderte. Sie glaubte ihr nicht, wenn sie behauptete, gut zu schlafen, nichts zu träumen, sich nie zu langweilen. Sie lauerte auf dünne Stellen in dem bunten Teppich, den Margarete vor ihr ausbreitete. Manchmal war es fast so weit, das fühlte Klara. Als Margarete von einer Lehrerin in der Gewerbeschule sprach, die ihr gesagt hatte, sie habe kein Talent, senkten sich ihre Mundwinkel nicht trotzig, sondern verbittert, aber als Klara nachbohrte, entschlüpfte Margarete ihr geschickt. Talent wofür? habe sie da gerufen. Ich habe Talent zum Leben. Klara ertappte sich manchmal dabei, daß sie mit sich zu Rate ging, ehe sie etwas von sich erzählte. In Margaretes Augen, das wußte Klara, hatte sie nicht viel Talent zum Leben.

Klara hörte dem Wind zu. Du bist der Herr der Insel, dachte sie, ich werde eine Palme für dich pflanzen, neben der Tür. Nur laß mich jetzt schlafen.

»Auf dem Schiff da draußen steht vielleicht ein Matrose und schaut zu uns herüber.« Margarete ließ ihren roten weiten Rock wehen. »Später wird er vielleicht einem Freund davon erzählen. Wir lagen damals vor den Lucanischen Inseln. Ein kleiner Ort in einer Bucht, und am Strand standen zwei Frauen. Ich sah so klar, als hätte ich sie mit Daumen und Zeigefinger greifen können, wenn ich den Arm ausgestreckt hätte. Ich wäre gerne an Land gegangen.« Margarete hob die Arme und ließ ihr Halstuch flattern wie eine blaue Fahne. Klara warf ihr von der Seite einen Blick zu. Ähnliches hatte sie selbst schon manchmal gedacht, hatte sich aber stets für diese Phantasien getadelt und sie für sich behalten. Margarete war in sich selbst verliebt und betrachtete sich wohlgefällig durch die Augen der Menschen um sie her. Klara beschloß, darauf zu achten. Als Spiegel benutzt zu werden, gefiel ihr nicht.

»Morgen geh' ich baden.« Klara beschattete ihre Augen mit der Hand. Auf dem Schiff rührte sich nichts.

»Glaubst du nicht, daß wir schön aussehen, so ganz allein am Strand?« fragte Margarete. Ihr Haar lag wie ein feines Gespinst über ihrem Gesicht. Klara fühlte ihr kurzes Haar mit den Händen und ärgerte sich, daß ihr Leinenrock sich so eng an ihre Beine drückte. Sie war klein und untersetzt und fühlte sich wie eingesunken im Sand neben der leichten bewegten Gestalt der Freundin. Sie wird einen Sonnenbrand bekommen, und ich werde ihr Joghurt auf die Schultern schmieren müssen abends im Patio, dachte sie. Sie hätte gerne in die flatternden Haare gegriffen und sie gezaust. Nicht fest, nur, um ihre erstaunten Augen zu sehen.

Seit Margarete bei ihr wohnte, kochte Klara jeden Abend und trug die dampfenden Näpfe unter die Petroleumlampe auf den Tisch. Wie kam es, daß ihr immer öfter das Huhn in Tomatensauce anbrannte, der Fisch zerfiel, die Gewürztüten ihr aus der Hand rutschten? Wenn sie auf der Mauer saß und Margarete beim Spülen zusah, glaubte sie plötzlich, daß die Freundin den besseren Teil der Arbeit gewählt hatte, aber es half nichts. Margarete konnte nicht kochen. Sie lebte, wenn sie allein war, von Müsli und Joghurt, aber der Gedanke ließ Klara schaudern. Sie liebte die Gemüse, die auf den schwarzen Feldern der Insel wuchsen, winzige süße Tomaten, Zucchinis, klein wie grüne Finger, und die milden, roten Zwiebeln. »Albin kocht wunderbar, aber du kochst ganz anders, ich mag zum erstenmal Gemüse«, sagte Margarete und, die Hände im Spülwasser, neigte sie sich zu Klara und rieb die Nase an ihrer Backe.

Wenn es draußen kühl wurde, hockten sie im großen Raum auf dem Boden und sangen zusammen. Alte Lieder aus der Schulzeit fielen ihnen wieder ein. Sie lachten bei jeder Strophe, jede hatte ihre Erinnerungen dabei, Musiklehrer und Chorabende in weißen Blusen. Das Fest der ›Liedertafel‹ an Tischen unter den Linden. »Albin gefallen unsere deutschen Lieder nicht«, sagte Margarete. »Er sagt, die Musik in Marokko sei viel schöner, dort hat er lange gelebt.«

Klara gähnte, sie hatte Lust zu zeichnen, Margarete zu zeichnen, sie holte die Pastellkreiden und fing mit den Haaren an. Sie zog Margarete weite Hosen an, und später legte sie ihr einen Löwen zur Seite, dessen Kopf sie auf dem Schoß hielt.

»Zeichne mir einen Mann.« Margarete machte das Gesicht, mit dem sie sich im Spiegel besah, Klara hatte sie dabei beobachtet. Sie hob die Brauen und schob die Lippen vor. »Zeichne mir einen Mann.«

»Ich bin jetzt nicht in der Stimmung.« Klara ärgerte sich.

»Ich denke da an einen bestimmten Mann, mal sehen, ob du ihn zeichnen kannst.«

»An wen denkst du?«

»An einen, den wir heute bei der Saline gesehen haben.«

»Welcher?«

»Der, der an seinem Fahrrad herumschraubte, der mit den großen Zähnen, der aussah wie ein Wilder.«

»Wie ein Affe meinst du?«

Klara veränderte das Frauengesicht, machte einen dunklen Punkt auf die Nase, schlitzte die Augen, ließ Ohren aus dem Haar wachsen.

»Für dich sind alle Männer Affen!« Margarete rückte heran und sah ihr über die Schulter.

»Mir fällt im Moment keiner ein, den ich hier haben möchte. Ich träume lieber von einem Mann, den ich gar nicht sehe, der einfach nur zu fühlen ist, nah und warm«, sagte Klara und wollte den Satz sofort zurücknehmen, weil sie ihn kitschig fand. Margarete rollte sich zusammen – wie beweglich sie war – und kicherte, das Gesicht auf den nackten Füßen. »Ich hab' das nicht so ernst gemeint mit dem Mann auf der Saline«, sagte sie dann. »Wir haben es so gemütlich ohne Männer hier.«

Klara legte den Block neben sich, trank aus ihrem Glas und sagte nachdenklich: »Morgen – morgen will ich nicht kochen. Wir gehen nach Playa Azul zum Essen.«

»Du tust gerade so, als verlangte ich von dir, daß du immerfort kochst.« Margarete versuchte, Klara umzuwerfen, und stützte sich dabei auf die Zeichnung. »Laß das.« Klara war plötzlich wütend, sie riß die Zeichnung aus dem Block und knüllte sie zusammen. »Trampel«, sagte sie leise. Handarbeitsladen, dachte sie.

»Hab' ich sie verwischt?« Margarete machte ein so schuldbewußtes Gesicht, daß Klara ihr nicht glaubte.

Wie gierig sie immer aß. Über den Napf gebeugt, ohne zu sprechen, den Mund schon geöffnet, wenn die Stäbchen noch mit den glitschigen Gemüsescheiben kämpften.

»Soll ich dir den Rücken massieren?« Margarete hatte ihre Abneigung gespürt.

»Nein, ich bin müde.« Klara stand auf. »Gute Nacht.«

Als Margarete später mit ihrem Korb an ihr Bett kam und so treuherzig die Duftölfläschchen nebeneinander aufstellte, ließ sie sich doch den Rücken massieren und lag still, während Margaretes Finger feine verschlungene Linien auf ihrer Haut zeichneten. Das ist ihre Art zu zeichnen, dachte sie, und genoß den Geruch des warmen Mandelöls.

Die Männer spielten so nah am Wasser, daß der Ball immer wieder hineinrollte und mit Geschrei herausgefischt werden mußte. Sie kamen aus den nahen Dörfern. Ihre Mofas und Fahrräder standen oben im Schatten der Büsche am Straßenrand. Vielleicht waren sie Klara schon einmal im Dorf begegnet. Aber nun war Sonntag, und sie hatten sich verändert, steckten in kastenförmigen, dunklen Badehosen. Klara konnte keinen von ihnen erkennen. Die Männer störten sie. Der kleine schwarze

Strand zwischen den Felsen war bis heute immer leer gewesen. So hatte sie ihn Margarete zeigen wollen. Aber jetzt war es zu spät, den schweren Picknickkorb mit Melonen, Wein, Käse und Weißbrot hatten sie abwechselnd über die Felsen geschleppt. Das Meer leckte wie immer gleichgültig und unbeteiligt über den glatten, nassen Streifen, der die halbrunde Bucht einfaßte.

Heute schämte sich Klara, aber sie zwang sich, die Kleider auszuziehen, ohne es sich anmerken zu lassen, trotzig streckte sie sich auf dem Rücken aus. Ihre Brüste glitzerten vom Kokosöl. Wie immer tat es ihr gut, sie so gegen die blaue Luft anzusehen, die von Margarete geknüpfte Kordel mit der blauen Quaste lag zwischen ihnen wie die Lapislazuliblüte auf der Brust einer Isis. Klara hatte ein Buch über Göttinnen gelesen, und es gefiel ihr, sich je nach Laune von Gaia in Jezabell und von Nut in Isis zu verwandeln. Jetzt erst bemerkte sie, daß Margarete von ihr weggedreht auf ihrer Matte lag und noch immer ihr grünes Halstuch um die Hüfte gewickelt trug. Sie lächelte darüber, denn Margarete tat sehr frei und ungeniert, wenn sie sich unterhielten. Im Sommer ging Klara den ganzen Tag nackt im Haus umher, und auch ihre Gäste hatten stets nach und nach ihre Gewänder, Tücher und Hosen abgelegt. Sogar Ulrich verwandelte sich in einen nackten Kuli, der, unter seinem runden Strohhut verborgen, an der Mauer mörtelte und an der Küchentür strich, farbbespritzt und ein wenig verlegen, weil er sich nie ganz so frei bewegen mochte wie Klara, die ebenfalls nackt und gleichfalls farbbespritzt im Hof vor ihren Farbtüten hockte und ihre Treibholztiere mit Farbbrei bestrich. Im Frühling war es zu kalt. Deshalb hatte sie bis jetzt nur Margaretes Beine gesehen, ihre Arme und sommersprossigen Schultern. Der Rücken, der ihr zugekehrt war, hatte einen fast durchsichtigen Alabasterton.

»Ich gehe ins Wasser.« Klara erhob sich. Die Haare auf ihren Armen und Beinen richteten sich auf. Der Wind und die Blicke der Männer begleitete sie, als sie zum Strand hinunterging, und sie wußte nicht genau, ob das eine oder das andere ihr eine Gänsehaut verursachte.

Als sie zurückkam, lag Margarete auf dem Bauch. Sie hatte das Tuch abgelegt, und ihr weißer Hintern erinnerte Klara an zwei geschälte Knoblauchzehen. »Das Wasser ist kalt«, Klara ließ sich in den Sand fallen, »das tut wohl, wie das kribbelt!« Margarete schob ihre Sonnenbrille von den Augen und schaute zu ihr herüber. »Wenn man dich so aus dem Wasser steigen sieht, denkt man, du bist groß, dabei bist du doch eigentlich nicht groß«, sagte sie. »Du hältst dich so gerade. Ist so ein Busen schwer?« Klara war gekränkt über diesen Nachsatz. Noch eben war sie stolz darauf gewesen, ohne einen Blick an den Männern vorbeigegangen zu sein, langsam und würdevoll wie eine Göttin. Aber derlei bemerkte Margarete gar nicht. Sicher hatte sie auch noch nie Fotos griechischer Stauten gesehen. »Würde und Haltung haben ja eigentlich nichts mit körperlicher Größe zu tun«, sagte Klara milde.

»Würde und Haltung«, Margarete lachte. »Geht es dir um Würde und Haltung?«

»Natürlich nicht oder eigentlich doch«, Klara griff nach ihrem Handtuch, »aber mehr noch geht es mir um innere Haltung...«

»Da kommen wohl auch deine Rückenschmerzen her«, unterbrach sie Margarete. Klara schwieg verblüfft. »Wie meinst du das?« fragte sie schließlich.

»Ach, nur so.« Margarete stützte sich auf und legte ein Tuch über den Schoß. »Du hast solche Angst, dir etwas zu vergeben.« »Also, meine Rückenschmerzen hab' ich vom langen Auf-dem-Boden-hocken, wenn ich arbeite«, sagte Klara gereizt. »Albin meint, der westliche Mensch krankt daran, immer eine steife Haltung einnehmen zu wollen.« Margaretes Gesicht zuckte vor unterdrücktem Gelächter, dabei deckte sie ihre nackte Brust mit beiden Händen zu.

»Ich sehe nicht, daß du dich besonders locker bewegst, meine Liebe«, rief Klara kalt. »Was hältst du dir den Busen zu, ist das eine fernöstliche Haltung? Hat Albin dir das anerzogen?«

Margarete blinzelte, aber ihr Lachen klang jetzt unnatürlich, als würde sie gekitzelt. »Ich muß doch wenigstens eine kleine

Stelle vor dir geheimhalten«, rief sie immer noch lachend. »Sonst verlierst du womöglich das Interesse an mir.« Klara konnte nicht mitspielen, merkte es und sagte, nachdem sie sich eine Zigarette angezündet hatte: »In Tunesien war ich mal im Dampfbad. Da waren alle Frauen da unten rasiert, nur ich nicht. Ich hatte natürlich ... alle wollten mich anfassen, sie haben gekichert und ...« »Ja, wir sind weit gereist, wir beide, nichts ist uns fremd unter der Sonne.« Klang Margaretes Stimme spöttisch? »Wie meinst du das?« »Ich gehe ins Wasser«, sagte Margarete und warf ihr Tuch über Klaras Brust. »Streck sie nicht so raus«, an ihrer Stimme hörte Klara, daß sie immer noch lachte. Sie erhob sich ohne Anstrengung und stand mit nach innen knickenden Knien im Wind.

Das Dreieck zwischen ihren Schenkeln leuchtete karottenrot. Klara starrte es an. Ein rot glitzerndes Flaumnest, aus dem kleine gefiederte Zungen den weißen Bauch hinaufleckten. Es sieht aus wie hingeklebt, dachte Klara, es sieht aus wie Wolle und ihre Brustwarzen wie rosa Perlmuttknöpfe.

Sie wollte die Augen senken. Sie war verlegen, und das machte sie beklommen. Als Kind hatte sie sich im Gewühl der großen Umkleidekabine in der Badeanstalt die Augen zugehalten. Sie wollte nicht zuschauen, wie ein Bauch und Hüften aus einem nachlässig heruntergestreiften Rock auftauchten. Die großen schwankenden Brüste wollte sie nicht sehen. Und doch beobachtete sie durch die Finger, wie die Frau neben ihr die beiden baumelnden Fleischsäckchen achtlos in die wartenden Tüten des Büstenhalters hob, während sie mit ihrer Nachbarin sprach und ihre Füße am Boden schon in die Sandalen schlüpften. Nachts hatte sie im Bett gelegen und über ihre eigene Brust gestrichen. Es war ihr unheimlich, diese Haut würde sich heben und Fleisch würde darunter nachdrängen. Etwas lauerte schon unter dieser glatten Oberfläche, um sich zu heben und aufzuplustern wie der Teig in der Schüssel neben dem Herd. Sie hatte keine Macht darüber.

Klara sah der Freundin nach, die mit aneinanderreibenden

Knien und gerundetem Rücken zum Wasser hinunterstelzte. Jetzt verstand sie auch, warum sie sich unter dem Tuch verborgen hatte. Die Männer stießen sich an, taten so, als schnappten sie nach Luft, warfen sich in den Sand, als sie an ihnen vorbeiging. »Zorra«, hörte Klara sie rufen. ›Füchsin‹ und ›Lösch ihr das Feuer, Juanito!« Klara drehte sich auf den Bauch und wühlte im Korb. Sie schnitt ein Stück vom Ziegenkäse ab und kaute daran. Ihr Mund war trocken. Sie schnitt wütend in den hellen Käse und stopfte große Stücke in den Mund. Sie gönnte es Margarete, so von den Männern verspottet zu werden, es geschah ihr recht. Klaras Gedanken taumelten durcheinander. Sie sah die Männer sich auf Margarete stürzen wie Hunde, sah ihre zappelnden Beine und Arme, ihren hellen Bauch von nassem Sand bespritzt, ihr verklebtes Haar. Sie hörte die Männer knurren und japsen, rote Haarbüschel flogen im Wind davon. Klara spuckte den Käsebrei in den Sand. Was war nur mit ihr los? Schuld war Margarete, warum hatte sie sich so geziert beim Ausziehen. Glaubte sie denn, Klara habe darauf gewartet, sie nackt zu sehen mit diesem Pelz zwischen den Beinen, rot wie das Fell des Orang-Utan-Babys im Zoo? Klara warf sich herum und blinzelte in die Sonne. Die Männer hatten ihr Ballspiel wieder aufgenommen. Als Margarete sich ins Wasser gleiten ließ, fächerten sich ihre Haare einen Augenblick um sie herum auf wie ein rotes Rad.

Am Abend gingen sie hintereinander am Straßenrand entlang, wichen Kamelen aus, sahen sich nach Autos um und liefen dann weiter gegen den Wind gelehnt.

Jede Weinpflanze lag wie ein grüner Stern in eine kleine Mulde geschmiegt. Das Grün leuchtete hell aus der schwarzen Lavaasche, die das ganze Feld bedeckte, um nachts den Tau aufzusaugen und tagsüber den Boden vor dem Austrocknen zu schützen. Ein schwarzer Meeresgrund, auch die nackten Vulkankegel ringsum sahen aus wie Unterwasserberge.

Nur die Luft hatte nichts von der tiefgrünen Nacht auf dem Meeresboden. Sie war klar, weich vom Abendlicht.

Als sie endlich ein Auto einer müden Touristenfamilie aus Kassel mitnahm, stand die Sonne schon eine Handbreit über dem Meer.

Das große Schiff, das an der Mole ankerte, schien, als die Straße sich senkte zwischen den kleinen weißen Häusern, festgeklemmt. Es drehte sich ganz langsam, und für ein paar Augenblicke fuhr es auf die beiden Frauen zu. Die höher gelegenen Häuser standen noch im Sonnenlicht und leuchteten unwirklich wie im Licht eines fremden Sterns.

Sie setzten sich unter die Körbe von Farnen, die von der Decke hingen, und sahen durch die Fenster mit den vielen weißen Sprossen hinaus aufs Meer, wo das Schiff sich ruhig weiterdrehte wie nach einer unhörbaren getragenen Musik.

»Fisch?«

»Fisch!«

»Weißwein?«

»Weißwein!«

Klara sah sich nach Don Pepe um. »Es ist schön hier«, sagte Margarete. »Ich finde es wunderbar, daß du dich hier auskennst.« Sie faßte nach Klaras Hand und streichelte sie. »Er soll uns alle Fische zeigen, die er hat«, sagte Klara eifrig.

Der Tintenfisch ließ seine Arme über den Rand des Tabletts hängen. Don Pepe stupste mit dem Bleifstift nach ihm. »Den da, in Tomatensauce.« Die Muräne zeigte ihren schönen schwefelgelbgeflammten Bauch, silberne flache Fische lagen ausgefächert wie Spielkarten. »Mero, Cabrero, Barbero.« Don Pepe sagte die Namen her, als stelle er ihnen Leute vor, einen Herrn Mero, einen Herrn Cabrero. Er war ein magerer blasser Mann mit pomadisierten Haaren und einer weißen langen Schürze, unter der sein Körper verschwand, als wäre er nur ein hölzernes Gestell, das die Arme und den Kopf trug.

Ignazio, der Fischer, ging am Tisch vorbei und winkte Klara zu. »Wunderschön bist du heute«, sagte er und sah Margarete, die ihn lächelnd betrachtete, gar nicht an. »Wer ist das?« fragte sie. »Ignazio heißt er, er ist ein seltsamer Mann, ein schöner Mann ... ein Eigenbrötler. Er hat ein großes Motorboot, darauf bildet er sich viel ein«, sagte Klara und nahm einen Schluck Wein. »Sei vorsichtig mit der roten Sauce, sie ist sehr scharf.«

»Schön ist er schon, aber irgendwie wie ein Fischer aus einem Fernsehfilm, so einer, der schweigend übers Meer blickt bei einer leisen Klaviermusik.« Margarete wühlte in ihrem Haar. »Oho, der Wein tut dir aber gut.« Klara schenkte der Freundin nach.

»Wieso?« Margarete lachte laut und hob die Haare mit beiden Händen über den Kopf, als wolle sie sie aus dem Wasser halten.

»Wie du redest!« Klara winkte Don Pepe, um Salat zu bestellen.

»Er ist leider ein bißchen alt!« sagte Margarete.

»Zu alt wofür?«

»Ach, nur so.« Margarete sah sich ab und zu nach dem Tisch um, an dem die Soldaten saßen. Es waren lauter junge Burschen mit sauber ausrasierten Nacken und gebügelten Uniformen. Don Pepe hatte schon eine Flasche Wein auf den Tisch stellen wollen, die die Herren Soldaten den Damen spendiert hatten, wie er sagte, aber Klara hatte ihm mit der Hand ein Zeichen gemacht.

Ignazio trank ihnen von der Bar herüber zu. Vom Fisch lagen nur noch zwei schön gesägte Grätenkämme auf ihren Tellern, und Klara stand auf, um sich die Süßspeisen zu besehen, die auf der Theke standen.

»Was hast du heute für ein Füchslein bei dir?« fragte Ignazio und berührte leicht ihre Hand. »Gefällt sie dir?« »Du gefällst mir besser«, sagte er, aber das sagte er immer und es hatte nichts zu bedeuten. Er unterhielt sich immer mit Ulrich, wenn er dabei war. Sie sprachen von Fotoapparaten und von Bootsmotoren. Ulrich war ganz in seinem Element, wenn er mit Klara unter den

Farnen saß, er und die Männer, die er alle kannte. Er betrachtete Klara gönnerhaft und stolz, wenn sie neben ihm sitzend ab und zu ins Gespräch eingriff und die Männer ihr höflich zunickten.

»Ich habe Hirsekuchen bestellt.«

Klara fühlte den Wein. Ihr Kopf wurde leicht und wiegte sich auf dem Hals, ein Schlangenkopf mit goldenen Augen. Gras wuchs über den Tisch und flüsterte in ihren Ohren. Margarete mußte den Wein auch fühlen, sie lachte und lachte und verdrehte dabei die Augen. »Es geht mir so gut, so gut... wenn Albin mich sehen könnte!«

Klara schwieg und betrachtete sich im Spiegel ihrer Puderdose. Nichts war verlaufen, alles hatte einen klaren Umriß, nur der Mund brauchte eine neue Farbschicht. Sie drehte bedächtig an ihrem Lippenstift, und Margarete sah fasziniert zu, wie der rote Zapfen sich langsam aus der metallenen Hülle schob. Sie kicherten beide lange Zeit darüber, und Klara steckte den Stift wieder ein, ohne sich zu schminken.

Ignazio setzte sich neben Klara und schenkte beiden Frauen aus der mitgebrachten Flasche nach. »Sie spricht kein Spanisch, deine Freundin?« fragte er, und als Klara den Kopf schüttelte, sagte er sogleich: »Wie weit bist du mit dem Wasserreservoir?«

»Fast fertig.« Klara begann ihm lange und umständlich von den Arbeiten und Kosten der Zisterne zu erzählen. Ignazio hörte ernst zu und nickte. Als sie zu Margarete hinübersah, saß ein junger Soldat neben ihr. Er hatte schräge wimpernlose Augen, die Margarete unverwandt ansahen, während sie, die Hände an die Tischkante gestützt, zurückgelehnt dasaß und ihm ihrerseits mit einem fragenden Lächeln entgegenschaute. Als sie Klaras Blick fühlte, begann sie zu lachen und neigte ihren Kopf zu dem jungen Mann, als wolle sie sich für ihr Gelächter entschuldigen.

Ignazio, der auch hinüberschaute, wiegte den Kopf und sagte: »Ein richtiger Fuchs ist sie.«

»Soll ich ihm sagen, er soll verschwinden?« Klaras Stimme war etwas zu laut, und sie verschluckte sich. Ignazio schlug ihr auf den Rücken und hielt ihr das Glas mit Wein hin. Margarete schüttelte den Kopf. Sie war rot im Gesicht vor Lachen. Der junge Mann senkte die Augen, schob seine Zigarettenschachtel neben sein Feuerzeug und stellte den Aschenbecher dicht daneben. »Sie kann ja gar nicht mit ihm sprechen«, sagte Klara und wischte sich die Augen. »Laß die beiden.« Ignazio schaute aus dem Fenster hinüber zu den Lichtern des Schiffes, die sich hoben und senkten.

Klara sah, daß die Weinflasche, die sie vorher zurückgeschickt hatte, wieder auf dem Tisch stand. Margarete trank lange aus ihrem Glas und ließ dabei die Augen hinüberwandern zu dem Mann neben ihr. Er sah diesen Blick und begriff, daß er für ihn bestimmt war. Es ärgerte Klara, daß er ihn so ernst erwiderte. Margarete griff nach seiner Zigarettenschachtel, seit wann rauchte sie? Aber er kam ihr zuvor, hielt ihre Hand, in der schon die Schachtel lag, fest und sah ihr so ernst ins Gesicht, als habe er sie bei etwas Unrechtem ertappt.

»Das Meer, das Meer, mich interessiert nur das Meer«, Ignazio räusperte sich, »das ist meine Wissenschaft. Der Meeresgrund ist mein Land. Er ist das Gegenbild der Erdoberfläche, weißt du das? Eine Gegenwelt... Alles gibt es dort, alles, was es unter dem Blau des Himmels gibt, gibt es unter dem Blau des Wassers... das ist eine Symmetrie. Ich bemerke sie in allem... Die grünen Bäume sind dort unten rot...«

Margarete nahm die Zigarette, die der Mann ihr angezündet hatte, mit den Lippen aus seiner Hand.

»Auch die Tiere, hörst du wohl, haben ihr Gegenstück unter Wasser.« Ignazio berührte Klaras Arm. »Wirklich?« Klara wollte ihm nicht zuhören. Sie beugte sich über den Tisch und versuchte, den Blick der Freundin einzufangen. »Margarete.« Sie mußte die Stimme heben. »Margarete, willst du bei mir sitzen, soll ich was sagen zu ihm?« Der Mann saß jetzt näher bei Margarete als vorher, Klara hatte nicht bemerkt, daß er näher gerückt war. Margaretes Haar, das wußte Klara, roch nach Heublumen. Er war diesem Haar so nahe, daß er es riechen mußte. »Margarete«, rief Klara. Aber Margarete antwortete nicht, Klara zwang sich, Ignazio anzusehen. Er nahm eine Olive vom Teller und seufzte. »... ja, und dann mit elf war ich fertiger Matrose und Fischer. Da ging ich nach Afrika hinüber... mit einem Kutter...«

Klara versuchte, ihm weiter zuzuhören, aber ihre Augen gingen über den Tisch. Margarete leuchtete. Der Wein schmeckt anders als sonst, dachte Klara, so leuchten fahle Pilze im Wald auf einem faulen Stamm. Gab es nicht auch Pilze mit roten flammenden Röhren? Der Wein tut mir nicht gut, dachte sie. »... das war vor Afrika mit einem anderen Mann an Bord, eine Nacht...«, sagte Ignazio, und Klara nickte. »... das war mein erster Schiffbruch... in einer Nacht, so pechschwarz.«

Don Pepe trat mit einem Teller kleiner gebratener Fische an den Tisch und sagte: »Die hat Ignazio heute erlegt, der größte Fischer bringt die kleinsten Fische.«

Klara sah, wie Margarete mit den Händen gestikulierte und wie der junge Mann sie dabei ansah. Englische Worte rollten über den Tisch: ›mashine-gun‹, ›desert‹ und ›partisan‹. Ignazio hörte nicht zu, Klara hatte das Gefühl, als habe er auch sie vergessen und schwimme im Meer vor Afrika in jener Nacht, die er heraufbeschwor und die sie durchs Fenster hereinströmen fühlte, ohne sich dagegen wehren zu können. Warum erzählte er ihr das? Dachte er sich das aus, wenn ja, dann war er ein Dichter. Klara kam mit Worten nicht zurecht, wenn sie selber schreiben wollte, darüber empfand sie hilflosen Zorn. Der Wiedehopf, der mittags um zwölf über ihr Haus geflogen war, hatte eine Schattenlinie gezogen an der Wand des Waschhauses hinunter quer über den Hof und an der Wand des Haupthauses hinauf. Die Schönheit dieser Linie blieb ihr in der Brust stecken wie ein kleiner Schmerz, sie wollte ihn loswerden, aber die vielen Zeichnungen, die sie davon machte, konnten ihn nicht einfangen. Als sie darüber schreiben wollte, widersetzten sich die Worte, Bilder, die sie nicht fassen konnte, schoben sich über den Augenblick und am Ende hörte sie ihren Vater sagen, sie solle die Worte den Dichtern überlassen und lieber die Blumen im Garten malen, als sie zu beschreiben.

Margarete beugte sich über den Tisch und fragte: »Er sagt, er sei Widerstandskämpfer, und er ist doch Soldat. Kannst du ihn mal fragen?«

»Warte mal, Ignazio erzählt mir gerade etwas.« Ignazio trank und sah Klara an. Zum erstenmal bemerkte sie, was für seltsame Augen er hatte. Sie waren dunkel und sahen flüssig aus. Sie bewegten sich auch, wenn er ganz ruhig herübersah, immer ganz sachte hin und her, als schwappe Flüssigkeit in seinem Kopf.

Ein zweiter Soldat, der dem anderen glich wie ein Bruder, hatte sich zu Margarete gesetzt. Sie hielt seine Hand und betrachtete seine Handlinien. »Amore«, sagte sie. »Vida, success.« »Amor ohne e«, sagte Klara und wußte nicht, warum sie die drei, die am Tisch gegenüber die Köpfe zusammensteckten, so nervös machten. Auch Ignazio machte sie nervös, als hindere er sie mit seiner Geschichte daran, dort drüben mitzureden, und doch wollte sie, daß er weiter mit ihr sprach. »Und dann?« »Aber die Küste dort ist felsig und der Strand ziemlich klein. Ich wußte, daß nun das Land, das unsere Rettung war, zu unserem Feind wurde, zu einem viel mörderischeren Feind als vorher die Wellen.«

Margarete saß zwischen den beiden Männern, die sich aufrechthielten und die Arme eng an den Körper gelegt hatten, als gehöre diese Haltung zu ihrer Uniform. Margarete saß zwischen ihnen in ihrem weißen Pullover, und es war Klara, als plustere sie sich auf wie ein Vogel, als schüttele sie ihr Gefieder, als stelle sie die Kopffedern auf. Sie gefällt sich, da zwischen den beiden Männern, dachte Klara verwirrt. Was hat sie mit ihnen vor? Das getupfte Kleid fiel ihr ein, das helle Kleid mit den schwarzen Tupfen, das aufgeleuchtet hatte im Licht eines vorbeifahrenden Autos. Es war nur ein Stück Rock gewesen, darunter ein Bein mit einem schwarzen hohen Schuh, das gleich wieder verschwand zwischen den Männerhosenbeinen, zwischen den Gamaschen und schweren Stiefeln. Margarete und Klara waren vorbeigegangen, erschreckt von dem Tumult im Schatten der Hauswand. Die beiden Männerrücken deckten die Frau völlig zu, man sah nur das helle Kleid schimmern zwischen den dunklen Uniformen, Arme stießen in die Luft, Männerarme, der Knäuel schob sich hin und her. Die beiden Frauen fühlten die Spannung in den flüsternden Stimmen, ein Gurren und Raunzen, ein leises Keuchen und Wimmern. Sie hatten sich an der Hand gefaßt und waren schnell weitergegangen, ehe das nächste Scheinwerferpaar die Gruppe neu beleuchten konnte.

Wie schön Margarete war, Klara hatte noch nie bemerkt, wie weiß ihr langer Hals war und wie er sich wölbte, wenn sie den Kopf in den Nacken legte und die Kehle darbot, wie jetzt.

Margarete hielt in jeder Hand eine ausgestreckte Männerhand und neigte abwechselnd den Kopf darüber, um die Handlinien zu betrachten. Klara sah, wie die beiden Hände sich unter ihrem Griff öffneten und schlossen, sah, wie die Finger sich spannten und streckten, um sich dann zu entspannen und einzurollen. Zwei gefräßige Pflanzen, dachte Klara, zwei fleischfressende Blüten, die sich um etwas schließen wollen, statt unter den Blikken stillzuhalten.

Klara war verwirrt und senkte den Kopf. Ignazios Stimme summte über ihr, und seine Hände formten Wellen und Boote in der Luft. Es tat Klara weh, Margarete anzusehen. Sie hob den Kopf. »... im Sand haben wir uns dann umarmt und ein bißchen geweint. Wir waren gerettet...« Ignazio hörte auf zu sprechen und legte seine Hände auf den Tisch.

Klara sah sich aufstehen und um den Tisch gehen. Sie sah sich nach Margaretes Händen greifen, und sie von den Schlingpflanzen losreißen mit einem Ruck. Sie drängte Margarete vom Tisch ab, der Stuhl fiel um, Margarete, weich und flatternd gegen ihre Brust gelehnt, hilflos, nachgiebig. Klara führte sie weg wie ein müdes Kind.

Sie trank an ihrem Glas. Ihr Kopf dröhnte. Sie drehte ihn hin und her und dann langsam zu Ignazio hinüber, er hatte nichts bemerkt, es war nichts geschehen. Da saß sie und hielt ihr Glas in der Hand. Die Farne im Kübel über ihr bewegten sich im Luftzug.

Im Türrahmen stand eine blonde Frau. Sie war mager, ein Tuch war um ihren Kopf gewickelt, unter dem ihr Haar in zwei langen gelben Zungen auf ihre Brust hing.

Klara war Ignazios Blick gefolgt. Er schaute schon eine Weile zu der Frau hin, aber das bemerkte Klara erst jetzt. Die Frau war sehr nervös, setzte ihre Sonnenbrille ab und wieder auf und klappte ihre kleine Tasche auf und zu. Sie sah zu Ignazio herüber, vorsichtig und doch eindringlich.

Ignazio lächelte traurig und lächelte weiter, als er sich wieder zu Klara hindrehte und die Schultern hob.

Klara verstand, daß die Frau auf ihn wartete. Wie lange hatte sie dort gestanden? Ihr Gesicht gefiel Klara nicht, es sah aus, als werde es gleich in viele kleine Teile zerbrechen, man konnte schon die Risse sehen. Die Frau wußte das, sie bewegte das Gesicht nicht, hielt es zusammen, mit fest geschlossenen Lippen und gerunzelten Brauen. Klara atmete und stellte ihr Weinglas auf den Tisch. Sie versuchte, ihr Gesicht zu entspannen und fuhr sich mit der Hand über die Stirn. Sie hätte gerne etwas nach der Frau geworfen wie nach einer Schießbudenfigur, die verschwand, wenn man sie traf. Gleichzeitig schämte sie sich ihrer Gereiztheit, die sie nicht verstand. Sie lächelte der Frau zu, aber die hielt ihre Augen unverwandt auf Ignazio gerichtet und schob dann langsam die dunklen Gläser vor diesen Blick.

Ignazio stand auf und streichelte Klara über den Kopf. »Kommt denn Ulrich bald?« Er sagte ›Ullo‹, aber er wartete nicht auf ihre Antwort. Die Frau, die immer noch bewegungslos an der Tür stand, nahm nun ihre Sonnenbrille ab und ging langsam an der Theke vorbei zur Tür. Sie trug Holzsandalen, und bei jedem Schritt knirschte der Sand unter ihren Sohlen.

»Die beiden wollen uns heimfahren«, sagte Margarete und

schaute von einem dunklen Kopf zum anderen. »Na schön«, sagte Klara und trank ihr Glas aus.

Sie saßen sich auf den beiden großen Kissen gegenüber. »Wie zwei chinesische Drachenhunde«, sagte Margarete.

»Wie Sphinx«, sagte Klara. Sie hatte alle Kerzen angezündet, und die Flasche mit dem trüben starken Wein aus dem Dorf stand zwischen ihnen. »Und du hast ihnen gesagt, wir hätten nichts zu trinken«, Margarete klingelte mit ihrem Fußkettchen. »Wolltest du denn, daß sie bleiben?« Klara sprach laut. »Die beiden haben in Afrika gekämpft«, sagte Margarete, »der eine hat zwei Männer getötet, aus nächster Nähe, er sagt, es war überraschend für ihn, daß sie so einfach umfielen. Er hatte Angst, sie würden ihn umbringen, und wie im Märchen hatte er einen Zauberstab in der Hand, der einfach...« »Also, so einfach kann man sich das wohl nicht machen.« Klara suchte nach einer Kassette, fand sie und steckte sei in den kleinen Recorder.

In ihrem Zimmer, mit Margarete auf dem Boden ihr gegenüber, kam ihr der Abend vor wie ein albernes Spiel, das Margarete und sie mitgespielt hatten. Sie schaute die Zeichnungen an den Wänden an und beschloß, sie gleich morgen abzunehmen, um neue aufzuhängen.

»Mir ist ganz anders geworden, als er mir sagte, wie ihm eine Kugel... denk mal, eine Kugel, die durch den Arm geht...« Margarete deutete auf ihren nackten Arm. »Hier rein, da wieder raus... ein rundes Loch... oder ist es nicht rund? Gibt es da einen Krater im Fleisch?« Klara unterbrach sie: »Hast du ihm das geglaubt?«

»Nein, es war ihm ernst. Er hat mir erzählt, wie er sich an die Hauswand gedrückt hat, eine helle leere Straße entlanggeschoben hat, dann gebückt über die Straße zu einem Rondell mit Palmen gerannt ist, dort lagen Kamele und Männer, die in ihrem Schatten schliefen, und er hatte sein Maschinengewehr...« »Hör bitte auf davon.« Die Musik wurde lauter, und der kleine Apparat schepperte. Beide Frauen schauten ihn an, und Margarete beugte sich vor und legte ihre Hand auf Klaras Brust, dann die andere, ganz sanft, ohne sie niederzudrücken. »Bist du böse auf mich?« Klara fühlte, wie ihr Gesicht zuckte, da war sie wieder, die eigenartige Traurigkeit. Die Abende, die sie allein in diesem Wohnzimmer gelebt hatte und die ihr so friedlich erschienen waren, machten sie plötzlich schwer und kalt, zogen durch ihre Erinnerung wie dunkle Fotos, auf denen man die Frau, die auf dem Kissen hockte und zeichnete, kaum erkennen konnte.

Sie lehnte sich zu Margarete hinüber. Sie wollte sie umarmen, aber wagte es nicht. Sie wollte ihr Gesicht verstecken, den Mund mit Margaretes nacktem Arm verschließen. Sie wollte keinen Zwischenraum mehr haben zwischen sich und Margarete. Ein Klirren von der offenen Tür her ließ beide Frauen zusammenfahren. Margarete zog ihre Hände zurück und legte sie auf ihre Knöchel, dort, wo die Fußkettchen hingen.

»Here ... the drink!« Der junge Mann sprang ins Zimmer und hielt triumphierend eine Rumflasche ins Kerzenlicht. Der zweite Soldat verbeugte sich dicht neben ihm und wies mit beiden Händen auf die Flasche: der Assistent eines Zauberkünstlers, der Applaus hören will. Wie lange hatten die beiden schon vor der Tür gestanden?

Margarete warf Klara einen schrägen Blick zu, den Klara nicht ganz deuten konnte; Triumph lag darin und Schuldgefühl. Beides ärgerte Klara. Sie lächelte den Soldaten zu, über Margaretes gebeugten Kopf hinweg, aber beide hatten erwartungsvolle Augen auf Margarete gerichtet, die sprang auf und klatschte Beifall. »Ich hole Gläser«, rief sie und lief hinaus. Die beiden Männer standen da und schauten ihr nach. Dann setzte sich der eine auf die gemauerte Bank und suchte behutsam einen Platz für seine schweren Stiefel unter dem Tisch. Der andere trat zu Klara und ließ sich mit ernstem Gesicht auf ein Knie nieder, um das Glas, am Boden neben ihr, vollzuschenken. Dabei sah er sie nicht an, sondern wandte den Kopf zur Tür, als er das Klappern der Gläser hörte, die Margarete auf dem Tablett hereintrug.

Klara sah, daß auf dem Tablett auch Kekse und Oliven lagen. Margarete schaute sie nicht an. Sie überlegte, ob sie aufstehen und ins Bett gehen sollte, aber etwas hielt sie zurück. Sie hob das Glas und trank es aus. Auch Margarete, die wieder auf dem Kissen hockte, trank und lobte den Wein. Die beiden Männer auf der Bank hielten jeder einen Keks in der Hand und knabberten artig daran: Besucher, die sich von der besten Seite zeigen. Sie sahen sich im Zimmer um und nickten anerkennend mit den Köpfen. Margarete wies auf die Zeichnungen an den Wänden und auf Klara. »Pintora«, rief sie, und wieder nickten die Männer. Erst als Margarete vorzumachen versuchte, was sie selbst tat – sie strickte mit erhobenen Zeigefingern in der Luft, ahmte die Bewegungen beim Nähen nach, zerrte an ihren Kleidern und schlug sich auf die Brust – erst da lächelten die beiden, schüchtern und ohne zu verstehen. Klara sagte das spanische Wort für Schneiderin, ihre Stimme klang laut. Margaretes Kopf fuhr zu ihr herum, sie wußte nicht, was Klara sagte, aber das Wort klang nicht schön.

»Was sagst du ihnen?« fragte sie unruhig. »Was du machst«, Klara trank ihr Glas aus und beschloß, die drei zappeln zu lassen. Sollte Margarete doch für die Unterhaltung sorgen.

Später kam ein Gespräch über Kamele in Gang. Nein, die Männer aßen kein Kamelfleisch, ja, Kamele waren edle Tiere, sauber, sie tranken kein schmutziges Wasser. Klara beobachtete, wie Margarete versuchte, die beiden Männer zum Lachen zu bringen. Einmal stand einer der beiden auf und kauerte sich neben Margarete auf den Boden, um ihr seine Uhr zu zeigen. Eine Weile kniete er unbequem und steif zwischen den beiden Frauen. Klara sah seine roten Ohren, durch die das Licht der Kerze schien. Sie hatte Lust zu lachen. Margarete war dabei, die Schönheit der Insel zu loben.

Als alle vom Trinken und dem schwierigen holprigen Gespräch müde wurden, die Männer auf der gemauerten Bank und die Frauen auf den Kissen am Boden, als die Kerzen niedergebrannt waren und die Batterie des Kassettenrecorders so schwach war, daß er die Melodien verzerrte wie ein betrunkener Sänger, als in den langen Pausen zwischen den Sätzen der Wind draußen immer rhythmischer den Gong der Blechschüssel ertönen ließ, die an der Mauer lehnte, ließen sich die beiden Männer wegschicken. Sie gingen, ohne zu widersprechen.

Margarete stand auf und fing an, die heruntergebrannten Kerzen auszublasen. Sie wischte mit ihren Röcken um Klara herum, als säße sie ihr im Wege. Ehe sie aus der Tür ging, beugte sie sich hinunter und küßte Klara auf den Hals unter dem Ohr. Ihr Mund war warm, und sie hielt eine Weile still, so daß Klara ihre Lippen und die feuchte Zungenspitze gut unterscheiden konnte. Klara fühlte diese Berührung viel zu stark, sie hörte sich atmen und wollte den Kopf drehen, aber Margarete fühlte die Spannung an ihrem Mund und biß zu, rasch und ziemlich fest. Klara gab ihr vor Überraschung einen Stoß, und sie sprang lachend zurück, dabei klingelte ihr Fußkettchen. Klara konnte im Dunkeln ihr Gesicht nicht sehen. »Füchse beißen«, sagte Margarete leise, »und du, du bist kein Fuchs, sondern ein ganz anderes Tier«, sang sie draußen in der Dunkelheit, »ein schööönes Tier!« Dann zog sie leise die Tür zu.

Klara lag im Bett und hörte dem Wind zu. Sie versuchte, sich zu beruhigen. Sie atmete tief und sah draußen über dem dunklen Viereck des Waschhauses den Sternenhimmel so weich und freundlich wie in jeder Nacht. Sie war traurig, und ihre Gedanken, die sie auf dies und jenes zu setzen versuchte, wollten sich nicht mit den Bildern locken lassen, die sie ihnen anbot. Sie wollte nicht an die Männer denken, nicht an Ignazio, nicht an seine Geschichte und nicht an Margaretes Zähne, deren Biß sie noch immer fühlen konnte unter ihrem rechten Ohr. Als der Schlaf dann doch kam, sah sie das Gesicht ihrer Mutter, wie sie im Garten stand, den Gartenschlauch in der Hand, und sie über den silbernen Fächer des Wassers hinweg anlächelte.

Der luftige Raum, in dem sie lag, war ihr vertraut, Luft strömte zwischen den Säulen herein, und das blaue seidige Bett war warm und schwankte leise. Sie lag nicht allein, jemand hielt sie sanft umfaßt und berührte sie leise, an den Brüsten, am Bauch und an den Ohren. Das rote Haar spannte sich über ihr wie ein feines Spinnennetz, und der Geschmack des Vanillemundes prickelte auf ihrer Zunge. Sie drehte sich langsam, langsam wie unter Wasser, um ihren Körper an diese kühlen Glieder zu schmiegen, die sie nur mit den Knien berührte und die sie überall an sich gelegt wünschte. Der Mund war jetzt warm, und sie saugte an der Zunge, die ganz zaghaft und weich zu ihr hereindrängte. Die Finger, die ihre Schenkel gestreichelt hatten, fanden die Stelle, an der sie angstvoll erwartet wurden, die Stelle, an der Klara wartete, auf der Lauer lag, versteckt im Gebüsch hinter den feuchten Blättern, den glitzernden Blüten. Sie streckte die Arme, um nun auch ihrerseits nach dem roten Tier zu suchen, aber ihre Hände verirrten sich auf halbem Weg und fanden einen Nacken, der heiß war und nackt, Ohren, auch sie heiß, und kurzes trockenes Haar. Gleichzeitig fühlte sie etwas in sich eindringen, was größer war als ein Finger und glatter. »Margarete«, sagte sie, aber der Mund, der auf ihrem lag, machte ein leises Gurgeln aus dem Namen. Es war dunkel im Zimmer. Ihr Körper erwiderte die fremde Bewegung, das war nicht leicht, denn das Nachthemd und der Pullover, den sie sich umgebunden hatte, waren um ihre Hüften gedreht und behinderten sie. Eine Hand versuchte unter dem engen Leibchen ihre Brüste zu erreichen. Jemand keuchte. Im Zimmer war es dämmrig und kalt. Klara fühlte den Schweiß auf ihrer Stirne kühl werden. Sie wußte nicht, ob sie Angst haben sollte oder sich dem Wohlgefühl überlassen, das ihr der Körper gab, der nun immer beredter auf ihren einstürmte, und dem Mund, der ihr keine Atempause erlaubte. Sie wandte den Kopf mit Anstrengung zur Seite und sah neben sich auf dem Bett eine Männergestalt kauern, die von nah beobachtete, was hier geschah. Sie sah, daß der Mann schwitzte, seine nackten Schultern glänzten. Er hockte ganz still. Das mußte ein Traum sein. Und schon war ihr Mund wieder gefangen. Es war so selbstverständlich, sich diesem Mund zu überlassen. Jemand wimmerte leise, es hörte nicht auf, sondern wurde immer schmerzlicher, und die Töne wurden länger. Sie zitterte. Luft wehte über ihre nackten Beine, aber schon war sie wieder bedeckt, nur jetzt lag ein kalter und feuchter Körper über ihr, ein ungeduldiger, Hände, die an den Stoffhüllen zerrten. Auch der Geruch war anders. Sie wollte ihn abschütteln, aber er war schon in ihr, und sie begann zu sich zu kommen und mit den Zähnen zu klappern. Sie suchte nach dem Sternenhimmel, aber sie fand nur ein schattiges Männergesicht, das nun auf der anderen Seite neben ihr schwebte und dem Gesicht über ihr glich, als läge sie in den Armen eines zweiköpfigen Fabelwesens.

Jetzt war sie wach und begriff, was vorging. Ihre Angst wollte sie überschwemmen, ihr den Mund aufreißen, ihr den Atem aus der Brust pressen, und in ihrer Verwirrung suchte sie Schutz an dem ihr dargebotenen Mund und umarmte den einzigen Menschen, der sie retten konnte vor diesem Untier, das nun das ganze Zimmer füllte wie eisiges Wasser. Sie schloß die Augen und dachte, bald ist es vorüber, und dachte, laß es nicht jetzt aufhören, und dachte, wehr dich, und dachte, wozu jetzt noch, und dachte, willst du das, und dachte, nein, nein, und fühlte die beiden Männer so nah und so vertraut, als hätten sie immer dieses Bett mit ihr geteilt, und wußte, daß sie sich damit schützte, um nicht vor Entsetzen zu ersticken.

Sie rührte sich nicht. Sie beobachtete von weither und unbeteiligt, wie die Männer sich im dämmrigen Licht anzogen. War das ein Traum, ihr Traum? Oder träumten die beiden Männer dieses bläuliche Morgenzimmer, das Bett mit den zerwühlten Laken, die Decken zu einem Haufen zusammengeschoben am Boden, und die Frau, die in dem Bett lag und mit der sie beide geschlafen hatten. Gürtelschnallen klapperten und Stiefel knarrten. Sie gingen hinaus und schlossen die Tür hinter sich. Sie hörte, wie sie draußen den Schlüssel umdrehten, und wußte, sie würden nach Margarete suchen.

Draußen fing es an hell zu werden. Klara lauschte. Der Wind bewegte die Stühle im Patio. Eine große Gesellschaft erhob sich und scharrte mit den Stühlen. Hatten sie um den Tisch gesessen bis zum Morgengrauen? Standen Teller und Flaschen auf dem Tisch, verlöschte Kerzen? Keiner sprach. Sie erhoben sich nacheinander, umständlich schleifend und knarrend.

Zum erstenmal graute Klara vor den Windleuten, die in ihrem Haus wohnten, ungestört den langen Winter über, wenn das Haus ihnen allein gehörte.

Ein Kiebitz pfiff, und vor dem Fenster färbte sich der Himmel zartgelb. Draußen ließ der Wind nach. Der Patio lag verlassen, und in der plötzlichen Stille hörte Klara nichts als ihre leisen unregelmäßigen Atemzüge.

Am Abend des Karnevalsfestes stand ein Regenbogen über dem Meer wie eine Fata Morgana. Margarete trug viele bunte Wolltroddel im Haar, sprang im Hof hin und her und schüttelte den Kopf wie ein Zirkuspony, sie schlug ihr Tamburin und sang eine schnarrende Litanei, in die Klara, die ein Gummiband an ihre Maske nähte, einfiel, manchmal widerwillig mit hoher Falsettstimme. Die Pappmachémaske, rund und flach wie ein großer Suppenteller, war schwarz und rot gestreift und hatte große Augen unter zornigen Brauen aufgemalt.

Klara setzte sie, als sie die ersten Häuser erreichten, auf den Kopf wie einen Hut und machte sie mit dem Gummiband am Hinterkopf fest. Der Wind wehte roten Staub zwischen den Häusern auf und puderte Margaretes weißes fettiges Clownsgesicht mit feinen rostroten Körnchen. Von der Plaza kamen Musikfetzen herübergeflogen. Eine Gruppe verkleideter Kinder, lauter kleine Prinzessinnen, Cowboys und Supermans, umringten die beiden Frauen und betrachteten sie neugierig. »Und als was geht ihr?« fragte ein Pilz, der seinen weißroten

Hut mit beiden Händen festhielt. Margarete verzog das Gesicht zu einer fürchterlichen Grimasse und knurrte, da liefen alle davon.

Auf der Plaza spielten zwei kleine Kapellen. Sie setzten sich an ein Tischchen auf dem Gehsteig und bestellten Wein und Tapas. Margarete tanzte mit Bobo, dem dicken Taxichauffeur, davon, er war als Torero verkleidet und schleifte sein rotes Cape nach. Klara rauchte und versuchte, inmitten der auf der Straße wimmelnden Menschen Margarete im Auge zu behalten. Die Musik gefiel ihr, und sie wippte mit dem Bein und überlegte, ob sie allein tanzen sollte. Ein Mann stand vor ihr und verbeugte sich leicht. »Señorita«, sagte er, und Klara stand auf und hob die Arme, um mit ihm zu tanzen. Die Kapelle spielte einen Tango. Sie schaute zu ihm auf, und ihre Hände blieben in der Luft hängen. Der Mann war jung und lächelte schüchtern, aber als er sah, wie Klara das Blut ins Gesicht schoß, färbte auch er sich rot bis in die Ohren. Klara zog mit einem Ruck die Maske übers Gesicht, und so standen sie einen Moment zwischen den Menschen, die sie anstießen und weiterschoben. Klara stolperte, als sie sich umwandte, gegen den Tisch und warf mit ihrer Tasche die Gläser um.

Sie konnte nicht gut sehen durch die Augenschlitze der Maske, und als sie sich einen Weg durch die schaukelnde Menge bahnte, verließ sie sich mehr auf ihre ausgestreckten Hände als auf ihre Augen.

Sie erreichte das Grasrondell in der Mitte der Plaza und blieb keuchend an eine Palme gestützt stehen. Unter der Maske konnte sie ihren Atem sehr laut hören, aber sie schob sie nicht zurück. Der Wind hob ihre Röcke und zerrte an den Rändern der Maske. Klara hörte nun das leise Sirren der Sandkörner, die der Wind in ihr Papiergesicht warf.

Sie schloß die Augen, aber es gelang ihr nicht, die Bilder anzuhalten, die durcheinanderwirbelnden Menschen, die sich wanden und drehten, die Gesichter, die auf und ab schwankten und immer näher herantrieben. Sie sah sich dazwischen, sah Margarete an ihrer Seite. Die Menge schob sie aufeinander zu, die Menge, die sich in immer engeren Kreisen um sie schloß, hüpfend und blökend, eine wilde, bunte Herde, in deren Mitte sie mit Margarete tanzte, umwickelt von roten Haaren und erstikkenden Tüchern.

Ruth Rendell

Zwei gelbe Lilien

Eine berühmte, noch junge Modeschöpferin, die sich durch die Herstellung des Brautkleides für eine Prinzessin einen Namen gemacht hatte, sollte vor dem Frauenverein, dessen Schriftführerin Bridget Thomas war, einen Vortrag halten. Sie war damit die zweite Sprecherin im Herbstprogramm, das dem Thema Erfolg und Aufstiegschancen für Frauen gewidmet war. Bridgets mehrmalige Anfragen nach Annie Carters Biographie, damit sie den Mitgliedern interessante Informationen zu ihrem Werdegang geben konnte, waren unbeantwortet geblieben. Bridget hatte mittlerweile sogar Zweifel, ob sie sich daran erinnern würde, in drei Wochen zu kommen und ihren Vortrag zu halten. Dazu gezwungen, ihre eigenen Nachforschungen anzustellen, war sie inzwischen in die Stadtbücherei gegangen, um Annie Carter in *Who's Who* nachzuschlagen.

Bridget hatte einen ziemlich unsicheren Job in einem kleinen, nicht besonders gutgehenden Buchladen. Sie war Mitte Dreißig, hatte ein recht hübsches, aber oft sorgenvolles, abgespanntes Gesicht und versprach sich, von der nun laufenden Vortragsreihe etwas lernen zu können. Da wurden vielleicht Erfolgsgeheimnisse vermittelt, Leistungsrezepte, womöglich der sichere Weg zum Wohlstand. Sie war immer knapp bei Kasse, finanzielle Sicherheit kannte sie nicht; sie hätte sich nie dazu verstiegen, von einem Annie-Carter-Modell zu träumen, selbst wenn solch ein Kleidungsstück gleich zweimal heruntergesetzt angeboten würde. Kleider waren kaum eine Priorität und standen ganz weit unten auf der Liste der lebensnotwendigen Dinge, die von Miete, Transportkosten und Lebensmitteln angeführt wurde, und zwar in dieser Reihenfolge.

In der Bücherei fiel sie nicht auf. Sie war sowieso nie die Art von Frau gewesen, nach der man sich umdrehte. An diesem Mittwochabend, nachdem der Laden zur gewohnten Zeit zugemacht hatte und die Bücherei länger als sonst geöffnet war, konnten die paar Leute, die überhaupt darauf achteten, sie in einem langen schwarzen, angestaubt wirkenden Rock sehen, einem T-Shirt in einem etwas anderen Schwarzton – es war schon mindestens fünfzigmal gewaschen worden – und einer ärmellosen Jacke aus dunkelgestreiftem Baumwollstoff. Ihre Schuhe waren schwarzsamtene chinesische Riemchenslipper, und ihre türkisfarbene Strumpfhose hatte ganz unten an der linken Wade ein Loch, von dem sie aber nichts wußte. Bridget hatte büscheliges, langes, helles Haar, das sie aufgesteckt trug. Sie trug eine riesige schwarze Ledertasche bei sich, geräumig, schwer und voll mit unnützen Dingen. Das gab sie selbst bereitwillig zu und sagte oft, sie wolle betreffs dieser Tasche Abhilfe schaffen, kam jedoch nie dazu.

An diesem Abend befanden sich folgende Gegenstände in der Tasche: mehrere zerknüllte Papiertaschentücher, einige rosa, andere weiß, eine Spraydose mit ›Wild Musk‹-Eau de Cologne, drei Kugelschreiber, eine Nagelschere, eine Nagelzange, eine Fahrkarte für das Londoner U-Bahnnetz, eine Telefonkarte, ein Adreßbüchlein, ein Wimperntuschestift, Farbton ›Mitternachtsblau‹, ein Scheckheft, ein Notizbuch, eine Postkarte von einer Freundin aus dem Bretagne-Urlaub, ein Taschenrechner, eine Taschenbuchausgabe von Vasaris ›Lebensläufe der berühmtesten Maler, Bildhauer und Architekten‹, die Bridget schon immer mal lesen wollte, mit der sie aber nicht recht vorankam, ein Fläschchen Nasenspray, ein Schlüsselbund, ein Streichholzbriefchen, ein silberner Ring mit grünem Stein, wahrscheinlich Onyx, eine Pfauenfeder, die sie während eines Wochenendes im Häuschen von Bekannten in Somerset aufgelesen hatte, eine angebrochene Tafel Milchschokolade, eine Sonnenbrille und ihr Geldbeutel, der die einzige Kreditkarte enthielt, die sie besaß, dazu die Scheckkarte von ihrer

Bank, ihren Bibliotheksausweis, ihren nie benötigten Führerschein und ungefähr siebzig Pfund in Fünf- und Zehnpfundscheinen. Außerdem etwa vier Pfund in Münzen.

Am vorhergehenden Abend war Bridget bei ihrer Tante zu Besuch gewesen. Das war der Grund, weshalb sie so viel Geld bei sich hatte. Bridgets Tante Monica war eine alte Dame, die nie geheiratet hatte und die ihr Bruder, Bridgets Vater, in seiner unverschämten Gefühllosigkeit als ›alte Jungfer‹ bezeichnete. Bridget fand das unerhört und machte ihrem Vater deshalb Vorhaltungen, konnte ihm jedoch nicht begreiflich machen, was an diesem Ausdruck so beleidigend war. Obwohl Monica nie einen Ehemann gehabt hatte, war sie in anderen Lebensbereichen durchaus erfolgreich gewesen und hätte sich fast in Bridgets Liste weiblicher Erfolgstypen einreihen können, die vor ihrem Frauenverein sprechen durften. Eine Erbschaft, die sie klug angelegt hatte, versah sie mit einem beträchtlichen Einkommen, das sie, zusätzlich zu der Pension, beinahe zu einer reichen Frau machte.

Bridget nahm Monica Thomas' Geld ungern an. Zumindest redete sie sich das ein und meinte damit, daß sie das Geld recht gern wollte, sich aber als junge, gesunde Frau, die eigentlich selbst ausreichend für ihren Unterhalt sorgen müßte, ziemlich dafür schämte, von einer alten Frau, die genau das getan hatte und immer noch tat, Geld anzunehmen. Monica fragte sie regelmäßig, nicht bei jedem ihrer Besuche, aber oft genug, wie sie denn zurechtkam.

»Kommst gerade mal so über die Runden, stimmt's?« war der Ausdruck, mit dem sie diese Frage gewöhnlich formulierte.

Bridget spürte, wie eine kleine Welle der Erregung bei diesen Worten in ihr hochschwappte, denn sie wußte, daß sie das kommende Geldgeschenk ankündigten. Gleichzeitig schämte sie sich, über so etwas in Aufregung zu geraten. So, dachte sie, fühlen sich andere Frauen wohl in Erwartung einer Liebesnacht oder wenn sie merken, daß sie schwanger sind, oder wenn sie befördert werden. Und sie war aufgeregt, weil ihre alte Tante, ihre unverheiratete Tante, die in einer düsteren Wohnung in Fulham hauste, sich anschickte, ihr fünfzig Pfund zu schenken.

In ihrer typischen Art stimmte Monica sie ein. »Warum sollst du's nicht gleich bekommen, statt zu warten, bis ich nicht mehr da bin!«

Bridget lächelte dann gewöhnlich und sah zur Seite, oder wenn sie den Mut dazu hatte, bat sie ihre Tante, doch nicht vom Sterben zu sprechen. Einmal war sie sogar so weit gegangen zu sagen: »Ich komme doch nicht her, damit du mir Geld schenkst, weißt du«, aber noch während sie es aussprach, wußte sie, daß es ja stimmte. Und Monica, die scharf erwiderte: »Und ich betrachte meine kleinen Geschenke doch nicht als Bezahlung für deine Besuche«, wußte genau, daß das auch stimmte und daß sie beide einen Handel miteinander machten, wohl berechnet zwar, aber durchsetzt mit Schuldgefühlen und Scham.

Bridget hatte immer das Gefühl, daß sie in ihrem Alter, mit sechsunddreißig, eigentlich diejenige sein sollte, die Almosen gab und ihre Tante mit zweiundsiebzig diejenige, die sie empfing. So war es doch wohl üblich. Hier lagen die Dinge umgekehrt, und mit der Hand, die sie gewaltsam daran hindern mußte, vor Gier und Bedürftigkeit und Aufregung zu zittern, hatte sie am gestrigen Abend nach den Geldscheinen gegriffen, die ihr nach einer weiteren Lieblingsbemerkung von Monica präsentiert wurden, daß sie es nämlich gern sähe, wenn Bridget sich etwas besser kleiden würde. Obgleich sie nur eine ungefähre Vorstellung von der Veränderung der Lebenshaltungskosten besaß, war Monica doch klar, daß für eine maßgebliche Veränderung in der Garderobe ihrer Nichte ein größerer Betrag vonnöten sein würde. Weitere fünfundfünfzig Pfund waren also den üblichen fünfzig hinzugefügt worden.

Etwa fünf Pfund hatte sie im Laufe des Tages ausgegeben. Mit dem Rest hatte Bridget Großes vor, wozu jedoch nicht der Kauf des schlichten dunklen Mantels, des Rocks und des zweiteiligen rosa Stricksets gehörte, wie Monica vorgeschlagen hatte. Da war zum Beispiel die Gasrechnung oder die gute Gelegenheit, endlich das Kreditkonto auszugleichen, auf dem sie 21 Prozent Zinsen zahlte. Nicht, daß Bridget nicht sehnsüchtig an wunderschöne Dinge dachte, die sie gern hätte, aber wahrscheinlich nie besitzen würde. In einem Schaufenster in der Bond Street war zum Beispiel ein Stuhl, der in schlanker, fast arroganter Eleganz abseits stand, hochbeinig und mit hübsch geschwungener Rükkenlehne; sie stellte sich vor, wie er ihr Zimmer als Bote täglich neuen Glücks und Stolzes schmückte. Nun war aber heute eine Frau in den Laden gekommen, um den neuen Salman Rushdie zu bestellen, in einem Kleid, das unverkennbar von Annie Carter war. Bridget hatte das Kleid angestarrt wie eine unerreichbare Herrlichkeit, das wilde Spiel von Reißverschlüssen um die Ärmel herum und die dreieckigen Ausschnitte in den Achselhöhlen, der ungleiche Saum und die geschlitzte Rückenpartie, denn wenn sie ehrlich war, dann war es das Phantastische, das sie an diesen Dingen bewunderte, und sie wäre lieber tot umgefallen, als sich in einem rosa Strickset blicken zu lassen.

Sie hatte es sehnsüchtig betrachtet, genau wie sie jetzt, als sie *Who's Who* zu ihrem Platz mitnahm, im Vorbeigehen das Rükkenteil einer wundervollen Jacke anstarrte. Nachher wußte sie nicht mehr, ob es ein Mann oder eine Frau gewesen war; jemand in Jeans – das war alles, was ihr noch einfiel. Die Person in Jeans saß ziemlich nah bei den Regalen mit den *Science-fiction*-Büchern, so daß das Rückenteil der Jacke, die schönste und aufregendste Fläche, sich besonders vorteilhaft zeigte. Die Jacke war aus blauem Jeansstoff, auf den ein Muster appliziert war. Bridget wußte, daß es eine Applikation war, denn sie hatte diese Technik selbst einmal in einem Kunsthandwerkskurs gelernt, der ebenfalls zu dem horizonterweiternden, lebensintensivierenden Programm gehörte, mit dem sie ihre Einsamkeit bekämpfte. Stücke von Satin, Seide und Brokat waren auf die Jacke gearbeitet, dazu Perlen, Pailletten und Goldfäden. Das Muster stellte einen Schwarm funkelnder Schmetterlinge dar, die in Violett und Zinnoberrot und Königsblau und Fuchsienrosa aus den geöffneten Mäuler von zwei gelben Linien purzelten und flatterten. Bridget hatte dieses phantastische Bild in Seide und Glitzersteinen angestarrt und sich dann rasch abgewandt, entschlossen, nicht mehr hinzusehen, denn nichts wünschte sie sich so sehr, als es selbst zu besitzen.

In dem *Who's Who*-Eintrag über Annie Carter wurde ein Buch über Mode erwähnt, das sie in den frühen achtziger Jahren geschrieben hatte. Bridget dachte sich, es wäre bestimmt nützlich, sich damit zu befassen. Dann hätte sie ein Gesprächsthema, wenn sie und das Komitee die Modeschöpferin nach ihrem Vortrag zum Abendessen einladen würden. Nachdem sie *Who's Who* aufgeschlagen auf dem Tisch liegengelassen und die Tasche zwischen die Tischbeine und ein Stuhlbein geklemmt hatte, ging Bridget hinüber zum Bibliothekscomputer, um nachzusehen, ob das Buch vorrätig war.

Später erinnerte sie sich, wenn auch nur schwach, an einige Leute, die sie beim Durchqueren des Bibliothekssaals zum Computer hinüber gesehen hatte. Ein zeitunglesender alter Mann in schmutzigbraunen Sachen, zwei alte Frauen in rehbraunen Regenmänteln und Topfhüten, ein Kind, das trotz der Drohungen und Bitten seiner Mutter wild herumrannte. Die Mutter war etwa in Bridgets Alter, unförmig und fett, mit struppigem dunklem Haar und geschwollenen Beinen. Es waren noch andere, weniger auffallende Leute da gewesen. Vom Computer erfuhr sie, daß das Buch zwar vorrätig, aber momentan ausgeliehen war. Bridget ging an ihren Tisch zurück und setzte sich. Sie las noch einmal den mageren Eintrag in *Who's Who* durch, merkte sich, daß Annie Carter sich für Bobfahren interessierte und Netsuke-Sammlerin war, was sie eigentlich ziemlich einschüchternd erscheinen ließ, und griff dann unter den Tisch nach ihrer Tasche und dem darin befindlichen Notizbuch.

Die Tasche war weg.

Das Gefühl, das Bridget befiel, war das, das man bekommt, wenn man etwas Wichtiges verliert oder meint, es verloren zu haben, der plötzliche Schock des Verlustes. Es war ein körperliches Gefühl, als fiele etwas in ihrem Inneren hinunter – drehe sich erst in ihrer Brust um und purzele dann durch ihren Körper nach unten und an den Fußsohlen hinaus. Sie sagte sich sofort, sie könne die Tasche ja nicht verloren haben, unmöglich, sie könne gar nicht gestohlen worden sein – wer hätte sie denn bei dem Umtrieb stehlen sollen? Sie hatte sie bestimmt mit zum Computer genommen. Bridget ging noch einmal hinüber, rannte hin, aber die Tasche war nicht da. Sie sagte es den beiden Bibliotheksgehilfinnen und dann der Bibliothekarin selbst, und gemeinsam suchten sie die Bücherei nach der Tasche ab. Bridget kam es so vor, als hätten alle vorher Anwesenden die Bücherei schnell verlassen, alle bis auf den alten Mann, der Zeitung las.

Die Bibliothekarin war äußerst nett. Sie machten bald zu, und sie sagte, sie wollte Bridget zur Polizei begleiten, es läge sowieso auf ihrem Weg. Bridget spürte immer noch den Schock des Verlusts, diese Übelkeit erregenden Drehungen in ihrem Körper und das Gefühl von Panik und ungläubigem Erstaunen. Der Kopf schien ihr lose auf dem Hals zu sitzen, fast als schwebte er. »Es kann gar nicht sein«, sagte sie immer wieder zu der Bibliothekarin. »Ich kann's einfach nicht glauben, daß es in den paar Sekunden, wo ich weg war, passiert ist.«

»Ich fürchte fast, so war es«, sagte die Bibliothekarin, die netterweise kein Wort darüber verlor, wie unklug es von Bridget gewesen war, die Tasche auch nur ein paar Sekunden unbeaufsichtigt zu lassen. »Es geht mich ja nichts an, aber war viel Geld drin?«

»Ziemlich viel. Ja, ziemlich viel.« Kleinlaut fügte Bridget hinzu: »Na ja, für mich wenigstens.«

Die Polizei machte ihr wenig Hoffnung darauf, das Geld wiederzubekommen. Die Tasche, hieß es, und ein Teil des Inhalts würden eventuell wieder auftauchen. In der Zwischenzeit war Bridget außerstande, in ihre kleine Wohnung zu gelangen. Sie hatte nicht einmal Kleingeld, um das Kreditkarteninstitut anzurufen und den Diebstahl zu melden. Die Bibliothekarin, die Elisabeth Derwent hieß, kümmerte sich darum. Sie nahm Bridget mit zu sich nach Hause, zeigte ihr, wo das Telefon war, und brachte sie dann zum Schlüsseldienst. Es war der Anfang einer langjährigen Freundschaft. Auch wenn Bridget viele ihrer wertvollsten irdischen Güter verloren hatte, so hatte sie doch immerhin, wie sie später zu ihrer Tante Monica sagte, Elisabeths Freundschaft gewonnen.

»Das ist ja eine böse Geschichte, und niemand hat was davon«, sagte Monica, während sie Bridget fünfzig Pfund in Zehnpfundscheinen in die Hand drückte.

Aber das kam alles später. An diesem ersten Abend mußte Bridget mit dem Verlust fertigwerden – der siebzig Pfund, ihres Führerscheins, ihrer Kreditkarte, ihres Scheckhefts, des ›Lebens der berühmtesten Maler, Bildhauer und Architekten‹ (das sie nun bestimmt nie lesen würde), ihres Adreßbüchleins und des silbernen Rings, der wahrscheinlich ein Onyx war. Sie saß allein in ihrer kleinen Wohnung und trauerte. Sie ärgerte sich furchtbar, Schock und ungläubiges Erstaunen hatten der unausweichlichen Gewißheit Platz gemacht, daß jemand ihre Tasche vorsätzlich gestohlen hatte. Mehrere Tassen heißen, starken Tees trösteten sie ein wenig. Bridget hatte mit ihrer Tante mehr gemeinsam, als sie selbst zugegeben hätte; auch sie war nämlich ein richtiggehendes spätes Mädchen, in jeder Beziehung, außer, was die Jungfräulichkeit betraf.

Ende der Woche kam ein Paket an. Es enthielt ihren Geldbeutel (leer bis auf den Bibliotheksausweis), den silbernen Ring, ihr Adreßbüchlein, ihr Notizbuch, die Nagelschere und die Nagelzange, den Wimperntuschestift, Farbton ›Mitternachtsblau‹ und die Mehrzahl der verlorengegangenen übrigen Gegenstände, außer dem Geld, der Kreditkarte und dem Scheckheft, dem Führerschein, dem Taschenbuch-Vasari und der Tasche selbst. Ein Brief war beigefügt. Er lautete: »Liebe Miß Thomas, Name und Adresse standen in dem Notizbuch. Ich hoffe, es ist Ihre und dies kommt bei Ihnen an. Ich fand Ihre Sachen in einer Plastiktüte oben auf einer Mülltonne in der Kensington Church

Street. Als ich den Geldbeutel sah, dachte ich mir, das ist bestimmt nichts, was jemand wegwerfen wollte. Ich fürchte, dies hier ist absolut alles, was noch da war, obwohl ich den Verdacht habe, daß im Geldbeutel noch Geld war und andere Wertsachen. Beste Grüße, Patrick Baker.«

Seine Adresse und eine Telefonnummer standen oben auf dem Blatt. Bridget, die normalerweise nicht impulsiv war, überschlug sich gleich dermaßen vor staunender Freude und dem wiedererlangten Glauben in die Menschheit, daß sie sofort den Telefonhörer abnahm und die Nummer wählte. Er war am Apparat. Er hatte eine angenehme, gebildete Stimme mit einer langsamen, bedächtigen Aussprache, die Stimme eines jungen Mannes. Sie überschüttete ihn mit Dank. Das sei aber nett von ihm! Daß er sich solche Umstände gemacht habe! Nicht nur ihre Sachen zu retten, sondern sie auch noch mit nach Hause zu nehmen, einzupacken, Porto zu zahlen, auf der Post wahrscheinlich Schlange stehen zu müssen! Was könnte sie nur für ihn tun? Wie könnte sie sich nur erkenntlich zeigen?

Treffen wir uns doch auf einen Drink, meinte er. Nun, natürlich, selbstverständlich. Sie versprach, sich mit ihm auf einen Drink zu treffen, und sie vereinbarten das Lokal und die Uhrzeit, obwohl sie es fast schon wieder bereute. Sie beriet sich mit Elisabeth.

»Bei einem Drink in einem Pub auf der Kensington High Street kann doch nichts passieren«, lächelte Elisabeth.

»Ich tu' so etwas ja normalerweise nicht.« Sie hatte so etwas jedenfalls seit Jahren nicht mehr getan. Genaugenommen war es zwei Jahre her, seit Bridget überhaupt mit einem Mann ausgegangen war, seit ihrer unglücklichen Affäre mit dem verheirateten Steuerberater, die sich jahrelang hingezogen hatte und schließlich zu Ende gegangen war. Kneipenbesuche waren nicht Teil der Beziehungen gewesen. Ab und zu hatten sie in dem kleinen Büroraum, wo die Steuerabrechnungen der Kunden aufbewahrt wurden, eilig und verstohlen miteinander geschlafen. »Du hast recht«, sagte sie, »vielleicht ist es eine ganz nette Abwechslung.«

Das besondere Merkmal von Patrick Baker, das ihn für die meisten Frauen besonders anziehend gemacht hätte, stieß Bridget nicht gerade ab, störte sie jedoch beträchtlich. Er sah ihr viel zu gut aus. Er war geradezu strahlend schön, wie ein Engel oder ein junger schwedischer Tennisspieler. Dies tat natürlich beim ersten Mal nichts zur Sache. Aber sein Aussehen fiel ihr sofort auf, während sie das Gärtchen hinter dem Pub durchquerte und er sich von seinem Platz erhob. Sein Aussehen machte ihr angst und schüchterte sie ein. Es wäre allerdings falsch gewesen zu behaupten, sie hätte den Blick gar nicht von ihm lassen können. Ihn anzusehen war einfach überwältigend, es war ihr beinahe peinlich, und sie bemühte sich, ihren Blick abzuwenden.

Sie wußte gar nicht, was sie sagen sollte. Glücklicherweise fing er gleich an, ihr haarklein zu erzählen, wie er ihre Sachen in der Mülltonne in der Kensington Church Street entdeckt hatte. Bridget war eine gute Zuhörerin und lauschte gespannt. Er erzählte ihr auch, wie er selbst einmal in der U-Bahn eine Aktentasche verloren hatte und daß man einem Freund von ihm auf einer Zugfahrt von New York nach Philadelphia die Brieftasche gestohlen hatte. Ermutigt von diesen harmlosen und überhaupt nicht raffinierten Anekdoten erzählte ihm Bridget, wie bei ihrer Tante Monica einmal eingebrochen worden sei und sie ein Smaragdkollier eingebüßt hätte, das zum Glück versichert gewesen sei. Daraufhin erkundigte er sich eingehend nach ihrer Tante, und Bridget fand sich plötzlich selber sehr amüsant bei ihrer Beschreibung von Monicas finanziellen Abenteuern. Sie sah nicht ein, weshalb sie ihm die Herkunft des gestohlenen Geldes hätte verschweigen sollen, und er schien es sehr interessant zu finden, als sie ihm sagte, daß es von Monica kam, die ihr solche Beträge zukommen zu lassen pflegte.

»Wissen Sie, sie sagt, ich bekomme es sowieso eines Tages – damit meint sie, wenn sie tot ist, die gute Seele –, also warum nicht schon jetzt?«

»Warum eigentlich nicht?«

»Das war eben Pech, daß man mir den Geldbeutel gestohlen hat, nachdem sie mir erst am Tag vorher so viel Geld geschenkt hatte.«

Er fragte, ob er sie mal zum Essen ausführen könnte. Bridget sagte zu, es sollte aber nicht teuer oder besonders vornehm sein. Sie fragte Elisabeth, was sie anziehen sollte. Beide waren in Kleiderstimmung, denn es war der Abend von Annie Carters Vortrag vor dem Frauenverein; sie hatte Elisabeth dazu überredet, auch Mitglied zu werden.

»Er selbst kleidet sich nicht besonders formell«, sagte Bridget. »Ganz im Gegenteil.« Sie hatten sich in der Zwischenzeit erneut auf einen Drink getroffen. »Er hatte so eine Art Safarianzug an mit violettem Hemd. Ach, Elisabeth, er sieht wahnsinnig gut aus. Eigentlich zu gut, wenn du verstehst, was ich damit sagen will.«

Elisabeth verstand es nicht. Sie sagte, zu gut könne einer doch gar nicht aussehen, oder? Bridget erwiderte, es sei natürlich dumm von ihr – nun ja, mit ihm gesehen zu werden, ob Elisabeth verstehe, was sie damit sagen wolle. Sie fühlte sich irgendwie komisch dabei.

»Ich leihe dir mein schwarzes Spitzenkleid, wenn du möchtest«, sagte Elisabeth. »Es würde dir gut stehen, und so was paßt doch immer «

Bridget wollte das schwarze Spitzenkleid aber nicht leihen. Sie lehnte es ab, sich mit fremden Federn zu schmücken. Sie wollte auch Tante Monicas Smaragdkollier nicht leihen, das diese als Ersatz für das gestohlene Kollier gekauft hatte. Ihre schwarze Bluse und das Samtjäckchen aus dem Secondhandladen in Hammersmith würden vollauf genügen. Wenn sie schon kein Annie-Carter-Modell haben konnte, würde sie sich auf gar keine Kompromisse einlassen. Monica, die natürlich nie etwas von dem verheirateten Steuerberater oder seinem entfernten Vorgänger, dem verheirateten Volksschullehrer erfahren hatte, tat, als sei Patrick Baker der erste Mann, mit dem Bridget je allein war und redete daher, als sei eine Heirat schon beschlossene Sache. Bridget hörte das alles, während sie daran dachte, wie schrecklich es wäre, wenn sie sich in Patrick Baker verlieben und seiner Schönheit hörig werden und leiden würde, sobald sie einmal von ihm getrennt wäre.

Sogar wenn sie auf diese Art an ihn dachte, so vernünftig und ironisch, sah sie sein Gesicht vor sich, das Raubvogelhafte und doch Weiche seiner Züge, den wunderbaren Mund und die großen, weit auseinanderstehenden Augen, sein helles, dichtes Haar und die glatte, gebräunte Haut. Auch seine muskulöse Figur sah sie vor sich, schlank und geschmeidig und doch kräftig, seine langen schmalen Hände und die sich nach oben verjüngenden Finger, und sie verspürte etwas seit langem Unterdrücktes, ein prickelndes Verlangen, das ganz sanft an ihrem Inneren zupfte und ihr ein klein bißchen den Atem nahm.

Das Restaurant, in dem sie essen gingen, war weder vornehm noch teuer, und das war ein Glück, denn nach dem Essen stellte Patrick fest, daß er sein Scheckheft zu Hause vergessen hatte, und Bridget war gezwungen, das Essen von dem Geld zu bezahlen, das Monica ihr für den Kauf eines Abendkleides gegeben hatte. Er war ihr sehr dankbar. Er küßte sie auf dem Gehsteig draußen vor dem Restaurant, das heißt, nicht ganz draußen, sondern unter der Balustrade in dem überdachten Eingang. Mit dem Taxi fuhren sie zu seiner Wohnung.

Patrick besaß eine recht nette Wohnung im Obergeschoß eines Hauses in Bayswater, nicht ganz mit Parkblick, aber fast. Es war interessant, was nun mit Bridget vor sich ging. Meistens gelang es ihr, sich außerhalb von sich selbst zu stellen und ihr beabsichtigtes Tun mit innerem Abstand zu betrachten. Sie würde ihn genießen, weil er so schön war, sie würde es tun und damit Schluß. Solche Männer waren doch nichts für sie, jedenfalls nicht öfter als ein- oder zweimal. Aber wenn sie einmal im Leben so einen haben konnte, ein- oder zweimal, warum nicht? Warum nicht?

So ein Leben, so ein Lebensstil, das paßte doch nicht zu ihr.

Alles in allem war es ihr doch viel lieber, bei einer Kanne starken, dampfenden Tees zu Hause zu sitzen, vor sich ihre Stickerei oder das neueste Taschenbuch über sich wandelnde Frauenbilder in der westlichen Gesellschaft. Außerdem dachte sie gar nicht daran, Tante Monicas Geld mit jemandem zu teilen, wenn es einmal soweit sein würde. In letzter Zeit hatte sie sich oft zur Vernunft rufen müssen wegen einer gewissen dekadenten, würdelosen Neigung, davon zu träumen, irgendwann einmal in World's End in einem Apartment mit Obergalerie zu wohnen, der passenden Umgebung für den arroganten Stuhl aus der Bond Street, und sich kühn und exzentrisch in wallende Röcke, lange Mäntel mit Pelzbesatz und zarte, alte Spitze zu gewanden.

Auf dem Weg zu Patrick war sie schon ziemlich betrunken. Nicht so betrunken, daß sie nicht mehr wußte, was sie tat, aber betrunken genug, um sich nicht drum zu scheren. Sie war betrunken genug, um ihre Hemmungen über Bord zu werfen, aber ausreichend nüchtern, um zu wissen, daß sie Hemmungen hatte, zu wissen, daß diese später unverändert wieder zurückkehren würden. Genußvoll begab sie sich in Patricks Arme, mit der unbekümmerten Hingabe und Entschlossenheit, zu genießen, wie jemand, der sich auf eine Weltumsegelung begibt, die nur ein einziges Mal stattfindet. Mit ihm ins Bett zu gehen war etwas völlig anderes als der Beischlaf mit dem verheirateten Steuerberater im Kontor. Das war ihr bereits vorher klar gewesen, deshalb war sie ja hier. Während der Nacht ging die Zentralheizung aus und schaltete sich wegen einer schadhaften Zündflamme nicht mehr von selbst ein. Es wurde kalt, aber in den Armen von Patrick Baker spürte Bridget es nicht.

Sie wachte als erste auf. Bridget gehörte zu den Leuten, die immer als erste aufwachen. Sie lag ein wenig abseits von Patrick Baker im Bett und dachte darüber nach, wie wunderschön die vergangene Nacht gewesen war, daß es damit aber auch reichte und sie sich nicht mehr mit ihm treffen würde. Sich noch einmal mit ihm zu treffen, könnte gefährlich werden, und sie konnte es sich wegen ihrer unscheinbaren äußeren Erscheinung, ihres unsicheren Jobs und der niedrigen Bezahlung auch nicht leisten, ein Risiko einzugehen. Kurz darauf stand sie auf und sagte zu Patrick, der sich bewegt und den Versuch gemacht hatte, sich gemütlich an sie zu kuscheln, sie würde Tee machen.

Patrick steckte die Nase aus der Bettwäsche und meinte, es sei ja eiskalt, die Zentralheizung sei kaputtgegangen, sie gehe andauernd kaputt. »Nicht, daß du frierst«, sagte er verschlafen. »Hol dir was zum Anziehen aus dem Schrank.«

Selbst wenn sie in den Tropen gewesen wäre, wäre es Bridget nicht im Traum eingefallen, nackt bei einem Mann in der Wohnung herumzulaufen. Sie zog sich an. Während das Teewasser kochte, sah sie sich interessiert in Patricks Wohnung um. Am vorigen Abend hatte es dazu keine Gelegenheit gegeben. Er war unordentlich, stellte sie fest, und hatte keinen besonders guten Geschmack. Man konnte sehen, daß er seine Bilder schon fertig gerahmt bei *Athena Art* kaufte. Er besaß nicht sehr viele Bücher, hauptsächlich hatte er *Science-fiction,* deshalb war es ziemlich überraschend, zwischen einem Conan-Roman und einem Klassiker von John Wyndham die Taschenbuchausgabe von Vasaris ›Lebensläufe der berühmtesten Maler, Bildhauer und Architekten‹ zu entdecken.

Vielleicht war ihr doch kalt. Sie merkte plötzlich, daß es sie unangenehm fröstelte. Es war eine Wohltat, die Wärme des Teekessels an ihren Händen zu spüren. Sie bereitete den Tee zu und brachte ihm eine Tasse, die sie auf den Nachttisch stellte, da er wieder eingeschlafen war. Zitternd vor Kälte machte sie eine Schranktür auf und sah hinein.

Er schien eine Menge Mäntel und Jacken zu besitzen. Sie schob die Kleiderbügel auf der Stange beiseite, ließ Tweed an Serge, Leinen an Seide streifen. Seine Garderobe war umfangreich und vielseitig. Er gab anscheinend recht viel für Kleidung aus. Die Jacke mit den Schmetterlingen glitt plötzlich glänzend in Sicht, als hätte ein Requisiteur des Schicksals sie hergeschoben. Alles hatte sich verschworen, um den Anblick dramatisch zu gestalten, sogar die Sonne war hervorgekommen und warf einen unerwarteten Strahl in den offenen Schrank. Bridget sah die Jeansjacke mit der gleichen Begierde und Verzückung an wie schon einmal. Sie starrte auf die Kaskade von Schmetterlingen in Zinnoberrot, Violett und Türkis, Königsblau und Fuchsienrosa, die aus den geöffneten Mäulern von zwei gelben Lilien purzelten und flatterten.

Sie zögerte kaum, bevor sie die Jacke vom Bügel nahm und hineinschlüpfte. Sie war herrlich. Sie erinnerte sich, daß dies das Wort gewesen war, das ihr damals beim ersten Anblick in den Sinn gekommen war. Wie sehr hatte sie sich danach gesehnt, sie zu besitzen, und sich nicht getraut, lange hinzusehen, damit das Verlangen nicht schmerzhaft und lächerlich wurde! Mit dem Kopf ein wenig zur Seite geneigt, stand sie vor Patrick und überlegte, ob sie ihm zum Abschied vielleicht einen Kuß geben wollte. Lieber nicht, vielleicht wäre es besser so. Er würde es sowieso kaum merken.

Sie ging aus der Wohnung. Sie würden sich nie mehr sehen. Ein mehr als fairer Handel war von ihr stillschweigend vereinbart worden. Sie fühlte sich glücklich, ihr war so leicht zumute, und sie rannte die Treppen hinunter in den Morgen hinaus, gegen die Kälte geschützt von ihrer vielfarbigen Jacke, ihren Schmetterlingen, ihrem rechtmäßigen Besitz.

Die Autorinnen

ISABEL ALLENDE: 1942 in Lima/Peru geboren; Nichte des chilenischen Präsidenten Salvador Allende, der 1973 beim Militärputsch getötet wurde; Tätigkeit als Journalistin, seit 1981 freie Schriftstellerin; lebt seit 1988 in San Rafael, Kalifornien.

CHRISTINE BRÜCKNER: 1921 in Schmillinghausen/Waldeck geboren; Ausbildung zur Diplom-Bibliothekarin; Studium der Kunst- und Literaturgeschichte; verschiedene Literaturpreise; lebt als freie Schriftstellerin in Kassel.

DORIS DÖRRIE: 1955 in Hannover geboren; Studium der Theaterwissenschaften und des Films in Stockton/Südkalifornien und New York; Rückkehr nach Deutschland 1975; bis 1978 Ausbildung an der Hochschule für Fernsehen und Film in München; Filmautorin, Regisseurin und Kritikerin; zahlreiche Filmpreise; lebt in München.

MARILYN FRENCH: 1929 in New York geboren; unterrichtet seit 1964 englische Literatur u. a. an der Harvard Universität; lebt in New York.

BARBARA FRISCHMUTH: 1941 in Altaussee/Steiermark geboren; Studium der Orientalistik mit Aufenthalt im türkischen Erzerum; zahlreiche Literaturpreise; lebt als freie Schriftstellerin und Übersetzerin in Wien.

NADINE GORDIMER: 1923 in Springs/Südafrika geboren; Studium der Geisteswissenschaften in Johannesburg; seit 1949 Veröffentlichungen; Kampf für die Rechte der Farbigen; 1961 Gastprofessur an der Harvard Universität; zahlreiche Literaturpreise; 1991 Literatur-Nobelpreis; lebt in Johannesburg.

DANIÈLE GRANET: 1941 geboren; Besuch der Journalistenschule und Studium der Geschichte an der Sorbonne; Tätigkeit als Redakteurin und Schriftstellerin.

EVA HELLER: 1948 geboren; Tätigkeit als Sozialwissenschaftlerin, Cartoonistin und Schriftstellerin; lebt in Frankfurt.

PATRICIA HIGHSMITH: 1921 in Fort Worth/Texas geboren; mit sechs Jahren Umzug nach New York, wo sie das College besucht; lebt in der Schweiz.

DORIS LESSING: 1919 als Tochter britischer Eltern im Iran geboren; 1924 Umzug mit ihrer Familie nach Rhodesien, 1949 nach England; verschiedene Literaturpreise; lebt als freie Schriftstellerin in London.

CATHERINE LAMOUR: 1942 geboren; Studium der politischen Wissenschaften in Paris; Tätigkeit als Journalistin und Schriftstellerin.

ANAÏS NIN: 1903 in Neuilly/Paris geboren; verbringt Kindheit in verschiedenen Ländern Europas; 1914 Umzug nach New York; lebt von 1924 bis 1939 in Paris, wo sie eine Beziehung mit dem noch unbekannten Schriftsteller Henry Miller hat; Studium der Psychologie; geht vor Ausbruch des Zweiten Weltkriegs nach New York; Lehrtätigkeit an verschiedenen amerikanischen Universitäten und Ehrendoktorwürde des Philadelphia College of Art; 1977 Tod in Los Angeles.

JOYCE CAROL OATES: 1938 in Lockport/New York geboren; Studium der Philosophie und Anglistik; unterrichtet Literatur an der Princeton University/New Jersey; zahlreiche Literaturpreise; lebt in Princeton.

LEONIE OSSOWSKI: 1925 in Niederschlesien geboren; verschiedene Gelegenheitsarbeiten als Fabrikarbeiterin, Marktverkäuferin, Sekretärin und Sprechstundenhilfe; zahlreiche Literaturpreise; lebt als freie Schriftstellerin in Berlin.

SYLVIA PLATH: 1932 in Jamaica Plain/Massachusetts geboren; Studium der Literaturwissenschaft; 1952 als Collegestudentin erste Erzählungen; 1956 Stipendium in Cambridge; anschließend Wohnsitz in Amerika und England; 1963 Selbstmord in ihrer Wohnung in London.

RUTH RENDELL: 1930 in South Woodford bei London geboren; Tätigkeit als Journalistin; veröffentlicht auch unter dem Pseudonym Barbara Vine; lebt als freie Schriftstellerin in Suffolk/ England.

BRIGITTE SCHWAIGER: 1949 in Freistadt/Oberösterreich geboren; Studium der Psychologie, Philosophie, Germanistik und Romanistik ohne Abschluß; nebenbei Malerin und Bildhauerin; längerer Spanienaufenthalt; anschließend Tätigkeit als Sekretärin bei Theaterverlag und

Schauspielerin; lebt als freie Schriftstellerin in Freistadt und in der Tschechischen Republik.

KETO VON WABERER: Während des Zweiten Weltkriegs in Augsburg geboren; Kindheit in Südtirol; Studium der Kunst und Architektur in München und Mexiko; längerer Aufenthalt in Mexiko und Amerika; Tätigkeit als Architektin, Übersetzerin und Journalistin; lebt in München.

ALICE WALKER: 1944 in Eaton/Georgia geboren; bekannte afro-amerikanische Schiftstellerin; verschiedene Literaturpreise; lebt in San Francisco.

GABRIELE WOHMANN: 1932 in Darmstadt geboren; Studium der Germanistik; Tätigkeit als Lehrerin; zahlreiche Stipendien und Literaturpreise; lebt als freie Schriftstellerin in Darmstadt.

BARBARA WOOD: 1947 in Warrington/England geboren; wandert 1957 mit ihrer Familie nach Kalifornien aus; Tätigkeit als chirurgische Assistentin in verschiedenen Krankenhäusern auf der ganzen Welt; lebt als freie Schriftstellerin in Riverside/Kalifornien.

VIRGINIA WOOLF: 1882 in London geboren; im Alter von zweiundzwanzig Jahren zusammen mit ihrem Bruder Mittelpunkt der intellektuellen »Bloomsbury Group«; 1917 Gründung des Verlags »The Hogarth Press« mit ihrem Mann Leonard Woolf; führendes Mitglied der Frauenbewegung; 1941 Selbstmord.

Quellenverzeichnis

ISABEL ALLENDE *Eine Rache* in *Eine Rache* Frankfurt am Main 1990, 103–115. Übers. Liselotte Kolanske. Mit freundlicher Genehmigung des Suhrkamp Verlags, Frankfurt am Main.

CHRISTINE BRÜCKNER *Triffst du nur das Zauberwort. Effi Briest an den tauben Hund Rollo* in *Wenn du geredet hättest, Desdemona. Ungehaltene Reden ungehaltener Frauen.* Hamburg 1983. Mit freundlicher Genehmigung des Hoffmann und Campe Verlags, Hamburg.

DORIS DÖRRIE *Ein Mann!* in *Was wollen Sie von mir? und fünfzehn andere Geschichten.* Zürich 1990. Mit freundlicher Genehmigung des Diogenes Verlags, Zürich.

MARILYN FRENCH *Valerie* in *Frauen.* Reinbek 1978. Übers. Barbara Duden, Monika Schmid und Gesine Strempel. Mit freundlicher Genehmigung des Rowohlt Verlags, Reinbek.

BARBARA FRISCHMUTH *Eine schöpferische Tätigkeit* in *Amy oder Die Metamorphose.* Salzburg und Wien 1978. Mit freundlicher Genehmigung des Residenz Verlags, Salzburg und Wien.

NADINE GORDIMER *Zuhause* in *Die endgültige Safari. Erzählungen.* Frankfurt am Main 1992. Übers. Regine Laudann und Stefanie Schaffer-de Vries. Mit freundlicher Genehmigung des S. Fischer Verlags, Frankfurt am Main.

DANIÈLE GRANET – CATHERINE LAMOUR *Clara und Marie-Pierre* in *Wie du willst, mein Lieber.* München 1986. Übers. Christine Steffen. Mit freundlicher Genehmigung des Droemer Knaur Verlags, München.

EVA HELLER *Das Straßenfest* in *Beim nächsten Mann wird alles anders.* Frankfurt am Main 1987. Mit freundlicher Genehmigung des S. Fischer Verlags, Frankfurt am Main.

PATRICIA HIGHSMITH *Die Heldin* in *Der Schneckenforscher*. Zürich 1973. Übers. Anne Uhde. Mit freundlicher Genehmigung des Diogenes Verlags, Zürich.

DORIS LESSING *Die Falle* in *Der Preis der Wahrheit. London Stories*. Hamburg 1991. Übers. Anette Grube. Mit freundlicher Genehmigung des Hoffmann und Campe Verlags, Hamburg.

ANAÏS NIN *Das Lied im Garten* in *Ein gefährliches Parfum. Die frühen Erzählungen*. Reinbek 1993. Mit freundlicher Genehmigung des Rowohlt Verlags, Reinbek.

JOYCE CAROL OATES *Normale Liebe* in *Lieben, verlieren, lieben. Erzählungen*. Stuttgart 1980. Übers. Charlotte Franke. Mit freundlicher Genehmigung der Deutschen Verlags-Anstalt, Stuttgart.

LEONIE OSSOWSKI *Die Rivalin* in *Neben der Zärtlichkeit*. Hamburg 1984. Mit freundlicher Genehmigung des Hoffmann und Campe Verlags, Hamburg.

SYLVIA PLATH *Tag des Erfolgs* in *Zungen aus Stein*. Frankfurt am Main 1989. Übers. Julia Bachsteil und Susanne Levin. Mit freundlicher Genehmigung der Frankfurter Verlagsanstalt, Frankfurt am Main.

RUTH RENDELL *Zwei gelbe Lilien* in *Stirb glücklich*. München 1992. Übers. Cornelia C. Walter. Mit freundlicher Genehmigung des Wilhelm Goldmann Verlags, München.

BRIGITTE SCHWAIGER *Eine schillernde Persönlichkeit* in *Schönes Licht*. München 1990. Mit freundlicher Genehmigung des Langen Müller Verlags in der F. A. Herbig Verlagsbuchhandlung, München.

KETO VON WABERER *Fata Morgana* in *Die heimliche Wut der Pflanzen. Erzählungen*. Köln 1985. Mit freundlicher Genehmigung des Verlags Kiepenheuer & Witsch, Köln.

ALICE WALKER *Laurel* in *Freu dich nicht zu früh*. München 1987. Übers. Pociao. Mit freundlicher Genehmigung des Antje Kunstmann Verlags, München.

GABRIELE WOHMANN *Wiedersehen in Venedig* aus *Erzählungen*. Ebenhausen bei München 1966. Mit freundlicher Genehmigung der Autorin.

BARBARA WOOD *Sind Sie verheiratet, Frau Doktor?* in *Herzflimmern*. Frankfurt am Main 1990. Übers. Mechtild Sandber. Mit freundlicher Genehmigung des S. Fischer Verlags, Frankfurt am Main.

VIRGINIA WOOLF *Das neue Kleid* in *Die Dame im Spiegel und andere Erzählungen*. Frankfurt am Main 1965. Übers. Herberth und Marlys Herlitschka. Mit freundlicher Genehmigung des S. Fischer Verlags, Frankfurt am Main.